大夏教育文存

廖世承卷

主　　编　杜成宪
本卷主编　张晓阳

华东师范大学出版社

《大夏教育文存》编委会、顾问名单

编委会

顾问　孙培青　陈桂生

主任　袁振国

委员　叶　澜　钟启泉　陈玉琨　丁　钢
　　　任友群　汪海萍　范国睿　阎光才

廖世承(1892年—1970年)

前言

一

1951年10月华东师范大学建校时,也成立了教育系,这是华东师范大学教育学科之源。当时教育系的教师来自大夏大学、复旦大学、圣约翰大学、光华大学、沪江大学等高校教育系科,汇聚了一批享誉全国的著名学者,堪为当时中国教育理论界代表。如:国民政府在20世纪40年代曾实施部聘教授制度,先后评聘两批,各二三十人,集中了当时中国学术界各个学科的顶尖学者。两批部聘教授里均只有一位教育学教授,分别是孟宪承、常道直,后来都在华东师范大学教育系任教,孟宪承还为华东师范大学建校校长;抗日战争期间,国民政府出于"抗战建国"、保证中学师资培养的考虑,建立了六所师范学院,其中五所附设于大学,一所独立设置,独立设置的即为建于湖南蓝田的国立师范学院,院长为廖世承,后来成为华东师范大学副校长、上海师范学院(后为上海师范大学)院长;中国第一代社会学家、奠定中国社会事业研究的基础的言心哲,曾为复旦大学社会学系系主任,后转入华东师范大学教育系从事翻译工作;华东师范大学成立后教育系第一任系主任曹孚,后为支持中央政府成立中央教育科学研究所和人民教育出版社奉调入京;主持撰写新中国第一本《教育学》、后出任华东师范大学校长的刘佛年……就是他们,共同奠定了中国现、当代教育理论发展的基础,也奠定了华东师范大学教育学科60多年的发展基础。

然而,由于历史的原因,这批著名学者当年藉以成名并影响中国现、当代教育学科发展的代表性成果大多未能流传于世,他们中的很多人及其著作甚至湮没不闻,以至今天的人们对中国教育学科的由来与发展中的诸多重要环节所知不详,尤其是对华东师范大学教育学科对于中国现、当代教育理论和实践发展的重要性知之甚少,而这些成果中的相当部分实际上又可以看成是教育理论和实践中国化探索的代表作。因此,重新研究、整理、出版这些学术成果,对于华东师范大学教育学科的学术传承、对于中国的教育学术传承,都具有十分重要的意义。

二

华东师范大学建校之初,在教育系教师名册上的教授共有27位,包括教育学和心理学两个学科。当时身任复旦大学副教务长的曹孚被任命为教育系主任,但由于工作原因晚一年到职,实际上教育系就有教授28位。除个人信息未详的二位外,建系教授简况见下表。

出生年代	姓名(生卒年)	建校时年岁	学历、学位
1890—1899	赵迺传(1890—1958)	61	大学肄业
	廖世承(1892—1970)	59	博士
	张耀翔(1893—1964)	58	硕士
	高君珊(1893—1964)	58	硕士
	欧元怀(1893—1978)	58	硕士
	孟宪承(1894—1967)	57	硕士
	谢循初(1895—1984)	56	学士
	黄觉民(1897—1956)	54	硕士
	萧孝嵘(1897—1963)	54	博士
	黄敬思(1897—1982)	54	博士
	常道直(1897—1992)	54	硕士
	沈百英(1897—1992)	54	五年制中师
	言心哲(1898—1984)	53	硕士
	陈科美(1898—1998)	53	硕士
	方同源(1899—1999)	52	博士
1900—1909	赵廷为(1900—2001)	51	大学预科
	左任侠(1901—1997)	50	博士
	谭书麟(1903—?)	48	博士
	萧承慎(1905—1970)	46	硕士
	胡寄南(1905—1989)	46	博士
	赵祥麟(1906—2001)	45	硕士
	沈灌群(1908—1989)	43	硕士
	朱有瓛(1909—1994)	42	学士
1910—1919	曹孚(1911—1968)	40	博士
	刘佛年(1914—2001)	37	学士
	张文郁(1915—1990)	36	学士

(本表参考了陈桂生《华东师范大学初期教育学习纪事(1951—1965)》一文)

可见华东师范大学教育系初建、教育学科初创时的教授们,出生于19世纪90年代的15人,20世纪00年代的8人,10年代的3人;60岁以上1人,50—59岁16人,40—49岁7人,40岁以下2人,平均年龄50.73岁,应属春秋旺盛之年。他们绝大部分都有留学国外的经历,有不少美国哥伦比亚大学学生。其中博士8人,硕士11人,学士4人,大学肄业1人,高中2人。他们大体上属于两代学者,即出生于19世纪90年代、成名于20世纪二三十年代的一代(五六十岁),出生在20世纪、于二三十年代完成学业的一代(三四十岁)。对于前一代学者而言,他们大多早已享有声誉且尚未老去;对于后一代学者而言,他们也已崭露头角且年富力强。相比较而言,前一代学者的力量又更为强大。任何一个高等院校教育系,如能拥有这样一支学术队伍都会令人感到自豪!

二

令后人感到敬佩的还在于这些前辈教授们所取得的业绩。试举其代表论之,以观全豹。

1923年,将及而立之年的孟宪承撰文与人讨论教育哲学的取向与方法问题,提出:教育哲学研究是拿现成的哲学体系加于教育,而将教育的事实纳入哲学范畴?还是依据哲学的观点去分析教育过程,批评现实教育进而指出其应有价值?他认为后者才是可取的。理由是:教育哲学是一种应用哲学,应用对象是教育;教育哲学研究导源于实际教育需要,是对现实教育的反思与批评,而其结论也需要经过社会生活的检验。这样就倡导了以实际教育问题为出发点的教育哲学,为中国的教育理念和教育理论的转型,即从以学科为出发点转向以问题为出发点,转向更为关注社会、关注生活、关注儿童,从哲学层面作出了说明。之后,不刻意追求体系化知识,而以问题研究为主、从儿童发展出发思考教育问题成为一时潮流。1933年,孟宪承出版《教育概论》,就破除了从解释教育和教育概念出发的教育学理论体系,而代之以从"儿童的发展"和"社会的适应"为起点的教育学叙述体系。在中国,以儿童发展为教育学理论的起点,其首倡者很可能就是孟宪承。1934年,教育部颁布《师范学校课程标准》,其中的《教育概论》纲目与孟宪承著《教育概论》目录几乎相同。而孟著自1933年出版至1946年的13年里共印行50版,是民国时期发行量最大的教育学教科书之一。可以看出孟宪承教育学思想对中国教育学理论转型、教育学学科建设、课程建设、专业人才培养和理论研究的深刻影响。

1921年，创始于美国、流行于欧美国家的一种新教学组织形式和方法道尔顿制传入中国，因其注重个别需要、自主学习、调和教学矛盾、协调个体与群体等特点，而受到中国教育理论界和中小学界的欢迎，一时间，诸多中小学校纷纷试行道尔顿制，声势浩大。东南大学附中的道尔顿制实验是其中的典范。当时主持东南大学附中实验的正是廖世承。东南大学附中的道尔顿制实验与众不同之处就在于严格按照教育科学实验研究方法与程序要求进行，从实验的提出、实验的设计、实验的实施、实验结果分析各个环节都做得十分规范，保证了实验的信度和效度，在当时独树一帜。尤其是实验设计者是将实验设计为一个与传统的班级授课制进行比较的对比实验，以期验证两种教学组织形式的长短优劣。在实验基础上，廖世承撰写了《东大附中道尔顿制实验报告》，报告依据实验年级各科实验统计数据、实验班与比较班及学生、教师的问卷调查结果，分析了实施道尔顿制的优点与缺点，得出了十分明确的结论：道尔顿制的特色"在自由与合作"，但在中国的现实条件下很难实行；"班级教学虽然有缺点，但也有它的特色"。廖世承和东南大学附中的实验及报告，不仅澄清了人们对道尔顿制传统教学制度的认识，还倡导了以科学研究解决教育问题的风气，树立了科学运用教育研究方法的楷模，尤其是帮助人们正确认识了如何对待和学习国外先进教育经验，深刻影响了中国教育的发展。此外，廖世承参与创办南京高师心理实验室首开心理测验，所著《教育心理学》和《中学教育》，在中国都具有开创性。

1952年曹孚离开复旦大学到任华东师范大学教育系主任，是教育系第一任系主任。1951年，在其博士学位论文基础上撰成的《杜威批判引论》出版。书中，曹孚将杜威教育思想归纳为"生长论"、"进步论"、"无定论"、"智慧论"、"知识论"和"经验论"，逐一进行分析批判。这一分析框架并非人云亦云之说，而是显示出他对杜威教育思想的深刻理解和独到把握，超越了众多杜威教育思想研究者。他当时就指出杜威教育思想的主要缺陷，即片面强调活动中心与学生中心，忽视系统知识的传授和教师的主导作用。对杜威教育思想有深入研究的孟宪承曾称道："曹孚是真正懂得杜威的！"后来，刘佛年在为《曹孚教育论稿》一书所做的序中也评价说："这是我国学者对杜威思想的第一次最系统、最详尽的批判。"曹孚长于理论，每每有独到之论。50年代的中国教育理论和实践界，先是亦步亦趋地照搬苏联教育学，又对包括教育学在内的社会学科大加挞伐，少有人真正思考教育学的中国化和构建中国的教育学问题。曹孚在其一系列论文中提出了自己的主张。他认为，教育学的学科基础包括哲学、国家的教育方针政策、教育工作经验、中国教育遗产和心理学五方面；针对当时否定教育继承性的观点，他提出继承性适用于教育，因为教育既是上层建筑，也是永恒范畴；对教育历史人物评价问题，他批评以唯物主义或唯心主义为标准，从哲学、政治立场出发的评价原则，主张将哲学思想、政治立场和教育主张区别而论，主要依据教育思想来评价教育人物；他认为，即使是资产阶级教育思想也不是一无是处，不能"一棍子打死"，也有可以吸取和改造的。在当时环境下，曹孚之言可谓震聋发聩。

1979年，刘佛年主编的《教育学》(讨论稿)由人民教育出版社正式出版。这是"新时期"全国正式出版的第一本教育学教材。之前，从1962年至1964年曾四度内部印刷使用，四度修改。"文革"中还被作为"大毒草"受到严厉批判。1961年初，刘佛年正式接受中宣部编写文科教材教育学的任务。当年即撰写出讲授提纲，翌年完成讨论稿。虽然这本教育学教材在结构上留下明显的凯洛夫《教育学》痕迹，但也处处体现出作者对建设中国教育学的思考。教材编写体现了对六方面关系的思考和兼顾，即政策与理论、共同规律与特殊规律、阶级观点与历史观点、历史与理论、正面论述与批判、共性与特性。事实上这也可以作为教育研究的一般方法论原则。在教材编写之初，第二部分原拟按德育、智育、体育分章，但牵涉到与学校教学工作的关系，出现重复。经斟酌，决定按学校工作逻辑列章，即分为教学、思想教育、生产劳动、体育卫生等章，由此形成了从探索教育的一般规律到研究学校具体工作的理论逻辑，不失为独特的理论建构。1979年教材出版至1981年的两年间，印数近50万册，就在教材使用势头正好之时，是编者主动商请出版社停止继续印行。但这本教育学教材的历史地位却并未因其辍印而受到影响，因为它起到了重建"新时期"中国的教育学理论和教材体系的启蒙教材作用。

不只是以上几位，华东师范大学教育系的创系教授在各自所从事的研究领域都有开风气之先的贡献。如，常道直对比较教育学科的探索与开拓，萧承慎对教学法和教师历史及理论的独到研究，赵廷为、沈百英对小学各科教学法的深入探讨，沈灌群对中国教育史叙述体系的重新建构，赵祥麟对当代西方教育思想的开创性研究，等等，对各自所在的学科都产生了重要影响而被载入学科发展的史册。还有像欧元怀，苦心经营大夏大学二十多年，造就出一所颇有社会影响的著名私立高等学府，为后来华东师范大学办学创造了重要的空间条件。所有前辈学者们的学术与事业，都值得我们铭记不忘。

四

基于以上认识，我们将此次编纂《大夏教育文存》视为一次重新整理和承继华东师范大学教育学科优良学术传统的重要契机。

我们的宗旨是：保存学粹，延续学脉，光大学术。即，将华东师范大学教育学科历史上最具有代表性的学术精华加以保存，使这些学术成果中所体现的学术传统得以延续，并为更多年轻一代的学生和学者能有机会观览、了解和研究前辈学者的学术、思想和人生，激发起继承和发扬传统的自豪感和使命感。希望通过我们的工作实现我们的宗旨。

就我们的愿望而言，我们很希望能够将华东师范大学教育学科一代代前辈学者的代表作逐步予以整理、刊布，然而工程浩大，可行的方案是分批进行。分批的原则是：依据前辈学者学术成果的代表性、当时代的影响和对后世影响的实际情况。据此，先确定了第一辑入选的11位学者，他们是：孟宪承、廖世承、刘佛年、曹孚、萧承慎、欧元怀、常道直、沈灌群、赵祥麟、赵廷为、沈百英。

《大夏教育文存》实际上是一部华东师范大学建校后曾经在教育学科任教过和任职过的著名学者的代表作选集。所选入的著作以能够代表作者的学术造诣、能够代表著作撰写和出版（发表）时代的学术水平、能够为当下的教育理论建设和教育实践发展提供借鉴为原则。也有一些作品，我们希望能为中国的教育学术事业的历程留下前进的脚步。

《大夏教育文存》入选者一人一卷。所收录的，可以是作者的一部书，也可以是若干部书合为一卷，特殊情况下也可以是代表性论文的选集，还包括由作者担任主编的著述，但必须是学术论著。一般不选译著。每一卷的选文，先由此卷整理者提出方案，再经与文存总主编共同研究商定选文篇目。

每一卷所选入著述，在不改变原著面貌前提下，按照现代出版要求进行整理。整理的内容包括：字词和标点符号的校订，讹误的订正，专用名称（人名、地名、专门术语等）的校订，所引用文献资料的核实及注明出处，等等。

每一卷由整理者撰写出编校前言，内容包括：作者生平、学术贡献、对所选代表作的说明、对所作整理的说明。每一卷后附录作者主要著作目录。

五

编纂《大夏教育文存》的设想是由时任华东师范大学教育科学学院院长的范国睿教授提出的。他认为，作为中国教育学科的一家代表性学府，理应将自己的历史和传统整理清楚,告诉后来者,并使之世世代代传递下去。实现这一愿望的重要载体就是我们的前辈们的代表性著述,我们有责任将前辈的著述整理和保护下来。他报请华东师范大学校长办公会议批准,将此项目立项为"华东师范大学优势学科建设项目",获得资助。还商得华东师范大学出版社支持和资助,立项为出版社重点出版项目。可以说,范国睿教授是《大夏教育文存》的催生人。

承蒙范国睿教授和时任教育科学学院党委书记汪海萍教授的信任,将《大夏教育文存》(第一辑)的编纂交由本人来承担,能与中国现、当代教育史上的这些响亮名字相伴随,自是莫大荣耀之事。要感谢这份信任!

为使整理工作能够顺利进行,我们恳请孙培青、陈桂生两位先生能够担任文存的顾问,得到他们的支持。两位先生与入选文存的多位前辈学者曾是师生,对他们的为人、为学、为师多有了解,确实给了我们很多十分有价值的指点,如第一辑入选名单的确定就是得到了他们的首肯。对两位先生我们要表示诚挚的感谢!

文存选编的团队是由教育学系的部分教师和博士、硕士生所组成。各卷选编、整理工作的承担者分别是：孟宪承卷,屈博；廖世承卷,张晓阳；刘佛年卷,孙丽丽；曹孚卷,穆树航；萧承慎卷,王耀祖；欧元怀卷,蒋纯焦、常国玲；常道直卷,杨来恩；沈灌群卷,宋爽、刘秀春；赵祥麟卷,李娟；赵廷为卷,王伦信、汪海清、龚文浩；沈百英卷,郭红。感谢他们在选编和整理工作中所付出的辛劳和努力！研究生董洪担任项目秘书工作数年,一应大小事务都安排得井然有序,十分感谢！

尤其是要感谢入选文存的前辈学者的家属们！当我们需要了解前辈们的生平经历和事业成就,希望往访家属后人,我们从未受到推阻,得到的往往是意料之外的热心帮助。家属们不仅热情接待我们的访谈,还提供珍贵的手稿、书籍、照片,对我们完成整理工作至关重要。谢谢各位令人尊敬的家属！

感谢华东师范大学出版社对文存出版的大力支持！也感谢资深责任编辑金勇老师的耐心而富有智慧的工作,保证了文存的质量。

感谢所有为我们的工作提供过帮助的人们！

杜成宪
2017 年初夏

编校前言

一、廖世承生平简介

廖世承(1892—1970),字茂如,上海市嘉定县人(今上海市嘉定区),是我国著名的教育心理学家和中等教育专家。青少年时代的廖世承,天资聪颖,再加上父母的教育和熏陶,关心国事,喜欢读书,他曾告诫"自己将来定要做个好人"[①]。1908年,他高小毕业后考入邮传部高等实业学堂(即南洋公学)中院学习。就在清廷政府被推翻即辛亥革命成功那一年,中学五年改为四年,于是廖世承提前毕业,于1912年考入清华学校高等科,1915年毕业后立志献身于教育事业,故赴美国入布朗大学,四年内读完了六年学程,而且成绩优异,在布朗大学不仅获得学士和硕士学位,而且还通过了博士考试,廖世承是我国现代最早获哲学博士学位的留学生。

1919年,廖世承学成归国后,执教于南京高等师范学校与国立东南大学,任教育科教授与附属中学主任,主讲教育心理学、统计与测验等课程,同时也是当时著名的"中等教育"专家。1920年,他参与创建中国最早的心理实验室之一,即南京高等师范学校心理实验室,向学生介绍当时美国通用的测验与统计方法,并与陈鹤琴一起进行心理测验等一大批实验研究,引领了我国早期教育科学化与实证化的风潮。同时,他在主持南京高师与东南大学附属中学(今南京师范大学附中)时力主在全国实行中小学"六三三学制",并在东大附中进行了成功的新学制试验,这也为1922年《学校系统改革案》(又称"壬戌学制"、"六三三学制")的制定与颁布提供了绝佳的范本。1923年,针对当时风行中国的"道尔顿制",廖世承并没有盲目尊崇,而是抱着比较"道尔顿制与学科制的优劣"和"唤起国人对实验之兴趣"的态度,组织东大附中10余名教师进行了比较实验,并在实验基础上,于1925年发布了《东大附中道尔顿制实验报告》,详细比较"道尔顿制"与班级教学制的优劣,得出根据中国具体条件很难实行"道尔顿制"的结论,在全国教育界引起巨大轰动。经过廖世承以及同仁的诸多努力,使得东大附中成为当时全国中等学校的楷模,"几执全国中等学校的牛耳",培养出巴金(李尧棠)、胡风(张光人)、屈伯川、徐克勤等众多杰出人士。廖世承也因此成为著名的中等教育专家。

[①] 廖世承,《我的少年时代》[J],良友画报,1935年9月号。

1927年廖世承离开东南大学,回到上海,谢绝许多学校高薪聘请,担任新创办的光华大学(原址位于今延安西路)副校长兼附中主任。1931年,"力辞副校长兼职",集中精力办好附中。在光华10年,廖世承立足附中,面向整个中等教育,潜心办学,使光华附中与上海中学、南洋模范中学并驾齐驱,以"设备完善,办理认真,成绩斐然"列入甲等中学。1937年,日本侵入上海,光华大学所在的大西路校址被炸,只能迁地上课,上海沦陷后,被迫停办。

抗战爆发后,各高校纷纷内迁,"新校亟谋建设,旧校亟待扩充,于是'师荒'现象特别严重"。国家为了加强抗战,"不得不改善中小学教育,更不得不谋师范教育之改进"。1938年,廖世承临危受命筹备师范学院,经过艰难的协调与多方努力,终于在湖南安化县蓝田镇创办国立师范学院(今为湖南师范大学)并任院长。在极其艰苦的外部条件下,他广泛招才纳贤,不遗余力地邀请当时全国知名的专家教授来校任教,钱基博、孟宪承、高觉敷、刘佛年、钱钟书等都曾在国立师范学院担任教职。国家面临救亡图存之际,廖世承明确提出"体育第一、德育第二、智育第三"的口号。由于他不懈的努力,该院在全国历届高校学生竞试及毕业论文竞试中,成绩优异。九年辛勤耕耘,廖世承领导的国立师范学院成为了抗日战争期间的一所非常有影响的高等师范学院。

1947年,廖世承回上海继任光华大学副校长,1949年任光华大学校长。中华人民共和国成立后,1951年,在光华、大夏及其他一些高校院系合并的基础上,成立华东师范大学,廖世承出任副校长。1956年起,廖世承先后就任上海第一师范学院、上海师范学院院长。由于他的工作成绩和社会影响,曾被选为第二、三届全国人大代表,第一、二届上海市人大代表,第二、三届上海市政协常委,中国民主同盟中央委员、上海市委第一副主任委员,上海市人民政府文教委员会委员,上海教育学会副主任委员,中国心理学会上海分会理事等职。1970年10月20日,廖世承因病逝世于上海,享年七十八岁。

二、廖世承学术概要

廖世承在长达50余年的教育实践活动中,形成了自己丰富而独特的教育思想,在中等教育、教育测验与教育心理学,以及师范教育等领域都进行了探索,作出了重要贡献。

(一)中等教育

廖世承在美留学期间,就积极学习和吸收西方国家先进的中学办学经验。

归国后分别在南京师大附中、东南大学附中以及光华大学附中积极开展各种教育改革与实验活动,在这个过程中,逐渐形成了自己的中等教育思想,成为当时公认的"中等教育权威"。

廖世承极力主张"新学制",即"六三三学制"。1922年施行的新学制,"六三三"制方案便是廖世承起草的。后来,他通过东大附中的实践和对国外学制的研究,以及在济南、武汉等地实地调查,进一步证实了"六三三学制"符合青少年个性发展,利多弊少。基于实践经验和理论提升,廖世承著成《中学教育》(商务印书馆1924年1版、1930年3版),并成为我国最早的高等师范和中等师范学校教科书。廖世承对我国中学教育进行了全面探索,在学制改革、分科选科制、教学与课程改革、人格陶冶和学校管理等诸多方面作出了重要贡献。他主张并厉行学生的德智体全面发展,强调中学的任务在于升学与就业并重;他参与学制与课程的改革,以中学的分科选科制适应社会及学生个人各各不同的教育需求;他突出了"中学教育的主体是中学生",强调教的目的在使学生学,把训育作为全体的事情来抓,教学和训育打成了一片;他指出"学校好就是校长好,教师好便是学校好",恰当地处理好了教师、学校及校长的关系。尤其值得一提的是,廖世承依据先进国家经验以及心理学知识,明确地强调了中学性教育的重要性,这在当时无疑是开风气之先的。另外在中等教育方面,廖世承针对当时风行一时的"道尔顿制",并没有一味盲从,而是通过科学实验,切实比较了"道尔顿制"与学科制的优劣,并形成了《东大附中道尔顿制实验报告》,得出了"道尔顿制"并不适合中国国情的结论。这种尊重科学,尊重国情,并积极创造自身办学特色的精神,是难能可贵的。

廖世承也提出了我国中学改造的基本原则:(1)一国的中学教育制度必须适合国情和地方的需要,中国幅员辽阔,整齐划一的制度,不易适应各地的特殊情况;(2)在未有各种类型不同的中学及选拔制度未能施行尽如人意之前,中学对于学生的升学与就业准备须两者兼顾,不能只顾升学;(3)中学教育的宗旨在于充分发展各个人潜在的能力,使学生成为最快乐和最有用的人;(4)中学教育的对象是千变万化的青少年,所以一切措施不能有固定的方式,必须不断研究、改进教育工作,从实际出发搞好学生的品行、健康和知识的教育,应把这三者看得一样重要;(5)中学的课程、教材、教法和教育人员的态度,与中学效能学生的成长关系极大。必须精心研究,讲究科学方法,具有好的服务精神。①

---

① 汤才伯主编,《廖世承教育论著选》[M],人民教育出版社,1992:6

（二）教育测验与教育心理学

廖世承参与创建中国最早的心理实验室之一，即南京高等师范学校心理实验室。并与陈鹤琴一起开拓了中国现代心理测验与教育测验，成为民国时期我国教育测验和心理测验的主要代表，尤其在团体测验编制上，贡献较大。1921年，廖世承与陈鹤琴合编出版《智力测验法》，不遗余力地推广测验运动，当时国内渐渐形成了一股研究测验、试行测验的热潮。1922年美国测验专家麦柯尔来华指导编制各种应用测验，廖世承在南方协助他的工作。他将先前已定的比奈—西蒙量表重改一次，赴江浙两省十一个县市进行测验，共测试1 400多名学生。这一工作为陆志韦最后修订此量表作了铺垫。之后，他又与陈鹤琴再度合作，将此次活动的成果整理成书，写成《测验概要》一书。《测验概要》对测验的性质、效用、种类以及测验所用材料、实施手续、统计方法等"详述无遗"。其中有23种是直接编译国外的，另12种是他们自己创造的。该书对推广教育测验和心理测验起了一定的作用，是一本测验的最简便的用书，成为当时教育系学生和测量专修班学员的教科书。此外，廖世承还编了数种教育测验来测量学生的学力。这也是为了配合当时的学制改革，为实行分科制和选科制时进行能力分组作预备。他先后编制了廖氏国文默读测验、国文常识测验、国文文法测验、混合数学测验、混合理科测验、混合历史测验、混合地理测验、英文测验、常识测验等。1924年，廖世承基于各种教育实验、测验实践以及国内外最新的教育心理学研究，编著出版了我国第一本《教育心理学》教科书，被学界公认为我国教育心理学科创始人。30年代以后他又编了几份时事测验和道德意志测验，都是团体测验，适用范围是初一至高三的学生。这些测验都在全国被广泛地用作选拔考生、调查学生学习能力以及教育实验和学务调查的工具。美国测验专家麦柯尔承认，当时中国学者编制的各种测验，有许多竟比美国为优。他的其他相关著作还有：廖世承编《新中华教育测验与统计》（中华书局1932年1版、1934年3版）；《教育测验与统计》（1932)等。同时，廖世承通过实验，得出的《东大附中道尔顿制实验报告》轰动一时，有效地唤起当时教育界的"实验兴趣"，为教育的科学化作出了重要贡献。

（三）师范教育

廖世承在国立师范学院任院长期间，对中国师范教育悉心研究，撰写了《师范教育与抗战建国》、《师范学院的使命》、《抗战十年来中国的师范教育》等长篇文章。他对我国师范教育发生和发展的历史作了系统的考察，提出了如何办好师范教育的较系统的主张。他明确指出："教育方面最重要的,当然是师范教育。没有良好的师资,各级教育都不会上轨道。"为此,他指出:第一,师范应以独立设置为原则,附设于大学利少弊多,取消高等师范教育更是无当。第二,应明确师范学院的使命。他说,师范学院的使命,一是树立普遍的共同的教育信念;二是培养同情与纯爱;三是进行专门职业训练;四是学术方面专科训练;五是倡导实验;六是对社会教育的指导。第三,师范训练应当严格。培养学生应要求严格训练,使他们"不单是要知识好、方法好,而且要有专业道德——有责任心、忍耐心、仁爱心、真诚、坦白、乐观、谦虚、公正诸美德"。第四,要有好的师资。他认为"师范学院之理想教授,须学识宏通,而且富有教学经验,具有教育热情。然而,此种理想难以达到,但对现有教师可量才使用,即学术渊博殚心研究者可教高年级的课;有相当专门学问、富有教学经验而熟悉中等学校各科情形者,可任实习导师;教学能胜任而能谨慎负责者,可教工具学科或低年级之课。"这样,"学生工具教育得有基,而专门学问亦有师承,再加以优良之实习指导,出而为人师,自不致有覆餗之虞矣"。第五,教育理论与实际教育打成一片。师范学院应既是实验的中心,也应为教育指导的中心。只有这样,师范学院在教育的地位自然增高,教育的专业训练,也无人敢忽视了,学术也能得到普及。①

三、本卷编选与校对说明

(一)廖世承先生毕生奉献教育事业,教育著述自然极其丰富。主要著作十几部,主要论文将近百篇,因篇幅内容所限,只能选择具有代表性的著作予以编校呈现。在1992年,人民教育出版社出版了由汤才伯先生主编的《廖世承教育论著选》,其中收编的主要是廖世承先生的论文及报刊作品,所以本卷编选范围主要限于其编著书籍,因廖氏所作《中学教育》和《教育心理学》既是我国师范学校最早的教科书,又能很好地反映其主要学术思想,同时部分学术观点至今仍有现实意义,故收录编校于此。《教育心理学》依据中华书局1924年出版的本子;《中学教育》则依据商务印书馆1924年出版的本子。为使读者对廖世承作进一步的了解和研究,本卷书末附录了其主要作品目录和索引。

(二)因为年代学术体例不同之故,编者针对著作进行了校对。订正了一些明显的错字、漏字以及标点的漏用或误用(以现今之学术规范为据)。针对正文

---

① 侯怀银. 20世纪教育学家小传——廖世承[EB/OL]. http://blog.sina.com.cn/s/blog_5b8fc2380100tklt.html.〈2011-04-28〉

中一些小标题进行了数字编号和段落另起的编排。文末参考文献也进行了校误和缺失信息的补充,当然,一些参考文献因为年代久远和编者本身能力之故,未能找到准确出处,只能参见后来版本著作予以代替或者保留其信息残缺原貌。另外,对于一些文末参考文献,比如《教育心理学》,如果前面出现过具体出版社以及出版年份,那么后文参考文献再次出现时,会省略相关信息。这一点,编者尊重原文,未做改动。同时编者对著作内容本身没做任何变动,只是对正文中有些地方添加了校者注。著作中括号内的原来注释,除非过长移作脚注之外,其余都保持原貌。

（三）本卷编选及校对过程中,得到编校委员会及相关人员的大力支持,谨表谢忱。因个人能力、学识所限,编校工作若出现纰漏与错讹之处,本人当负全责。竭诚欢迎读者对选编工作进行批评或建议,以便更好地研究廖世承学术思想。

张晓阳
2014 年 7 月初稿,2016 年 7 月改定

目录

中学教育 …………………………………………………… 1

教育心理学 ………………………………………………… 251

廖世承著作、论文目录 …………………………………… 536

中学教育

自 序

本书所讨论的问题，不仅限于中学校，对于师范及职业学校，也有很大关系。不过"中等教育"的名称，太嫌广阔，所以改用"中学教育"。

就是"中学教育"的范围，已经很大。里边所包含的问题，异常复杂；各人的论点，也不一致。作者所以敢冒不韪，大胆地将本书发表，实有两个小小的缘由：（一）我国关于中学教育的讨论，尚没有刊行过什么书籍。研究的人可作为一种参考。本书虽不敢说替中学教育出版界辟一条途径，但对于后来作系统的研究的人，至少可省掉他一部分精力。（二）中学教育的学说主张及设施方法，时有变迁，我们应有一系统的记载，以备继续改进。现时正当新旧学制交替时候，此种记载，似更为需要。

至搜集本书材料的时期，已有好几年了。在民国九年[1920]，南高教育科开始设立中学教育学程，作者就承乏教职，同时又担任附中主任职务。四年以来，一面教学，一面研究，自己的主张，也逐年变迁，教材的内容，也时时修改。有时主张变更非常快，后章甫脱稿，对于前章的内容，已觉不甚满意。不过大体尚无多出入。

本书共分两编：第一编专事讨论中学教育原理，第二编为中学教育行政及组织。我以为原理与具体的设施方法，应该并重。倘使办学的人，对于原理，不能彻底了解，他的设施，一定不易上轨道。不过只知原理，不明应用，也是徒然。所以本书讨论各项问题时，一方面陈述各种理论，使读者对于问题之性质，先行了解；一方面列举具体的办法，以供参考。有时在我国找不到例子的，只得借镜他国。在每章之末，附有讨论及研究问题，以备热心中学教育的人继续地研求。另外每章附有中西参考书报，都可作研究的材料。关于各科教材及教学法，拟在"中学教育"下集中讨论，故不列入上集范围以内。

我希望本书对于各中等学校校长、职教员、学生以及一般热心研究中等教育的人，都有些许贡献。我对本书所参考的中西书报的作者，都很感谢。

1923年11月20日廖世承序于南京

中学教育目次

第一编　中学教育原理

第一章　我国中学教育的沿革 ——— 13
- 一、我国中学教育的萌芽时代……… 13
- 二、我国中学教育史的分期………… 13
- 三、各时期学制系统上的变迁……… 14
- 四、各时期教育行政上的变迁……… 16
- 五、各时期中学教育宗旨的变迁…… 17
- 六、各时期中学课程的变迁………… 17
- 七、各时期中学教师概况…………… 18
- 八、各时期女子中学教育概况……… 19
- 九、各时期进化的要点……………… 19
- 十、统计……………………………… 20
- 十一、中学教育的趋势……………… 22

第二章　各国中学教育的比较 ——— 25
- 一、美国的中学教育………………… 25
- 二、德国的中学教育………………… 28
- 三、法国的中学教育………………… 32
- 四、英国的中学教育………………… 35
- 五、日本的中学教育………………… 38

第三章　中学和小学的关系 ——— 41
- 一、中学名称的来源………………… 41
- 二、中小学的分别…………………… 41
- 三、各国中小学年限的比较………… 44
- 四、中小学衔接上的困难…………… 46

五、中小学的沟通方法 ··· 47

第四章　中学和大学的关系 ——————————————— 49
　　一、大学对于中学应取的态度 ··· 49
　　二、中学生与升学人数的比例数 ······································ 50
　　三、中学生入大学的过程 ··· 51
　　四、入学考试存废问题 ·· 52
　　五、入学考试和平时成绩的关系 ······································ 53

第五章　中学的改组问题——赞成初级中学和反对初级中学的理由 —— 55
　　一、现行学制的缺点 ··· 55
　　二、时代进化的关系 ··· 56
　　三、我国改组的经过情形 ··· 57

第六章　初级中学的定义和职能 ——————————————— 63
　　初级中学的定义 ·· 63

第七章　中学学生 ——————————————————————— 72
　　一、中学生生理的变迁 ·· 72
　　二、中学生心理的变迁 ·· 74
　　三、中学生的个性差异 ·· 78
　　四、中学生的问题 ··· 82

第二编　中学行政及组织

第八章　中学的行政问题 ——————————————————— 97
　　一、学校的办事系统 ··· 97
　　二、会议 ··· 98
　　三、校舍问题 ··· 100
　　四、学校卫生 ··· 102
　　五、设备 ··· 105

六、经济 ·· 106

　　七、初中的入学资格 ································· 112

　　八、初中与高中的关系 ····························· 113

第九章　中学校长 —— 115

　　一、校长的来源 ······································· 115

　　二、校长的资格 ······································· 115

　　三、校长的职务 ······································· 116

　　四、校长与学潮 ······································· 121

　　五、中学校长的机会 ································ 122

第十章　中学课程 —— 124

　　一、"课程"的解释 ·································· 124

　　二、课程何以要改造？ ····························· 124

　　三、改造的阻力 ······································· 125

　　四、改造的途径 ······································· 126

　　五、实施的情形 ······································· 134

　　六、初中课程的宗旨 ································ 135

　　七、初中的课程 ······································· 136

　　八、高中课程的原则 ································ 140

　　九、高中的课程 ······································· 140

　　十、选科问题 ··· 147

　　十一、缺课问题 ······································· 149

第十一章　中学校的学级编制 —— 153

　　一、学级的成因 ······································· 153

　　二、学年制的害处 ··································· 153

　　三、救济学年制的办法 ····························· 155

第十二章　科学的考查成绩法 —— 162

　　一、反对考试的理由 ································ 162

二、赞成考试的理由 ………………………………………… 162
　　三、对于考试应取的态度 …………………………………… 163
　　四、考试新计划 ……………………………………………… 163
　　五、考试新方法 ……………………………………………… 165
　　六、中学的标准测验 ………………………………………… 169
　　七、入学考试 ………………………………………………… 170

第十三章　科学的记分法和学业成绩报告 —— 177
　　一、分数代表什么？ ………………………………………… 177
　　二、成绩报告 ………………………………………………… 185

第十四章　中学教师 —— 187
　　一、中学教师的资格 ………………………………………… 187
　　二、中学教师的来源 ………………………………………… 189
　　三、中学教师的职务 ………………………………………… 192
　　四、中学教师的薪金 ………………………………………… 195
　　五、中学教师的修养 ………………………………………… 196

第十五章　中学生的课外活动 —— 200
　　一、组织课外活动的几种原则 ……………………………… 200
　　二、课外活动的种类 ………………………………………… 201

第十六章　中学自治问题 —— 209
　　一、自治主旨 ………………………………………………… 209
　　二、自治会的现状 …………………………………………… 209
　　三、自治会的缺点 …………………………………………… 211
　　四、失败的缘由 ……………………………………………… 211
　　五、养成自治能力的步骤 …………………………………… 212

第十七章　中等学校的职业指导 —— 217
　　一、为什么有职业指导？ …………………………………… 217

二、没有指导有什么弊害？ …………………………………… 217
　　三、中等学校实施职业指导的目的 …………………………… 218
　　四、中等学校实施职业指导的方法 …………………………… 220

第十八章　中学校自行度量(Self-survey)的标准 —————— 232
　　一、度量校舍的标准 …………………………………………… 232
　　二、中学校长度量自己成绩的标准 …………………………… 234
　　三、教师自省和自强的标准 …………………………………… 239

第十九章　结论 ———————————————————— 244

附录 ————————————————————————— 248

本书的图表目次

图 1　壬寅学制系统 …………………………………………………… 14
图 2　癸卯学制系统 …………………………………………………… 15
图 3　壬子癸丑学制系统 ……………………………………………… 15
图 4　辛酉壬戌学制系统 ……………………………………………… 16
图 5　各省中学入学试验应试与录取人数的比较 …………………… 23
图 6　表示美国历年户口统计与中小学学生增加数之比较 ………… 28
图 7　表示美国中学生家长职业的一斑 ……………………………… 43
图 8　各国中小学年限的比较 ………………………………………… 45
图 9　教育文字中初级中学特殊职能发现次数的比较 ……………… 67
图 10　体高增进的曲线 ………………………………………………… 75
图 11　智力增进曲线（男孩） …………………………………………… 75
图 12　智力增进曲线（女孩） …………………………………………… 76
图 13　中材儿童和高能儿童智力增进的曲线 ………………………… 76
图 14　中材儿童和高能儿童的智力商数 IQ 曲线 …………………… 77
图 15　东大附中各级学生英文测验成绩的比较 ……………………… 81
图 16　东大附中的系统组织 …………………………………………… 97
图 17　教室的普通标准 ………………………………………………… 103
图 18　各省中学校每生所占教育经费平均数比较图 ………………… 107
图 19　表示一个定分很宽的教员 ……………………………………… 178
图 20　表示一个定分很严的教员 ……………………………………… 178
图 21　按照常态分配，五项等第所占的百分比面积 ………………… 180
图 22　表示化平日小考分数为比较等第的方法 ……………………… 181
表 1　第二期的中学教育统计 ………………………………………… 20
表 2　第三期的中学教育统计 ………………………………………… 20
表 3　第四期至第六期的中学教育统计 ……………………………… 21
表 4　各省中学校学生数表 …………………………………………… 21
表 5　美国公立中学的统计 …………………………………………… 27
表 6　德国 3 种中学校各级每周授课时间的总数 …………………… 29

表 7	德国中学校统计	31
表 8	法国男子中学校课程的组织	33
表 9	第一圆周课程时间支配表	33
表 10	第二圆周课程时间支配表	34
表 11	法国中等学校数和学生数	35
表 12	日本明治九年时的中学教育统计	38
表 13	日本大正十一年中学教育统计表	39
表 14	东大附中学生家长的职业	43
表 15	各国中学生数的比较	47
表 16	每1 000个美国中学生和大学生的比例数	51
表 17	(1) 东大附中学生希望升学及职业的人数	51
	(2) 东大附中学生的家庭对于升学及职业的希望	51
表 18	表示大学入学试验成绩和第一年学业成绩的关系	53
表 19	表示68个人解释初级中学时包含下列各点的百分比	64
表 20	教育文字中初级中学特殊职能发现次数的比较	66
表 21	130评判员所评定初级中学特殊职能的等第	68
表 22	124评判员所评定初级中学特殊职能的等第	68
表 23	显示4 800纽约中学校男生春情发动期的迟早	72
表 24	显示261个女子春情发动期的年龄	73
表 25	东大附中各级学生实足年龄的比较	79
表 26	东大附中全体学生暨未录取各生五项智力测验的统计	79
表 27	美国中学施行性教育的种类	90
表 28	美国利用各科目施行有系统的性育之中学校数	90
表 29	美国利用各科目施行有系统的性育之中学校数	91
表 30	美国中学校长对于施行性育的态度	92
表 31	美国各种学校大会堂和健身房的百分比	101
表 32	9个初级中学支配校舍面积的百分比	102
表 33	9校的教授和社会活动所占校舍面积的百分比	102
表 34	表示美国(Grand Rapids)地方3个初级中学每年每生的平均费用	106
表 35	表示美国(Grand Rapids)地方3个高级中学每年每生的平均费用	107

表36	17个中学校长在1922年4月对于各种职务所费时间的最小、中数和最大百分比	116
表37	中学校长对答调查问题的百分比	117
表38	每周工作时间存查表	119
表39	一月内各项工作时间百分比的统计	119
表40	新学制课程委员会所拟初级中学各科学分支配表	136
表41	东大附中初级中学学分表	137
表42	东大附中初级中学必修科目学程表	137
表43	东大附中初级中学各分科选修科目学分表	138
表44	课程委员会所拟的高级中学公共必修科学分支配表	140
表45	暂拟高中普通科第一系课程表	142
表46	暂拟高中普通科第二系课程表	143
表47	暂拟高中商科课程表	144
表48	暂拟高中师范科课程表	145
表49	求T分数的方法	174
表50	显示求年级地位的方法	184
表51	化G为C的校正数	184
表52	美国中学教师的年龄分配	189
表53	美国中学教师习几多教育学分的百分比	190
表54	初中教师有几多大学毕业生的比例	190
表55	路圣极儿地方教师教授年数的百分比	191
表56	265个初中的男女教师人数	192
表57	美国中学教师职务时间的分配	192
表58	美国中学教师在一星期内除学校职务外所有的活动	194
表59	美国中学教师在假期内的活动	194
表60	与学生个人谈话存查表	222
表61	东大附中在校学生状况调查表	224
表62	东大附中在校学生家庭状况调查表	225
表63	东大附中毕业生状况调查表	225
表64	学校状况调查表	226
表65	学生状况记载表	227
表66	城市学校校舍记分表	232

第一编
中学教育原理

第一章 我国中学教育的沿革

一、我国中学教育的萌芽时代

我国办理新教育,已有几十年了。在前清同治年间,设立的学堂,有京师同文馆、福州海军学堂①和上海机器学堂②,光绪年间有天津北洋大学堂③、上海南洋公学、湖北自强学堂、广东时敏学堂和浙江求是学堂等。不过学制系统尚没有正式规定。所有的学堂也不分什么大学中学小学。光绪二十七年[1901],上谕各省书院改为高等学堂或大学堂,各府书院改为中学堂,县书院改为小学堂,但是没有实行。光绪二十八年[1902],张百熙奏定了一个学校章程,二十九年[1903],命孙家鼐、张百熙、张之洞三人会同审定,通令全国实行。光绪三十一年[1905],明诏废八股,罢科举,设立学部,统辖全国学堂;三十二年[1906],宣布教育宗旨。这几年对于新教育,可算得轰轰烈烈,积极进行了。推原其故,也不外适应时势的要求。中国自道光咸丰以来,和外人交接,动辄失败,创钜痛深之余,自不得不发奋图强。加以社会心理,逐渐变迁,潮流所趋,实是没法强遏的。

二、我国中学教育史的分期

我国的中学教育天然可分为两大时期:(一)清代;(二)民国。就这两个时期,又可分为几个小时期。各时期的分配如下:

中国中学教育史的分期
- 清代(光绪二十八年至宣统三年)[1902—1911]
  1. 光绪二十八年至二十九年[1902—1903]
  2. 光绪二十九年至三十四年[1904—1908]
  3. 宣统元年至三年[1909—1911]
- 民国(元年至十二年)[1912—1923]
  4. 元年至六年[1912—1917]
  5. 六年至十年[1917—1921]
  6. 十年至今[1921—1923]

第一期就是张百熙奏定学堂章程的时期;第二期为清代教育积极进行的时

---

① 福州海军学堂,即福建船政学堂。——编校者
② 上海机器学堂,当是指1874年成立的上海江南制造局操炮学堂。——编校者
③ 1895年于天津建中西学堂或称北洋西学堂,1903年重建后为北洋大学堂。——编校者

期。第三期的全体系统,虽没有什么变更,但是开始文实分科,中学方面,却有一个大更动。第四期为民国教育的革新时期,第五期添设二部,注重职业教育,第六期开始实行"三三制"。

三、各时期学制系统上的变迁

以前所定的学制,大都从日本抄袭得来。壬寅的学制,张百熙虽说是参考各国的制度,但大部分以日本的学制为根据。

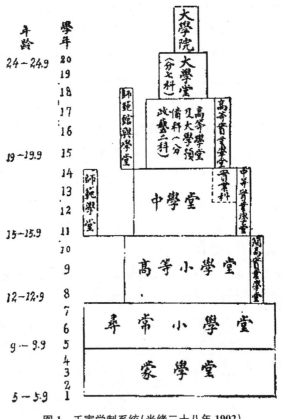

图1　壬寅学制系统(光绪二十八年 1902)

在上面那个系统里边,中学定为 4 年毕业,可分实业科。系统全体共有 20 学年。

到光绪二十九年[1904]学制又修改了。中学年限改为 5 年,全体系统也增加了 1 年。第三期的系统,没有更动,第四期却更动了不少。系统全体减去 3 年,变为 18 学年。中学校也减为 4 年。第五期除中学设二部外,系统仍旧。到了民国十年[1921],全国教育会联合会在广州开会,提议了一个新学制草案,十

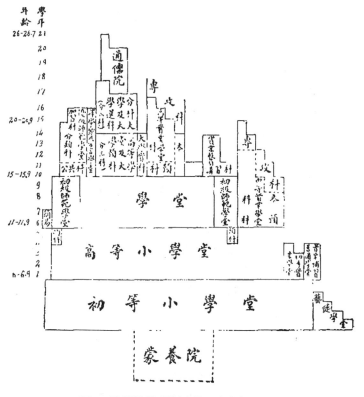

图2 癸卯学制系统(光绪二十九年 1904)

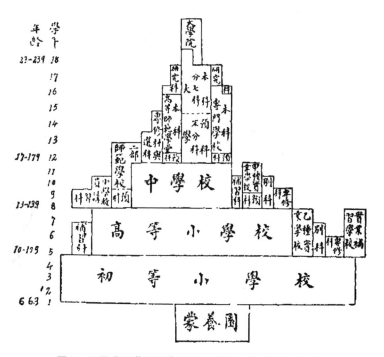

图3 壬子癸丑学制系统(民国元年至二年 1912—1913)

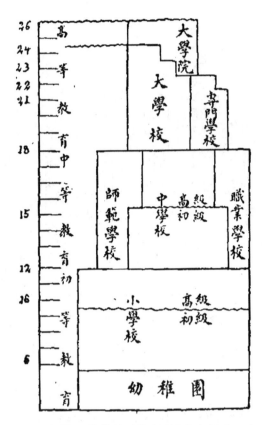

图 4　辛酉壬戌学制系统（民国十年至十一年 1921—1922）

一年[1922]在教育部通过，学制系统上又有了很大的变迁。在这个系统上，全体学年并没有加减，不过中学加了2年。这是我国兴学来学制系统变迁的大概情形。

四、各时期教育行政上的变迁

清代起初兴学的时候，学堂和教育行政机关不分。学堂的系统，就是行政的系统。京师大学堂仿佛是全国最高的行政机关。上级学堂可以撤换下级学堂教员，可以审核下级学堂成绩；下级学堂对于上级学堂有报告的责任。到了光绪二十九年[1903]，教育行政才和学制系统分立，在京师专设总理学务大臣，以统辖全国学务。学务大臣名称于三十一年[1905]取消，另设学部，中学堂亦归部统辖。宣统三年[1911]，中学统辖办法变更：高等以上学堂，由学部统辖，中学以下学校，由各省统辖。民国成立后，学部改称教育部，各省立中学校支给省费，省教育行政机关遂成为主管机关了。

五、各时期中学教育宗旨的变迁

前清所颁布的教育宗旨为忠君、尊孔、尚公、尚实、尚武诸端,对于中学教育,大致以升学为目的。张百熙奏定章程的全学纲领第一章说:"中学堂之设,使诸生于高等小学卒业后,而加深其程度,增添其科目,俾肆力于普通学之高深者,为高等专门之始基。"这几句话,就肯定中学系高等专门的预备学校。

第二期的中学宗旨,略有变动。《奏定章程》的中学堂立学总义章说:"中学堂为施较深之普通教育,俾毕业后不仕者从事于各项实业,进取者升入各高等专门学堂,均有根底为宗旨。"照条文上看来,似乎升学和职业并重,其实偏重于普通教育,所谓从事实业,是一句空话。

第三期的中学文实分科,是受了德国教育的影响。实科不是职业科,也是升学预备科。所以前清的中学教育宗旨,可以用"升学预备"四个字概括起来。

民国开始时所颁布的教育宗旨,系"以道德教育为基础,以军国民教育为辅,更以美感完成其道德"。对于中学校,仍以"完足普通教育,造成健全国民"为宗旨。民国五年后,职业教育的呼声渐高,民国六年南京高等师范开办附属中学,设农工商科,就是中学渐注意职业教育的一个例子。

第六期的学制系统,大家都很满意,所定的标准也能适合民国精神。标准如下:

(1) 根据共和国体,发挥平民教育精神。

(2) 通应社会进化之需要。

(3) 发展青年个性,使得选择自由。

(4) 注意国民经济力。

(5) 多留各地方伸缩余地。

(6) 使教育易于普及。

六、各时期中学课程的变迁

第一第二期的课程都分十二门:(1) 修身;(2) 读经讲经;(3) 中国文学;(4) 外国语;(5) 历史;(6) 地理;(7) 算学;(8) 博物;(9) 物理及化学;(10) 法制及理财;(11) 图画;(12) 体操。每星期有36小时。各科中读经和本国文时间占得最多,第一、二年有13小时,第三年加为14小时,第四、五年为12小时。其次为外国文,前三年每星期有8小时,后两年每星期有6小时。不过当时一般人对于外国语尚抱怀疑的态度。光绪二十九年[1903],管学大臣所奏陈的纲要中说："近日少年习气,每喜于文字间袭用外国名词谚语,如团体、国魂、膨胀、舞台、代表等字,固欠雅驯;即牺牲、社会影响、机关组织、冲突运动等字,虽皆中国所习见,而取义与中国旧解迥然不同,迂曲难晓;……"可见当时不赞成外国文的心理了。

第三期自文实分科实行后,每科分主科和通习两种。主科钟点较多,但实行不及1年,办法即有变更。文科读经起初每星期10小时的,后改为5小时,实科外国文每星期10小时的,改为8小时。这样名虽分科,实际上仍没有多大差别。

第四期中学减为4学年,废除读经,加增艺术科,每周教授时间也减为34小时。所定的中学课程为修身、本国文、外国文、历史、地理、数学、博物、理化、法制、经济、图画、乐歌、手工、体操(女子中学加家事、园艺、缝纫等科)。

第五期中学设立二部,其动机即根据民国五年全国教育大会的建议。教育部采用了大会的主张,定了5条办法,其中有2条重要的摘录如下：（1）"中学自第三年起,得设职业科。"(2)"可因地方情形,酌加农工商班。"八年四月,教育部咨准中学"斟酌地方情形酌量增减科目及时间",后来各校采用选科制,就根据这一条咨文。

第六期的初中和高中课程,尚没有正式规定。待在第二编讨论编制课程时,再行提出研究。

七、各时期中学教师概况

第一期的中学教员资格,没有正式规定。奏定章程只说,每班学生有级任教员一人,倘使一教员不能胜任一级的功课,可以同二三班教师合起来教。

第二期正式规定中学教员资格。教员分正副两种。在优级师范毕业,考取最优等,或留学外洋,考取中等,或有相当资格的,可以充正教员。在优等师范毕业,或留学外洋高师得有文凭,或有相当资格的,可以充副教员。不过当时优等师范毕业生甚少,留学毕业的更少。

第三期再进一步,有检定及待遇中学教员办法。检定分有试验及无试验两种。无试验检定,须合以下资格："(1)大学预科毕业,或专门学校毕业,或程度相等以上各学堂毕业,得有奖励或经学部核准升学者;(2)外国大学毕业生,经部考试录取者;(3)服务中等学校3年以上,经学部或提学使认为合格者。"试验检定,分主科辅科两种。国文及教授法,必须试验。例如英文教师,除英文外,尚有英文地理、历史、英文教授法及国文,都须试验。待遇办法也分5种:(1)出身方面与举人等;(2)法律上有种种优待;(3)可称绅士;(4)经济上有津贴;做了中学教员15年以上,得休养1年,领1年的薪金;(5)中学教员服务15年以上,病死后家庭得受1年的恤金,子弟入学,可免学费。

民国初年,教育部规定专任教员的办法。凡为中学校长及教员,不得兼任他职。对于中学教师资格,无特别规定。新学制草案成立后,师资问题,渐引起一般人注意。初级师范毕业后,至少须补充一二年,方可当初级中学教员;高等师范毕业后,也须继续研精,才可当高级中学教员。

八、各时期女子中学教育概况

在第一期的学制系统里边,完全没有女子教育的位置。第二期的女子教育,列在家庭教育当中。那时拟订章程的人,对于女子教育的观念,大概有三点:(1)女子结队入学游行街市,很不雅观;(2)女子多读西书,便信仰外国自由结婚,蔑视父母夫婿;(3)女子只求能持家教子,不必习高深学问。到了光绪三十三年[1907]正月二十四日,才有女子师范学堂及女子小学堂的章程发现。这是女子教育在学制上占领位置的第一天,距今也不过16年。但是女子中学,尚没有位置。民国成立后,允许国民小学一二年级男女可以合校,同时颁布女子中学章程;不过公家设立的女子中学校,依然如凤毛麟角。直至民国九年北京大学及南京高等师范实行开放女禁,社会上始注意女子中学教育的问题,江苏省立第一及第二女师范都在那一年创办附设女子中学校。十年,广东省立中等学校开始招收女生,北京高等师范附属中学校也招了一班女生,试办男女同学。

自从新学制草案成立以后,就理论方面看来,可以说男女在教育上已享受平等的地位。男子的学制系统,就是女子的学制系统。可是对于中学男女同学,依然有反对的论调;女子中学的校数,尚嫌缺乏。

九、各时期进化的要点

第一期的章程,未曾实行,可以不必讨论。第二期可称为清代教育进化的发轫。对于规定教师的资格及试验学生的办法,都很周详。

第三期可称为清代教育改进的时期。这一期的优点甚多。(1)文实分科,使中学学生得到一部分活动余地,为后来分科制的滥觞。(2)检定及待遇中学教员的办法甚好,可惜没有实行。(3)废止实官奖励,不过当时拔贡优贡的名称仍存在。中学改辖——规定高等教育归部管辖,中等归省,初等归县——可以调剂中央集权和地方分权的利害。

第四期的要点也甚多。(1)规定女子中学课程,提倡女子教育。(2)缩短就学年限,注意时间经济。(3)中等学校,直接支用省款。以前中学经费,多由地方负责,但是各地的贫富不同,经费也多寡不等,归省当局支配,可以使各校平均发达。(4)废除读经,加入艺术等科,和美国减少拉丁文时间,同一趋势。(5)减少中学授课时间,每周不得过三十四小时,使学生多得自习机会。(6)规定专任教师办法,使教员精神,易于团结。(7)废止中学毕业虚名出身的奖励。以上都是本期的优点。至于取消文实分科,可以说是本期的缺憾。

第五期中可注意的也有几点。(1)注重职业教育趋势。(2)全国中等学校校长会议。(3)八年四月允许中学自由增减科目的部令。

新学制草案成立以来,全国对于中等教育一段,非常注意,中学方面的改进也不少,如施行分科选科制,采用能力分组办法等等。所有的优点,以后还须另行提出讨论。

十、统计

光绪二十九年[1903]全国中学生只有1 276人,光绪三十三年[1907],中学生人数增加到31 289人,就数量方面看,进步不可谓不快了。兹将各时期所公布的统计列后。

表1　第二期的中学教育统计
（光绪三十三年　1907）

中学堂总数	419	全国学堂总数	35 588
中学堂教员数	2 868	全国教员总数	63 937
中学堂学生数	31 289	全国学生总数	874 642
中学堂经费岁出	2 081 681	全国经费岁出总数	15 584 621

注:上边是学部第一次发表的京外学务统计表。

表2　第三期的中学教育统计
（宣统二年　1910）

中学堂总数	438	全国学堂总数	52 348
中学生总数	38 881	全国学生总数	1 625 534

这一期中学校和学生数,并没有比第二期加增多少。就数量方面看,可以说没有进步。

表3 第四期至第六期的中学教育统计
(民国元年至十二年 1912—1923)

年度 项别	元年 1912	五年 1916	十一年至十二年 1922—1923
中学校数	373	350	547
中学生数	52 100	69 924	103 385
中学教员数	3 639	4 418	9 349
每学生平均费用	58.2	59.9	63.8

第四期的中学校数,比较宣统年间反而减少,不过学生数差不多加增了57%。

民国四年除教会学校而外,全国女子中学校共有9所,其中6所为私立,3所为公立,学生共有948人。人数虽少,也是女子中学发达的起点。

表4 各省中学校学生数表

省别	学校性质 年份	公私立 十一年至十二年 1922—1923	教会立 民国九年,1920	总数
京 兆		5 469		5 469
直 隶		7 480	1 953	9 433
奉 天		3 712		
吉 林		960	521	5 822
黑龙江		629		
山 东		6 291	1 489	7 780
河 南		3 036	275	3 311
山 西		6 910	267	7 177
江 苏		9 216	3 323	12 539
安 徽		1 938	270	2 208
江 西		4 165	266	4 431
福 建		3 773	1 510	5 283
浙 江		5 131	974	6 105
湖 北		5 524	852	6 376
湖 南		8 953	659	9 612

续 表

学校性质 年份 省别	公私立 十一年至十二年 1922—1923	教会立 民国九年,1920	总数
陕 西	1 829	23	1 852
甘 肃	777		777
新 疆			
四 川	9 581	875	10 456
广 东	9 107	1 929	11 036
广 西	3 921	17	3 938
云 南	2 940	10	2 950
贵 州	1 664		1 664
热 河	178		178
绥 远	120		120
察哈尔	99		99
总 数	103 385	15 213	118 588

十一、中学教育的趋势

近年来中学教育的趋势，可分为两种：一种是扩充校数，一种是充实内容。第一种趋势发生的原因，大概有三层。（1）自民国以来，中学的校数，加增很少，但是小学毕业的学生，却日渐多了。因此中学招考时，投考的人数，往往超过招收的学额五六倍以上，下边的图，便证明这一点。（2）自从"五四运动"以后，青年求知的欲望，视前格外加高。受了小学教育的人，都想升中学；受过中学教育的人，都想升大学。学无止境，求知的欲望，也无满足的时期。各处讲演会的组织，暑期学校的成立，社会出版品的增加，都是来满足这种欲望的。（3）自大学开放女禁以后，青年女子对于中学教育，格外重视。以前小学毕业不升学的女生，此刻都想进中学去读书了。因此觉得女子中学的校数，比较男子中学格外缺乏。

至于第二种趋势起来的原因，也有几层：（1）学生在中学所得的知识，不能应用，因此毕业生的出路很少；（2）教法不讲求，偏重机械的记忆，程度好的人，不过得到一点死知识，不好的人，更不必说，因之历史成了书本以内的事实，生理卫生成了口头的讨论，数学成了几个抽象的符号，教材和学生实际生活，绝少接近的机会；（3）学潮前仆后起，学风渐趋堕落，此外原因尚多，不过这几个是较为显著的。

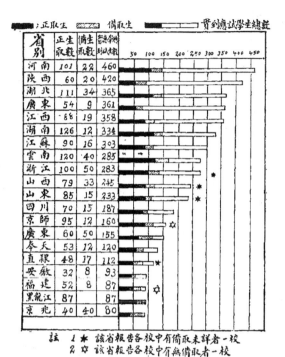

图5　各省中学入学试验应试与录取人数的比较
(民国十一年 1922)

因为适应这两种趋势,中学方面引起了许多问题。此刻且把几个较重要的列出来:

(1) 中学学制的改组。改组的目的有两种,一种是加增校数,一种是引起革新的精神。

(2) 采用选科制与分科制。变更完全预备升学的目的,使学生有一部分自由选择的机会。

(3) 提倡积极训育,注重各种指导。免除隔阂,联络情谊,使学生对于学校,有正当的信仰。

(4) 改进教法,施行测验。使学生多参与教室内作业,同时并多用客观的方法,度量作业成绩。

(5) 注重实验。无论采用何种新方法或新制度,先精确地试验一下,然后再定取舍。

对于上面几点,以后还须详细的讨论。

研究和讨论问题

1. 我国各时期的中学学制,受哪一国的影响最多?
2. 比较各国学制系统的年限。
3. 各时期中学课程研究。
4. 各时期中学教材的研究。
5. 比较清代和民国时期的中学教师。
6. 全国公私立女子中学的调查。
7. 十年来你觉得你本省的省立中学进步了几多?
8. 小学毕业生投考中学的百分比(调查一省)。
9. 任举一中学问题,并推演他的历史。

参考书目①

1. 《钦定学堂章程》。
2. 马邻翼,《学部奏咨辑要》,1908。
3. 参见:宋思荣、章咸,《中华民国教育法规选编》,江苏教育出版社,2005。
4. 郭秉文,《中国教育制度沿革史》,商务印书馆,1916。
5. 《教育杂志》(1917 年前的)。
6. 廖世承,《五十年来中国之中学教育》,载《申报五十年纪念册》,1922。
7. 陶知行,《中国建设新学制的历史》,载《新教育》(第 4 卷,第 2 期),1922。
8. 参见:《章奏:学部奏进呈第二次教育统计图表黄册折》,载《浙江教育官报》,1911。
9. 参见:王燕来、谷韶军辑,《民国教育统计资料续编》,国家图书馆出版社,2012。
10. 《调查统计》,载《新教育》(第五卷,第四期),1922。
11. 陆殿扬,《全国中学校状况调查统计》,载《新教育》(第五卷第五期),1922。

---

① 参考书目中,有"参见"的,是因为廖著当时这个参考书目的具体出处查询不到,编校者补充新文献以供读者参考。

第二章　各国中学教育的比较

比较教育的功用　无论研究什么教育,总脱不了2个途径:(1)根据教育的原理;(2)参酌实施的状况。我们要研究一国的中学教育,须先知道各国中学教育的背景,然后谈原理和实施时,有所根据。比较教育的功用,大概说来,有下列几点:

(1) 一个人的见解囿于一隅,就只能发现局部的问题,不能洞晓全体,并且解决问题的方法,也不能悉合教育原理。所以要对我国的中学教育,有所设施,须先研究各国中学教育的原理和实施。

(2) 各国的社会组织不同,社会心理不同,教育制度也不同,所以中学教育的目的,也须分别。不过根本的原则,大致相同,果能旁证远引,对于中学教育的观念,可以格外明了些。

(3) 我国学制的大体,多取法东西各国,就是近来颁布的新学制,也受美国的影响不少。所以讨论到我国中学教育问题时,不得不考求他国中学教育的沿革。

(4) 一国学制的改进,或由于国际上的竞争比较,或由于教育上的研究发展。时代潮流和教育趋势,有密切关系。欧洲大战争以后,德国的极端国家主义,一变而倾向于平民主义,即为教育随时势而变迁的一证。这种趋势系普遍的,非限于一地的;所以我们要适应潮流,尤不得不了解各国的现情。

这一章的宗旨,就在使我们对于各国中学教育,大略知道一些;在美只提了美国,在欧只提了英、法、德三国,在东亚只提了日本。

一、美国的中学教育

(一) 中学教育的沿革

美国中学教育的沿革,大概可分为三期:

1. 拉丁中学校(Latin Grammar School)的时期

这是美国在未独立以前所创设的中学校,一切仿效英制,课程专重拉丁文和希腊文。在西历1621年,美国已有设立此种中学校的动机,但是拟定了办法,没有实行。到了1635年,美国以前的文化中心和革命发祥地波士顿(Boston)开始设立一拉丁中学校。后起的学校,大概可推波校为代表。

英国的中学校,大都受教会、或私人、或基尔特(Guilds)①的补助;波校则受地方补助费,同时并征收学费。尔时中学的目的,专在升学,例如波校的毕业生,专预备升入哈佛大学(在 1636 年成立)。

2. 阿卡狄美(Academy)的时期

阿卡狄美是私立的普通中学校。起来的原因,大致因当时社会不满意于拉丁中学的缘故。在美国独立以前,社会的组织简单,大家对中学教育不十分注意,所以进中学校的,大都是上等社会的子弟。到了十八世纪,社会的组织渐趋复杂;人民对于教育的信仰逐渐提高;中等社会的子弟,也要进中学校了。专重拉丁文和希腊文的中学校,当然不能适应社会的需要。不单是美国有此种现象,同时英、德各国都有革新中学教育的运动。

赞助阿卡狄美运动最力的,富兰克林(Benjamin Franklin)可以算是一个代表。第一个阿卡狄美成立于 1751 年,在费城(Philadelphia)。接踵而起的在安多佛(Andover)有菲利普斯(Phillips Academy)。嗣后各地相继设立的很多。即以麻省(Massachusetts)而论,在 1780 年,只有 6 所阿卡狄美,在 1870 年,增加到 164 所。发展之速,可以想见。

阿卡狄美都为私人所创立,或受省款补助,其行政权悉属私人或教会。他们的宗旨在教人立身的道理和谋生的方法,不专为预备升入大学。他们的课程分经学部和英文部两种。经学部的课程同拉丁中学;英文部分英文、算术、代数、几何、三角、历史、地理、伦理、物理、化学、修词学、哲学、工艺、测量等科目。

在英属的时候,美国女子只能进小学校,不能进中学校。中学教育是男子的专利品,到了 1780 年,拉什博士(Dr. Rush)②开始在费城设立一所女子阿卡狄美。过了 4 年,麻省莱斯特(Leicester)成立,实行男女合校。这是美国女子中学教育史上最可纪念的一年,也可以说全世界中学男女同学最早的一年。

阿卡狄美的影响有好有坏。好的方面有下列几点:(1) 标明中学目的,不仅为升学;(2) 加入有用的科目;(3) 提高和发展女子教育;(4) 养成普及中学教育的观念。坏的方面,也有几点:(1) 私立的学校带有宗教的色彩;(2) 无一定标准;(3) 学生父兄负担太重,教育机会不能均等;(4) 阻碍公立学校的

---

① Guilds 为行业协会。——编校者
② 拉什(Benjamin Rush,1746—1813),美国开国元勋之一,是费城的公民领袖,同时还是一位医生、政治家、社会改革者、教育家。——编校者

发展。

3. 公立中学校(The Public High School)的时期

学校由私立变成公立,几成为世界教育进化的公例。美国第一个公立中学校(The English Classical School),也在波士顿地区,成立于1821年。公立中学的宗旨,一方面预备升学,一方面倾向职业。课程除偏重英文外,对于职业预备科目,也很注重。1826年波士顿设立一女子中学校,这是公立女子中学的起点。

(二) 统计

在1827年,麻省对于中学教育有一明文规定。凡城镇乡满五百家者须设一中学校。自此以后,各州群起仿效,中学教育遂有一日千里之势。兹将近30年来美国中学教育的统计,列表如下:

表5　美国公立中学的统计

纪元后	中学校数	中学教员数	中学学生数
1890—1891	2 771	8 270	211 596
1900—1901	6 318	21 778	541 730
1910—1911	10 234	45 167	984 677
1914—1915	11 674	62 519	1 328 984
1917—1918	13 951	81 034	1 645 171

(三) 今后的问题

欧洲大战以后,美国进中学的人数,格外踊跃。据最近的统计报告,全国差不多有二百万中学的学生。美国户口有一百兆[①],平均五十人中有一人在中学读书,和吾国比较,正不可以道里计了。下图表示美国历年中小学学生人数增加和全国户口增加的比较。

中学人数的加多,从曲线上看来,真是方兴未艾,不过要使中学教育普及,一时尚未易达到。美国全国中学学龄儿童,差不多有8 300 000人,就学的仅不过四分之一。怎样使其余的四分之三都享受到中学教育的利益,是美国今后一个大问题。

要知道中学教育普及有两个阻碍。第一是经济方面的阻碍,第二是心理方面的阻碍。贫寒的子弟,受了经济的压迫,当然不能进中学求学。就是免除了学费,于他仍没有多大援助。因为学费仅代表一部分的困难,还有一部分,就是

---

① 一百兆为一亿。——编校者

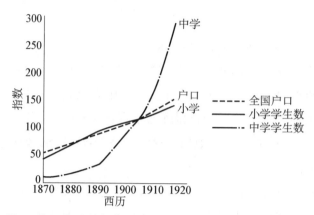

图 6　表示美国历年户口统计与中小学学生增加数之比较
(1870—1918)

注：指数是用各时期人数除 11 个时期的平均数得出的答数

空闲时间；他们急于谋生，不等到中学毕业，就出去服务。这是从学生方面想。就人民方面论，现时美国有四分之一中学学龄儿童就学，人民负担已经很重。倘使全体都就学，那个负担不知要加重到什么地步？

　　讲到心理方面，儿童的智力高低不一。各个人发展的可能是否也有限制？低能的儿童，享受中学教育，究有什么益处？但是也有人觉得此刻的问题不在智力方面，在教材和方法方面。倘使改进了中学的教材和方法，大多数儿童不进中学则已，进了中学一定可以得到相当的益处。话虽这样说，心理方面的阻碍究有客观的证据。可是美国现时尚谈不到此，智力很好而不能进中学的依然很多。

　　除了普及中学教育运动以外，美国对于中学教育，还有许多改进的地方，例如学制的变更，八四制改六三三制；注重职业陶冶；调查适合中学需要的教材；编制中学测验等等。这种种问题，都在积极进行，以后 10 年中学教育的进步，总要比以前 10 年的进步还要大。

二、德国的中学教育

（一）德国的学校系统

　　欧战以前，德国的教育是双轨制的代表，所谓双轨制就是平民有一个学制系统，上等社会的子弟或贵族，另有一个学制系统。此刻且分别说一说：

　　1. 平民学校（People's School）

　　德文叫做 Volksschule。儿童在 6 岁时进平民学校，八年毕业，这就是义务教育的年限。毕业以后，可以进补习学校，或职业学校，或中学校。

2. 中等学校

这是上等社会或贵族的学校,里边又分两种,一种是男子中学校(Höhere knabenschule),一种是女子中学校(Höhere madchenschule)。富家子弟,大半不到平民学校,6岁时直接进男子中学的预备学校(Vorschule),三年毕业。学业后即直入中学班,其期限为9年或6年。女子中学也是这样。

大概说来,德国的中等学校,可分三种:(1)文科中学(a)(Gymnasium),(b)(Progymnasium);(2)实科中学(c)(Realgymnasium),(d)(Realprogymnasium);(3)新实科中学(e)(Oberrealschule),(f)(Realschule)。(a)、(c)、(e)三种学校修业期限都为9年,(b)、(d)、(f)为6年。

(二)中学的课程

文科中学成立最早,实科中学次之,新实科中学于十九世纪终了时,始经政府正式承认。3种学校的课程各有区别。文科中学注重古代语,实科中学注重古代语和近代语,新实科中学则完全注重近代语。兹将3种学校的科目及每周授课时间列表于后,以资参考。

表6 德国3种中学校各级每周授课时间的总数

	文科中学	实科中学	新实科中学
宗　教	19	19	19
德　文	26	28	34
拉丁文	63	49	…
希腊文	36	…	…
法　文	20	29	47
英　文	…(+6)	18	15
历　史	17	17	18
地　理	9	11	14
数　学	34	42	47
自然科学	18	29	36
习　字	4	4	6
图　画	8(+9)	16(+10)	16(+10)
总　数	259	262	262

注:另外有体操每周3小时,唱歌每周2小时,二年级后只有一部分人对于唱歌特长者,认为必修科。

上边的表,系代表3种九年毕业中学校的时间支配。连体操唱歌在内,每周至少有 30 点钟,至多 36 点钟。

六年毕业的中学校,大都设在乡间。毕业后,可以入九年毕业中学校的第7年或入职业学校补习一二年,可以到银行、公司、工厂、矿场服务。欧战以后,人民生活困难,中等社会子弟,无从容读书的余地,所以入此种六年中学校的,格外众多。

（三）改革学校

德国中学校分科早,儿童进中学时候只有9岁左右,择科能力很薄弱;选定以后,又不易更动,颇为不便。因此遂有改革学校（Reformgymnasium）的组织,改革学校的宗旨,在使低年级的课程整齐划一,至高年级中始行分科。这种改革学校有两种制度：一种叫做法兰克福制度（Frankfurt）；一种叫做阿尔托纳制度（Altona）。"法兰克福制度"在合文科中学和实科中学的课程为一炉；"阿尔托纳制度",在同化实科中学和新实科中学（Realschule）的课程。此种学制,现尚在试验期内。

（四）女子中学教育

德国女子中学校起来很迟,在 1908 年,政府始有明文规定。女子中学（Lyzeum）也附设预备学校,自 6 岁起至 16 岁止。在女子中学毕业后,可入高等女学校（Oberlyzeum）。高等女学又分两种,一为保姆学校（Frauenschule）,两年毕业,注重幼稚教育。一为师范学校（Höheres Lehrerinnenseminar）,四年毕业,预备当小学教师。预备升入大学的可转入大学预备学校。大致女子在 14 岁,可从女子中学第 8 年转入新实科中学,或在第 7 年转入文科和实科中学。在新实科中学须再读 4 年,在文科和实科中学须再读 5 年,方可升入大学或其他高等专门学校。

保姆学校课程为教学法、教生实习、幼稚教育、儿童卫生、公民学、经济学、调查参观、家庭簿记、缝纫,及普通科目,如宗教、德文、法文、英文、拉丁、意大利文、历史、地理、科学、体操、图画、音乐等。师范学校后一年为实习,前三年课程中有宗教、德文、法文、英文、历史、地理、数学、自然科学、教学法、各科教法举例、图画、音乐、体操。实习一年中专注重教法、实习、报告和讨论。

（五）中学教师

德国规定中学教师的资格极严,正教员须合下列五项资格：(1)在九年的中学校毕业；(2)在大学至少肄习三年；(3)经过严格试验；(4)实习参观一年；(5)试教一年。合乎上边几项资格,方可得高等教师（Oberlchrer）的头衔。所以德国中学教师的学识经验,比较他国来得好,但是薪俸却并不高。欧战以前,中学教师薪俸,每年约 2 700 马克(合美金 675 元)至 4 800 马克(合美金 1 200 元)不等。欧战以后,每人全年薪俸约在 50 000 与 70 000 马克之间,以上年汇价论,只合华币 300 元左右。

(六) 中学校统计

兹将 1911—1912 年德国中学校统计列下:

表 7　德国中学校统计(1911—1912)

	学校		教师		学生	
	公	私	公	私	公	私
九年课程的中学	914	15	16 950	221	306 426	2 905
文科	524	6	9 769	157	160 237	2 451
实科	223	3	3 708	31	70 357	304
新实科	167	4	3 473	33	75 832	150
六年课程的中学	1 186	124	7 230	975	170 908	16 562
文科	81	7	570	36	9 509	1 095
实科	63	1	384	3	7 252	32
新实科	629	103	5 037	903	104 457	14 989
预备学校	413	13	1 239	33	49 690	466
女子中学	828	373	12 398	4 599	234 461	79 679
文科	39	5	1 039	64	22 137	1 399
其他	789	368	11 359	4 535	212 324	78 280
总数	2 928	512	36 578	5 795	711 795	99 146

(七) 今后的趋势

欧战以后,双轨制已取消,无论贫富子弟,在 6 岁时,须一律入基础学校(Grundschule)肄业四年毕业后或继续入国民小学肄业四年,或有志升学的,改入中等学校。盖德国后四年的小学,和中学成并行线。中学课程仍分 9 年和 6 年,名称也未改。在 9 年课程的中学毕业后,可直入大学各科肄业。

现时德国教育,正在竭力改革,其趋势大概有三种:

(1) 破除阶级,倾向平民,延长义务教育年限。

(2) 注重女子教育,有几处中学已发现男女同学。

(3) 脱离宗教主义及狭义的爱国主义。

三、法国的中学教育

法国教育是著名的中央集权制。学校的组织,教师的资格,课程的编制,都很整齐划一,各地方绝少伸缩余地。这种集权制度,还在1802年和1808年拿破仑时所规定。

讲到法国的中学校,可以说比较英德美都成立得早。在1180年,法国有一个中学校,叫做"Collège d'Harcourt"①,那时巴黎大学尚未成立,除了希腊、罗马以外,可以称得上世界最早的中学校了。

(一)法国的学校系统

法国的教育系统,和德国仿佛,也有两种:(1)初等小学(école primaire),为平民子女享受义务教育的学校;(2)中学校,男子的有(a) Lycée de garsons②和(b) Collège de garsons③,女子的有(a) Lycée de jeunes filles④、(b) Collège de jeunes filles⑤,和(c) Cours secondaire de jeunes filles⑥,为富家子女读书所。平民的儿童,6岁进初等小学,13岁毕业。毕业以后,进高等小学(école primaire supérieure)或农工商实习学校。未进初等小学以前,可入母学校(école maternelle)。上等社会或贵族的子弟,6岁进中学附属的预备小学,10岁毕业,即可直入中学,中学的毕业期限为7年。女孩8岁进女子中学附属的预备小学,12岁进中学,17或18岁毕业。

Lycée⑦和Collège⑧的性质相同,惟前者为国家设立,用国家经费,故名"国立中学";后者为地方设立,用地方经费,故名"公立中学"。表面上两种中学处于同等地位,实际上国立中学的程度要比公立中学高些。

(二)中学课程的特点

自1902年以后,法国的课程,有一彻底的更动。七年课程,分为2个圆周(Cycles),第1个圆周四年,第2个三年。在第1个圆周里边,又分甲乙两种。两种的科目一样,不过时间分配不同,例如甲种注重古代语,乙种注重科学。有几种科目是共同的,如法文、英文或德文、历史、地理、数学、自然科学、图画。两

---

① 哈库德中学,法国第一所具有中学性质的公学,建于1180年。——编校者
② 法语,译作"男子高中"。——编校者
③ 法语,译作"男子初中"。——编校者
④ 法语,译作"女子高中"。——编校者
⑤ 法语,译作"女子初中"。——编校者
⑥ 法语,译作"女子中学"。——编校者
⑦ 法语,译作"国立中学"。——编校者
⑧ 法语,译作"公立中学"。——编校者

年以后,儿童要是喜欢文科,可以多读几小时古代语,少读几小时近代语和图画。过了两年,第1个圆周的课程已了,儿童要是在此刻脱离学校,也没有大妨碍,因为所读的功课,自成一个系统。第2圆周分甲、乙、丙、丁四种:甲种,注重古代语;乙种,古代语和近代语并重;丙种,古代语和科学并重;丁种,近代语和科学并重。儿童在第2圆周读了两年,又须选科,这一次选择的大别,在哲学和数学方面。下边的表,就表示圆周的组织法:

表8　法国男子中学校课程的组织

组别	年龄	年级	课程的分类组织			
小学初级	6—8	(10)(9)	不分科。共同课程:法文、道德、习字、地理、历史、算术、图画、唱歌等。			
小学中级	8—10	(8)(7)	不分科。共同课程:同前,不过科目略行加深。			
第一圆周	10—14	(6)(5)(4)(3)	甲种		乙种	
			(6)年级开始读拉丁,有的在(4)年级读希腊文		近代语	
第二圆周	14—17	(2)(1)	甲种	乙种	丙种	丁种
			古代语	古代语—近代语	古代语—科学	科学—近代语
		哲学班	哲学		数学	
		数学班	甲种	乙种	甲种	乙种

各圆周科目及时间的支配,再可用下边两个表来显明:

表9　第一圆周课程时间支配表

年级	Ⅵ		Ⅴ		Ⅳ		Ⅲ	
组别	甲	乙	甲	乙	甲	乙	甲	乙
法文	3	6	3	6	3	5	4	6
拉丁	7	…	7	…	6	…	6	…
希腊文	…	…	…	…	3子	…	3子	…
近代语[II]	5	5	5	5	3子	4	3子	5
史地	3	3	3	3	3	3	3	3
数学	2	3	2	4	2	4.5	3	4
自然科学	1	2	1	1	1	2.5	…	2.5

续 表

年级	VI		V		IV		III	
组别	甲	乙	甲	乙	甲	乙	甲	乙
伦理	…	…	…	…	1	1	1	1
图画	2	2	2	2	1子	2	1子	3
总数	33	21	23	21	23	22	24	24.5

注：子，希腊文是选科，学生不读希腊文，可习两小时图画，四小时近代语。

丑，德文、英文、西班牙文、意大利文（俄文、阿拉伯文）

表10　第二圆周课程时间支配表

年级	II				I				哲学		数学	
组别	甲	乙	丙	丁	甲	乙	丙	丁	甲	乙	丙	丁
法文	4	4	4	4	4	4	4	4	…	…	…	…
拉丁	4	4	4	…	5	3	3	…	4辰	2辰	…	…
希腊文	5	…	…	…	5	…	…	…	…	…	…	…
近代语	2	7	2	7	2	7	2	7	2辰	3	2	3
史地	$4\frac{1}{2}$	$4\frac{1}{2}$	3	3	5	5	3	3	$3\frac{1}{2}$	3.5	3.5	$3\frac{1}{2}$
数学	2	2	$4\frac{1}{2}$	$4\frac{1}{2}$	2卯	2卯	5	5	2辰	2辰	8	8
自然科学	…	…	$4\frac{1}{2}$	$4\frac{1}{2}$	…	…	5	5	7.5	7.5	9	9
图画	2	2	4	4	卯	卯	4	4	2辰	2辰	1 2辰	1 2辰
哲学	…	…	…	…	…	…	…	…	8.5	8.5	3	3
总数	$23\frac{1}{2}$	$23\frac{1}{2}$	26	27	21	21	26	26	$19\frac{1}{2}$—10辰	22.5—6辰	26.5—2辰	27.5—2辰

注：卯，2小时数学和2小时图画是随意科。辰，随意科

法国自1902年改订课程后，中学教育渐倾向实用方面。近以新旧两派的争执，复有"中等教育改制案"的建议，欲使古代语与科学并重，唯民党中人仍极力反对。

（三）女子中学教育

法国的女子中学教育，起来并不早。在1880年以前，法国没有一个公立的女子中学，自从这年起，女子中学在学制上也占领到地位了。

女子中学课程，共有5年，分为两级，初级三年，高级二年。名称也同男子

中学一样,有国立中学(Lycée),公立中学(Collège)。另外再有一种,叫做"中学班"(Cours secondaire);因为没有学校形式的组织,所以不称学校。中学班的课程,大都为附近男子中学校的教师所兼任。

（四）中学校统计

表 11 显明 1913 年法国中学校数和学生数。

表 11　法国中等学校数和学生数(1913)

	学校			学生		
	男	女	总数	男	女	总数
男子高中	112	53	165	62,092	19 898	81 990
男子初中	230	79	309	36 796	11 882	48 678
女子中学	…	57	57	…	5 565	5 565
总数	342	189	531	98 888	37 345	136 233

法国中学生人数,较之美国,相差很远。在 1912 年,法国平均每 74 579 人中有一中学校,美国平均每 8 657 人中有一中学校;法国平均每 291 人中有一中学生,美国平均每 88 人中有一中学生。但是以我国比较起来,还不如法国。民国元年,我国平均每 480 769 人中有一中等学校(师范、甲种都在内),每 3 882 人中有一中学生。

（五）今后之趋势

法国的中学教育也优劣互见。就好的方面说,有几点可以注意：(1) 课程组织较完备;(2) 职业教育较发达;(3) 教师程度较高深。就不好的方面说,也有几点：(1) 有拿破仑统一的气味,学制课程一切太呆板,不能适应地方需要;(2) 经济的和社会的阶级观念太深,中学仍沿用双轨制;(3) 中学男女不同学;(4) 中学呈停顿气象,欧战后少改革动机。

今后的法国中学教育最应注意的有几点：(1) 不收学费,破除经济的和社会的阶级;(2) 加增校数,使大多数人民得享受中学教育;(3) 学制课程一切宜有伸缩余地,能使适应各地方各个人需要。

四、英国的中学教育

英国的教育和德法比较起来,有大不同的一点,就是不采用集权办法,没有一定的教育系统。所以讲到英国学制,觉得头绪纷繁,无从说起。有人说从英国中等教育制度方面,可以窥测撒克逊个性发达的一斑。这句话却有点道理,英国崇尚自由,觉得教育是一种自由发展的事业,政府不应该取干涉态度,所以直到如今,中学的制度,还没有完全统一。

(一)中学的宗旨

英国中学的目的,在养成领袖人物。所以小学教育,注重教学;中学教育,注重训练,注重自动。运动一课,在中学校内,占很重要的位置。在运动里边,可以收到几种效果,如增进体健,陶养性情,发达自制力。从英人的眼光看来,领袖的训练,运动实为一种不可少的要素,同时可以养成形式的美和精神的美。所谓形式的美,就是姿势好,所谓精神的美,就是爽直不欺,不说谎,不无故发怒。所以就智识方面论,英国中学生的程度,不如德法的好,就训育方面论,各国便远不如了。

(二)中学的种类

在1902年,英政府对于中学教育,开始有一种规定,现时的中学校,大概有下列几种:

1. "公立"中学校(Great Public Schools)

这是英国最初设立的一种中学校,到现在差不多已有五百年了。名称虽为"公立",然大都系私立学校。Winchester、Eton、Westminster和其他成立很早的学校,都属这一种。最著名的共有九校。这几个学校所毕业的人才很多,和英国社会及文化,关系非常之大。在1867年,英国教育委员定一规程,凡中学成绩优良的,统称为"第一等"中学校(First grade secondary schools),上面所提的几个学校,都选择在内。这种学校,大都可以寄宿,学生多半来自上等社会,所以也带有贵族色彩。其课程不一致,有的分古代语和近代语两组。古代语包括宗教、英文、拉丁、希腊文、法文、历史、地理、数学、自然科学、图画、唱歌;近代语包括数学、英文、拉丁、法文、德文、历史、地理、自然科学、图画、唱歌。儿童在预备学校毕业后,进这种学校,年龄大致在十三四岁。

2. "男子文法学校"(The Grammar School for Boys)

这种学校,大半模仿公立中学校的组织,不过收费较少,设备也不甚完善。

3. 市立中学校(The Municipal or County Secondary School)

这种学校,都为地方设立的。各校情形,极不统一。自从1899年以后,政府开始有统一中学教育的动机。在那年就设了一个中央教育局,为统辖全国教育的总机关。到了1902年,规定私立中学的办法,成绩优良的,给以资助,同时并设立公费的中学校。在欧战前,受政府津贴的中学校有898所,其中有男生

85 110，女生 73 322。除以受津贴的中学校（"Grant-list" secondary schools）以外，有的私立中学校，略受一些政府津贴，但是不完全受政府的管辖，这种学校的系统叫做 Efficient Schools。

（三）中学的课程

依照教育局的规定，凡受政府津贴的中学校，至少须有英文、古代语或近代语（除英文外，任选一种）、地理、历史、数学、科学、图画等科目。另外须有组织的游戏、运动、手工和唱歌。女子中学校须有缝纫、烹饪、家事和家庭卫生。大概说来，英国 20 年以前的中学课程，偏重于科学方面，后来又倾向到文学方面，此刻教育家的目光，集中于适应各地方的特殊需要。

（四）女子中学教育

英国的女子中学教育，同法、德一样，都是近几十年的事业。从 1870 年到 1892 年，女子中学的运动，进行很迅速，私立的女学校有 45 所，其中尽力最多的一个机关，叫做"The Girls' Public Day School Company"。在 1902 年以后，大多数女子中学受政府资助，变成"津贴学校"了。

在女子中学起来的时候，又有中学男女同学的运动，起初赞成的大半是女子，后来男子赞成人数，也逐渐加多了。有许多市立中学，已实行男女同学，不过社会的意见，尚不能一致。现时反对的论调，归纳起来，大概有三点：

（1）中学的校长差不多完全是男子，倘使实行男女同学，不啻表示女子应该在男子底下做事情，养成男女不平等的观念。

（2）在男女同学的学校出来的女孩子，完全丧失了娴雅的女性，变成了一个粗鲁的男孩子。

（3）在男女同学的学校里边近时有一种危险，就是青年的男教师和年龄较长的女生，或青年的女教师和年龄较长的男生，双方发生不正当的心向。

（五）中学的统计

在 1912 年，英国有 995 所受津贴的中学校（Grant-list），有 102 所 Efficient schools。前一种共有 166 081 个学生，后一种共有 18 975 个学生；其中男生有 100 000 人，女生有 85 000 人。在 1914 年，受政府补助的中学校，全国共有 1 176 所，学生有 222 275 人，男女同学的中学校约有 170 所（据 Miss Alice Woods 的报告）。

（六）结论

英国的中学教育，完全为私人或教会或基尔特所操纵，阻碍公立中学的发展,是一个大缺憾。并且沿习的观念太深,不能积极改进。从平民方面看来,中学的教育,尚带有贵族的色彩。不过单就学校方面论,也有好几种优点:(1)体育发达;(2)师生间互相爱敬,校风甚好;(3)能养成学生高尚的旨趣;(4)培植优秀的人才甚多,即以伊顿公学(Eton)一校而论,其毕业生中任内阁总理的有10人,任印度总督的有22人,其他重要人物尚多。

今后英国中学教育的趋势,在多设立真正的公立中学校,使全国儿童有能力而志愿升学的,都能享受均等的机会。对于收费的中学校当设法减除。课程方面,应多伸缩余地,俾能适应特殊需要。人民阶级的观念也应设法破除。其实这几个问题不单是英国应该解决,也是各国共同的问题。

五、日本的中学教育

1868年为日本新教育开始的年期。在1868以前,日本的教育,可分为三个时代:(1)汉文时代;(2)佛学时代;(3)藩镇时代。这三种势力,在日本教育上,有很大影响。

(一)中学教育的沿革

在明治三年[1870],日本始有中学的名称。儿童16岁进中学,22岁方可毕业。明治五年[1872],划分全国为八大学区,每一学区,又分为32个中学区,全国共计应设256所中学校。中学分为12级,每级6个月。授课时间,每周至少25小时,至多30余小时。兹将明治九年的中等学校状况,列表如下:

表12 日本明治九年时的中学教育统计

学校			学生		
公	私	总数	男	女	总数
107	677	784	37 049	2 980	40 029

明治十九年[1886],将中学分为高等中学和普通中学两种,高等中学两年,普通中学五年,统归文部管辖。全国分为5区,每区设一高等中学。不过儿童进小学后,须读15学年才可于中学毕业,年限觉得太长,所以在明治二十七年[1894],废去高等中学,别设高等学校,同时对于各地所设立的中学校,取缔甚严,因为当时有名无实的中学太多了。明治三十二年[1899],普通中学改称中学,为男女普通教育最高的学级。

(二)现行的学制

寻常小学六年,中学五年,高等学校三年。小学毕业后,不进中学的,可入高等小学，两年或三年毕业。高等小学与中学并行，为预备职业的性质。毕业后可以入甲种实业学校。中学五年毕业后，可入高等学校，倘使不进高等学校，仍可在中学补习一年。

（三）中学的课程

日本中学的课程，普通为道德，日文、汉文、外国语、历史、地理、数学、自然科学、物理、化学、法制、经济、图画、唱歌、实业、体操等，每周约28小时至30小时，科目大都固定，不能伸缩。

（四）女子中学教育

日本小学男女可以同学，中学则完全分立。明治四年[1871]设共立女学校，明治十五年[1882]东京女子高师附设共立女学校，改称高等女学校。明治二十二年[1889]，高等女学增进至25所，学生加增至3 274人。明治二十八年[1895]，始定高等女学校规程。高等女学四年毕业，毕业后可入女高师，不升学的可再补习一年。另外有实科高等女学校，四年或三年或两年毕业。寻常小学修了后，可入高等女学，或实科高等女学校。近年来高等女校颇发达，一般国民，对于女学，颇知注重。

（五）统计

兹将大正十一年[1922]日本中学教育统计表列后：

表13 日本大正十一年中学教育统计表

	公立中学校	私立中学校	公立高等女学校（实科在内）	私立高等女学校	私立实科高等女学校
学校数	333	87	499	94	25
学生数	175 339	50 294	159 403	45 884	5 029
经费总数	17 709 711	4 051 008	17 610 975	3 577 454	374 657
每学生平均费用	101.460	80.54	110.471	77.96	76.48

研究和讨论问题

1. 比较美、德、法、英、日和我国的教育行政。
2. 讨论集权制和分权制的利弊。
3. 用图表比较美、德、法、英、日和我国中小学的年限。
4. 根据美、德、法、英、日和我国的事实，证明社会背景和中学教育的关系。
5. 比较美、德、法、英、日和我国的中学课程。特别注意下列几点：（1）课程固定的,或有伸缩余地;(2) 各科时间的支配;(3) 各年的课程,采用集中或分布的方法;(4) 每周上课时间等。

6. 比较各国女子中学的设施和现状。
7. 比较各国私立中学的现状。
8. 比较各国中学教师的资格、待遇、教授效率,及在社会上所占地位。
9. 比较各国任何一科的教学法。
10. 比较各国中学教育的趋势。
11. 比较各国的职业教育,注意职业教育和中学教育的关系。
12. 研究今后德国中学教育的变迁。
13. 研究英国近十年来对于中学教育的设施。
14. 比较各国中学生的生活。

参考书目

西文：

1. Brown, E. E.：*The Making of Our Middle Schools*. New York：Arno Press. 1905.
2. Oloyd, D. E.：*Modern Education in Europe and the Orient*, Chaps. Ⅰ,Ⅱ,Ⅲ,Ⅳ. NY：Macmillan. 1917.
3. Baron Kikuchi：*Japanese Education*. Murray. 1909.
4. Balfour, G.：*Educational System of Great Britain and Ireland*. Oxford：Clarendon Press. 1903.
5. Bolton, F. E.：*The Secondary School System of Germany*. New York：D. Appleton and Company. 1908.
6. Farrington, F. E.：*French Secondary Schools*. New York：Longmans, Green and Co. 1910.
7. Inglis, A.：*Principles of Secondary Education*, Chap. Ⅵ.
8. Monroe, P.：*Principles of Secondary Education*, Chaps. Ⅱ,Ⅲ. New York：The Macmillan Company. 1914.

中文：

① 袁希涛,《新学制草案与各国学制之比较》,载《新教育》(四卷二期),1922。
② 竹居仁,《日本中等教育的现状》,载《中等教育》(二卷三期)。

第三章　中学和小学的关系

一、中学名称的来源

（一）中国方面

我国没有实行新教育以前,中学的名称,不大普遍。在上古唐虞时,学校分作上庠下庠,夏禹改称为东序西序,殷商又名为左学右学,周则分大学小学。秦汉唐宋以来,名称虽代有变更,然没有中学的名字。至前清同治年间,学堂也设立了好几所,但大都是一段制,上边没有继续研究的机关,下边没有预备学校。光绪二十一年[1895],盛宣怀奏办北洋学校①,分头等二等,头等为大学,二等为小学②,为两段制,每段各四年。二十二年(1896)七月,孙家鼐议复开办京师大学堂折,主张两段制,也只有大学小学的名称。到了二十三年(1897),盛宣怀创办上海南洋公学,在外院(附属小学)之上,开办上中两院,开始有三段的组织。光绪二十四年(1898)奏定的京师大学章程,也分为三段,有大学堂、中学堂、小学堂三个阶段;这是我国中学名称的来源。

（二）欧美各国

中学的名称,在外国起来很早。在上古雅典勃兴时候,已有中小学的分别了。雅典最初设立的学校,为小学校。宗旨在锻炼身心,养成公民高尚的道德,所以课程很简单,只有运动(Gymnastic)和音乐两种。后来文化逐渐进步,社会渐趋复杂,小学的教育,不能适应当时的需要,因此有哲学学校(Philosophical school)和修辞学校或文法学校(Rhetoric or grammar school)的组织,课程有文法、修辞学、辩论学、论理学、几何等科目,和后世的中学相称。至罗马时代,文化由东而西,学校制度大都摹仿希腊,变迁得很少。罗马中学的主体为文法学校(Grammar school)。至文艺复兴时代,拉丁中学校成立,中等教育,遂普遍于欧西各国。

二、中小学的分别

究竟中学和小学的分别在什么地方,各人主张不一。此刻且从各方面来

---

① 北洋学校,即中西学堂,也称北洋西学堂。后发展为北洋大学。——编校者
② 中西学堂内分设头等学堂与二等学堂,分别为大学专科程度和中学程度。此外尚有小学堂的设计,小学堂学优者升入中学堂。——编校者

讨论。

（一）教育方法上的分别

各国最早的教育都在养成良好的公民，注重个人的品性和习惯，到后来中学成立，才倾向到智识方面。古代的希腊教育便是一个例子。因此社会上自然而然地养成一种观念，觉得小学教育是公民应有的教育，中学教育专养成特殊的人才，不是各人可以享受的。

（二）教材上的分别

因为教育方法上有分别，所以中小学教材也有分别。例如希腊的中学校有文法、修辞、辩论、论理等科目，但是小学校没有；因为那种功课，可以操练一个人的辩才，这种辩才在当时很需要的。又如文艺复兴时代以后所设立的中学校，非常注重古代语；因为当时认为有用的智识，须懂了拉丁希腊文，才可求到。即以现时论，小学的教育专注重普通智识和基本工具（如读法、书法、算术等）；中学方面加增了好多科目，如代数、几何、物理、化学、经济学、社会学等。这种科目都为从事专门职业的准备。

（三）出路上的分别

中小学教育的方法教材既不相同，所造就的人才当然也不一样。所以小学的毕业生，大都从事于普通的职业，中学则倾向于专门职业方面。以前希腊的教育，便是一个显著的例子。凡是哲学学校和修辞学校出来的人物，不做哲学家、修辞学家，就做政客。

（四）阶级上的分别

以前的中学生，一出校门就可从事专门职业，后来智识程度提高，中学又变成大学的预备学校。从预备职业变成预备升学的过程里边，又引起了一种分别，就是阶级的观念。我们知道平民的子弟绝没有闲暇时间享受大学的教育，所以中学专成为上等社会子弟求学的机关。欧战前，欧洲各国的中学教育便是一个例子。

（五）社会上的分别

美国的中学除了私立以外，都是不收学费，有的连书籍等费都不征收，似乎没有阶级的气味了，但是社会选择的色彩依然很浓厚。看下面的图便明白了。

我国虽没有详细的调查，但是社会上的选择，一定比美国还要来得显明。学生入中学肄业，平均费用，每年至少要在百元以外，所以小学毕业的学生，大部分不能升入中学。下面表14便可证明这一点。

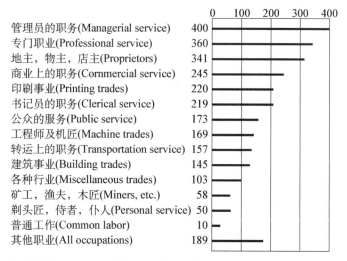

注：共调查 316 283 个中学生，分布在四处(Bridgeport, Mr. Vernon, St. Louis, Seattle)。每一千个家长的职业，分配如上图(参考 G. S. Counts, The Selective Character of American Secondary Education)。

图 7　表示美国中学生家长职业的一斑

表 14　东大附中学生家长的职业

（民国十一年［1922］调查）

年级组别 人数 职业	高二		高一		初三		初二		初一		总数
	甲	乙	甲	乙	甲	乙	甲	乙	甲	乙	
农（田主）	1	5	10	14	11	7	10	9	2	6	75
商	12	4	10	5	6	9	12	14	9	6	87
学	7	12	12	10	13	12	8	11	12	8	105
政	2	6	3	6	4	6	4	5	5	8	49
军			1		3	1			1	1	7
医	1			1	2	2	1			1	8
其他		4	8	4	4		6	4	4	3	40
总数	23	32	44	42	41	39	41	43	34	32	371

　　东大附中学生每年的费用，比较下还算不大，然而工人的子弟，已经无力入学了。前清初办新教育的时候，非"身家清白"的子弟，不许入学。所谓身家不清白，系指职业低微的一般人而言。后来皂隶的子弟，也准入学，看轻低微职业的观念，可算打破了。但是皂隶小工的子弟，要进中学校，恐怕至今还是一个问题。

（六）生理和心理年龄上的分别

儿童到了青年时代，生理和心理方面都发生一种重大的变迁，因此教育的设施也应该两样。卢梭对于这一点非常注重。欧洲各国，大都从9岁起为中学时期，美国则从14岁起。据近人的研究，觉得9岁固嫌太早，14岁也嫌太迟，适当的时期最好从12岁起。

（七）学生志趣和能力上的分别

小学为义务教育的期限，并且入学的儿童，大都年龄幼稚，所以对于学生的志趣和能力，可以不十分顾及。中学生年龄较大，志趣逐渐发达，对于适应个性一层，当格外注意。以前美国的阿卡狄美，就抱定这种宗旨，对于学生差不多有这种谅解："你们对于课程有什么需要，尽可以随时提出来。"现时中学的分科制和能力分组办法，也是服从这种宗旨的表示。

综合上面的讨论，觉得中小学的分别实在错综复杂，不易明了。中学的定义是因时因地因人而异的。所以中学的问题不易解决，各人也绝少共同的主张。大概说来，上边所列的几条都有根据，我们讨论中学教育的原理和实施时，对于那几种分别都应该顾及。现时再概括说一说：（1）中学教育应注重理性，使学生用理智解释过去的经验，为将来立身行事的准则；（2）中学当采用分科选科制，使课程有活动伸缩的余地，以适应学生个性；（3）中学应注重科学教育，使预备升学的有良好的基础，从事职业的有应用的智识；（4）中学对于天才生，应设法奖励，欧战以后，德国对于天才教育，提倡不遗余力，现时新设的天才学校，有以九年中学校的课程，在6年中教毕；美国也注意这个问题，这种社会选择，是应该有的；（5）中学生身心的发达，也须特别调查研究，以前对于这个问题，尚不大注意；（6）学生的兴趣和能力，也为现今讨论中学教育的注意点，希望能继续注意这个问题。

总之，目前中学教育的问题，在养成社会有用的人才、加增社会作业的效率和促进社会服务的精神。因为仅仅小学教育尚不能达到这个目的。

三、各国中小学年限的比较

各国中小学的年期并不一致，并且有几国中小学的课程是并行的，不是连接的。看下面图8便明白了。

从下面图8里边，我们可以看到几点：（1）除了美国我国以外，中小学在年期上并没有划分的界线；（2）各国进中学的年龄大都在12岁以前；（3）中学的

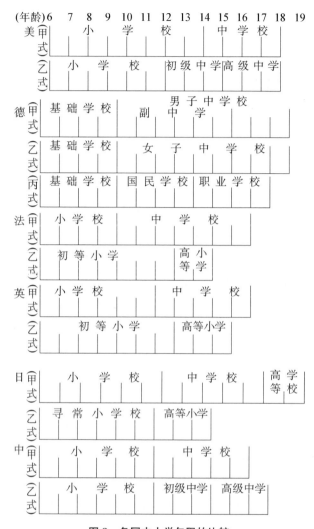

图 8　各国中小学年限的比较

年限,都在四年以上。

儿童在小学得到了基本的智识和工具以后,就可以进中学研究较为高深的学识。所谓基本的工具,可以概括成下列几条:

(1) 读书的能力。

(2) 口述书中意义的能力。

(3) 用文字发表思想的能力。

(4) 做简单算术题的能力。

(5) 关于史地及自然科学的普通智识。

(6) 能欣赏备儿童阅读的作品。

（7）做简单手艺的能力。

四、中小学衔接上的困难

我国旧制的小学年限太长，中学年限太短，因此衔接上发生许多困难。现时颁行的新学制虽不能将困难悉数除去，但多少可以补救旧制的缺点。此刻且把各种困难约略说一说。

（一）从学生方面着想

环境迁移太骤，一时很难适应。例如教学训育等事，中小学都绝不相同。学生平时学习，小学有教师指导，中学则课外指导的机会很少。小学教师对于教学法都肯研究；中学教师智识虽丰富，对于教学法却不大理会。小学的科目少，一入中学科目便骤然加多。再小学大都采级任制，学生和教师时常接触；中学则行学科制，教师和学生的接触比较的少。小学用养护方法训练学生；中学则视学生为成人，或者约束过严，或者听其自然。要知道小学生一旦升入中学，决不能一变而为成人，那么学生的环境也不应变更这样快。所以从学生方面着想，关于现在中小学的教学和训育，觉得确有不能衔接的困难。

（二）从适应个性方面着想

我们以前说过，现时中学第一个重要问题，在适应学生的能力和兴趣。但是照现行的七四制，有好几种困难地方。第一中学年限太短，课程一切不易支配，因此不得不取一种"削足适履"的办法，适合一般人的需要。第二中学选科太迟。照现时小学毕业生的年龄，大都已有十四五岁。但是他们在小学方面素来没有受过选科的指导，要是进了中学就行选科，势必至于盲动。要是再迟一两年，青年的个性方面又不能十分顾及了。

（三）从社会需要和教育时间经济方面着想

中小学毕业学生，不一定希望升学，也有就到社会上去服务的。我国现在中小学里的职业科目似太笼统；关于主要科目，又嫌不深造。所以在中小学毕业以后，如果要服务，对于职业上的智识，不够应用；如果要升学，主要科目的程度，有时尚觉不敷。并且急于谋生的，等不到中小学毕业已经离校；因此中途辍学的人数往往很多。总之，中小学学生就学的宗旨各各不同；学校中既无法以适应，遂不得不强增科目，划一办法，以致留级失学的人数很多，而升学谋生各得其所的人数很少。教育时间既等于浪费，社会需要又不能适应，衔接上怎可不设法改良呢？

美国小学教育虽已实行强迫,但是小学学生也有不待毕业就行离校的;也有因为智力太低、留级次数太多,因而辍学的。近年来美国主张实行六三三制,就是补救这种缺憾的一法。据他们教育家的调查,全国儿童在中小学内受教育的,在十二三岁的时候,约有 90%;14 岁的有 80%;15 岁的有 50%;17 岁的有 40%;18 岁的只有 25%。在小学毕业的人数,占全国儿童人数 50%;在中学毕业的,只有 1/8 或 1/9;修毕小学第六年功课的,却有 75%;因此他们得到几种结论:

(1) 儿童在十二三岁以前,辍学的人很少。
(2) 读毕小学第六年功课的,人数很多。
(3) 留校的儿童,大致为年龄较轻的学生。
(4) 在小学第七年第八年,退学的人数骤然加多。

我国中学人数和全国人数的比例,上边已经约略提过,现在再把民国元年英、美、德、法、中 5 国的中学生统计,列表于下:

表 15　各国中学生数的比较

国	户口数	中学生人数 男　　女	总数	户口数与学生数的比例
英	36 075 269(1911)	96 789　81 573 Grant list and "efficient" schools (1911)	178 362	1∶202
法	39 601 599(1911)	96 791　34 989 Lycées, Collèges and secondary courses(1910)	131 780	1∶300
德	40 163 333(1910)	232 792　95 492 公立中学校(1911)	328 284	1∶122
美	91 972 266(1910)	489 048　616 312 公立中学校(1911—1912)	1 105 360	1∶83
中	325 000 000(1911)	52 100　…… 公立中学校(1911—1912)	52 100	1∶6 220

看了上表,我国中学生人数之少,由此可知。至于民国元年全国公立中学生(师范学校和私立中学不在内)的总数,只有 52 100 人,户口数与学生数的比例为 1∶6 220,这真是我国中学教育上一个极大的问题。

五、中小学的沟通方法

要解决上面的困难,我们须注意下列几点:(1) 缩短小学年期;(2) 加长中学年期;(3)中小学间须有一种承上启下的机关;(4)早些适应个性;(5)加增中学校数;(6)定夺小学毕业标准;(7)改组中学课程;(8)改进中学教学法和训育方法。

有良好的初级中学,同时可以解决五六点。关于这一层,我们下面还要详细讨论。

研究和讨论问题

1. 研究任何3个小学的课程,并比较各科目所占时间的百分比。
2. 要使中小学关系密切,教材应怎样支配？教法应怎样变更？
3. 调查任何5个中学学生家长的职业。
4. 比较9岁至14岁时各国(英、德、法、美、日、中)儿童所习的科目。
5. 调查一县小学毕业生投考中学和录取的人数。
6. 研究中学生辍学的原因。

参考书目

西文：
1. Briggs, T. H.: *The Junior High School*. Houghton Mifflin. 1920.
2. Davis, C. O.: The Reorganization of Secondary Education, Chap. Ⅳ. of Johnston C. H. (Editor), *High School Education*.
3. Inglis, A.: Secondary Education in Relation to Elementary Education, *Principles of Secondary Education*, Chap. Ⅶ. Houghton Mifflion Company 1918.
4. Jossclyn, H. W.: The Relation of High School to the Elementary School, Chap. x of Johnston, C. H. (Editor), *The Modern High School*.

中文：
1. 廖世承,《中小学沟通问题》,载《中等教育》(第一卷第一期)。

第四章　中学和大学的关系

从教育的历史上看来，中学和大学的关系，比较中学和小学的关系来得密切。因为旧时人民观念，认小学为义务教育，为平民教育，中学为升入大学的预备。就是在此刻，这种观念各国尚未能完全破除。所以中学大部分的科目都和升学有关系的。

以美国论，第一期的拉丁中学校，专为升入大学的预备。第二期的阿卡狄美，对于不升学的学生特别注意，所以采用分科制的办法，但是结果仍旧倾向于升学预备方面。第三期的公立中学校，初起时专和"升学预备"的宗旨相抗，但究其实际仍是"墨守成规"，注重古代语和数学等科目。

我国情形和美国相仿佛。如第二期的中学完全以预备升学为宗旨。第三期中学虽实行文实分科，但所谓实科，并非为不升学者而设，不过将来大学习理科的一种预备。第四期的中学，预备升学的宗旨格外显明。

现时大家觉悟了，知道中学应有一种独立精神，不应该视大学的步趋为转移。中学的学生升学的仅占一部分，所以不应以升学预备为唯一的宗旨；课程一切也不应完全受大学支配。以前中学课程，之所以受大学操纵的原因大概有几层：

（1）初设立的中学校大都程度幼稚，不能得社会的信仰。后来毕业生升入大学的渐多，社会的信仰也逐渐增进。因此中学方面，竭力注意和大学入学考试有关系的几门功课。

（2）中学教师大都是大学毕业生，所以课程和教材方面，无形之间受到大学的影响不少。

（3）有时中学自行觉悟课程方面的缺点，提议修改。但是修改的结果总不敢自信，必须请大学各科专家指导或审查，才敢发表。

以上三点，可以说是中学课程受大学支配的重大原因。这种支配，于中学自身的发展，很有妨碍。以后不单是中学要变更方针，就是大学也应该谅解中学态度，课程方面，予以升缩活动。

一、大学对于中学应取的态度

要使大学和中学发生正当关系，须注意下列几点：

(1) 大学应正式规定，中学至少应习何种共同必修科目，各科最低限度怎样？例如升入文科的学生，对于数学一门功课，是否都应该学习代数几何或三角？

以前有一个商业学校的校长提出一个问题，说他们学校里边商业的科目太少，数学的时间太多，以后拟不学代数几何等科，专习算术（注意敏捷正确）和商算，所有数学的时间，用来加增商业科目，问于教育原理上合不合？我以为于教育原理上不生问题，所困难的，就是将来一部分人投考大学，数学程度怕不能衔接。关于这一层，大学应该谅解中学的困难，变更历来沿用的考试方法。

(2) 大学须正式规定中学学生入大学时，对各种科学的实验、课外的研究，至少须有几多自动的能力。

现时大学对中学生颇多訾议，觉得中学生的自动能力太薄弱，无论在教室实验或在课外研究，动辄须有教师的指导。各地中学校或者还没有觉悟养成学生自动的重要，所以希望大学方面多批评，把这点规定在入学资格以内，可以引起中学方面的注意，促进各科教学的方法。

(3) 大学应郑重声明，中学升学的学生至少须有几多常识。

现时中学生常识的缺乏毋庸讳言。其故因为在校时多读死书，不能融会贯通，所以书中要点反不能牢记于心。或除正课书本以外，对各种书报多不喜阅览。或因守校门，与社会接触少，人生切用的智识多略而不顾。要是大学能特别提出来，使中学有所憬悟，或者"亡羊补牢"，尚不为迟。

上面这种规定，非特对于中学独立精神，毫无妨碍，并可督促中学的进步。这是大学应尽的责任。

二、中学生与升学人数的比例数

讨论中学和大学的关系时，有一个先决问题，就是中学生里边究竟有几人能够升入大学。照美国前几年的调查，中学一年的学生升入大学的，约占 1/6；二年级的，约占 1/4；三年级的，约占 1/3；四年级的，约占 1/2；毕业的学生，约占 1/2。不过全国没有确切的调查，上面的约数，只代表一部分，恐不十分可靠。近来中学人数，骤然加多，升学的情形，已与前不同，但看下面表16，便知道变迁的速度了。

表 16　每 1 000 个美国中学生和大学生的比例数
1893—1914

时期	大学生	中学生	每 1 000 个中学生和大学生的比例数
1893—1894	88 471	289 274	305
1894—1913	128 063	635 898	201
1913—1914	719 493	1 248 804	173

各时期中学生加增的速度，比大学生来得快，所以比例数反而小了。我国现时中学的人数少，求学的机会难得，所以有志深造的人数很多，希望升学的百分比，非常之大。以后中学人数逐年加增，希望升学的百分比，便要减小了。下面便是一个例子。

表 17　(1) 东大附中学生希望升学及职业的人数
民国十一年(1922)春季调查

| 个人志愿 | 人数 | | | | | | | | 总数 |
	一甲	一乙	二甲	二乙	三甲	三乙	四甲	四乙	
升学	34	34	30	33	29	12	20	18	210
职业	4	4	8	3	1	6	2	4	32
总数	38	38	38	36	30	18	22	22	242

(2) 东大附中学生的家庭对于升学及职业的希望
民国十一年(1922)春季调查

| 家庭的希望 | 人数 | | | | | | | | 总数 |
	一甲	一乙	二甲	二乙	三甲	三乙	四甲	四乙	
升学	30	34	30	28	25	10	18	15	190
职业	7	3	6	4	4	6	4	6	40
总数	37	37	36	32	29	16	22	21	230

三、中学生入大学的过程

从前美国各大学入学试验，只有古代语和数学两种。后来中学加增科目，如历史、地理、代数、几何等，大学入学考试的科目，也随之增加。在 17 世纪时，2/3 的大学学生都习神学，预备毕业后充当牧师。18 世纪时，始有医法等科；到了 19 世纪，农工商等科遂次第设立。

中学毕业生升入大学的制度，大概有两种：（1）考试制（Examination system）；（2）保送制（Accrediting system）。考试制美国东方各大学沿用的很多,起初用非正式的口试(Informal examination),后来因为人数多了,才改用笔试。保送制西方各大学比较的用得多些。考试制为考生个人的交涉,保送制为学校全体的交涉。主张用考试制的,谓考试系一种公允的选择方法;主张用保送制的,谓最明了中学生程度,莫如中学教师,并且他们大都系大学毕业生,对于大学入学标准,也很明白,所以采用保送制的,最为合宜。

初用保送制的,为密歇根州立大学(Michigan University),所定的方法很详密。大学先派一教授至各中学实地调查各科程度,然后凭调查的报告,定夺允许保送与否。这种办法,可使全州学校,有一系统的衔接;后来他处效法的甚多,称为"密歇根方法"(Michigan plan)。嗣后中学校数增加,科目逐渐系复,大学审查新生成绩,颇感不便。中学方面,又因常受大学教授的干涉,也不能满意;因此保送制遂有改良之必要。大学除专派教育教授一人考察中学程度外,另行审查第一年的新生成绩,定各校保送的标准。

1901年大学保送制委员会议定单位学程办法(Unit course)。凡授课一年,满足120小时的,作为一单位;手工和实验功课,以2小时作1小时计算。中学毕业,至少须有十五单位,此十五单位中,须含英文三单位,算学两单位。在1895年有45个州立大学,采用保送制;东方各大学,多兼用考试和保送方法。总之各州变迁甚多,制度很不划一。

四、入学考试存废问题

关于入学考试一层,也有两方面的主张。一方面认考试有存在的必要,他们的理由是:(1)考试便于甄别新生;(2)使中学有温课的机会;(3)使中学生用功读书;(4)使中学生练习适应动境。反对入学考试的人,觉得上面所持的理由不充足:(1)无客观标准的考试,不能甄别新生学力;(2)温习旧课的方法很多,不必要靠托考试;(3)因考试而用功,动机不正当;(4)适应新动境的话太笼统浮泛。

我们觉得讨论这一个问题不该用主观的话来武断,应该有科学的证据。照我们的理想看来,入学考试,是不能废除的,方法不好,可以改良,不必"因噎废食"。倘使不用考试,只有专用保送的一法。不过保送也有弊端,各校的程度不齐,总有少数学校,不配受此种待遇,但在此种学校中,也有智力学业很好的学生;所以应该把保送和试验两法,参互并用。试验时只须注重了解(Comprehension)和学习的能力(Ability to learn),那就好了。

五、入学考试和平时成绩的关系

入学考试成绩很好的,进了大学读书,是否成绩也好?这个关系,有许多人调查过,此刻且举两个例子,作为参考。

(1)桑戴克(Thorndike)[①]曾调查大学新生130人,其中有6人的入学考试成绩,完全相同,三年以后,这6个人的学业平均成绩如下:

等第　D+　C-　C+　B　A

人数　1　　1　　1　　1　　2

看这个调查的结果,似乎入学考试和学业成绩的关系很少。

(2)琼斯(Jones)[②]又做一个调查,他的结果,恰和桑戴克的相反。

表18　表示大学入学试验成绩和第一年学业成绩的关系

入学试验等第	在大学一年级的等第			
	最高1/4	次高1/4	次低1/4	最低1/4
最高1/4(50人)	30	13	5	2
次高1/4(50人)	16	17	12	5
次低1/4(50人)	3	13	16	18
最低1/4(50人)	1	7	17	25

照这个调查,大概入学考试等第高的,在大学一年级的学业等第也高;入学考试等第低的,在大学一年级的学业等第也低。

关于这个问题,林肯(Lincoln)[③]又有一个调查,他所得各种的相关(Correlation)如下:

大学一年级成绩和中学成绩的相关 ………………………… 0.69

大学一年级成绩和入学考试的相关 ………………………… 0.47

大学二年级成绩和中学成绩的相关 ………………………… 0.58

大学二年级成绩和入学考试的相关 ………………………… 0.41

大学入学考试和中学成绩的相关 …………………………… 0.46

其他的调查,我们可以不必再提。就从这几种结果看来,入学考试和平时的学业成绩,确有很大关系。不过其中也不少例外,有入学考试等第很高的,而

[①] 桑戴克(Edward Thorndike,1874—1949),美国心理学家,行为主义心理学的代表人物之一。——编校者

[②] 据查不详。——编校者

[③] 据查不详。——编校者

平时成绩并不好；也有入学考试等第很低的，而平时成绩反很好。这个原因有几层：教师计分的方法，学生态度的变迁，动机的强弱，注意的集中，身体的康健，都能影响两种成绩的相关。所以我们讨论这种问题时，应该特别审慎。

研究和讨论问题

1. 比较欧美各国中学和大学的关系。
2. 现时中学和大学的课程方面，最不衔接的是哪几种科目？重复的是哪几种科目？
3. 从什么地方可以看出现时中学的独立精神来？
4. 研究大学入学考试科目的变迁。
5. 比较我国各大学入学考试的难易，以及方法上的不同点。
6. 我国各大学是否可以采行保送制？
7. 选择任何一校或数校中学毕业生，比较该生等在中学及大学时的学业成绩。
8. 对于改良现时我国大学入学考试方法的提议。

参考书目

1. Brvome, E. C.：*A Historical and Critical Discussion of College Entrance Requirements*.
2. Hollister, H. A.：*High School Administration*. Chap. XIII.
3. Inglis. A.：Secondary Education in Relation to Higher Education, *Principles of Secondary Education*, Chap. VIII. Houghton Mifflin Company. 1918.
4. Kingsley, C. D.：The Relation of the High School to Higher Educational Institutions, Chap. IV. of Johnston. C. H. (Editor). *The Modern High School*.

第五章　中学的改组问题
——赞成初级中学和反对初级中学的理由

我们知道无论什么事情，不会无因而来。我国的新学制，成立很快，似乎过于急进，不免草率从事的批评，其实改革的动机，已酝酿好久了。动机的起来，大概有两种重大原因：（1）现行学制有不满人意处；（2）时代进化的关系。

一、现行学制的缺点

民国草创的学制，大体说来，比较前清的好，但是中学方面，有几种缺点。

（一）中学无确定宗旨

小学的宗旨，大家都明了，在教育一般公民，使他们得到一种基本的智识和技能。但是中学教育为什么的？不单是进中学读书的人，茫然不能回答，就是在中学办事的人，也不能肯定。升学吗？大学没有这许多空额来招收中学毕业生，使毕业生全体可以升学。服务吗？中学平时没有这种职业指导和职业教育，使毕业生出外可以受到各界的欢迎。结果怎样呢？使社会上增加了无数的高等游民，引起一般人对中学的怀疑和不信仰。前年孟禄博士来华，批评中学办得不好，大家都"疾首蹙额"，觉得中学非改良不可；其实根本的救济方法，还在明定宗旨。我们应该时常问"中学教育到底为的是什么？"

（二）中学年期太短

前清的中学校，本是5年，民国改为4年，要在4年内教授5年的学程，事实上当然有许多困难。并且时代变迁，以前没有的科目，现时有教授的必要了。所以增加中学年期，也是一种时势的要求。

（三）中学采用分校制

照以前的学制，中学取分校制，不取分科制。学生志愿习职业的，可入甲种实业学校；志愿升学的，可入普通中学校。可是学生在小学时候，并没有什么职业指导和选科指导，毕了业以后，教他们怎么会有一定的宗旨去选择学校呢？因此进了实业学校，又想升学，到了中学，又希望多习职业科目。宗旨不定，志趣纷歧，办学的人，固然穷于适应，就是学生方面，也不知无形间学业上受了多少的损失。

（四）中学课程太呆板

以前的中学校，一切须遵照部令办理，课程方面，丝毫无活动余地。要是部定的课程，能适应各地方的需要，那也罢了。但是实际上，决乎做不到。各时期的情形不同，各地方的状况不同，各个人的能力和兴趣也不同。拿了一张固定的菜单，来配合各地顾客的胃口，当然是不容易的事。

（五）中学时常闹风潮

学潮的原因，固然很多，但是学制不良好，平时缺乏指导，致学生求学无一定宗旨，读书没有兴味，是一个大原因。但看现时继起不绝的学潮，大半出在中学方面，就是一个例证。学生在校有了一定的志愿，有了良好的功课，虽不敢说能够完全不闹事，多少要安静些。

即此五端，已可想见旧制中学的缺点。民国五年（1916）全国教育联合会讨论改良中学校办法，可以说是社会对于旧制中学第一次不信仰的表示。七年（1918）在北京开第一次中学校长会议，共有建议案23件，其中有修正中学校制的建议，可以说是社会对旧制中学第二次怀疑的表示。所以广东新学制草案成立，也可说是历年讨论会议的结晶，自然而然产生的。

不过旧制不满人意，是促进新学制成立的一种势力，另外还有一种势力，就是时代的要求。

二、时代进化的关系

大凡一时期有一时期的学制，学制的变迁，是随着社会需要跑的。以前进小学的人多，进中学的人很少。到了中学，大致都预备升学；中学不过是一条过渡的桥梁，本身方面，没有多大问题。后来时代变迁，进中学的人数，只管加增；中学不仅是过渡的桥梁了，自身是一块广大的田地，可以供播种的试验，因此本身方面，发生了许多问题。关于时代的要求一层，也可分几点来说。

（一）各国注意中学教育的趋势

美国的八四制，已经过了一二百年的时期，没有人讨论过。在近30年来，八四和六三三的问题，变成了讨论的焦点。开始提出这个问题的为1893年所组织的"中等教育课程委员会"。那时的委员会为艾略特（Eliot）①博士（前哈佛大学校长）。照他们调查研究的结果，觉得中学课程，在四年内不易支配，主张

---

① 查尔斯·艾略特（Charles Eliot，1834—1926），美国学者，于1869年当选为哈佛校长任期长达四十年（1869—1909），他对哈佛大学及至美国作出了巨大贡献。——编校者

小学缩短两年。后来1899年的"大学入学考试委员会",也主张小学第七第八年改为中学第一第二年。其他各时期的全国教育会,都有同样的主张。在1909年,贝克莱(Berkeley)开始设立初级中学;1910年洛杉矶(Los Angeles)继起试办。到了今日,初级中学的校数,差不多和旧制中学的相等了。

欧洲各国的中学时期,本比美国早。现时德国的学制,也有倾向小学六年中学六年的办法。所以六三三制,可以说是今后各国共同的趋势。

(二)关于青年身心方面的研究

以前青年心理学,没有发达,对于青年身心的变迁,不甚注意。近年来做这种调查研究的人,日渐加多,知道在青年时候,生理方面和心理方面,都有重大变更。变更的时期,虽各个人不同,然大概在12岁与20岁之间。所以进中学校最适宜的时期,在十二三岁。

(二)注重教育指导

施行各项指导,为中学校一种重大责任。以前各国办中学教育的人,都不顾到这一点,现时却目光变了。不过中学的课程总嫌呆板,并且沿习的观念太深,要实行各种指导的新方法,颇不容易。因此大家提倡改组,促进社会的注意。

总结上边各点看来,改组的原因很多,一方为救济旧制的缺点,一方是适应时代的要求,并不是好学时髦,或盲从美制。

三、我国改组的经过情形

上面说过我国改组的动机,已有了好久了,不过三三制的问题,在新学制未发动时,讨论的人尚少。自从十年十月广东草案成立以后,各省就组织研究会,讨论实施新学制的方法。十一年(1922)十月全国教育联合会在山东开会,对于新学制草案,又略有修改。是年九月,教育部也召集一会议,讨论新制的标准。最后部中采用联合会的意见,把学制草案提出阁议,由大总统颁行全国。

在屡次会议里边,各人对于新学制的意见,很不一致,对于三三制的问题,争执更多。现在可把赞成和反对的理由,总结一下。

(一)赞成的理由:

1. 施行三三制以后,可以促进行政方面的改革,例如:

(1)采用选科制;

(2)采用分科制;

（3）升班以学科为单位。

2. 施行三三制以后，可以促进课程的改造，发展课外活动的事业。

这也是一种确实的理由，因为人类有一种普遍心理，在沿习环境里边，应该更张的事情，往往不肯积极去做，到后来事情搁得太多了，遂一往直前地赶一下子。例如一家人家迁入了一所新房子，就添置了许多东西，在旧房子的时候，一件极需要的东西，都延搁起来没有买。学校的改组也是这样。挂了新学制的招牌以后，教职员和学生方面都满装着革新的希望，以为课程和教材的变动，是当然的事情。现时各地的学制研究会，对于编制课程，支配教材，定夺入学标准和毕业标准，都在积极进行，便是一个显明的例子。

不过改革时候，有一点须留意。要是新学制的精神，不能完全领略；初级中学和高级中学的目的，不能完全明了，那么课程的变动，是劳而无功；课外活动的事业，也没有发展的希望。

3. 施行三三制以后，可以促进教学法，得到良好的教师。

这个理由听来似乎不充足，但是确有几层缘故。普通的教师，都喜欢教较高的年级，所以做小学教师的，想到初中去教书。这种好高的志愿，也不能算坏。学校方面，有时可利用此种动机，引起大多数教员的研究心。凡学术丰富而有经验的小学教师，可升到初级中学去。小学方面研究的人多，尚没有重大的损失，初中教学法方面，却很可得到改进的机会。

还有一层，改组以后，就是中学教师，也有一种自新的动机。他们未始不想采用新方法，不过在高级方面，旧习惯太牢固，一时不易破除。初级中学的学生，大都年龄幼稚，试验新方法，比较的便利些。初级中学的教学法，有了把握，高中方面，就不难解决了。

4. 施行三三制以后，可以适应学生因下列各种个性差异而发生的需要：

（1）能力的差异；

（2）日后境遇的差异；

    a. 教育的

    b. 职业的

（3）两性的差异。

主张这条理由的，认定儿童在12岁时，各种个性差异，渐行显露，课程方面，应有一部分的伸缩活动。不过也有人不赞成在初级中学内分科，觉得初中应以普通科为原则，分科为例外。至于能力分组和适应两性差异的办法，却是没有人反对。

5. 因为上述各种原因,施行三三制以后,可以

(1) 减少中途退学的人数;

(2) 减少小学学生升学的困难,因为

a. 化除中小学显明的界限;

b. 节省求学的时间;

(3) 养成学生良好的品性。

这一条理由能否存在,全恃上面所述各点,是否都能办到。要是中学的行政,中学的课程,中学的教法,和个性的适应,都有了办法,那么(1)、(2)、(3)三点也自能实现了。

上面 5 条理由,究竟对不对,我们尚不敢说,须看以后实施的结果怎样。结果好,5 条的理由,就有了根据;结果不好,也许是施行不得其法,也许是三三制本身有问题。

(二) 反对的理由:

1. 中学的缺点,不在学制本身,不改组,也能设法补救。

这一层反对理由,确有讨论的价值。不过我们要知道适应个性须有具体的方法;这种方法,在小学固然不易施行,就是在旧制中学,因为年限和旧习惯两层的关系,也不易举办。初级中学,承上启下,较为易举。并且办初级中学的,大致有一种革新的精神,所以达到目的容易些。

2. 新制与旧制全体就学的年期,都为 18 年,三三制不过取消大学预科,减去小学第七年,加在中学方面,年期移上移下,实在无甚关系。

对于这一层理由,有两个意思要说:第一小学减去一年,功课方面,尚不生多大影响;中学加上一年,支配课程时,要便利许多。要是把中学课程分在小学,那么支离破碎,衔接上一定发生困难。第二大学预科,本无存在之必要,这种"叠床架屋"的办法,最不经济。照原来设立预科的意见,因为各地中学校的程度不齐一,有了预科,可以补足各学生普通科的缺点。但是实际上预科成了骈枝,对于所说的困难,依然不能除去。废去预科,一方面可以使中学和大学中间少一层隔阂,一方面可以提高中学的程度。所以年期移上移下,和教育效率确有很大的关系。

3. 新制中学缺乏适当的教科书。

这句话也是实情。不过旧制中学适当的教科书,也很缺乏。自新制成立后,大家对这个问题,都很注意。教育界方面,已开了数次讨论会,研究初中高

中教材的标准和编制的方法。已改组的学校里边,也正在试用各种新教材。书局方面,也已出版了许多新教科书。这种教科书的内容和编制方法,是否适当,我们尚不敢断言,但是比较以前出的教科书,确是进步了。

4. 新制中学缺乏良好的教师。

改组时缺乏师资,确为一事实问题,然未尝不可从速培养。从前初级师范的毕业生,自不能充当初级中学教师;高等师范初毕业的学生,也不能充当高级中学的教师。培养的方法,可在大学或高等师范设立专修班和研究院,以为初中和高中教师的补修准备。现时各校都倾向局部的改组,先招初中一二年级的学生,其他各年级暂照旧制不更动,所以一时尚不生问题。

5. 施行新制后,设备和经济方面,都有困难。

新制的中学,固须有充分的设备,但是旧制的四年中学,对于设备一层,也未能略而不顾。现时中学校图书和仪器的设备,实在太简单,所以自动的教学,不易实现。要增加教学上的效率,无论新制旧制,设备都须讲求。不过改组后,实行分科选科制,设备方面,更有不得不注意之势。

至于经济方面,改行新学制后也受影响。唯小学缩短一年,大学预科取消,这两方面的经费,或可节省,移作中学增加两年之用。如地方财力不甚充分,尽可单设初级中学,高级中学可以缓设。设高级中学时,设科多少,也可视地方上人才、经济和需要而定,不必各科尽设。总之经费增加,效率也增加,不得目为浪费;经费减少,效率也减少,不得谓之经济。

6. 新制成立后,各地高小学校都有改为初中的趋势。

现时确有此种现象,根本的救济方法,在明定初中各科标准,不适合此种标准的,不承认其为初级中学。闻江苏教育厅,已有取缔各地随便设立初中的办法。

7. 施行三三制,非特不能使中小学衔接,并且又多了一层隔阂。

对答这一句话,有两层意思。第一,初级中学虽和小学分立,但是组织和课程方面,在在设法与小学衔接,中间的界线,不如以前的显明。第二,初中和高中,并没有什么隔阂。中间所以要有一个小结束,不过使不升学的人便利些。学生进了初级中学,预备升高级中学的,可以选读初级普通科;预备升入大学的,可以选读高级普通科。不愿意升学的,可以选读几种职业科目。这是何等活动?并且三年一结束,时间上恰好。多了年限太长,少了课程不易支配。

8. 新制小学改七年为六年,无力升学的儿童,反减少了一年小学教育的机会。

这层反对的理由,最有力量。但未始无补救的方法:(1)初级中学内可添设一年或两年之职业班。六年小学毕业生,既不能升学,多读一年普通科,也是徒然,还不如转入初中的职业班,较为切实有用;(2)中小学内可添设补习班。六年小学毕业生,不得升学而仍感学力未充的,可入补习班补充一年。

减少小学一年的好处,也有两层:(1)小学毕业不能升学的儿童,入职业班后所习的课程,可全力倾向于职业方面;(2)小学改七年为六年,中学方得采用三三制。采用后,升入初中的学生,大都可以毕业。因经济压迫而中途退学的人数,必较以前为少。

9. 12岁进中学,年龄太小。

主张这层理由的,觉得青年心身变迁的时期,大都在12岁以上。我们也知道"春情发动期"的迟早,各个人不一。但是大概在12岁和20岁之间,所以定12岁到18岁为中学教育时期,不算太早,也不能算迟。

10. 选科分科制不适宜于初级中学。

这层理由,并不是反对新制,是反对用分科选科来适应个性的办法。此刻且分别说一说:

(1) 初级中学应否有选科制?我们知道初级中学最大的效用,在适应个性,选科就是适应个别需要的一种方法。有人说初级中学学生太幼小,选科时没有标准。他不知道选科的范围有广狭,选3学分也是选科,选15学分也是选科,只须范围定得严些好了。并且在选科以前,还得有选科指导。要是不经过初级中学的选科陶冶,到了高级中学,学生还是茫无把握。所以近来研究中等教育的人,多主张早一些培养学生选科的能力。

又有人说初级中学行了选科制,基本学科要有妨害。他不知道选科科目和必修科目是并立的。选科实行以后,必修科目的程度,并不因之降低。还有一层,学生进步的多寡和教材、教法、个人兴趣大有关系;一星期多上几点钟课,倒没有什么影响。例如有两组同等能力的学生,一组有50人,每星期上5小时英文课,一组只有25人,每星期只上3小时英文课,结果两组进步的程度,可以不相上下。这是因为人少,个人指导多的关系。所以只论钟点,不问教材、教法和个人兴趣,实在是皮相之谈。不单是如此,基本科目,除必修以外,有时还可列在选科以内。例如数学国文,可以列在选科内。对于数学国文兴趣浓厚的学生,读毕了必修科,还可以选读选修课内的数学国文。对于这两门功课兴趣薄弱的学生,读了必修科,就可以不读这两门功课了。这是选科制活动的好处。

(2) 初级中学应否有分科制?照我们的理想,最好进初级中学的学生个个升学,不要在年幼的时候学习什么职业。不过实际方面,总不能如我们的希望。

学生的志趣总不能一致,现时中学校数少,求学机会困难,所以进初级中学的,大部分还希望升学;将来教育逐渐普及,初级中学逐渐增加,升学人数的百分比便要递减,这是必然的趋势。要是初中不分科,对于升学的人,当然不生问题,对于家贫无力升学,或年长不愿意升学,或智力太低不能升学的一般人怎样处置呢?请反对分科的人对答这个问题。有人说初级中学可以作为普通中学,另外再设立初级职业中学,预备学习职业的人去专修。这是根本错误。何以呢?现行制所以为人诟病,职业学校和普通中学校的分立,也是一个大原因。学生进校的时候,没有经过选科陶冶,昧昧然的进了一个学校,到后来觉得志趣不对,求学兴味便减少,引起了许多的问题。初级中学重在考察个性,适应指导,可以救济这个弊病,所以初中应以分科为原则,不分为例外。

上面 10 条反对的理由,有很充足的,有不甚充足的,有适合一时一地的。我们施行新制的时候,应该参酌双方的意见,自己定一种进行的标准。因为教育上最危险的事,莫过于无目的的改组。

研究和讨论问题

1. 研究我国中学改组的动机。
2. 改行三三制后,于中学教育效率究有几多影响?
3. 分析改组时所必经的困难,并提议解决困难的方法。
4. 选择一初级中学或数校,研求改组前及改组后学校行政、教材、教法、训育方面的不同点。
5. 调查一县新制六年小学毕业生与旧制七年小学毕业生升学人数的比例。

参考书目

西文:
1. Briggs, T. H.: *The Junior High School*. Houghton. Mifflin. Company. 1920.
2. Douglas, A. A.: The Junior High School, Fifteenth Yearbook of the National Society for the Study of Education, Part Ⅲ.
3. Inglis, A.: Principles of Secondary Education, Chap. Ⅶ. Houghton. Mifflin. Company. 1918.
4. Johnston, C. H.: The Modern High School, Chap. Ⅳ.
5. Koos, L. V.: The Junior High School. Harconrt, Brace and Howe. 1920.

中文:
1. 廖世承,《新学制与中学教育》,载《新教育》(四卷二期),1922。
2. 廖世承,《关于新学制一个紧急的问题》,载《新教育》(五卷四期),1922。

第六章　初级中学的定义和职能

近来初级中学的校数,一天加多一天,但是讨论初级中学的文字,反比较以前岑寂了。不尚空谈,专重实验,确是正当的办法。不过改组第一要有明了的观念,观念不明了,不会有好结果。以前的中学办得不好,就为不确定宗旨的缘故。所以我们在这章里边,专讨论初级中学的定义和职能。

初级中学的定义[①]

对于任何一种新组织,定义的产生,大凡有三种方法。第一是叙述各个人的意见;第二是采用实验室的方法,审查已经成立的各初级中学,依据各初中共同的要素,作为定义;第三是融合专家的意见,再下定义。

各个人对于初级中学的界说,并不一致,兹略举几种,作为参考。

（一）哥伦比亚大学中等教育教授布里格斯(T. H. Briggs)的界说：

初级中学是第七级和第八级或第七级至第九级的一种组织。用各种方法,以满足个别的要求;尤以早施职业准备的教育及提前教授中学的学科,为其显著的设施。

（二）密歇根大学教育学教授戴维斯(C. O. Davis)举初中的要点如下：

(1) 改编课程和教材,在第七八两年,更须注意。

(2) 采用分科制。

(3) 使学生有一部分自由选科的机会。

(4) 教员科任。

(5) 升级以学科为单位。

（三）德克萨斯州休斯敦的教育局长霍恩(P. W. Horn)[②]说:"要使初级中学对教育效率有所贡献,必不能同固有的中学小学一样组织。他是满足儿童在某期间之需要的一种制度;而此种需要,又为以上两种固有的学校所不能满足的。他的性质,有些和旁的学校相同,但是有他的特性。"

（四）斯泰森(P. C. Stetson)[③]解释初级中学为一种明确的建设计划,使学

[①] 本章仅列出"初级中学的定义"一个标题,未见列出"初级中学的职能"的标题。——编校者

[②] 据查未详。——编校者

[③] 据查未详。——编校者

校对于社会的需要,更能满足。其方法在谋中小学的衔接,使无力入高级中学的学生,早得预备职业的训练;且养成其对于多方事物浓厚的兴趣。

(五)东南大学教育科教授郑晓沧①先生对初级中学,也有一个定义,他以为初级中学是:

"为满足青春期儿童需要而起之学校。其教学与标准,既准此目的而行,而课程之内容与编制,复取丰富灵活,使被教者之兴趣益加深广,且俾有选择之余地,以适合其个性及因其所处境况而起之特殊需要。"

(六)布里格斯曾经根据六十八个人的定义,制成一表,看了那个表,也可以知道初级中学包含的意义很广了。

表19　表示68个人解释初级中学时包含下列各点的百分比

定义中所包含的各点	百分比
适应个性差异	64.7
教员科任	51.5
学生留校人数加多	48.5
采用分科制	41.2
以7、8、9三年级编合	41.2
使课程丰富	39.7
升级以学科为单位	39.7
注意衔接	36.8
时间经济	29.4
能力分组	23.4
考查各个人兴趣和能力	22.1
指导自习	20.6
改进教学法	20.6
满足青春期的需要	20.6
承认两性差异	19.2
课程有活动余地	16.2
促进课外活动	16.2
职业准备	14.7

---

① 郑晓沧(1892—1979),著名教育家,名郑宗海,字晓沧,浙江省海宁县人。——编校者

改编教材	10.3
满足地方需要	10.3
除去不相干的教材	7.4
教育指导	7.4
职业指导	7
职业教育	7.4
养成自动的能力	5.9

（七）路易斯(Lewis)[①]对于初级中学曾有一个很详尽的解释。他共定了十种标准。

1. 入学资格。初中的入学资格，可分三种：（1）六年小学毕业的学生；（2）在14岁以上，21岁以下须补充普通或职业教育的青年；（3）中途退学后，志愿再行求学的儿童。

2. 分组办法。以下列七项为根据：发育，学习和工作的能力，志愿，兴趣，本国文的程度，精神和体质方面显著的特征，以及两性的差异。

3. 编合的年级。最好从第七年至第九年。

4. 校舍。有一新式的计划。

5. 升级方法。以学科为单位，一学期一结束。

6. 课程的种类。任何初级中学，至少须有两种课程：（1）普通准备职业的课程，使不预备升入高级中学的选习；（2）预备升入高中的普通课程。

7. 用科任的方法。

8. 教师资格。各教师都须在中学毕业，毕业后复入师范或大学肄习两年，至少须再有一年试教的经验。另外各教师须在小学方面担任两年教课，能切实证明其对于本身职业的兴趣和研究精神。最好初中教师为大学毕业生，有试教的经验，并在小学满意的担任功课一年。在大学时可即认定一两门愿意教授的功课。

9. 指导学生的组织。关于教育，职业，和个人指导，都有一系统的组织。

10. 指导自习。

因为初级中学包含的意义甚广，用第二种方法（实验室的方法）定夺初中的意义，不很容易。美国有一个调查，可以作为这种方法的参考。调查的方法，是请275个初中校长，就下列4点，看哪一点是和他们学校的设施相符合的。

1. 用各种方法适应个别要求，尤以早施职业准备的教育及提前教授中学

[①] 据查未详。——编校者

的学科,为其显著的设施。(204 校或 74.2%)

2. 采用科任教授,升班以学科为单位,分科制,并注意课外活动。(246 校或 88.7%,内中有 3 校或 1.1%,回答"一部分")

3. 有丰富的实用的课程,可借以考查学生兴味、意向和能力。(137 校或 49.8%;内中有 13 校或 4.7%回答"一部分")

4. 有职业的课程,使学生不在高中毕业的,可在社会上谋生独立。(151 校或 54.9%;内中有 14 校或 5.1%,回答"一部分")

至于第三种方法,融合各专家的意见,可以用明尼苏达大学中学教育教授库斯(L. V. Koos)①的调查来引证。库斯教授曾以客观的方法,搜集美国教育界所发表的初级中学应有的职能,分析项目,汇成一表。所用的材料,可分两种:(1)教育行政机关所发表的,凡 30 件;其他教育领袖所发表的,约 20 种。表如下:

表20 教育文字中初级中学特殊职能发现次数的比较

初级中学的特殊职能	教育行政机关所发表的意见		教育领袖所发表的意见	
	次数	百分比	次数	百分比
一、使平民教育制度得因甲一戊而实现 甲. 留校人数加多	22	73.3	18	90.0
乙. 时间经济	19	63.3	17	85.0
丙. 鉴别个性差异	16	33.3	19	95.0
丁. 考查才力及择业指导	12	40.0	15	75.0
戊. 职业教育	12	40.0	14	70.0
二、顾及儿童才力及智能	11	36.7	11	55.0
三、增进教学法	14	46.7	17	85.0
四、提高学生学业成绩	6	20.0	7	35.0
五、便利训育与群育	14	46.7	14	70.0
六、节省经费	6	20.0	2	10.0
七、解决小学校舍拥挤的问题	6	20.0	1	5.0
八、保持家庭的势力	2	6.7	—	—
九、促进固有中小学的进步	1	3.3	2	10.0
十、缩小每班人数	1	3.3	2	10.0
十一、减纾教员负担	—	—	2	10.0

---

① 库斯(Leonard V. Koos)是美国著名的中等教育领域的专家,其著有(包括合著)16 本著作,包括《初级学院运动》(The Jouior College Movement)、《中等学校管理》等。——编校者

下边的图，就根据上面那个表制的：

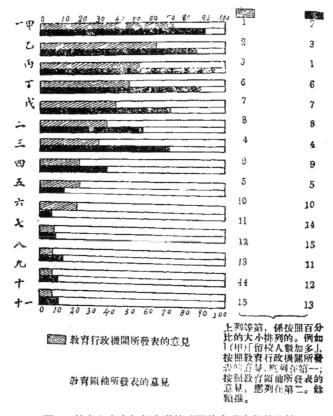

图 9　教育文字中初级中学特殊职能发现次数的比较

从上边的结果内，库斯教授复摘出最显著的数条：

1. 使平民教育制度得因甲—戊而实现：

（甲）留校人数加多；

（乙）时间经济；

（丙）鉴别个性差异；

（丁）考查才力及择业指导；

（戊）职业教育。

2. 显及儿童才力及智能。

3. 增进教学法。

4. 提高学生学业成绩。

5. 便利训育与群育。

制成一表，请 130 评判员（此 130 评判员，大都为初级中学的行政人员及对于初级中学的学理有研究的人），各就其办学和研究的心得，评判各条。第一次评判5条大纲，不列入甲、乙、丙、丁、戊5项，视其效用之大小而别等第。第二次评判9条，列入甲、乙、丙、丁、戊5项，视各条之重要而定等第。结果如下表：

表21　130评判员所评定初级中学特殊职能的等第

特殊职能		Ⅰ实现平民教育制度	Ⅱ顾及儿童才力及智能	Ⅲ增进教学法	Ⅳ提高学生学业成绩	Ⅴ便利训育与群育
评定等第的评判员人数	一	96	28	5	…	1
	二	24	71	22	2	11
	三	5	21	39	13	52
	四	2	6	44	45	33
	五	3	4	20	70	33
等第总数		182	277	442	573	476
等第平均数		1.40	2.13	3.40	4.41	3.66

表22　124评判员所评定初级中学特殊职能的等第

特殊职能		甲留校人数加多	乙时间经济	丙鉴别个性差异	丁考查及指导	戊职业教育	Ⅱ顾及儿童才力及智能	Ⅲ增进教学法	Ⅳ提高学生学业成绩	Ⅴ便利训育与群育
评定等第的评判员人数	一	55	8	20	2	…	33	5	…	1
	二	10	19	41	7	2	32	10	1	3
	三	18	10	34	21	6	18	8	1	8
	四	5	27	16	25	11	11	14	7	8
	五	7	16	9	22	17	11	9	10	23
	六	9	18	3	19	20	9	12	14	20
	七	4	11	1	15	22	4	31	17	19
	八	3	7	…	10	22	2	24	27	23
	九	7	8	…	3	24	4	11	47	19
等第总数		401	577	338	615	817	384	730	925	786
等第平均数		3.23	4.65	2.73	4.96	6.59	3.10	5.89	7.46	6.34

此表中缺六人答案，所以只有124评判员。

如第21表，130评判员中，承认第一条"实现平民教育制度"，应列在第一的，有96人；应列在第二的，有24人；应列在第三的有5人；应列在第四的有2

人;应列在第五的有3人;余类推。在末第二行"等第总数"内182为各等第乘次数的总数:如$1\times96,2\times24,3\times5,4\times2$和$5\times3$为182。各条的等第总数愈小,即表示在评判员眼光中,其效用愈大。末行"等第平均数",即为评判员人数除等第总数的得数。

综观第21表,评判员对于第一第二第四各条的态度颇一致,大多数人认第一条应列第一,第二条应列第二,第四条应列第五。对于第三第五两条,意见稍有参差。如与原定的等第比较,除四五两条对调外,无甚更动。照评判员的经验说来,施行新学制后,效用最大的,莫如实现平民教育制度,和顾及儿童才力及智能;其次则为增进教学法,和便利训育及群育;五条中比较效用最小的,为提高学生学业成绩。

第22表中评判员对于各条的意见,不如上表的一致。124人中只有55人,承认甲条应列在第一,41人承认丙条应列在第二……不过等第的先后,仍和上表仿佛。看了等第总数一行,可以知道评判员所定各条的等第:(1)鉴别个性差异;(2)顾及儿童身心发达的程序;(3)留校人数加多;(4)时间经济;(5)考查才力及择业指导;(6)增进教学法;(7)便利训育与群育;(8)职业教育;(9)提高学生学业成绩。等第总数行下的各数目,并且表示一点:最前三项重要相等;四、五次之;六、七、八又次之;第九数目相差最大。鉴别个性差异无论在哪一表,都处于极重要的地位。顾及儿童才力及智能,及留校人数加多,在第22表中,也处于极重要地位;由此可见实现平民教育制度,所以在第21表中得列第一,就为有此附属二项的关系。不过一点须声明,等第最下的,并非不重要,不过比较其他各项,重要略有不同。

反观我国情形,库斯所列初中各条特殊职能的等第,又当小有出入。兹将各条简单的分开来说一说:

Ⅰ.甲(留校人数加多)在美邦因在小学七八年中途辍学人数骤然加多的关系,视为非常重要。我国情形,略有不同,高三辍学的人数未必多,但是初中校数,可以视旧制中学为多。学生升学便利,继续求学的机会,无形增加。这一点,对于实现平民教育制度,即在我国,似亦不无贡献。

Ⅰ.乙(时间经济)为美国改行六三三制重要的一因。我国减去小学一年,加在中学方面,表面上总时间虽没有增减,但实际上中学程度可因之提高。时间经济的职能,我国似也不能否认。

Ⅰ.丙(鉴别个性差异)任何学校,都有适应个性的职能,唯初中为特别重要;因小学所注重的为基本教育,课程等不能多所歧异。大学及职业教育,则重在专门智识,学生初入校时,即须分科。初中学生年龄较小,志趣开始分歧,个性的鉴别,最为需要。

Ⅰ.丁(考查才力及择业指导)择业指导不是空讲可以了事,必须有体验,使儿童自行试验他的才力,再定进行的方向。所以初中的课程,必须丰富,使儿童有尝试的机会。这是初中很重要的一种职能。

Ⅰ.戊(职业教育)进初级中学的,未必人人都能升学。对于此种学生,学校应给以相当的职业训练。我们说初中以适应个性为前提,要是对于不能升入高中的学生,不去理会他们的需要,那便违反初中的本意了。

Ⅱ(顾及儿童才力及智能)初中适当儿童青春发动时期,生理和心理方面的变化,非常之大。所以适应本期儿童的需要,为初级中学的基本职能。

Ⅲ(增进教学法)小学多采用级任制,中学多用科任制,此教法上之不同点一。并且初中教材,注重混合编制,以切近近代生活之事实及问题为中心。方法方面,自不能与旧制中学相提并论。所以增进教学法,也为初中特殊职能里边的一种。

Ⅳ(提高学生学业成绩)这是改进后所应有的结果。倘使上边所述的几种特殊职能,都能顾到,学生学业成绩,当然会提高了。

Ⅴ(便利训育与群育)这与上边几条有连带关系。要适应本期儿童的需要,不特课程要丰富,课外事业,也须增加。因此训育与群育方面,可以收到许多效果。

此刻总括一句话,初中的存在,自有他存在的职能。倘使不问职能怎样,昧然换了一个名目,到了没有结果的时候,追咎新学制不适合现情,那真是提倡新学制的人所最痛心的了!

研究和讨论问题

1. 初中的定义,应怎样产生?除本章所引的各种定义以外,用你自己的意思,另写一个定义。
2. 初中的教员,应有什么资格?现时我国对于初中师资,应怎样筹备?
3. 调查我国有中学教育学识和经验的人对于初中职能的意见。
4. 设立初中以后,你对于时间经济一层,有什么意见?
5. 怎样考查中学生的个性差异?
6. 你想初中应否有职业教育?说出理由来。

7. 中学改组以后,何以群化的机会,能够加多?
8. 分析我国设立初级中学的动机。

参考书目

西文:

1. T. H. Briggs: The Junior High School, Chap. Ⅴ. pp. 127-154. Houghton Mifflin Company. 1920.
2. L. V. Koos: The Junior High School, Chap. Ⅱ, pp. 13-85. Harcourt, Brace and Howe. 1920.
3. The Fifteenth Yearbook of the National Society for the Study of Education, Part Ⅲ. the Junior High School.

中文:

1. 廖世承,《新学制与中学教育》,载《新教育》(四卷二期),1922。
2. 郑宗海,《初级中学之特殊职能及其课程》,载《教育杂志》(十四卷号外),1922。
3. 廖世承,《中学校与职业教育》,载《教育与职业》(三卷九册),1922。

第七章　中学学生

中学教育的主体是中学学生，所以研究中学教育的问题，须先了解中学生的生理、心理和个性。

一、中学生生理的变迁

中学学生大致在十二三岁以上，二十一二岁以下，在这个时期，生理方面的变迁，最为显著。卢梭（Roussean）以前有句话："我们有两个产生的时期，一个时期是生存，一个时期是生活；一个时期是辨明人和非人，一个时期是觉悟性别。"①这几句话，就表示青春期的重要。所以我们讨论青年的生理心理，对于两性问题，也不能不顾及。

青春期的迟早，各个人不一样。女孩大致比男孩早些。关于这个问题，喀兰姆顿（Crampton）②曾在纽约调查过 4 800 个中学男学生，他的结果如下表：

表 23　显示 4 800 纽约中学校男生春情发动期的迟早（喀兰姆顿）

平均年龄	幼稚期％	青春发动期％	成熟期％
12.75	60	25	6
13.25	55	26	18
13.75	41	28	31
14.25	26	28	46
14.75	16	24	60
15.25	9	20	70
15.75	5	10	85
16.25	2	4	93
16.75	1	4	95
17.25	0	2	98
17.75	0	0	100

马鲁（Marro）③曾观察过 261 个青年女子，他的结果如下表：

---

① 卢梭，爱弥儿[M]．李平沤译，北京：商务印书馆，2011：315．——编校者
② 据查未详．——编校者
③ 据查未详．——编校者

表 24　显示 261 个女子春情发动期的年龄（马鲁）

年龄	10	11	12	13	14	15	16	17	18	19	20	21
人数	1	6	16	34	61	54	40	29	12	4	2	2

看了上面两个表，我们可以知道各个人的生理年龄（physiological age），和实足年龄（chronological age）不相符合，尽有年龄在十六岁以上，而生理方面的发达，反不如十四岁以下的青年。因此喀兰姆顿主张学校中分班应以生理年龄为基础。福斯特（Foster）赞成这个说法，他觉得从纽约中学方面的实验看来，用生理年龄分组的学校，每年不及格退学的人数，减少了 7%—11%。减少的缘故，就为生理年龄相仿佛的学生，同处在一起，比较容易亲密。福斯特这句话，是否可靠，须再看以后的实验结果。

体高和体重的发达　青年时期变迁最显著的，莫如体高和体重的增进。博厄斯（Boas）[①]曾调查 88 449 美国儿童的体高和 68 000 儿童的体重，后来裴克（Burk）[②]又做了一个很详细的统计报告。在这个报告里边，我们得到下列概括的几点：

1. 男孩平均每年体高增进的百分比：

从 5.5 岁至 8.5 岁每年体高增进 5.4%；

从 8.5 岁至 12.5 岁每年体高增进 3.25%；

从 12.5 岁至 16.5 岁每年体高增进 4%。

2. 男孩平均每年体重增进的百分比：

从 6.5 岁至 8.5 岁每年体重增进 9.8%；

从 8.5 岁至 12.5 岁每年体重增进 8.95%；

从 12.5 岁至 16.5 岁每年体重增进 12%。

3. 女孩平均每年体高增进的百分比：

从 7.5 岁至 13.5 岁每年体高增进 4.1%。

4. 女孩平均每年体重增进的百分比：

从 6.5 岁至 8.5 岁每年体重增进 10%；

从 8.5 岁至 10.5 岁每年体重增进 9.5%；

从 10.5 岁至 14.5 岁每年体重增进 12%。

---

① 博厄斯（Franz Boas, 1858—1942），德国裔美国人类学家，现代人类学先驱，享有"美国人类学之父"的称号。——编校者

② 据查未详。——编校者

5. 从生后至 11.5 岁及 14.5 岁以后，男孩大概比女孩高。

6. 从生后至 12.5 岁及 15.5 岁以后，男孩大概比女孩重。

7. 在春情发动期的三年，女孩大概比男孩高，比男孩重。

8. 从 8.5 岁以后，同年儿童体高增进的参差，比较每年增进的百分比还要大。

关于体育的发达，鲍而温（Baldwin，B. T.）曾做过一个很费时很精确的实验。被试的儿童，共有 2 500 人，每半年检查一次，共检查了 18 次至 24 次不等。检查的节目，共分三十项。这许多儿童，平素都有定时的医药检查，有指导的游戏，有良好的运动。内中有因为疾病关系，致不按常态发达的，都除外不算。倘使我们要考查身体方面任何特质的发达状况，我们只须看各个人的曲线，便明白了。此刻且用体高做例子。

关于体高的增进，鲍而温所得的结果，和鲍斯的相证明。除了 11.5 岁至 13.5 岁以外，男孩大都比女孩高。女子长到最高限度的时间，比较男子来得早。无论男孩或女孩，从 4 岁至 18 岁，体高的增进很多。在春情发动期的时候，增进快些，将发育的时候，增进慢些。各个人春情发动期的曲线，都成一同样的弧形；体高的儿童，弧形的曲线，发现早些；体矮的儿童，弧形的曲线，发现迟些。每条曲线的全体形状，好似筑的火车轨道，所以条数虽多，不大会错综交互。因为这个现象，我们可以用科学方法，预测年幼的儿童，将来体高可以增进到什么地步。我们并可以知道各个儿童的体质，是否按着常态发达。例如一个中等身材的男孩，从 7 岁至 17 岁，共增进了体高 70.3％，一个中等身材的女孩，从 7 岁至发育最后的时期，共增进了 74.2％。倘使我们逢到一个身材相仿佛的儿童，我们就可预测他增进的速度了；要是速度太不符常模（norm），我们就该调查原因，救济缺点。留意儿童是否因为操劳太过，或营养不足，以致身体发达受了牵制。

下面图上表示 5 个儿童的曲线，3 个男孩，2 个女孩。各个儿童的高矮不一，有的在常模以上，有的在常模以下。原来高的，到了成人时候，依然很高；原来矮的，年岁大时，依然很矮。照鲍而温的报告，125 个儿童，在 6 岁或 9 岁时候的体高，同 12 岁或 15 岁时候的体高比较起来，相关系数为 0.735 至 0.944。

二、中学生心理的变迁

关于儿童智力的增进，最近鲍而温和斯德邱（Stecher L. L.）也做过一个很

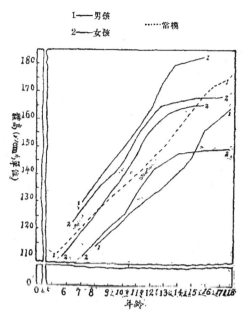

图 10　体高增进的曲线（鲍而温）

费时的实验。他们从 1917 年起用斯坦福大学修正的比奈测验，试验数百儿童智力。因为欧战时时局不定及儿童转学他处的关系，五六年中继续受试验的，只剩了 143 个儿童。这许多儿童，有被试过四次的，有被试过五次的。上面图 11，表示 3 个男孩智力和体质发达的曲线，图 12 表示女孩智力和体质的曲线。

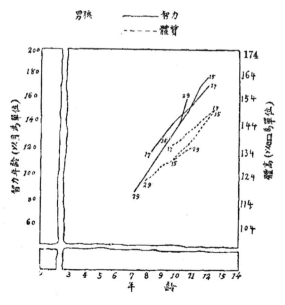

图 11　智力增进曲线（男孩）

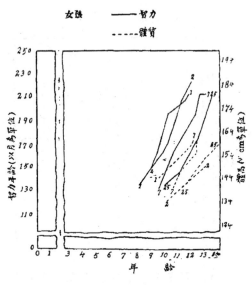

图 12　智力增进曲线(女孩)

图 13,表示中材儿童的智力和高能儿童的智力历年进步的比较。从曲线上我们可以看出,在青春期内,智力的增进,呈一种特殊现象。在女孩的曲线上,这一点更为显明。这种特殊现象(曲线骤然向上)的发现,高能的儿童,大概要比中材的儿童早一年。

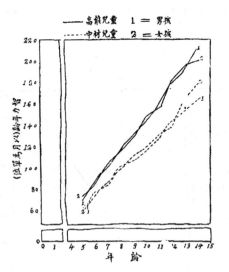

图 13　中材儿童和高能儿童智力增进的曲线

倘使我们很详细地知道各个儿童智力发达的状况,我们就可凭了几个儿童幼年的测验成绩,预测他们将来发达到什么地步了。下面图 14 表示儿童历年

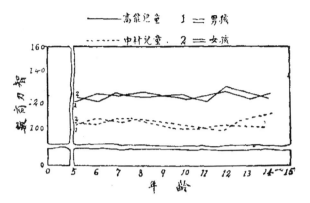

图 14　中材儿童和高能儿童的智力商数 IQ 曲线

所得的智力商数,并不十分一致;女孩的曲线更形参差。用相关方法来考求,第一次男孩女孩的智力商数,和第五次智力商数的相关系数为 0.82,表示各个儿童的智力商数,在四年以内,尚没有多大的上落。倘使人数多,测验的次数少,所得的相关,大概在 0.69 至 0.93 之间,两次测验的时间愈接近,系数便愈大。

体质发达和智力发达的关系　从青年的生理和心理研究方面,引起了一个问题,究竟体质的发达和智力的发达有几多关系？伯特(Porter)根据他调查的结果(他共调查了 34 500 儿童的体高、体重,和学业状况),说:"同年的儿童,体格重的,大概比较体格轻的来得聪明。"韦斯特(West)否认他的说素,说伯特的调查有两种弊病。第一,伯特是以学级高低为智愚标准,以为同年的儿童,在高级的总比在低级的聪明。其实尽有聪明的儿童,因为入学迟,所以留在低级的。第二,核算年龄的方法,不甚可靠。鲍斯的结论,恰和伯特相反,不过鲍斯定夺儿童的智愚,是用教师评判方法的,所以结果也不甚可靠。

从上面几个图看来,体质的发达和智力的增进,确似有连带关系。高能儿童,无论男女,在 11 岁至 12 岁之间,智力曲线均有向上的趋势。中材的女孩,也呈此种现象。不过迟却一年。中材的男孩,曲线上无此种表示,或者因为时期尚未达到。

体高体重在中数以上的儿童,其智力年龄,平均比体高体重在中数以下的儿童来得高。鲍而温以前曾说过:"要是我们以学级年龄(pedagogical age)为智力发达的代表,那么体高、体重和肺量早发达的儿童,因为生理和心理方面成熟早的关系,所处的年级,当然要比较高些。"这一个结论,是根据 21 682 种学期考试分数和 5 000 种体格检查成绩而来。调查的学校为哥伦比亚大学师范院所附设的霍来孟学校（Horace Mann School）和芝加哥的派克学校（Francis Parker School），调查的学生,共有 125 人。

自从这次调查结果发表以后,鲍而温又继续研究体质发达和智力增进的关系。体质方面,包含体高、体重和胸围几项；智力方面,仍用斯坦福大学修正的比奈测验做标准。49 个女孩的体高和智力年龄的相关系数为 0.89；体重和智力年龄的相关为 0.71。不过这组儿童的年龄,参差很大,自 5 岁起至 15 岁都有,于相关系数上,不无影响。要是用同年龄的儿童,比较体质和智力商数,便不生问题了。

在各次研究里边,体高的增进,和生理年龄的相关,总是很高。平均说来,体重和体高的相关,男孩为 0.809,女孩为 0.603（从 7 岁至 17 岁中间,选择任何两年做相关）。

用分析相关（partial correlation）的方法（年龄固定）,49 个女子体高和体重相关为 0.57,体力智力年龄的相关为 0.53。换一句说,生理方面超进的女孩（physiologically accelerated girls）（男孩也是这样）,智力方面也呈超进的现象。所谓智力方面的超进,是包含智力成熟时期及聪明两层意思。总之体质与智力的关系很大,我们以后创造智力测验,当兼顾体质的发达。单独的体格检查,调查体质发达的状况,没有什么大贡献。单独的用智力测体,也不能解释这个问题。我们以后必须做一个大规模的试验,选定了几多儿童,继续试验他们的体质和智力,然后可以定夺两者的关系。

三、中学生的个性差异

在中学方面,还有一个重要问题：我们应否有一共同的标准,使各个人都就这个标准的范围,还是应该以适应个性为前提,不管我们的标准怎样？在对答这个问题之前,我们先把个性差异四个字分析一下。个性差异是概括的说素,细分起来,有各种的差异,例如年龄的差异,学力的差异,智力的差异,志愿的差异以及其他一切差异。现在先分别简单说一下：

（一）年龄的差异　中学生年龄的差异,显而易见。每班之中,学生年龄相差大约为四五岁或五六岁,因年龄不同,遂影响于志愿、兴味和学业成绩。看下面一表,可以知道现时中学生年龄分配的大概情形。

表 25　东大附中各级学生实足年龄的比较(1922 年 10 月)

年级 组别 年龄	初一		初二		初三		高一		四年级		总数	百分比
	10	9	8	7	6	5	4	3	2	1		
10—10：11	1										1	0.26
11—11：11	2		1								3	0.80
12—12：11	5	3	3	1							12	3.23
13—13：11	6	12	7	6	1		1				33	8.89
14—14：11	7	6	3	11	2	4	1	5			39	10.51
15—15：11	10	4	21	11	8	9	2	5			70	18.87
16—16：11	1	5	5	9	12	9	5	10	7	4	67	18.32
17—17：11		4	1	2	12	10	8	10	4	1	52	14.01
18—18：11			2		4	4	17	9	7	9	52	14.01
19—19：11			1		5	5	6	2	6		31	8.35
20—20：11							3	3	2		8	2.17
21—21：11									2		2	0.53
22—22：11										1	1	0.26
总　数	32	34	43	41	39	41	42	44	32	23	371	100
平均数	14：1	14：5	17：1	15：3	16：7	16：1	18：0	17：0	18：7	18：10	16：5	

（二）**智力的差异**　我们知道进中学读书的学生,都是小学的优秀分子,平均的智力,要比普通人来得高,但是各个人的差异,依然很大。一班之中,学生智力的差异,比较班与班智力平均数的差异,要大五六倍。例如一年级全体智力平均分数是 50 分,二年级全体平均分数是 53 分,一年级或二年级本班之内,智力分数的相差,是不止十五分的。下面便是一个例子。

（三）**学力的差异**　照近人测验的结果,同班学生学力的差异,至少有五六倍。换一句说,同在一班念书,学力最高的儿童一个月的进步,要抵到学力最低的儿童五六个月的进步。图 15 就表示这一点。

表 26　东大附中全体学生暨未录取各生五项智力测验的统计
（1921 年秋季）

班次 类组	四年级	三年级 甲组	三年级 乙组	二年级 乙组	二年级 甲组	一年级 乙组	一年级 甲组	未录取 各生	全体 总数
95—99.99									
90—94.99									

续表

班次\类组	四年级	三年级甲组	三年级乙组	二年级乙组	二年级甲组	一年级乙组	一年级甲组	未录取各生	全体总数
85—89.99									
80—84.99									
75—79.99						1			1
70—74.99	1					1		2	4
65—69.99	4	2				1		4	11
60—64.99	2	1	3	3	1	2	1	7	29
55—59.99	8	6	6	8	4	2	1	12	47
50—54.99	12	8	5	6	5	4	3	20	63
45—49.99	6	8	7	14	8	4	10	33	90
40—44.99	6	4	3	3	10	7	6	53	92
35—39.99	2	1	4	1	5	4	5	82	104
30—34.99	2		1	1	3	2	5	78	95
25—29.99							2	61	63
20—24.99					1	1	1	31	34
15—19.99								12	12
10—14.99							1	5	6
5—9.99								1	1
0—4.99									
人数总计	43	30	29	36	37	23	35	401	643
中　数	52.2	51.2	49.6	49.6	44.7	44.2	42.9	35.7	40.3
下二十五分点	45.6	46.5	43.7	46.4	40.1	37.5	34.7	29.1	32.3
上二十五分点	57.6	56.2	56.4	56.2	40.7	53.7	48.1	42.8	49.1
二十五分差Q	60.4	4.84	63.5	49.1	5.31	8.12	66.8	6.82	8.41
均方差	9.45	7.10	8.25	6.80	7.65	12.4	9.60	10.7	11.5

上面所用的英文测验,共有两种:第一种是甘斯(Keys)所编的文法测验(English Mastery Test, Form G);第二种是甘斯所编的字汇测验(Vocalmlary Opposites Test, Form A)(两种都在中国求得标准,伊文思出版)。各班所用的材料是一致的。以年级中数论,年级高的,中数也愈高,图上表示得非常整齐,但是以各个人论,年级愈高,班中的全距离(range)愈大。尽有高二的学生,成绩在全校中数以下,初一的学生,成绩反在全校中数以上。相差的大,真是出人意表。

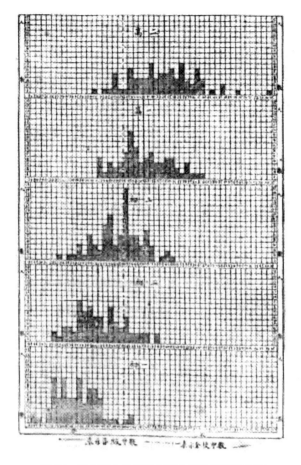

图 15　东大附中各级学生英文测验成绩的比较

（四）志愿的差异　中学生的志愿，也各个不同。有希望职业，有希望升学。希望升学的，有志在农科、有志在商科、有志在教育。关于这一点，我们可以用范德堡和金（Van Denburg and King）[①]的调查做一个例子。他们共调查了1 600 以上纽约的中学学生，所发的问题有好几个。

问题一　"你想中等教育能否帮助你，达到你的希望？"
答案

（1）男生

是的…………56%

不是的…………27%

怀疑的…………17%

（2）女生

是的…………41%

不是的…………37%

怀疑的…………22%

---

① 据查未详。——编校者

问题二 "你能待中学毕业后离开学校吗？"
答案

(1) 男生
能的…………54％
不定的…………30％
不能的…………16％

(2) 女生
能的…………51％
不定的…………29％
不能的…………20％

问题三 "你觉得大学教育和你的前途计划很有关系吗？"
答案

(1) 男生
是的…………63％
怀疑的…………16％
不是的…………21％

(2) 女生
是的…………48％
怀疑的…………19％
不是的…………33％

除了上面所述的四种以外，还有其他各种的差异。差异的原因，归纳起来，不外两层：(1) 先天的差异，(2) 环境的差异。我们讨论个性问题时，大概有几点须注意。

1. 后天的差异，教育可以随时改革，先天的只能听其自然。

2. 适应个性差异和消灭个性不同。对于适应的设施，中学教育负有两种责任。一种是培养共同的基础，使各个人勿走极端，一种是注意分析作用，使各个人充分发展。

3. 即使中学生的个性，无甚差异，中学教育也不当采取整齐划一办法，因为将来社会上所需要的人才各个不同。

4. 男女间个性的差异大都是间接的关系。因为历来社会上对于男女的待遇不同，所以精神和体质方面，都受到影响。据桑戴克（Thorndike）的意思，这种后天的差异，教育可以设法使他减少。从另一方面说，即使男女间个性上不发生差异，女子教育的方针，也不妨和男子教育略异，因为将来男女在职业界上所占的位置，总有些须不同。

四、中学生的问题

学生在小学的时候，"自我"的观念，尚不十分显著，所谓"不识不知，顺帝之则"，①所以本身方面，没有多大问题。到了中学，年龄渐长，"自我"的观念，也逐

---

① 出自《列子·仲尼》。——编校者

渐发达，人世间可喜、可忧、可爱、可憎的事情，渐渐地来萦绕青年的心志，因此遂发现了许多青年的问题。在东大附中"青年修养"班上，舒新城先生曾叫各学生把他自己的问题写出来。学生人数，共有 160 左右。此刻把他们所写的问题分成几类，每类中略举几条重要的作为参考。

1. 关于家庭方面：

（1）家庭不能符合一己的欲望；

（2）家长缺乏教育常识；

（3）感受家庭痛苦。

2. 关于经济方面：

（1）经济困难；

（2）不会用钱。

3. 关于身体方面：

（1）精神容易疲劳；

（2）读书时觉头昏。

4. 关于交友方面：

（1）希望得异性的好友；

（2）不善择友；

（3）交友困难；

（4）现代的交友缺乏诚意；

（5）不喜交友。

5. 关于学业方面：

（1）读书不能专一；

（2）时间不敷；

（3）顾此失彼；

（4）觉得求学太苦；

（5）自觉智识浅薄，不知从何入手；

（6）进步很慢；

（7）看书看不懂意思，就不愿看；

（8）对于不信仰的教员，某科兴味就减少。

6. 关于行为方面：

（1）行为孤僻；

（2）不能改过；

(3) 喜吸烟。

7. 关于性情及思想方面：

(1) 性欲时常冲动；

(2) 喜与女性交接；

(3) 怕姻事不自由；

(4) 感受婚姻痛苦；

(5) 不善交际；

(6) 见了女子不善讲话；

(7) 好色；

(8) 不知人生究竟为什么；

(9) 烦恼；

(10) 深忧将来；

(11) 人生无趣。

看了上面几条，近代青年所感受的痛苦及问题，也知道大概了。其中我们要特别提出讨论的，就是性欲问题。在青年时代两性本能和精神生活有密切关系。好修饰、好表露一己的长处、觉悟社会的关系、兼爱的行为、美术的欣赏、人生观的变迁、游历的欲望以及其他青年心理方面的特征，彻底说来，都和性欲有关系。用霍尔(Stauley Hall)的话，这种特征，可以当作"男女性本能的光耀(irradiations of the sex instinct)"。用弗洛伊德(Freud)①的话，这种特征，可以说是"性欲冲动的化装游戏(sublimations of the sex impulse)"。

（一）两性本能　普通人的观念，以为两性本能，在青春期，才行发达。不过据近代心理学家的研究，性欲的生活发现很早，初生的婴孩，对于性欲的刺激，也能发生反应。不过在青年时候，性欲的趋势，格外显著。怕羞啦，自炫啦，注意异性动作啦，性欲的刺激所引起的各种冲动及情绪方面的反应啦，都表示性欲发达的倾向。

在春情发动的时期，两性间彼此吸引的媒介，不必为很强盛的冲动，即细微的事物，也可发生这个影响。例如发肤的颜色、走路的形状、发语的音声、头颈的后形以及其他种种，都为男女相悦的来由。照生物学上讲，这种种都为保存种族所不可少的特质。

---

① 西格蒙德·弗洛伊德(Sigmund Freud, 1856—1939)奥地利犹太心理学家、精神分析学派创始人。——编校者

哪一种特质为引起爱的媒介,称为"性的崇拜物(sex fetish)"?有人调查影响男女间爱憎最重要的几种特质,依照重要的次序,列举如下。关于体质方面的为:眼、发、身材、足、眉、肤色、颊、喉、耳、下颔、手、颈、鼻种种。关于举止行动方面的为:声音、笑的形状、仪容、步态、手势、头的仪态种种。关于衣服和装饰方面的为:白色衣服、皮衣、领服、丝带种种。

也有几种特质,可以引起强盛的厌恶,例如凹眼或凸眼、粗颈、竖耳、挤眉、大足、红头发、痴笑、暴躁、显丽的领带、不称身的服饰,或形似动物——猴、狗、鹦鹉、猪、孔雀等。

总之各个人的目光不同,一个人认为有莫大关系的,另一人或视为无足重轻。所以关于两性问题的个性差异,也非常之大。

(二)爱的发达　　上边所说的,不过为爱情发达的一部分事实。据培耳(Bell, S.)的分析,爱的发达,可以分为五个时期。

1. 八岁以下儿童的"爱"。这是一种天真烂漫的爱,不带有性欲的色彩。"竹牛木马,牵裳问好",完全是一种游伴的性质。这种爱,不发达过分,不生什么危险。

2. 幼年的爱,从8岁到12岁。这个时期,儿童已有些须觉悟。在男女同校的小学里边,各人往往心中有所爱好。这时候,教师很可利用儿童彼此相悦的动机,促进课室的作业。

3. 从8岁起到13岁,或13岁以后,还可另立一个时期。这时期内,儿童对于年岁较大的人,往往发生强烈的爱情。这种爱情有时虽不正当,要发生危险,但是未尝不可利用他,因为这也是一种自然的倾向。最普通的,就是儿童对女教员发生热烈的情感。这种情感,于儿童将来的志愿、理想、动机、行为很有影响。有时儿童对年长的男教员,也发生强盛的情感。所以霍尔以为这是儿童羡慕"成熟"(maturity)的表示。总之,这时期的爱情冲动,非常强烈。

4. 青春发动期的爱。这时期的爱,是隐藏的。男女都有害羞的表示,不肯彼此接近。

5. 最后时期为"自觉的爱"。青年的体质和智力,都已发达成熟。对爱的真义,也能领略。

(三)性教育(sexual education)　　因为青年滥用性欲,所以近来大家对于性教育的设施,都很注意。不过我们要知道性的问题和遗传、环境都有关系。对于遗传方面,教育可以帮助的力量很小,对于环境方面,教育也不能完全操纵。要知可以引起性欲发动的刺激，非常之多，仅仅青年男女聚在一起，就可引起这种刺激。倘使隔离男女，依然无济于事。因为家庭间父母相悦的情状，或不经意的流露于子女眼中。其他如街谈巷语、飞禽走兽，以及书报上爱情的著作，在在都可供给性的刺激。所以教育要完全支配环境，是不可能的事。

我们说这句话，并不是反对性教育。性教育是应该有的。儿童对于人生的由来、男女的分别、性欲器官的作用，以及在青春发动期内身体上所有的变化，都有一极强盛的好奇心。这种事情，是他们应该知道的。倘使在适当时期内，给他们充分的两性知识，于他们德智体群美五育的发达，很有帮助。以前的科学，都避去此种讨论，以为一涉及两性问题，就太猥亵，所以儿童在学校里边，得不到正当的知识。

我班上有一个大学学生，写他在中学时候关于性欲的问题，有几句话，说得很切实情。他说："我那时对于性欲的问题，满肚皮怀疑，好奇心又强，总想知道一切，但是见教师和家族方面，都以谈此事为可恶可耻，于是不敢公然叩问，只得藏在肚里不作声。因此性欲的冲动愈甚，求知的心愈切，无奈何只得向书中去找寻答复（既不知如何选择，不当看的书也不问了）。有时听得同学中讲起这事，非听个详细不可。这两件事，是我少年时关于两性问题唯一的指导，因此有许多误解的地方。及今思之，又恨又气，才知性欲问题，不可没有正当的指导。"

性知识的启迪（sexual enlightenment）所以不可少的缘由，大概说来有六种：(1) 健康，(2) 社会的生活，(3) 法律，(4) 道德，(5) 教育，(6) 知识的增进。此刻先讲知识的增进。性欲的知识，也可视为文雅教育的一部分，因为尽有许多人对于鸡的孵化，鱼的繁殖，茫然莫明其故。也有许多人，不知道有的动物，究竟是卵生的，还是胎生的。所以普通的生物知识，学校里应该使儿童知道。

讲到康健方面，应使儿童知道滥用性欲和手淫的害处。大凡儿童有了手淫的举动以后，当时总发生极强烈的愧悔，深怕戕贼一己的身体。要是那时候，有人恳切的指导，说出其中的害处，未始不可以收效。再在青年时期，往往有遗精的事情。这是生理上自然的现象，并不为反常，但是青年不了解，心中容易发生一种恐惧。这种潜在的恐惧，于青年精神方面，有很大的影响。

就道德方面说，父母对于子女，也负一种启迪的责任。一味用神秘的话来哄骗他，是不妥当的。记得有一个9岁的女孩子，同她母亲谈论的时候，母亲骗她说："凡是女孩子都是鹳养的。"其实那个女孩子，早从别方面探听到真情了。从此她对于母亲所说的话，便不大信仰。

关于这一点，做父母的，很要注意。因为父母不在相当时期内，给子女以良好的教训,别人粗野的话,就要来戕贼儿童的本性了。但是普通做父母的,非特不肯设法启迪,并且还想各种方法,来抑制性的本能。其实何尝有效哩!

美国相传有一个牧师,管束他的儿子非常严厉,从不许他儿子同女子讲一句话。看见女子时,总对他儿子说:"这是妖怪,不要理会她。"有一天牧师同他儿子走在街上,他儿子看见一个铺子里,有一个女子在那里陈设货物,打扮得非常美丽。就问他父亲是什么东西。他父亲回答他:"不要作声,那是妖怪。"他儿子嗫嚅道:"但是——父亲,我很爱那个妖怪!"

再就法律方面言,也有启迪的必要。现时中等学校里边,往往发现同性恋爱(homosexuel)的事实。这种冲动强烈到极顶,可以酿成"同性交"之犯罪行为。① 倘使有人点醒一下,当局的人未始不能深自敛抑。这不过举一个例子。其他性欲问题,关于法律方面的尚多。所以注意性教育,间接就可减少法律问题。

教育与性欲问题的关系,大家都明白,无庸讨论。现在再就社会的生活方面说一说。我们知道不正当的性交,可以使当事人失掉公众的信仰。不过贞操问题,在女子方面,尤为重要。青年女子,在未嫁以前,有了失足的行为,便终身受人指摘,正如"白圭之玷",轻易磨不掉。要保障青年男女终身的幸福,便应该早给他们性欲的知识,养成他们纯洁高尚的理想,使他们不受外界的引诱。

(四)性教育实施的程序 现在我们对于所以要施行性教育的理由,已经明白了。但是实施的方法程序怎样?

1. 在什么时候?有的人主张儿童第一次发性欲疑问的时候就给以相当的指导。有的人觉得太早,实施性教育的时期,应该迟些。这两种主张,都有理由。大致客观方面的启迪,如利用生物学和生理学,讲解生物繁殖的概略,雌雄花蕊的配合,人类育儿中哺乳与育儿的大要,以及生殖器官的构造机能,施行可以早些。至于主观方面的启迪,如讲解手淫的害处等等,至早须在实足年龄十四五岁的时候。因为没有经验先告诉他手淫的危险,非特无益,反足以引起他好奇的倾向。其他消极的警戒,如讲解各种花柳病的害处,应在中学毕业时期或初入大学时候施行。

2. 什么人教?这一个问题,和"为什么要教"以及"在什么时候教",有密切关系。实施性欲教育的机关,大概不外两种:家庭和学校。关于客观方面的知识,启迪的责任,学校里边应该多负些。主观方面的启迪,学校便不易奏效。在

---

① 在作者所处时代,世界许多国家仍然将"同性恋"视作违法行为。——编校者

课室中同十二三岁的女子或十四五岁的男子,讲手淫的害处,实在是一个很困难的问题。密室中个人谈话,或者可以减少困难。不过谈话的人,儿童须对他有完全的信仰,否则就不生效力。所以这种性教育,最好由父母负责。父母在家庭中,可利用相当的机会,告诉儿童因性欲而发生的各种弊害,使他知道避免的方法。年幼的儿童,如果有关于性欲的质问,可渐渐的指导他,不可用虚伪的手段来应付。某英文书上载一段事实,很可供我们参考。

几个小孩子有一次看见了衣橱中的衣服。有一个小孩子说衣服的用处在御寒,并可遮盖下身。母亲便回答遮盖下身的用处很大,下身给人家看见了,很不雅观。但是那个小孩继续说衣服还有一种用处,使我们辨别男女。他的小兄弟就接着说:"除了衣服以外,男女实在没有什么分别;倘使我穿姊姊的服式,我就变成一个女子了。""那不能,"母亲立刻回答他,"再过几时,你姊姊便和你大不相同。"普通男子都有须的,女子没有须的;男子不能生产,也不能哺乳;他们只能做父亲。因为这个缘故,所以男女初生出来的时候,身体上的构造便不同。不单是身体构造有不同,就是意志、兴趣等等,都不一样。

主观的启迪,在学校方面,未尝绝对不可行。倘使有学生信仰的教职员,或良好的校医,有时也可设法指导。在学生初毕业离开中学的时候,很应当讲给他们听各种花柳病的危险。

我在美国大学读书的时候,知道有一个美国同学,他在生物学班上听教授讲演各种花柳病的事实,以及传染的祸害,并用许多图表统计来证实。听后留了一个很深刻的印象。有一次他到纽约去游玩,受了外界引诱的势力,差不多要失足了。忽然间想到了那一次教授的演讲,暗地叫了一声惭愧,那不正当的心思,便立刻扫除了。

施行性教育的程序,大概是这样。不过有的人觉得仅仅灌输知识,是没有用的。社会上许多两性间失足的事情,并不是知识的问题,是行为的问题。要免除不正当行为,必须使青年男女肌体上有一种深刻的印象,遇到两性刺激强盛时,能牵制他们的动作。这几句话,说得很有道理。我们一方面注重"教",一方面还得注重"育"。现在就育的方面,简单地分几层说一说。

1. **养成高尚的理想**　青年子女在校读书,最怕的是自己没有什么理想,随波逐流,到处可以受人引诱。理想是青年的主宰。所以无论施行人格教育,或性教育,首当注意这个问题。一个青年有了各种的理想生活,如婚姻的理想,家庭生活的理想,健全人格的理想,服务社会的理想等等,举动便有节制,便不肯牺牲一己的名誉,戕贼一己的身心。这便是意志教育。

2. 尊重女子的人格　我们知道女子在文化上占领很重要的位置。倘使大多数女子有了高尚的美德,男子无形间可受到许多的陶冶。女子是一国的菁华,所以我们对于女子,应有相当的敬意。女子自身,也须尊重一己的人格,使人有敬爱的意思。这样,社会上才可减少许多两性间的罪恶,才可产生美满和乐的家庭。

3. 加增课外活动　抑制性欲冲动,是最劣的方法。最好与以相当的出路,使他发泄到别方面去。在中学校内,如课外运动、竞技比赛、野外露宿,以及一切课外作业,从青年性育方面看来,都有重大的价值。

4. 提倡审美的环境　除了几个教会学校以外,我国的中学校生活,实在太干枯,太没有生气。所以卑劣的思想,性欲的冲动,时时有发现的机会了。以后中学校当设法造成一种审美的环境,使青年油然生出一种爱好的理想。不纯洁的"爱",以及不正当的娱乐,当然不来萦绕我青年的心志了。

5. 注意生理卫生　上边所说的,都是积极方面的事情,不过消极方面,也须顾到。例如关于性欲卫生重要的规条,都应该注意：(1) 应禁止儿童饮酒,因为酒和人类性欲生活有显著的关系。其他有刺激性的食物,如烟茶咖啡,也当防止儿童,勿使多食;(2) 衣服要修长适度,不要过于狭小。易使触弄性欲器官的服装,应设法改良;(3) 注意儿童睡觉的时间,未倦不要使他睡,醒后就应使他起来;(4) 防止儿童时常独处隐室。

与性育有密切关系的,就是中学男女同学问题。对于本问题,有两种主张：(1) 反对男女同学,以为青年学生,适当性欲强烈时期,男女同学,必定发生危险;(2) 赞成男女同学,以为两性愈隔离,冲动愈强盛,不如使两性常有自然接触的机会,养成两性间正当的观念,可以解决中学校一部分性育问题。这两种说素,都持之成理。倘使中学有适当的准备,那么男女同学,确能实现男女社交的理想,养成优美的环境。倘使中学无相当的准备,昧然采用男女同学,则不唯不能解决性育上的问题,且将助性欲为恶。不过男女同学问题很复杂,只就性育立论,尚是一偏之见。

(五) 美国中学校实施性教育最近的调查统计　在结束本问题以前,我们可以把美国近来施行性教育的概况,介绍一下。在两年以前,美国中央教育局和卫生局要知道中学校性教育设施的真相,发出一种通讯调查,共寄给12 025甲等和乙等的中学校。收回的答案,有6 488份(53.8%)。

调查的宗旨有三种：(1) 考查各地中学校在正式课程内附带性教育的,究有几多校数；(2)研究附带性教育及性欲指导的科目所用的教材和教学法；(3)省察中学校长对于性教育的态度。

寄回答案的学校，大致可分三类：(1)施行无系统的性育，有时用短期讲演，有时用个别谈话，有时用性育卫生展览会，有时发行小册子；(2)施行有系统的性育，附带在正式课程以内；(3)无性教育的设施。

表 27　美国中学施行性教育的种类

	答案总数	施行无系统的性育	施行有系统的性育	无性育的设施	学校总数
各州总数	64 889	1 633	1 005	3 850	12 025

按照上面的表，属于第一类的有 1 633 中学校；属于第二类的，有 1 005 中学校；属于第三类的，有 3 850 中学校。换一句说，寄回答案的学校里边，有五分之二(大概有五分之一属于美国的甲等中学校，有五分之一属于乙等中学校)，有性育的设施。这个数目，已是出人意料，因为对于性欲指导的教材和方法，从来没有正式规定过。大家所以注意这个问题，一方面要保障青年的健康生活，一方面感于社会上花柳病蔓延的祸害，思引起公众的觉悟。

表 28　美国利用各科目施行有系统的性育之中学校数

	生物学	社会学	生理学	生理卫生	动物学	混合理科	植物学	其他科目
各州总数	432	202	158	147	78	72	59	193
百分比	32.2	15	11.8	11	5.8	5.4	4.4	14.4

看了上面的表，我们知道与施行性教育最有关系的科目为生物学、社会学、生理学以及生理卫生四种。这因为四种科目的内容很容易包含性育的教材。例如生物学可以包含下列各种纲要：动植物的繁殖，以及人类的生育；环境与长育的关系；保护婴孩的方法；内部分泌的作用；分泌与青年的关系；第二种色性特质以及此种特质的表现；遗传与优生的原理。社会学可述及社会上各种花柳病的祸害；家庭在社会进化上所占的地位以及家庭衰败的原因；家庭间的互助；两性问题与适宜的住宅；正当的消遣，以及各种作业的关系。生理与生理卫生可讲解细胞的职能以及细胞分裂的作用、腺的分泌、男女骨骼与筋肉组织方面的差异、性欲器官的构造、霉菌与社会上的流行病、健康与性欲卫生等等。

表上所列"其他各科目"，包含农事、畜牧学、霉菌学、公民学、家事、经济学、伦理学、家庭保育法、教学法、体育，和心理学。

在下边表29里边，生物学、植物学、动物学、混合理科、霉菌学、农事和畜牧学，统称为"生物的科学"，因为这几种科目，与性育发生同样的关系。生理学与生理卫生，通常联合起来教的，所以放在一起。"家事科"里边包含家事实习、家庭艺术、家庭经济和家庭保育法。

表29　美国利用各科目施行有系统的性育之中学校数

	人类的生育				各种花柳病				月经				遗精			
	第一年	第二年	第三年	第四年	总数	第一年	第二年	第三年	第四年	总数	第一年	第二年	第三年	第四年	总数	第一年	第二年	第三年	第四年	总数
生物的科学	185	201	114	59	584	41	63	21	16	131	7	11	4	5	22	6	14	5	3	23
生理学与生理卫生	56	53	68	61	182	58	49	59	64	175	43	40	42	49	109	23	19	20	19	59
社会学	1	0	9	25	29	0	14	12	11	154	0	0	0	0	0	0	0	0	0	0
家事科	14	12	9	6	29	1	3	7	1	15	13	13	11	8	26	0	0	0	0	0
体育	5	6	7	5	11	10	11	11	10	26	12	10	11	10	23	6	6	5	5	15
其他各科	1	1	4	3	7	2	2	3	2	11	1	1	1	1	1	0	0	0	0	0

从上面的表里边，可以看出来，生物的科学最适合于讲演人类生育的概况。这种性育的设施，大都在中学第二年举行。生理与生理卫生，与表中所列四项，都有关系。社会学大概专从花柳病方面立论。对于月经遗精两项讲得很少，因为各校大都系男女同学，分班指导，事实上诸多不便。

关于方法一层，施行无系统的性育的学校里边，有五分之三（592）用口讲的方法；有三分之一（326）指定各种与性育有关系的小册子，令学生课外阅读；有四分之一（244）用个别谈话的方法。

统计的结果方面，还有一点，可连带证明。有生物的科学的学校里边，只有 32.3% 有性育的设施。讲生理学与生理卫生的，只有 15% 述及性欲问题。家事科只有 5%。由此可见大多数的教员，未曾想到他们所任的科目，与性育有密切关系。

中学校长对性育的态度，也曾调查过。下面表30里边，可以看见大多数中学校长赞成施行有系统的性育。就是没有性育设施的学校中间，也有许多校长赞成这个意思。

表30　美国中学校长对于施行性育的态度

中学校长的态度	施行无系统的性育		施行有系统的性育		无性育的设施		总数	
	数目	百分比	数目	百分比	数目	百分比	数目	百分比
赞成的	1 073	80.9	841	92.5	2 262	85.3	4 176	85.4
态度不定(怀疑的)	153	11.5	68	7.5	246	9.2	467	9.5
反对的	101	7.6	…	…	143	5.5	244	5.1
不表示可否的	401	…	35	…	1 165	…	1 601	…
总数	1 728	…	944	…	1 816	…	6 488	…

对于上面的表,有两点要声明的:(1)现下的趋势,大致赞成施行有系统的性育。(2)施行性育的学校里边,400个答案中间,有79.5％说施行后的结果很好。有的结果不好,大致因施行不得其法;犹之教授一门功课,结果不好,是教法的关系。此刻且把中学校长对于施行性育失败的意见列在下边:

施行无良好结果的理由

校内的关系:

教师缺乏训练…………………………………………………………21

教师的人格态度不适宜…………………………………………………19

教师太少…………………………………………………………………6

教师反对或缺少互助精神………………………………………………6

男女分班教授困难………………………………………………………15

班中分子复杂……………………………………………………………1

只能影响少数人…………………………………………………………1

缺乏材料…………………………………………………………………11

教材没有组织……………………………………………………………21

无一定教授时间…………………………………………………………8

教授时太注重性欲………………………………………………………4

没有诚意去施行…………………………………………………………8

校外的关系:

家长反对,不赞成,或不加可否…………………………………………29

家长愿意家庭施行………………………………………………………2

社会公众反对或不加可否………………………………………………35

教育局反对 1

有的校长说家长起初反对,后来经校中解释性育的重要,便明白了。有的说校外虽有人反对,然校中依然积极进行,收到很好的效果。有的说性育教育不能和性育指导分离。但是没有人说及学校环境和性育的关系。我们知道性育不限定于课室中所灌输的性知识。校中应随时随地注意这个问题。尤要的在养成青年正当的理想和态度,使性知识与行为联结在一起。

现下总括几条,一方面结束美国的调查统计,一方面结束本问题的讨论。

1. 现时中学性教育的设施,尚在初步实施时期,对于方法和教材,都没有一定标准,不过大家都觉得性育的重要。

2. 施行性育的学校,东美有 20.7,中美有 20.2,西美有 32.5。西美改进最快。

3. 各科目对于性育的贡献不一致。大概生物的科学,生理学与生理卫生,社会学,和体育,对于性育的关系最大。

4. 除了讲人类的生育及花柳病以外,其他性育的设施,很缺乏系统的组织。

5. 性育在中学施行很早,或者因为有关系的科目,排列在前两年的关系,或者因为学校当局觉悟青春发动期有指导的必要。

6. 大部分中学校长赞成有系统的性育,并且承认这种设施,很有效果。

7. 大家对于无系统的性育(如特殊演讲,印行小册子,卫生展览会等),都不十分赞成。

8. 大部分中学校长不理会性欲教育与性欲指导的关系。

9. 各学校如能彼此商讨,可以引起教师对于性欲知识及性欲指导之注意。

研究和讨论问题

1. 按照生理年龄分班,可以影响学校哪一部分行政问题?何以能发生影响?

2. 在青年时期,哪几种器官发达最快?哪几种迟些?(参考 Hall' Adolescence' Vol. Ⅰ)

3. 比较同年龄的两个男孩子或两个女孩子(约十四五岁),注意他们体质方面的各种差异。这种差异在教育上发生什么影响?

4. 调查任何中学校各级年龄分配。化次数为百分比,看差异的概况怎样。

5. 选择任何中学校一百个男生,或一百个女生,按照他们的学业成绩排列等第;按照他们的年龄排列等第;按照他们的体高和体重排列等第;三种等第的比较怎样？

6. 比较同年龄儿童不同级的体质发达概况（如体高、体重等）。
7. 体质的发达何以同智力的增进有密切关系？
8. 调查150个中学男生任何一科的分数，同样调查150个女生，比较两组的成绩分配。
9. 列举中学生先天的差异，后天的差异。这种差异，可以引起中学校什么问题？
10. 列举中学男女学生精神方面的差异。注明哪几种差异属于遗传的，哪几种属于环境和训练的。
11. 怎样个性差异可以影响中学的教材、教法和训育问题？
12. 调查研究中学各班学生的职业兴味。同样调查中学生对于各科目的兴味。
13. 怎样可以使中学教材和教法适合学生个性？
14. 中学校应否有性育的设施？
15. 施行性育的具体计划应该怎样？
16. 施行性育最大的阻碍是什么？

参考书目

西文：

1. Baldwin, B. T.: The Relation Between Mental and Physical Growth, The Journal of Educational Psychology, April, 1922.
2. Bigelow: Sex Education. New York: The Macmillan Company. 1916.
3. Blanchard, P.: The Adolescent Girl. New York: The Macmillan Company. 1923.
4. Eddy, W. H.: An Experiment in Teaching Sex Hygiene, The Journal of Educational Psychology. Vol, Ⅱ, 1911.
5. Edson, N. W.: Some Facts Regarding Sex Instruction in the High School of the United States, The School Review, Oct., 1921.
6. Foster, W. S.: School Instruction in Matters of Sex, The Journal of Educational Psychology. Vol. Ⅱ, 1911.
7. Hall, S.: Adolescence, Vol. Ⅰ.
8. Inglis, A.: Principles of Secondary Education, Chaps. Ⅰ-Ⅲ. Houghton. Mifflin. Company. 1918.
9. Moll, A.: The Sexual Life of the Child. G. Allen & Company. 1912.
10. Monroe, P.: Principles of Secondary Education, Chap. Ⅶ. New York: The Macmillan Company. 1914.

中文：

1. 李三无，《性欲教育研究》，载《新教育》（五卷第一二期合刊）1922。

第二编
中学行政及组织

第八章　中学的行政问题

中学行政的范围很广：学校的办事系统，各种会议的组织，校舍的支配，设备的扩充，经济的筹划，学校的卫生，课程的编制，学级的分配，成绩的考查，教师的待遇，课外活动的组织，训育的设施，以及指导的方法等等，都在这个范围以内。有几种问题，我们当分别在专章讨论。本章先就较为简单的几个问题，提出来讨论。

一、学校的办事系统

在美国中学校内，系统的组织，非常简单。就是在我国教会学校内，也是这样。我国省立国立的中学校，组织比较完备些。现在把东大附中的办事系统表列出来，作为讨论的根据。

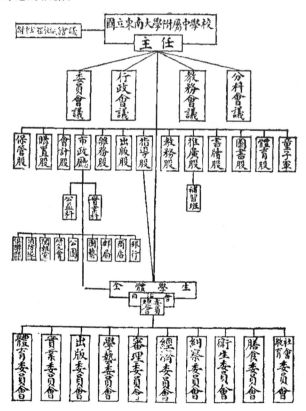

图 16　东大附中的系统组织

在这个系统里边,有几点我们可以注意:

1. 这种组织,是一种会议制的性质,各种事情,注重公开,避去独裁制的弊病。
2. 各教员分任职务,除去教职员的界限。
3. 职务有专任,不致推诿不负责。
4. 全体学生对于学校行政,也负一部分责任。

有人觉得这样子的组织,在规模较大的学校,固然可以施行,在规模较小的学校,就不适用了。这句话诚然不错,不过我们要晓得分股的办法,就是在小学方面,采用的也很多,中学更不必说了。各教员分任各股的职务,于教科上可不生大妨害,但是对于学校行政方面,情形可以熟悉些。

二、会议

无论在美国或中国,在公立或私立的中学校,大都有一种教务会议或全体职教员会议的组织。这种会议,确很重要。因为在这种会议里边,中学校长可以随时利用机会,促进教师的修养。不过从实施情形看来,各校对于教务会议最重要的职能往往忘掉,所讨论的,都是枝节问题,于教师的修养,没有多大关系。因此到会的热诚,便减少了。

假定每月开一次会,每学期开四次会,最好把全年八次开会讨论的纲目,预先定出来。此地我可以引用美国某中学的设施方法来说。他们所定一年内每次开会的讨论题如下:

十　月——记分法

十一月——教室管理

十二月——提议学习方法

正　月——指定功课

二　月——问题法

三　月——指导自修

四　月——选择教科书

五　月——课外作业

在每年开学时,先开一次预备会,说明问题的性质,指定每两位教员,研究一个问题,预备开会时提出报告。起初很有几个教员反对,后来赞成的占大多数,这个办法,就通过了。

在每次开会前三星期,担任报告的教员先和校长商议一次。把报告分成两部分,每个教员担任一部分,免掉临时说话重复。各人报告的时间,以 25 分钟为限。讨论时,竭力避去逸出题外。

对于每个讨论题,校长先备一详细的纲目,给两个教员参考。报告的内容,不限定依照纲目。在开会前一两天,各教员处都送一份纲目,请他们到会时带去。这样,使得每个教员都可以事前预备,不致讨论时茫无头绪。

各教员的报告,大致都有充分的预备。他们从各方面搜集材料,有时讨论到指导自修问题,还亲身到学生家里去调查实际状况。在每届开会终了时,校长有 10 分钟时间,结束各项的讨论。

现在把记分法的纲目列出来,做个例子:

1. 记分的标准是什么?是否依据成绩或作业的能力?通常我们记分时,往往将别的要素,混在里边。

2. 我们记分时,应否顾及努力、进步等等?要是顾及,最好另给一种分数。有的学校里边,对于预备、诵述、写作、创造、自制、清洁、服务精神,都有一种分数。

3. 记分的等级应该怎样分法?等级不可太多,也不能太少,普通分五等:超、上、中、下、不及格。

4. 成绩分配应该怎样?常模的分配,是最好的和最坏的人数相仿佛,次好的和次坏的人数相仿佛,中间一部分的人数最多。

5. 每一等里边的百分比应怎样?普通说来,2％至 10％为最好及最坏的两等,次好和次坏的,每等各占 20％左右,中间约占 40％至 60％。

6. 教师怎样可以得到这个分配?先按照成绩优劣分配等第,再定分数。密沙里的方法(the Missouri plan)先让教师决定各等第的百分比。这是机械的。

7. 应该用什么符号?所用的符号?最好避去沿习的意义。

8. 符号代表什么?符号应代表成绩的性质,可以确切解释的。能用量表的分数更好。

9. 平日成绩和考试分数,应各占几分之几?大概平日分数占三分之二,考试分数占三分之一。

10. 考试应否存在(指笔试)?有人反对,因为:(1)不能适合多数人的性质;(2)有的人写得快些;(3)我们选择演说家、妻子的时候,并不用笔试;(4)长时期的笔试,于儿童身体上有妨害。不过学的东西,不能保存,便无甚用处?

11. 免考的方法是否可采用？倘使有一部分人免考以后，大众都肯勉力向上，这个方法，可以用得。

除了教务会议，或全体教职员会议以外，还有一种会议，和学校的行政，也很有关系，这就是分科会议。分科会议的性质，专在讨论本科所发生的问题，以及改良教法的提议。这种会议的形式，不宜太呆板。记得某中学每逢英文分科会议的时候，由各教员轮流主席。会议地址无定，形式也不一，有时开茶话会，有时开聚餐会，大家随意谈话，意见非常融洽，对于本科的困难，各人也很谅解。有什么提议，大家都肯尽力去试验；有什么报告，事前也都有充分的预备。在那个会议里边，觉得很收到些效果。

全体教职员会议，或分科会议，大致偏重于研究方面。至于事务方面的会议，便要谈到行政会议了。行政会议是处决全校各种临时发生的杂务的一种机关。在组织很简单的学校，用不到有什么行政会议。在分股办事的学校，便不得不有这种集合。行政会议的议决案，校长可以委托各股有关系的职员，分别执行。一方面可以减轻事务，抽出时间来对付较大的问题，一方面可以使多数职教员，明了校中的情形。

此外又有一种教职员学生代表会议。天津南开学校施行这个方法很早，后来东大附中吴淞中学也相继采用。会期无定，或两星期一次，或每月一次。会中只有促进校务的提议，没有表决权。不过有了这个机关以后，教职员和学生中间的隔膜可去掉许多。

三、校舍问题

吾国的校舍，大都借用民房寺院，或由书院旧衙门改建，所以距教育的理想很远。以后各省公立中学逢到建筑新校舍时，应由省当局聘请专家，规定具体标准，如经费有几多，应建筑何等校舍。现下办学的人，对于这个问题，都不很注意。有人以为教育的效果，在乎精神，不在乎形式，校舍只须简陋些，不必十分美观。他不知道校舍和教学训育方面，都有很大关系，外观的庄严，还在其次。但看各处教会学校，平时的开支，力求撙节，对于校景的布置，校舍的建筑，都用全力经营，便可推知校舍和教育的关系了。

（一）校址

建筑校舍时，应首先注意的，就是选择校址问题。选择时有几点可供参考：
（1）须有充分空地，能建筑运动场。

（2）应设立在都市中心，使通学生走读便利些。美国中学学生，大都为走读。通常学校距离家庭，不出一英里半，因为再远，入学就不方便了。

（3）应注意地土的性质，避去潮湿的地方。这一点与学校设备的保管，很有关系。

（4）车马通行的地域，不宜建筑校舍。因空气既不清新，又易扰乱心神。

（5）四周不宜邻接高屋，致看不见阳光。意大利有句俗语，日光不到的处所，医士常常光临。

（二）教室

教室为校舍的单位。普通教室长约32尺，阔约24尺，高约12.5尺。这种教室可容50人，每人占室地面积15平方尺，占空气量200立方尺。

关于教室的长度，可注意几点：

（1）教师声音，能使后边的人听起来没有困难。

（2）学生发言，教师也能听清楚。

（3）后排学生能看见黑板上写的字以及墙上挂的图表。

广度标准，须视室内光线分量的多寡而定。广与高须成正比例。高度以13尺为准。太高则屋顶空气不流通，天花板和地板的温度不一致，徒然增加建筑费，收不到实用。

教室中地板的材料须精致。完美的教室，多用两重地板，中间实棉絮，冬天可以保持足的温度。

讲台为古代遗传物之一。从教室卫生和教学原理方面看来，都不合用。灰尘堆积，于卫生方面有碍；教者居高临下，一味注入，于自动的和社会化的作业有冲突。

上面所说的，不过为校舍一部分的建筑，较完备的中学校，除了普通教室及办公室以外，还须有特殊教室图书馆、科学馆、大会堂以及健身房等建筑。初级中学因注意课外活动及教育指导等关系，对于大会堂及健身房需用更大。美国曾有一个调查，比较初级中学、小学、和旧制中学有这两种建筑的百分比。表如下：

表31 美国各种学校大会堂和健身房的百分比

代表的	大会堂	健身堂
初级中学	85.0	51.0
小学	23.0	7.4
旧制中学	67.0	35.0

表中可以看出美国新制中学对于大会堂和健身房的建筑,都很注意。图书馆在初中也很发达。美国回答这个调查问题的 224 个学校里边,有 188 个学校,或 84%,有图书馆的建筑。没有图书馆的初级中学,大致都靠近公共图书馆,可以不必另行建筑。

实验室在初中也占很重要的位置。美国调查的 234 个初级中学里边,有 185 个学校,或 79% 有实验室的。就这 185 个学校中,有一所实验室的有 164 校,有两所的有 15 校,有三所的有 3 校,有四所的有 1 校,有五所的有 2 校。

除了实验室以外,多数学校还有商店及工作室的设备。名目繁多,此地也不具载了。总之初中的课程很丰富,所以校舍的支配,也很复杂。

关于校舍的支配,恩格尔哈特(Engelhardt)[①]在他书中(*A School-Building Program for Cities*)叙述了一段很有趣味的调查:

表 32　9 个初级中学支配校舍面积的百分比

	中数	下廿五分点	上廿五分点
行政	15.56 方尺	11.62 方尺	17.75 方尺
教授	41.11	35.52	43.45
课外活动	15.84	12.82	18.80
普通事业	20.56	17.03	21.06
建设事业	8.21	6.96	9.59

9 校的教授和社会活动所占校舍面积百分比如下表:

表 33　9 校的教授和社会活动所占校舍面积的百分比

A……61.9	D……56.6	G……54.0
B……61.8	E……55.1	H……53.0
C……60.2	F……54.8	I……48.0

美国初中的校舍,虽在积极改良,然而距理想标准尚远。我国应格外知所勉励了。

四、学校卫生

学生平日在课室中的时间,费得很多,所以课室内的卫生,很应该注重。通常教师对于课室的建筑,都不留意,以为和教科内容,无甚关系。其实不然。课

---

① 恩格尔哈特(Engelhardt,N. L. 1882—1960)。——编校者

室中有几点,教师应当考虑。

（一）采光

光线分布不均匀,便须多用目力,结果或引起生理上的变化,头晕不舒服,不能多做事情。这种现象,有时叫做"疲劳",其实是采光不得法的关系,普通讲起来,教室应用一面采光法,因两面采光,瞳孔须在同时适应两种强弱不同的光线,非常困苦。

教室中的窗,距地板的高度,也不可不研究。大致小学的窗户,距地板三尺,中学距地板四尺以上。学生所需外来的光线,不可直接射入眼帘,须间接射入——光线先射在书上,由书上反射于眼帘中。如外来光线过强,同时射入,瞳孔又须顺应两种强弱不同的光线,于目力卫生,大有妨碍。

两窗间的距离,不可过大。否则坐位便有明暗的分别。窗高距天花板,以接近为宜,大约在6英寸左右(我国建筑,恐不易达到这个标准)。因中间一部分"死空气"(dead air)不易流通。下面一图,表示教室的普通标准:教室长为32呎,首窗距壁为9呎,两窗间距离为1呎。如教室的面积为768呎,窗积应有128呎,占全体面积六分之一。

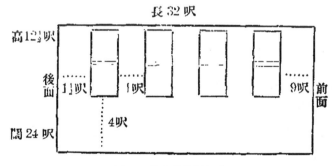

图17　教室的普通标准

关于采光,还有一个问题,就是应采用何面光。大致各方面的光,均有所长。如采用东面光,日光照入教室最早,学生应向南面坐。不过在小学上地理课时,学生看地图的方向,易致混乱。南面采光,直接光线射入太多,有光线太强的弊病。西面采光,下午光线较强,不大适用。北面光弱,分布均匀,最适宜做手工图画等教室。我人建筑新校舍时,对于教室的支配,当先有一具体的计划。

（二）通气与取温

空气的流通,因为气温变迁,重量有变化的关系。冷空气比热空气重,新鲜的空气,大都为冷空气。俗语说,"轻清者上升",应改为轻浊的上升。窗户开放时,热空气由上边流出,冷空气由下边流入。所以课室中最好用两节窗,上下开放,因为上边不开窗,浊空气不易流出,清空气便无从流入。空气所以能流通,就因为室内外的气温不同。倘使在暑天时候,室内外的气温相等,开窗也没有用处。美国新式的校舍,都有人工通气的设备,每数分钟流通一次。使每人在一小时内,有2 500立方呎的新鲜空气。我国尚谈不到此,不过时常开窗,流通空气,教师学生都应该竭力注意。在冬天时候,大家怕冷,不肯开窗,往往在课后大开窗户,流通空气。这种办法,也有弊病:(1)骤然开窗易受凉;(2)灰尘易扬起,使第二次上课的人受亏。不如略行开放,时常流通的好。

我国学校里还有一个问题,就是没有取温的设备。现时各处教会学校的新建筑,都在装置热气管;因热气管一方可保持室中相当的温度,一方又可免除空气干燥的害处。我国人对于住家的生活,最不讲究,豪富人家在冬天,始有取温的设备,其他便不措意了。办学校的,也从不注意这个问题。去年寒天我到各地中小学去测验,看见各班男学生或女学生上课时,鼻涕都在缩上缩下,鼻中发出各种异样的声音。我那时发生一种感想,觉得要是没有学校,儿童还可抱了手炉子,在家里密室中取暖,或做些事情,运动他们的肢体。此刻枯坐在广大的教室中,听教师一小时一小时的讲演,寒风凛冽,不是教育儿童,真是来作践儿童了。倘使说没有经费,何以各校开列预算时,不听见人争论这一项经费呢?

有的学校在冬天生几个火盆子,不过火盆的力量很小,既不能保持室中相当的温度,反使空气干燥,吸取人体中的水分,于卫生上大不相宜。与其装火盆,不如装火炉,效力大些。上边并可蒸发温水,免掉干燥的弊病。这一个问题,希望各校特别注意。

(三) 课室内桌椅问题

课室内桌椅,和儿童作业,也有密切关系。关于这个问题,我们应注意两点:(1)卫生方面,(2)教学方面。就卫生方面说,桌椅的高低,应适合儿童身体的长短。桌面须略阔、略斜、平滑,以保持儿童正当的姿势。课桌的抽屉,不要妨害儿童膝盖的位置。就教学方面说,应视科目的性质,定桌椅的式样。杜威在他的《学校与社会》一书中,说到这一点。他有一次到各处学校用具铺中找适合儿童需要的桌椅——要美观的、卫生的、合于教学原理的。找了好久,没有找到。后来铺子里有一个明白的人同他说:"您要儿童可以作业的桌椅;这许多都是预备听讲的。"这两句话,很可表示通常学校和社会对于课室桌椅的观念。

照教学原理说来,实验室、工作室、图画室以及其他特殊科目,都应有特殊的桌椅,可以便利儿童自动的作业。

(四)用粉笔问题

教室中黑板距地不可太高或太低,通常以二呎五寸至三呎二寸为度。用黑板时,粉笔灰尘最堪注意。灰尘中往往杂有空气中不洁之物与菌类,飞扬教室中,呼吸入肺,很不卫生。用粉笔时有几点应注意:

(1)揩拭黑板时,手腕须轻便,勿使灰尘飞扬。

(2)黑板时常用湿布来揩拭,勿使灰尘堆积太多。

(3)用粉笔轻轻地写字,灰尘也可较少。

(五)饮食问题

校中教职员学生应共同组织一卫生委员会,注意全校清洁事宜及监察厨子行动一切。厨子指甲,先当劝其剪去。菜蔬有不卫生的,也当随时取缔。

膳食的方法,不必一定用分食制。因分食制手续麻烦,厨子分菜时,往往用手指搬弄,未必卫生。最好用合食制,除各人自用箸匙碗碟外,另备卫生箸匙一副,以便取用汤菜。自用箸匙与卫生箸匙的分别须显明,以免混乱。这种方法初用时,学生似不甚惯,然俟习惯造就后,便举动自如,不会有错误了。

饮茶水用公共杯子,也不妥当。东大附小备有"饮水泉"(drinking fountain),苏一女师令各生自备一茶杯(individual drinking cup),这种方法,都可采用。

五、设备

上面所说的校舍问题以及学校卫生,都和设备有密切关系。有的已讲过,此刻再特别提出来说几种。

(一)图书

我国以前中学校有图书室的很少,近来稍稍注意这个问题。不过因经济关系,每年添置的书报,还是很少。据美国的调查,初级中学藏书册数自50—100到6 500—7 000,中数为800—900。我们知道一校的图书设备,与教师的研究精神,学生的自动作业,都有莫大关系。学校经费虽困难,对于图书一项,总应设法陆续添置。有的中学校,每年收学生图书费一元,以为挹注。这个办法,也可采用得。

(二)仪器标本

要使学生体验,仪器标本是少不了的一种工具。有一次我到某中等学校去参观,各种仪器比较地尚完备,据说是 15 年前置办的,这 15 年内,没有添过一些东西。看那仪器,也是尘埃满积,不像常用的样子。原来学校的仪器标本,并不与教学发生什么关系,不过替学校加增一部分校产罢了。怪不道孟禄[①]博士极力批评中等学校科学教学法的不好。以后各中学校,最好请一专家开一中学购买仪器的最低限度,然后分年努力去达到那个标准。

（三）校花园

校园可以备农事科目的实习,又可借以点缀校景,造成审美的环境。这不是费钱的事情,但间接可以增加教育效率,学校又何乐而不为呢？

（四）运动场

完备的初级中学或高级中学,应有健身房及游泳池的设备。要是这个理想达不到,那么运动场的设备,万不可再缓。网球场、篮球场、队球场、足球场、跑道、跳栏以及其他运动器械,都应陆续添置。我们以前到济南去调查学务,对于定夺校舍设备的等第,曾拟有几种粗浅的标准：（1）校舍整齐清洁否？（2）校景美丽否？（3）有运动场否？（4）有校花园否？（5）有图书仪器设备否？要是五种都满意,这个学校也就不可多得了。

六、经济

对于本问题有两点要讨论：（1）中学生的平均费用,（2）中学对于经济的办法。据布里格斯（Briggs）[②]的调查统计,美国小学校每年平均费用为 $31.38；初级中学为 $50.04；高级中学为 $63.48。大概说来,3 种学校每生平均费用的比较为 5—9—10。此刻再以美国 3 个初级中学,3 个高级中学的每生平均费用列在下面,作为参考。

表 34　表示美国(Grand Rapids)地方 3 个初级中学每年每生的平均费用

用途＼校名	Junior	Union	South
教授	$47.26	$48.55	$59.85
行政	12.41	9.92	21.29

---

① 孟禄(Paul Monroe，1869—1947)，美国教育家，是教育"心理起源论"的代表人物。——编校者
② 据查未详。——编校者

续　表

用途＼校名	Junior	Union	South
设备的利息	8.78	9.46	25.73
总数	68.45	67.93	106.87

表35　表示美国(Grand Rapids)地方3个高级中学每年每生的平均费用

用途＼校名	Central	Union	South
教授	＄70.88	＄62.28	＄52.73
行政	14.71	16.71	21.29
设备的利息	19.01	9.46	25.73
总数	104.60	88.46	99.75

上边的表是根据1915—1916年的调查。教授一项，专指教师薪金而言。行政项下，包含校长及书记薪金、校工工食、用具、参考书、煤炭、电灯、修理以及其他一切杂支。第三项系由调查委员估计校址、校舍和设备的价值，定利息的多寡，在各生平均费用中分派。利息统以五厘计算。

总之各校的设备用费，很不一致，看了上面的表，我们可以知道大概情形。照美国某教育家的意见，小学每生的平均费用应以＄235为准则（实际上只有＄30左右），初级中学以＄300为准则（实际上只有＄50左右），高级中学以＄390

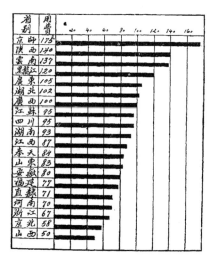

图18　各省中学校每生所占教育经费平均
　　　数比较图(1922年5月)

为准则(实际上只有$65左右)。不过照这个标准,校舍设备一切划在内计算了。

此刻再把"改进社"①的调查统计列在后面,作为比较:

去年在安徽实施新学制讨论会中,作者曾与陆步青先生拟过一个初中高中的预算标准。不过那个标准,匆促拟就,未经多人讨论,怕不甚可靠。此刻暂列出来,作为一种参考。

(一)初级中学预算标准(以六级计算):

	每月	全年
校长俸	$120	$1 440
教务主任俸(教员兼)	30	360
训导主任俸(教员兼)	30	360
书牍	30	360
会计	40	480
图书管理	20	240
仪器管理	20	240
庶务	40	280
训导员	30	360
校医	30	360
书记(三人)	48	576
工食(十六人)	96	1 152
		$6 408

教员俸	全年
(每级每周30小时,以六级计算,一元一小时)	$8 640
选科(每班平均5小时,以四级计)	960
教授预备金	360
办公费	
文具	200
讲义(每班100元)	600
印刷	200
邮电	60
电话	60
修理器具	50
修理房屋	300
报章杂志	120

---

① "改进社"成立于1921年12月,是由"新教育共进社"、"新教育编辑社"、"实际教育调查社"三者合并而成,该社宗旨是:"调查教育实况,研究教育学术,力谋教育改进"。——编校者

图书（每级50元）	300
仪器标本	200
教授用品	200
体育设备	200
烛油茶薪	1 320
杂支	400
	合上总数　＄20 575
	每名学生平均费用为＄85.70

初中六级临时费：	全年
图书开办费	＄500
仪器标本	3 000
体育设备	500
	总数＄4 000

（二）高级中学预算标准（以六级计算）：

	每月	全年
校长俸	＄160	＄1 920
教务主任（兼课）	50	600
分科主任（兼课）（三人）	20	720
训导主任（兼课）	60	720
训导员	40	480
文牍兼统记	30	360
庶务	40	480
会计	40	480
图书管理	25	300
仪器管理	30	360
校医	30	360
中文书记（三人）	48	576
西文书记（一人）	32	384
		＄7 740

教员俸	全年
（每级平均每周28小时，以六级计算，一元半一小时）	12 096
选科（每级每周平均7小时，以六级八个月计算）	2 016
教授预备金	480
校工工食（16人每人6元）	1 152
办公费	
文具	200

讲义（每级以 125 元计算）	750
印刷	200
邮电	60
电话	60
修理器具	50
修理房屋	300
报章杂志	200
图书（每级 80 元）	480
仪器标本（文教每级 50，理每级 100）	400
教授用品（每级 50）	300
体育设备	200
灯薪油茶	1 540
杂志	400
	合上总数 $ 27 924

每生平均费用为 $ 116.35

高中六级临时费：	全年
图书开办费	$ 1 000
仪器标本	6 000
体育设备	500
	总数 $ 7 500

开列预算的办法　任何中学校，对于经费的支配，应有切实的办法。办法第一步，就是预算。关于这点，可引用陶孟和[①]先生的话：

(1) 预算应包括收入支出两部分；一方面推测可以收得的入项，一方面规定用途各项。

(2) 预算应该按着学校的主要的功能为基础，分为多少部分。

(3) 预算应该在财政运用之先，早早地制备齐楚。

(4) 推测收入不可过奢，应该向简少处推算。

(5) 所指定的用途，不可超过所推测的收入。

(6) 从推测的收入项下，应该划出一笔临时费，以备将来收入的减少，或临时的支出。

---

① 陶孟和（1887—1960），原名履恭。社会学家。——编校者

(7) 凡对于支出,有所请求,皆须先在预算上通过,然后才可支出。

(8) 预算在一年中至少须有两次之修正,借以窥知学校财政的状况,如收入与最初预算所推测的出入太大,得先事预防,缩减用途,以免亏欠。

(9) 在每财政年度之末,将各种预算收入支出的账日结算,做出盈亏(或损益)对照表。如有盈余,则规定用途,或保留为将来之临时费;如有亏损,则须急谋补救之法。

上面所述,系关于支配用费的原则。至于实施情形,我可以用东大附中做例子。附中在每学年开始前,请各股理事就全年九个月的用途,开一最低限度的预算表。主任即依据各股所开的预算表,按照全年收入的总数,与会计共同商酌,支配各项用途,除薪金及预备费归主任经管外,其余各项,均视用途性质,分归各股处理。预算表制成后,再征集各股意见,然后油印分发全体教职员,并宣布办法数条,大致意见如下:

(1) 凡用费在5元以上者,须经主任签字;5元以下者,须经有关系之各股理事签字。手续不完备者,会计股概不付款。

(2) 非有特别情形,未经事前接洽者,用款后概不补签。

(3) 各股用费如溢出规定之预算数目,未经行政会议通过,会计股不负付款责任。

(4) 各股用费,会计股须凭签字单随时登记,每月结束一次,与各股核对账目,列表报告,藉知每月盈余或透支情状。

(5) 每月用费细账,按着新式会计的格式写出,请行政会议委员轮流审查。审查后审查者须签字负责。

(6) 一学期内各股用费如有盈余,该款下学期仍归该股处理。

这种办法,有几种好处:

(1) 经济由各股负责,可以减轻校长一部分责任。

(2) 各股预算确定,可以自行支配,有一贯体的计划。

(3) 多数教职员熟悉校中经济情形,不致因要求失望,遂形灰心。

(4) 全年预算可以确定,收支两抵,不会有大出入。

(5) 经济公开,校长和会计可以不受各方面的指摘。

经济公开的条件 现时各校都在提倡经济公开,不过公开须有诚意。要是预算一切,都听校长一个人支配,末了把报销的账目,提出来报告一声,就自命为公开,那是不对的。诚意的公开,须注意下列几项:(1) 调制预算时,应有一部分教职员参与;(2) 每月用款细账,应每次由职教员中推定一人审查;(3) 全年报销账,应公开审查;(4)其他不报销的"杂项收入",如息金,膳余(有多数学校发还学生),出售的学校印刷品,扣算学生的损失费,还店账的盈余,招考费的盈余(指收报名费的学校而言),以及其他各种零星的收入,一年统结起来,数目真不在小。这笔款项,应另立一本账目,公开审查;并规定用途,或保留为将来的预备费。要是各校对于这几点,不能照行,那便是公开其名,不公开其实。

七、初中的入学资格

新制小学六年毕业的,进初中一年级,这是当然的事情,毋庸讨论。此刻的问题,在过渡时代,旧制高二修毕的学生,能否允许其投考初一?旧制高三毕业的,能否投考初二?按照江苏省令,高小旧班,都须三年毕业,高二修毕的学生,不许投考初一。江苏省教育会也有建议,分函各校,以本年度省立中等学校招收新生,应以入第一年级为原则,入第二年级为例外。我对于这个问题,觉有两层意思:(1)学制改组,教育效率,容可增加,惟欲提高小学一年程度,事实上断乎做不到。所以对于不许高二投考初一、高三投考初二的省令,觉得不甚妥当;(2)高小第三年所习的功课不能替代初中第一年的课程,这是事实。所以普通高小毕业生都编入第二年级,如现时省立各校预拟的办法,也不甚妥当。江苏省教育会第二次的建议,说得尚公允。现在节录下来,作为参考:

(1)就课程言,高小与初中,其科目之编制,教材之排列,绝对不同。故虽高小三年程度,容能优于六年小学,但不能以高小第三年之所习,代初中第一年之课程。

(2)就弹性制之原则言,高小三年学生之优良者,自可编列初中二年。考外国最近测验,平均高能儿在百人中占十二三人。我国准此比例,即使加倍计算,高小三年生,能入初中二年级者,最多决不过百分之二三十。倘大多数编列第二年,则教授必难领会,而程度必致降低。

(3)就中学全部年期言,新制中学六年,实兼旧制大学预科在内。倘入学年级,与实际程度,不皆符合,则中学毕业时,势难与大学入学程度衔接,而升学发生困难。

(4)就其他中学编制之比较言,东大附中上年招收初中二年级生,以中学转学生及高小毕业生之优良者入之。其收一年级生以高小毕业生及高小二年生之优良者入之。本年亦但招初中一年级生,不设二年级。并知上年投考初二达900余人,收入只70人(此节经向附中调查得之),此为较明确之比例。

根据上述理由，觉以高小毕业生除程度低劣者，均编第二年级，尚非正当办法。且省令高小旧班，皆须三年毕业，则此后两年间初中招生，对于编级问题，仍滋困难，亦为应注意之一点。窃拟办法三条，冀资解决。

(1) 招生时不标明年级，如额招足。后即以智力测验方法，验明富于领受力者，依弹性制编入第二年级。其普通学生仍编第一年。（现初中测验标准，已有十种左右，由各校依据标准，酌定限度行之。如谓不能即行，可以考试成绩定之）

(2) 入学时一律编为一年级。但于一学期间择优良者，依弹性制之原则升编二年级。

(3) 高小三年，既可择优入初中二年，而高小二年之优良生，悉为省令所束，概不许入初中一年，实未合发展大才之原则。为解除两年内编级困难，而仍可杜各高小缩期纷扰之弊，可特定一例外办法：高小学生经本校校长以测验法（如不能施行测验，则就两年内试验成绩最优定之）确认为高能儿，而愿先升学者，得予特许证送考初中。如未录取，仍回原校就学。

以上(1)(2)两项办法，可酌量择用其一（只招一级之学校，如投考人数多于取额若干，确有优良学生可录者，得照(2)种办法办理）。(3)项如并酌用，可救济限制过严之妨碍。

八、初中与高中的关系

倘使初中高中合设，衔接上不生问题。如为分设，初中与高中应彼此谅解，彼此谋课程上的衔接。否则中小学的衔接问题，尚未满意解决，而初中高中间，又发生一重障碍了。初中对于高中的希望，应有下列几点：

(1) 修毕初中三年课程的学生，都能投考高中。

(2) 智力学力优异的学生，在两年中习满三年学分的，也能投考高中。

(3) 初中学生除毕业学分外，如有额外选习之科目，高中应视学科性质，酌量给予学分。

(4) 年长失学的学生，在初中虽未得毕业文凭，有时在高中较能满应其教育需要。高中应设立特殊班，容纳此种学生。

中学的行政问题，固不仅如上述8端。然即此8端，已包含无数问题。其余种种，俟在下边各章分别讨论。

讨论和研究问题

1. 假定此刻有一个初级中学,有三级学生,每级以四十人计算:拟一个办事系统。
2. 怎样可以利用教务会议促进教师的修养?
3. 讨论独裁制与会议制的利弊。
4. 教员兼任职务,实际上有什么阻碍? 这种阻碍是否为不可免的?
5. 用施菊兰(Strayer)的度量校舍标准,度量两个中学校舍,比较两种结果。
6. 调查我国初级中学有实验室和图书室的百分比。
7. 调查三个初级中学的教授和社会活动所占校舍面积的百分比。
8. 教授效率与课室卫生有几多关系?
9. 群育与美育有什么关系?
10. 定一初中最小限度的预算标准(以三级计算)。
11. 定一初中理想的预算标准(以三级计算)。
12. 怎样可以使教育界达到经济公开的目的?
13. 你对于初中在过渡时代的入学资格有什么意见?

参考书目

西文:
1. Briggs, F. H.: The Junior High School, Chaps. XI, XII. Houghton Mifflin 1920.
2. Burgerstein: School Hygiene.
3. Dresslar: School Hygiene. Macmillan. 1913.
4. Evans, E. E.: "What to Do with the High School Assembly?" The School Review, April, 1923.
5. Judd, C. H.: Introduction to the Scientific Study of Education, Chap VI. Hardpress Publishing. 2013.
6. Koos, L. V.: The Junior High School, Chap. III. Harcourt, Brace and Howe. 1920.
7. Monroe, P.: Principles of Secondary Education, Chap. V. General Books. 2012.
8. Rapcer: Educational Hygiene.
9. The Fifteenth Yearbook, Part III, The Junior High School.

中文:
1. 陶孟和,《财政公开的一个条件——预算》,载《新教育》(五卷五期),1922。
2. 《东大附中一览》。

第九章　中学校长

一个学校办得好或办得坏,大部分的责任在校长身上。倘使校长有明确的宗旨,切实的计划,和各教师共同进行,一个学校就成为整个的,可得到满意的结果。要是校长自己没有标准,行政方面,独断独行,对于一己责任的观念,非常狭小,学校就成为一盘散沙,教员都自出心裁,各不相谋。所以看了校长,就知道学校怎样。

以前的中学校长,空拥一个虚名,实际上的校务,一概置诸不问。现在情形变迁了,没有学识经验的,就不能久于其位。并且校长自身,也觉悟所处地位的重要。受他教育的青年,都是社会上最宝贵的分子。他是公仆里边负很大责任的一个人。

一、校长的来源

中学校长的来源,大致可分几种:(1)议员或绅士,(2)教育行政人员,如省视学之类,(3)大学或高师毕业生,(4)中学教师。这几种人里边,最熟习中学情形的,当然要推中学教师了。但是对于中学原理和中学行政,大都不甚了了。大家都是做了校长,才行学习,不是学习以后,再做校长。中学教育的效率小,这也是一个重大原因。

二、校长的资格

我们承认中学校长的职务,是一种专门职业,要做专门职业人员,须有专门职业的学识,专门职业的经验,现时的中学校长,真当得起校长两个字的,实在很少。此刻且把几种资格说一说。

1. 中学校长,至少须在大学毕业,对于中学教育,略有研究。
2. 有一年以上中学教师的经验,办事能力在中人以上。
3. 对于本身职务,有浓厚的兴趣,肯认定他的职务,为终身事业。
4. 身体强健,能耐劳苦;品格高尚,能做表率。
5. 有各种应用知识,且明白教育原理及近代社会的趋势。

上边几种资格里边,办事能力和专门学识比较的更重要。有良好办事能力的校长,能得到校内校外各方面的协助。他必须有公允的判断,敏捷的手腕,诙谐的意思，勤恳的习惯，创造的思想，和诚实的态度。他再须有强盛的自信力，能实行他的计划。

有一个中学校长曾列举良好的中学校长所必具的几种资格如下：慈爱、公允、性情温和、慷慨，吸收各种有用知识的能力，"德谟克拉西"的精神，进取的领袖资格，远大的目光，勇敢、坚定、不瞻前顾后、诚意的服务、诚意的赞助他人发展中等教育的事业。上列种种，我们承认为中学校长所不可少的资格，但很少人能同时备有各种资格。

关于专门学识一层，中学校长至少须在大学毕业，对于国文、本国史、近代史、心理学、社会问题、法制，经济、伦理学，当特地注意。在大学毕业后，最好再继续研究一两年教育学和心理学。总之预备愈充分，办事的效率愈高；但在初做校长的四五年内，无论如何，不会有多大成绩。所以我们主张做中学校长的，须认定他的职务为一种终身事业，要全心全意地去做。

三、校长的职务

中学校长的职务，很少详细的规定，通常以"总理全校事宜"一句话来笼统的概括一切。遇到不负责任的校长只做了学校的一个高等顾问，一切事务，都推在别人身上；遇到办事勤恳的，又往往每事躬亲，平常职员所能做的事，他都去干预。此刻我们暂举几个例子，看普通的中学校长，做些什么事情。

1. 布里格斯（Briggs）曾调查十个校长对于各种职务所费的时间，看每种职务的时间百分比怎样。调查的结果，是根据1922年四月一个月内各校长的职务时间统计。

表36　17个中学校长在1922年4月对于各种职务所费时间的最小、中数和最大百分比

职务 \ 百分比	最小	中数	最大
教授	0.0	19.1	53.8
例行事务	11.9	37.8	63.2
接洽	1.9	15.1	50.0
观察教授	0.0	7.2	35.2
批评教员	0.0	2.3	28.3

注：17个中学，分布在8州。

2. 赫德尔森(Earl Hudelson)①曾调查中学校长的职务时间分配,共得到 107 份调查答案。这 107 个中学校,可分作三等,第一等的有 84 校,第二等的有 17 校,第三等的有 6 校。等第的分配,是按照西弗吉尼亚(West Virginia)学务视察员所定的。表中末了一行的数目,是代表三种学校合起来的百分比。

表37　中学校长对答调查问题的百分比

	学校等第			
	一	二	三	总
1. 每天在校时间:				
5 ……………………………	13	12	17	13
6 ……………………………	31	41	50	34
7 ……………………………	33	41	30	34
8 ……………………………	20	6	0	17
9 ……………………………	1	0	0	1
16(?) ………………………	1	0	0	1
中数 ………………………	6.7	6.5	6.2	6.6
2. 自身担任功课时间:				
0 ……………………………	12	0	0	9
1 ……………………………	12	0	0	9
2 ……………………………	11	0	0	11
3 ……………………………	18	12	0	16
4 ……………………………	20	35	33	30
5 ……………………………	11	35	17	15
6 ……………………………	5	18	33	8
7 ……………………………	0	0	17	1
中数 ………………………	3.2	4.7	5.5	3.7
3. 每天所费办公时间:				
0 ……………………………	2	24	33	7
$\frac{1}{2}$ …………………………	1	6	0	2
1 ……………………………	23	29	50	25
2 ……………………………	30	18	0	26

---

① 赫德尔森(Earl Hudelson, 1886—1981),美国教育家。——编校者

	学校等第			续 表
	一	二	三	总
3 ……………………………	18	0	0	14
4 ……………………………	4	6	0	4
5 ……………………………	2	0	0	2
散学后 …………………………	2	6	17	4
不定 ……………………………	8	0	0	7
不回答 …………………………	10	12	0	9
中数 ……………………………	2.3	1.5	1.0	2.1
4. 每天参观教授时间：				
0 ……………………………	5	24	0	7
1以下 …………………………	13	24	0	11
1 ……………………………	33	12	59	81
2 ……………………………	20	17	0	19
3 ……………………………	12	6	0	10
4 ……………………………	5	0	0	4
5 ……………………………	1	0	0	1
6 ……………………………	2	0	17	3
全天 ……………………………	1	0	0	1
不定 ……………………………	2	0	0	2
不回答 …………………………	5	17	33	8
中数 ……………………………	1.5	1.3	3.5	1.4
5. 有充足的参观教授时间：				
是的 ……………………………	20	6	0	17
否的 ……………………………	79	82	67	78
不回答 …………………………	1	12	33	5

注：（1）上表是从赫德尔森原来统计表中摘取出来的一部分。
（2）上列时间以每次上课时间为单位。

3. 我去年在东大附中，做了一个每周工作时间存查表，预备统计一个月内所做的事情。此刻先把表格列在下面。

表38 每周工作时间存查表(举例)

五月一七日起止	计画	会议	杂务	接洽			参观教室	课务		写作	阅书	每日时间总数
				校外人	学生	教职员		上课	预备			
一	1	$1\frac{1}{2}$	3			$\frac{1}{2}$	1			2		9
二			2	$\frac{1}{2}$	$\frac{1}{2}$		$1\frac{1}{2}$	1	2		2	$9\frac{1}{2}$
三			3	1		$\frac{1}{2}$		1		3	1	$9\frac{1}{2}$
四		2	3	$\frac{1}{2}$			$\frac{1}{2}$	1	2		1	10
五		2	2		$\frac{1}{2}$			1	3		1	$10\frac{1}{2}$
六	2	$1\frac{1}{2}$	2	1				1	2			$9\frac{1}{2}$
七										3	3	1	7
每项时间总数	3	7	15	3	1	1	4	5	12	8	6	65

注:上列时间以一小时为单位。

现在再把我一月内对各项职务所费时间的百分比列下:

表39 一月内各项工作时间百分比的统计

计画	4.7%
会议	11.3%
杂务	25.1%
接洽校外人	4.2%
接洽学生	4.6%
接洽教职员	2.1%
参观教室	6.8%
上课	7.8%
预备功课	15.2%
写作	11.0%
阅书	7.3%

统观上面的调查统计,中学校长职务时间的支配,距理想尚远。我们要知道中学校长最重要的责任是领袖事业。他的成绩,不在他本身所做的事,在督促别人做的事。他必须研究各教员的长处,使这个长处有充分发达的机会。这

样，不单是学校事业方面得到益处，并且可以养成一种协作的精神。

　　定夺了各教师的长处以后，中学校长就可分配职务，量才使用。这个意思，不独要使各教员担任一部分职务，并且要使他负一部分责任。事情做得好，做得坏，怎样计划，怎样进行，都归教师去。他做一件事情，便多一次经验，便可负较大的责任。校长只须在旁督促、指导、鼓励。倘使事情做得好，须把教师的功表示出来。因为教师好，就是学校好，学校好便是校长好。彻底说来校长虽不居功，他的功也永远不会被埋没掉。

　　校长的责任，可以分作三种：(1) 办事，(2) 支配学校社会生活，和(3) 增进教学法。事务的性质是固定的、具体的、急迫的，所以做校长的人，往往对于事务，特别地注意，其他便不顾了。要知事务的目的，在增进教育效率，减少各方面的阻碍。所以有专门经验的中学校长，不肯独断独行，愿意把行政责任分给教员或职员，自身抽出空余时间，担任更为重大的事业。倘使一个校长一天到晚在琐碎事务中讨生活，学校的效率，永远不会高了。

　　第二种责任在群育方面。这个责任，以前不大理会，近今方始觉得重要。在英国的公立中学校和法国的中等公立学校（Lycée），学生课外所得的利益，不亚于在课室内。课室内所注重的是知识，课室外所陶冶的是人格，是人和人的交际方法。任何中学，都应养成一种正当的校风。所谓校风，就是群育的结果，就是人格感化的表示。这个责任，非校长负不可。

　　第三种责任是增进教材和教法。这是中学校长最重要的一种责任，也是通常最易忽略的一件事情。我们只须看上边调查的表便知道了，美国中学校长平均每天参观教授，仅一小时，或一小时不到。中国更不必说了，大部分的中学校长，不到教室内去参观，于教授情形，完全隔膜。

　　忽略的原因，大概有几层：第一是缺乏时间，这是最普通的一层原因。不过校长果能实行分负责任主义，未始不可抽拨一部分时间，注意这件事情。第二是缺乏指导教师的专门经验。中学教师和小学教师不同，小学教师所担任的功课，教材大都浅易，只须在方法上用工夫。中学教师所担任的功课，教材比较艰深，方法方面，不大肯研求。所以指导小学教师易，指导中学教师难。并且中学各科门类，非常之多，校长对于各科内容，不能完全明了，所说的话，不易引起教师的信仰。要避掉上面的困难，实地收到指导的效果，校长必须在分科会议或教员会议中，把各科教授宗旨，明了地陈述出来，然后再继续参观各教师教授、继续研究、继续提议、继续鼓励。所以校长的第一要有专门学识，第二要有热忱毅力，否则空言改进教学法，总是没有结果。

四、校长与学潮

我国中学方面,有一特别现象,就是闹风潮。学潮的原因,虽是很多,但是校长总有些须关系。现在且把学潮最普通的原因说几种。

1. 学校组织不良善,或功课不满意　一校的组织和全校行政关系很大。组织不良善,不独减少办事效率,且容易引起学生的轻视,日积月累,终不免于溃决横流。他如功课支配失当,也足为学潮的导火线。

2. 学风不良　学风为全校教职员和学生相习的风尚,也可以说为全校教职员和学生精神的表示。一校最难得的是良好的学风,最难保存的,也是良好的学风,古语云,"稍纵即逝",很可形容"学风"这两个字。近来各地无意识的学潮,大半可以说是学风的关系。

3. 经济不公开　调查近年来各地中学学潮的宣言,大都有"侵吞公款"一条,故欲避免学潮,经济公开,也为一重要条件。

4. 校长品性不良　校长言行举动,为全校学生观瞻所系,嫖赌或其他不正当行为,都极易丧失学生的信仰。各处学潮的起来,这也是一个原因。

5. 缺乏良好教师　教师的优劣,不独可以影响学业成绩,并且和学生的信仰,极有关系。故学校有位置私人,容纳滥竽充数的教员,往往可以引起绝大的学潮。

6. 办事敷衍　学校办事,贵乎神速,所谓"快刀斩乱麻","当机立断"。切忌虚与委蛇,敷衍了事。关于这一层,我可以举两个例子:

(1) 有一次某校教务室出了一个布告,叫学生从下星期一起,一律穿着制服上课,倘使不穿制服,未经校中许可的,即以无故缺席论。同时又把这个办法通知教员。学生看了那个布告,心里大不满意,在星期日召集自治会议,提出数种理由,请求校中更动前议。那时校长得了这个消息,立刻和自治会职员开了一个谈话会,把学生所提几层反对的理由,逐一解释。末后谓如嫌天时寒冷,穿着制服不便,可暂缓一星期实行。此事遂于当日解决,否则星期一早上上课时,教职员和学生双方相持,极小问题也可引起绝大问题。

(2) 某校学生在国文课卷上引《史记》"故人称陶朱公",误为"故人独陶朱公",教师于卷中批出,学生不服,写信给教员,说了许多不逊的话。教师把情形告知教务主任,并用原书证明某生的谬误,教务主任唯唯否否,并不召某生诘责。教师心中大不满意,不愿意去上课,后来经同事劝告,乃勉强到堂。不过点名时,不点某生。某生向教务处诘问,教务主任又敷衍某生,说过后当通知教员,请伊留意。事后亦未通知。过了一天,又上国文课,教师仍不点某生名字,某生遂起立责问,谓教务处已有通告,请先生一律点名,何以独漏掉我?教师到此不得不辞职。因此引起了全校教师的公愤。校长在这个时候,方始觉察,召某生诘责。校外人遂借了这件事情,鼓动全班学生,闹了一次大风潮。

7. 缺乏教育知识　教育思想,时常变迁,所以主持教育的人,当时刻研究,力图革新,倘违背潮流,应付乏术,也可引起学潮。

五、中学校长的机会

所谓"机会",大部是指点修养的机会。中学校长和各方面的接触很多,所以增进他专门职业的机会也不少。就学识方面说,暑假的时候,他时常可以到暑校去听讲。美国初做中学校长的人,差不多每学年到暑校去受课。如教育心理、心理测验、中学教育原理、中学教育法,都是中学校长所应该知道的。

除了到暑校受课或赴各处参观外,中学校长还可利用每天的闲暇时间阅读有益的书报。如喜欢研究的,可在学校里边施行一两种实验,直接造福教育界,间接就可增进一己的知识。有时还可参与各种教育会议,讨论教育上的实际问题,或听名人演讲。

就经济方面说,中学校长与商界接触的机会也很多。他虽不是商界中人,很可与一地方商界的领袖来往。因为学校有许多地方,须与工商界联络,须得到外界的援助。再如地方上的社会事业,他也可参与一两种。这种样子的兼顾外务,非特不妨碍校事的进行,间接可以加增教育效率,提高专门职业的精神。

就正当的消遣方面说,每星期的例假,很可优游自得,休养他的精神。在寒暑假中,也可抽出一部分时间,到名胜处游览,或作别的有益身心的消遣。

就经济方面说,中学校长的薪水,也不算小。现时且有年功加俸的希望。维持个人和家庭的生活,大致可以够了。并且有了经验,有了学识,还可随时写作,得到别方面的补助。

总之,中学校长的责任很重,机遇也很多。倘使一个人有了办事的能力和领袖的资格,加以能了解青年的性情和适应他们的需要,恐怕没有再比在中学服务来得快乐的职业了。一天一天造就青年的人才——他是青年的先导,社会进化的领袖,负重大责任的一个人。他的物质上报酬,虽是有限,精神上的快乐,却是很少人能比得上他。

讨论和研究问题

1. 做中学校长的人,至少应适合哪几种条件?
2. 实际上中学校长在哪一部分事情上,时间费得最多?
3. 调查 5 个中学校长在一个月内对于各种职务所费的时间,看每种职务的时间百分比怎样。
4. 中学校长最重要的责任是哪几种?
5. 中学校长每不能尽指导教师的责任,最大的困难在什么地方?补救的方法怎样?
6. 举两个例子,证明校长与学潮的关系。
7. 中学校长的机会比较其他职业怎样?

参考书目

西文:

1. Briggs, T. H.: "The Professionally Trained High-School Principal," the School Review, Nov., 1922.
2. Ensign, F. C.: "Evolution of the High-School Principalship," the School Review, March, 1923.
3. Hinton, E. M.: "Opportunities for Professional Careers as High-School Principals," the School Review, Jan., 1923.
4. Hudelson, E.: "The Profession of Principal," the School Review, Jan., 1922.
5. Monroe, P.: Principles of Secondary Education, Chap. V. New York: The Macmillan Company. 1914.

第十章　中学课程

一、"课程"的解释

什么叫做"课程"（curriculum）？有人说课程就是学校里边所教授的各种科目的总称。但是学校何以要教授哪几种科目？何以要用那种教材？课程的编制，应根据什么原则？这几个问题，觉得上面的解释，不能满意地回答。

依照拉丁的原文，"课程"就是"民族经验"（race-course）的解释，表示这许多事情，幼年必须经历的意思。所以一时代的课程，就代表一时代的需要。例如以前的希腊，注重身心的锻炼，意志的修养，所以学校课程，只有运动和音乐两种。后来社会渐趋复杂，发生了智识的需要，于是又加增了几何学、修辞学、辩论学和论理学等新科目。又如近代美国大学校初产生的时候，只有神学的课程，什么法学、医学，一概没有，因为那时社会上最重要的人物是牧师。后来律师医生都成了专门职业，大学方面遂有法科和医科的课程了。再看我国在科举时代，课程中最重要的是经文，因为历代相传治国齐家大道理都包含在内。后来科举废止，科学和新知识的需要，一天增加一天，遂不得不添设新科目，引进新教材，以适应时代的要求。

二、课程何以要改造？

课程既代表民族的经验，那么民族经验有变迁，课程也应该时常变迁。并且我国创办新教育的时候，学制课程，大都抄自外洋各国。这种课程，于我们现时的生活，有几多关系？于儿童将来的生活，有几多关系？谁也不能回答这个问题，我们不敢说现时学校所费的精神和财力，完全无效。但是至少有一部分的精力，因为课程编制不适当，等于浪费。关于这一点，我可以引用贾德（Judd）所举的一个例子来证明。

他觉得小学里边有许多教材，和实际生活不相联络的。因此他从高年级的拼字、历史、地理、算术各科教材里边，出了许多题目。然后托一长于交际的某女士在某日晚上，请了当地的领袖11人，请他们做那种题目。试验的用意在研究高年级儿童所学的材料，是不是为各界做事情有声誉的人所常用到的一种。所以一方面选择各界最享名誉的人，一方面出了最困难的题目。结果没有一人能够及格。由此可见儿童在学校中日常所习的，大都为各界有名人士所用不到的材料。受试的人如下：

上院议员

退职大校

丁厂总理

公园部主任

银行家

医生

商人

律师

报馆主任

工厂中效率研究专家

牧帅

拼字的题目，系从七年级的拼字单中取来。字如下：

1. abutilon 2. bergamot 3. deutzia

4. daguerreotype 5. paradigm 6. reconnoissance

7. erysipelas 8. mnemonics 9. trichinae

10. weigelia.

这种字的生疏无用，可以概见，无怪一地领袖都不能及格了。我国中学的教材，也大有讨论余地。例如在初中教授混合理科，讲热气管的装置，机械的构造等等，总觉得和儿童的生活，不大接近。美国的儿童，自幼即有机械的常识，并且生长在物质文明较高的社会里边，所以听了那种讲解，觉得亲切有味，我国则情形不同，应换一种较切实用而较有兴趣的教材。

三、改造的阻力

课程的必须改造，上面已说得明白。不过改造时有三种阻力。第一人们有一种缺点，就是安于故常。大多数的教育界人士，虽感到课程的不适当，但是总觉得一年一年的进行，尚还顺利，何必哓事更张。并且他们觉得改造以后，是否能收到较大的效果，还未能确定。因此改造的心思，便锐退了。

第二种阻力就是缺乏基本的原则和具体的目标。无论什么人，都赞成"教育"、"优美的生活"、"健全的人格"、"德谟克拉西的公民"，但是这种抽象的名词，怎样可以把他们分析开来，化成具体的目标，却是说不出来。因此对于课程的编制，无共同的意见。甲有甲的主张，乙有乙的主张。结果大家丢开了找寻一条共同进行的方向，自己设法去另辟一条途径。失败了一次，再去想法辟一条。可是哥伦布探险，还给他找到了新大陆，我们办学的人士，终日间盲人骑瞎马，到头总是碰鼻子。

第三种阻力就是有了基本的原则和具体的目标以后，怎样可以使实施方面发生效力。因为课程根本改造以后，行政方面、教材方面、设备方面、师资方面，都要发生困难。这是事实问题。事实问题不解决，理想永远不会实现。这是热心改组的人所最痛心的一件事。不过不要灰心，有了办法，多少可以有些进步。进步的多寡，是时间的关系，要是没有办法，我们办学的人，还要天天"碰鼻子"哩！

四、改造的途径

改造课程，最好用科学的方法。科学的改造，有两种途径。一种是根据社会上人们的生活，分析为具体的教育目标。一种是根据先进各国民族的经验，编制课程，使在最短时期内，收到进化的实效。前一种为社会的科学改造法，后一种为历史的科学改造法。前一种是依据现时社会的需要，后一种是参照社会进化的历程。要彻底改造课程，除了这两种方法外，实在没有别的途径。现时各省所组织的课程委员会，都采用枝枝节节的解决方法，不能算是根本改造。

我们知道改造小学的课程，比较地尚容易。因为儿童初进小学的时候，本没有读过什么书，念过什么字，学校里叫他怎样就怎样。改造大学课程，也不算难。因为大学可以自己定出一种标准，不去理会中等学校。最困难的是中学校了，编制课程，一方面要顾到小学，一方面又要顾到大学。因为这个关系，中学的课程，最不合实用，最有改造的必要。

美国近数年来，对于中学课程的改造，不遗余力。我可以把他们着手改造的途径，教育家的论调，以及现时所得的成绩，择要介绍一下。

大多数美国教育界人士，都觉得中学课程有改造的必要。因为他们承认课程是活的、变迁的；社会和个人的需要，也不是固定的。不过计划改组的时候，先要有具体的目标，否则必致引起混乱的现象。所以着手改造第一步在依据儿童今日的需要，儿童今日所处的社会，明定教育目标。第二步在编制课程，支配适当的时间，来实现这种目标。

在美国今日最通行的目标，大概要算"美国全国教育会中等教育改制委员会"所商定的几条。目标如下:(1)健康,(2)基本智识,(3)家庭职分,(4)职业,(5)公民训练,(6)暇逸的善用,(7)道德的人格。这许多目标,系从分析各个人的活动所定夺的。这种种活动,系包含在各团体生活里边的。中间有三个团体:家庭的、公民的、职业的,为委员会所特别注意。在这三种团体生活内,可以养成基本智识、暇逸的善用、体格的康健以及道德的习惯。

中美北美联合会的单位课程委员会也定有几种目标。他们把中等教育的目的,分成两大类:(1)教育所希冀达到之永久目的,(2)与教材有关系之现今的和特殊的目的。

永久之目的分四种,在养成儿童之性情和能力:(1)健康,(2)暇逸,(3)职业的,(4)社会的。换一句说,这四种目的是:

(1)保持健康和相当的体格。

(2)善用暇逸时间。

(3)服务职业界有顺利的结果。

(4)在家庭的,地方的和公民的关系里边,有顺利的活动。

现今的目的,在获得知识和养成态度。这种目的都和永久的有关。目的如下:

(1)获得有用的知识。

　　(a)预备进求高深的知识。

　　(b)直接培养性情和发展能力的知识。

　　(c)支配生活环境的知识。

(2)养成适当的态度、兴趣、动机、理想和欣赏。

(3)养成对于知觉、记忆、想像、判断和其他各种精神现象的专门技能。

(4)养成正当的行为习惯以及人生有用的技能。

史奈邓教授(Snedden)对于课程的改造,主张从分析社会需要入手。他说:"我们编制课程时,永远得不到满意的应用原则,除非我们分析社会生活的价值,数的方面和量的方面,都有一明确的标准。"在这种分析里边,健康、知识、审美、社交,等等的比较的价值,都应该定夺。

他并且竭力赞成,定夺目标,须从社会调查入手。他说:"除非我们用客观的方法,切实调查职业界男女的实际作业情形,编成社会化的课程,我们所提倡的职业教育,方能脚踏实地。调查时须先注意下列几个问题:地方上职业的种类共有几多?每种职业里边的人数多少?要几多时候,在什么地方,用什么方法,才能获得每种职业所需要的智识、技能等等?"……"此刻的现象非常混乱。

历史上遗传下来的课程,沿习既久,受到公众的默许,就是在初级中学方面,也变更得很少。新科目的引进,往往有人反对,因为他们的目标,也不能恰当。"

一般人对于史奈邓的主张,都表赞同。觉得初中的课程,应随教育的目的为转移。从目的方面看来,我们是否应该教本国语、地理、历史、数学以及其他科目?是否这种科目于各个人有同等的价值?初中的学生,是否应该全部分时间读同样的科目,还是一部分时间受同样的科目?

依据了这种讨论的精神,我们就要问初中或高中教授数学、物理、艺术、工艺、历史以及其他科目的特殊目标究竟怎样?近今教育界对于这个问题,正在热心研究。

关于教育目标,殷格利斯教授(Inglis)[①]也曾发表过意见,他说:"分析教育目的的秘钥,在分析人类生活所固有的事业。"人类的事业,可分三大类:(1)社会的——公民的目的,如参与公民训练的事业;(2)经济的——职业的目的,如关于经济的生产和支配的事业;(3)个人的——暇逸的目的,如关于利用暇逸时间的事业。编制课程,应根据上述的三种目的,再参以下列六种职能:(1)顺应的,(2)综合的,(3)分析的,(4)预备的,(5)选择的和(6)诊断的。至于一校里边应设单科或分科,分科的办法怎样,都应郑重考虑。

照殷格利斯的意见,我们教授任何科目,都应有目的上的根据。例如在初中和高中,本国语和体育,大家都赞成列在课程内。社会科学和自然科学,也应当有一些。至于定夺何种科目应列在全体必修科,我们先应审定各科目的,再看所用教材是否能使目的实现。

最近博比特(Bobbitt)[②]曾出一本书叫做"*Curriculum-Making in Los Angeles*"。在那本书中,他把数年来对于中学课程目标的研究,详细地报告给我们听。他编订目标的步骤,大略如下:先请中学教育班上听讲人员(大都系中小学校长、教员、视学员和大学助教)分拟各种具体的目标,集为十大类:

(1) 社交的工具(如语言等);

(2) 发展和保持各个人体质的能力;

(3) 普通手工业;

(4) 个人的职业;

[①] 据查未详。——编校者

[②] 博比特(F. Bobbitt),美国著名教育学者,是科学化课程开发理论的奠基者和开创者。——编校者

（5）公民的训练；

（6）个人和社会的关系所包含的活动；

（7）利用暇逸的事业；

（8）发展和保持个人精神的效能；

（9）宗教方面的活动；

（10）父母的责任，如养护儿童处理家事。

目标拟定后，请当地 1 200 个中学教员评定目标的当否，并指明哪几种目标，可以应用于某种科目。总合起来，约有 600 种需要的能力和特质。下面所举的例子，系从"社交的工具"所包含的 30 种能力和特质里边摘出来的几种：

（1）读书利便、敏捷和了解的能力。

（2）拼字适当的能力。

（3）写字清楚、利便和敏捷的能力。

（4）拼一己写作时常用的字，不致错误的能力。

（5）能运用关于读书、讲话和写作常见的字汇。

（6）用英语时无文法上错误的能力。

除了请各教员审查 600 种的能力和特质（或教育目标）外，另请他们审查每种能力所包含的要素。这种要素分析起来有 53 种，如兴趣、注意、自动、自制、信仰一己作事的能力，有思想、正确、自信等。

此外又有 62 种"基本的假设"，包含各种教育原则，陈述学生支配目标或受目标支配的方法。假设分两大类，关于目标的假设和关于学生经验的假设。第一类所包含的原则，举例如下：

（1）在社会上青年所应有的特质和能力，就是在教育历程中所应发展的事情。这种便是教育目标。

（2）编制课程实际上第一步功夫，在充分的、正确的定夺发达完备的男子和女子所有的各种特质和能力。

（3）发现各种能力和特质的方法，只有就人类的事业范围中所包含的各种活动，一一的细行分析（开始是初步的分析，大部分是不定数量的，所以只能作为草案；后来数量定了，才算完备）。

（4）所定的特质和能力，范围不可狭小，条目应能包括人类生活各种需要的事情。

第二类所包含的原则举例如下：

(1) 所体验的事情,要有教育的价值。

(2) 除了遗传的要素所发生的影响以外,各个人的教育完全定夺于本人所获得的经验。

(3) 课程是各个人所应有的各种经验的等次,可以视同一种工具和状况,用以达到几种教育目标的。

(4) 基本的经验——如上面的解释——就是教育上效能最高的那几种。

(5) 要达到每种目标,应充分利用最切实可行的基本的经验。

依据了上面的材料,各科教师就开始选择适当的目标,应用到科目上去。下面的例子,是关于文学和普通读法的基本目标:

(1) 养成阅读各种书籍的能力、性情和习惯,以便乐意的、有益的从间接方面观察人类、物类和事项,并从悬想方面,参与各种事项。

(2) 从读书方面,养成加入和参与人世间各种烦杂的、严重的、理智的生活的能力。

(3) 就各个人天赋的智慧,对于人类、物类和事项,有相当的明晓;并有适当的兴趣,相伴而起的情绪等。特殊的举例如下:

 (a) 人类的性质,各式的人类,社会的阶级等等。

 (b) 人类所组织的机关。

 (c) 礼貌与习惯。

 (d) 特殊的人类团体和他们所有的特殊动境、活动、责任、问题等。(包含职业的团体)

 (e) 人的来源和他的机关、风俗、艺术等等。

 (f) 人所创造的各种神话、寓言和歌谣。

 (g) 技术的世界。

 (h) 艺术的世界。

 (i) 人的天然的和地理的产地:(1) 植物的世界;(2) 动物的世界;(3) 化学的世界;(4) 物理的世界;(5) 地质学的世界;(6) 天文学的世界。

(4) 心胸扩大,受过世界上著名文学作品的陶冶。

(5) 了解"人种","同胞","大团体","社会意识"。对于地方、本省、国家和国际间事情,有同情的、明慧的社会的态度和反应。

(6) 语言的能力,一部分从泛览阅读方面养成的:

 (a) 读书利便、敏捷和了解的能力。

(b) 拼一己写作时常用的字,不致错误的能力。

(c) 能运用关于读书、讲话和写作常见的字汇。

(d) 用英语无文法上错误的能力。

(e) 有效能地组织和发表一己思想的能力。

(f) 在最小限度的阅读时间内,摘出书报中重要意义的能力。

(g) 阅读外国语的能力。

(h) 有相当的品性和语言态度(Language mindedness)。

(i) 有各种文学创作的能力(此指研究高深文学的人而言)。

有了这样的目标,教师第二步就可定夺学生应有何种活动和经验,才可达到每种目标。下面例子,系关于第一项里边摘出来的:

(1) 使学生每星期在自然的环境里边,阅读文学数小时。

(2) 他所读的书报小说,当适合他的程度。

(3) 他可以得到教师的指导,在教师定的范围以内,自由选读各种书籍。

(4) 要他读那几种书籍,叙述世界各国的生活状况和社会上各种机关的组织。

(5) 要他读那几种书籍,叙述中外历史上各时期的人类生活状态和发展的事业。

(6) 大部分的阅读须在家内(除非有特别情形)。

因此又拟定了26种假设,下面的例子,便是26条中的前三条:

(1) 文学和读法课程的教材,须依据下列的答案:(a)本城的男女,通常应看什么文学和普通书籍?(b)怎样看法?(c)在什么情景下?(d)为什么缘故?

(2) 文学和普通书籍里边,应包含大部分训练儿童所需的经验。

(3) 普通一般人民,包含中等学校毕业生在内,所需的文学,是一种应用的文学,并不是别的。

分析到了这一步,教师只须定夺实现目标的教材和教法。

还有一点要声明的,这个研究,系从中学所有的课程入手。开始的宗旨,在使数学、英文或历史教员知道怎样对于十大类里边的目标,有所贡献,起初并没有先分析各种生活的活动,然后再用归纳的方法,定夺何种科目应该保存。

自从博比特的研究发表以后,颇引起一般教育家的注意。大家公认这个研究,对于课程的改造,有很大的贡献。不过还有可以批评的地方,我此刻可以略举几个批评的意见。

查特斯(Charters)①为研究课程的专家,他觉得要是从科目方面入手,应认定四种要素。下面引用他的话:

（1）应养成学生对于任何科目的理想,这种理想,就是学生活动的标准。在鲍比特教授所发表的研究里边,有所谓正确、敏捷、有思想、自动和自制;这种理想,都是很重要的。学生学习一种科目,能先养成理想,他的造就,就很多了。教师灌输知识时,能够兼顾理想,也算很尽责任了。总之,养成理想,为教授任何科目的特殊职能。

（2）任何科目,总离不了教材,例如历史的事实,文法的规则,文学的丽句等等。教材应该怎样,是一个很严重很复杂的问题,须详细的解决。大概说来,所用的教材,须使得学生能支配十大类里边所包含的活动。

（3）定夺教材之前,须分析各类的活动,如博比特教授分析本地方以及全国各地男女的生活。这步达到后,我们再支配科目,包含各项活动,如读法、拼法等,以及各项事实。事实彻底说起来,也是动作的根据。

（4）这许多东西——教材和理想——都为学生所必须学习,并且须按照教育原理,学习得很纯熟。原理的应用,便是教师教授的方法。

上边数种合起来,我们有三种显明的职能。每种科目的教师,按着教育原理,教几种有关系的理想,教材中所包含的活动,和各种事实。

博比特所用的名词,如"能力"、"特质"、"目标",尚须加以说明。能力是适合理想标准的一种活动。例如"读书利便、敏捷和了解的能力"包含"读书"的活动,以及"利便、敏捷和了解"三种理想。又如"写字清楚、利便和敏捷的能力"包含"写字"的活动以及"清楚、利便和敏捷"三种理想。

有时候理想和活动以外,又参加一种事实。例如"有效能的组织和发表一己思想的能力",包含"效能"的理想,"发表"的活动,和"一己思想"所代表的事实。我们知道理想是什么,活动是什么,我们还须顾到应发表什么东西。我们所要发表的,就是本地方和国内各地方男女所认为重要的事实。

我想博比特教授对于"能力"和"特质"两名词的分别,自己很明白。特质就是已经得到的理想。比方一个人有诚实的特质,就是说他对于诚实的理想,已经达到了。

我觉得要是在开始时候,把这许多分别弄明白了,分析的条目可以清楚些。

---

① 查特斯(W. W. Charters, 1875—1952),美国教育学家,对课程开发技术有重要贡献。——编校者

例如"社交的工具"项下六条目标,可以列成下表的式子。

社交的工具

理想	教材所包含的活动	教材所包含的事实
1. 利便,敏捷,和了解	读书	
2. 适当	拼音	一己的字汇
3. 清楚,利便,和敏捷	写字	
4.	拼字	一己的字汇
5.	运用	关于读书,讲话,和写作常见的字汇
6. 无文法上错误	用	英文

从上面的表里边很可以看出来,什么理想应该养成,什么活动应该学习,什么事实应该知道。我们并可以看到因为分析目标时没有按照这个格式,所以有几条的理想,就没有列出来了。例如写字有三个标准,拼法一种标准都没得;这种疏忽,有了表式就可免去。

分析上边并显出一种很不易解决的困难,就是拼音、拼法和写作所需要的字汇是哪一种字汇,无文法上错误的英文是哪一种程度的英文？这个问题很重要。没有这种标准,我们讨论各科目如文学一门功课,怕教材所包含的事实,不能按照实际生活情形,依着论理的方法编制。

倘使把能力分析为理想和活动,我们不必再列"特殊的能力"一项。再如能力里边所包含的53种要素,也可附属于各条理想内。兴趣、注意、自动、自制等可以和清楚、敏捷、正确等并列。

下面再举一个例子,证明能力和特质可以用理想和活动来替代,使得意义明了些。

理想	活动	教材
1. 习惯、兴趣、乐意的从间接方面观察,从悬想方面参与	阅读	各种书籍——人类,物类,事项
2.	加入和参与	世间上各种严重的、理智的生活
3. 平均发达、兴趣、情绪、欣赏	相当的明晓	人类、物类、事项、人类的性质等等
4. 心胸扩大		世界上著名的文学作品
5. 社会意识、明慧的社会的态度		地方、本省、国家和国际的事业
6. (A) 利便、敏捷、了解	读书	

续 表

理想	活动	教材
(B)	拼字	写作的字
(C)	运用	关于读书,写字,和写作常见的字汇
(D) 无文法上错误	用	英文
(E)	组织和发表	一己思想
(F) 效能	摘出	书报中重要意义
(G)	阅读	外国语
(H) 适当的程度	得到	语言的态度
(I)	有	各种文学的创作

总结起来,这次科学的分析,要是按照了下面的程序,结果必定还要好些:(1)理想,(2)活动,(3)事实和(4)教育的原则。果能这样,所列的理想,还可正确些;所包含的活动,也可简单些;所举的事实,也能扼要些;能力的要素,也可不必分析了。

斯奈登教授①对于博比特的研究,也有几种批评。他觉得博比特所用的方法,偏重于教育家的经验和判断。关于质的方面,似乎很注重,关于量的方面,却少顾及。我们有了目标以后,还须省察儿童的需要,分别定夺各科目量的多少,例如有五百学生,我们先可以按照智力高下,分为两组,第一组叫做 A,第二组叫做 B,再按照家庭经济状况,分为两组,第一组叫做 M,第二组叫做 N。这样,我们可以有下列四组学生:ＡＭ,ＡＮ,ＢＭ和ＢＮ。

有了社会的调查做基础,再来定夺各科的价值。先看ＢＮ的人有几多可升入大学,有几多可在中学毕业。ＡＭ怎样?倘使学校里边有外国语一科,是不是各组都应该学习?是不是ＡＭ和ＢＮ所习的,不必有什么分别?要是各科都能如此着想,比较的教育的价值,就可定夺了。

五、实施的情形

上面所讲的改造途径,一时尚不能实现。我们只好留为将来努力的地步,现时且谈过渡时代的办法。

自从新学制草案成立以后,各地对于课程的编制,异常注意。提倡新学制的人,并且组织了一个全国新学制课程起草委员会,召集各科专家,讨论中小学

---

① 斯奈登(David Snedden),美国哥伦比亚师范学院教授。——编校者

的课程标准和教材纲要。所定的课程,比较以前无目的的编制,已算进步多了。但是从教育原理看来,依旧是"闭门造车",不十分彻底。将来总须经过一番彻底的改造,采用上边所说的途径。

在介绍新制课程标准以前,让我们把初中课程的原则,先简单的说一说。

六、初中课程的宗旨

1. 继续养成共同的观念,并逐渐注重分科选科的办法。

我们知道共同的观念,是实行民治主义的国家所不可少的要素。小学教育,因为年限短,或者达不到我们的目的,所以在初级中学内,还须有共同的科目,继续培养这种观念。共同科目分量的多少,须视学生在校年期的长短而定。倘使初中教育,成为义务教育,进初中的学生,个个都升到高中,那么初中的教育,当然成为共同的教育,初中的科目,都可作为共同必修科。但是现在的时势,距这种理想尚远,所以除培养共同的观念以外,须顾及学生志趣,稍留活动余地。

所谓共同的观念,本无绝对的标准。在30年以前,学习英文,视同一种专门的教育;此刻学习英文的人多了,大家当它作一种基本的工具。10年以后,也许英文变成我们共同的教育中间的一部分。所以"共同的观念"这五个字,是随时代变迁的。

现时我国的教育家,对于初中实行选科或分科的问题,争执很多。其实大可不必。要是学生都预备升入高中,初中纵是有了职业课程,依旧可以不开班。要是有一部分人,因为种种关系,不能升学,办教育的人,正不妨在选科内设立几门职业科目,来适应他们的需要,又何忍以空空洞洞的"共同的观念"五个字来搪塞一切呢?

2. 定夺与满足学生现时以及将来确定的需要。

大部分现时的需要,为青年所共同的。不过有一部分现时以及将来的需要,因为智力、年龄、经济、家庭状况等等关系,不能各个人尽同。所以初级中学应注重分析的作用、实地观察调查及发现各个人的兴趣和需要。否则仍不能免掉以前中学校课程呆板的弊病。

怎样知道学生现时和将来确定的需要呢?我们必须征集一地方人士的意见,继续研究该地的状况,知道学生将来所要适应的,是什么一种环境。同时并须调查学生的意向。倘使因为没有切实了解学生的需要,便不去研求适应方法,理上似乎说不过去。一部分的进行,总比较安于故常的好些。

3. 用本身有价值的教材,考查学生的兴趣、意向和能力。

这和上边一条的宗旨相仿佛,承认各个人的差异,是不能免的。喜欢工艺的人,强使他学文学,或喜欢文学的人,强使他学艰深的数学,在学校果然是浪费时间,浪费精力,在个人更是白受痛苦。所以在初级中学内,我们要注重考查。旧制的中学课程,只有消极的考查个性,例如某学生某科不及格等。新制的中学,采用各种混合教材,一方介绍各科大意,一方注重应用知识。同时并引进各种实用艺术的科目,多给学生尝试他能力和兴趣的机会,这就是积极的考查。初级中学的童子军,包含各种艺术科目,很富于自动的精神,也是供给考查的一种方法。其他如课外旅行、课外参观,多带有这种使命。

4. 使学生知道各学科的大概情形,引起他向上研究的心思。

以前中学校里边的数学,就是一个例子。不过程度太高了,所习的教材,只为将来专门研究的用处。中途退学或不升学的学生,学习以后,用处实在很少。初级中学设法矫正这个弊病,科目虽是引进得很多,却是对于目前的环境,也能应用。例如混合数学,凡是初中学生可以应用的教材都列在内,不论算术、代数或浅近的几何三角。又如混合理科,凡是初中学生应该知道的,都列举出来,不论物理、化学、生物学或生理卫生。学生读了这种科目以后,对于各科学的范围,也能知道一些。倘使性情相近的,便想继续研究。其他如混合史地,也是这样。

外国职业学校里边,本有一种尝试课程(try-out course)。例如新生入校后,起初二星期,专学木工,过后再学金工二星期,再学电气二星期,或再学印刷二星期。各种都尝试过了,然后再定夺他的志愿。现时初级中学的课程,也有此种趋势。

七、初中的课程

现在我们看学制课程委员会所拟的初中课程,是否能适合上面的原则?

表40 新学制课程委员会所拟初级中学各科学分支配表

社会科	公民	6学分
	历史	8学分
	地理	8学分
文言科	国语	32学分
	外国语	36学分
算术科	算术	30学分

续 表

自然科	自然科	16学分
艺术科	图画 手工 乐歌	}12学分
体育科	生理卫生 体育	4学分 12学分
总计		164学分

上面的表有几点可注意：(1)只定每科学分数,不定每年读哪几种科目,以便各校自由支配;(2)选科学分的多寡,没有标明出来,预备各校自由增减。

看了上面的表,总觉得所定的课程,近于单科制,于初中的原则,不大能符合。现在再把东大附中修止的初中课程表列出来,作为参考。(附中第一次所拟的初中课程表和学程纲要,详载《中等教育》第一卷第三期"新学制课程大纲号",已经试行一年。本届的修正学则,系参酌一年来的经验和学制课程委员的意见而定的。)

表41　东大附中初级中学学分表

学年	一		二		三		共计
学期	上	下	上	下	上	下	
必修学分	28	28	25	25	21	21	148
选修学分			3	3	7	7	20
共计	28	28	28	28	28	28	168

表42　东大附中初级中学必修科目学程表

学科		学程						共计	百分比
		一	二	三	四	五	六		
文言科	国语	6	6	6	6	6	6	36	21.4
	外国语	6	6	6	6	6	6	36	21.4
算学科		5	5	5	5	5	5	30	17.8
社会科		混合史地3	混合史地3	混合史地3	混合史地3	公民常识3	公民常识3	18	10.7
自然科		混合理科3	混合理科3	混合理科3	混合理科3			12	7.2
艺术科		图画1 手工1 乐歌1	图画1 手工1 乐歌1		6	3.6			

续　表

学科		学程						共计	百分比
		一	二	三	四	五	六		
体育科	体育	1	1	1	1	1	1		
	童子军	1	1	1	1			10	6.0
学分总数		28	28	25	25	21	21	148	88.1

表43　东大附中初级中学各分科选修科目学分表

普通				职业			
第二年		第三年		第二年		第三年	
科目	学分	科目	学分	科目	学分	科目	学分
英文一二	6	英文一二或三四	6	商业英文一二	6	商英一二或三四	6
国文一二	6	国文一二或三四	6	商用文尺牍一二	4	商用文尺牍一二	4
本国史上下	6	数学一二	6	簿记上下	6	簿记上下	6
本国地理上下	6	本国史上下	6	商业常识上下	6	商业常识上下	6
图画上下	2	本国地理上下	6	经济上下	6	经济上下	6
音乐一二	2	生物学上下	6	商店实习上下	4	银行概论上下	6
实用艺术上下	2	物理学大意上下	6	商史上下	6	商店实习上下	4
珠算上下	2	化学大意上下	6	商地上下	6	打字一二	4
国语上下	2	图画一二或三四	2	选习 6—18		商史上下	6
商业常识上下	6	音乐一二	2			商地上下	6
童子军上下	2	珠算上下	2			银行簿记上下	6
选习 6—18		国语上下	2			选习 14—26	
		实用艺术上下	2				

续 表

普通				职业			
第二年		第三年		第二年		第三年	
科目	学分	科目	学分	科目	学分	科目	学分
		童子军上下	2				
		商业常识上下	6				
		簿记上下	6				
		几何画上下	6				
		选习 14—26					

关于上面几个表，有几点须说明：

1. 每科每周授课一小时，满一学期者，为一学分。但无须课外预备的学程，每周授课两小时，满一学期者，为一学分（如理科实验、图画、体操、手工、童子军实习等）。

2. 初中必修科目，但分学程，不分学年。学生入校后，不必按年修习固定学程。如学生程度优良，必修学程有免习时，仍给以应得学分（如学生在初级中学第一学年时，修习英文第三学程，仍给以第一年之英文学程12学分）。

3. 混合理科内包含生理卫生，故体育科内不再列出。

4. 初中自第二学年起，开始选科。

5. 初中最低学分限度，为168学分。

6. 艺术科必修科目，仅有六学分，唯除必修科外，学生仍可按年选习。

7. 除公共必修科外，在初中第一年另设选科指导一科，每星期讲演一次。

8. 为便利学生选科起见，各种选修科目，均分年列举。但初三学生，可以选读初二选修科目，初二学生，不能选读初三选修科目。

9. 初中每学期暂定28学分，唯成绩优良之学生，可以多选3学分至6学分不等（例如在初中二年级，普通每学期只能选3学分，一学年共选6学分。如每学期多选6学分，一学年可习18学分。在初中三年级，普通每学期可选7学分，一学年共选14学分，如每学期多选6学分，一学年可选习26学分）。

10. 加增学分的多寡，以前学期学业成绩为标准。前学期各科成绩，都在70分以上，本学期得加习3学分。加增后有一科不及格，或3科在70分以下者，下学期不得继续加增。前学期各科成绩都在80分以上，本学期得加习6学分。加增后有一科不及格，或两科在70分以下者，下学年不得继续加增至最大限度。

八、高中课程的原则

1. 高级中学应以分科为原则，不过此时学生的兴趣能力，尚不能完全肯定，所以专科限制，不宜过严。

2. 高中学生年龄大致在17岁左右，在初中所习之必修科目，尚嫌未足，故一部分之普通教育，仍不宜废弃。

3. 在我国教育程度幼稚时代，大部分高中毕业学生，将来即为地方社会重要人物，为民众所矜式，所以在共同必修科目内，应注意人格的修养和文雅的陶冶。

九、高中的课程

新学制课程委员会所拟的高中公共必修科如下表：

表44 课程委员会所拟的高级中学公共必修科学分支配表

社会科	人生哲学	4学分
	社会问题	6学分
	世界文化史	6学分
言文科	国语	16学分
	外国语	16学分
理科	科学方法	6学分
体育	医学常识	2学分
	其他	8学分
总计		64学分

上表所载各科目，为各分科之共同必修科目，无论升学组和职业组，都须学习。

人生哲学的宗旨，在使学生对于各种人生的重要理论（科学的、艺术的等等），得一正当的了解。目的虽偏在修养，但不用谆训的方法，俾不致流为狭义的，道德的。

社会问题应包括政治、经济、法律,注重调查研究。

世界文化史应包括中国文化和外国文化。两种应该并重,一方使学生有普遍的同情,一方仍使其具有中华民族历史上的佳美精神。

这三种都是新科目。从理论上看来,非常重要,但是实际施行时,却发生困难。第一,没有相当的教师,来担任这种功课。第二,缺乏适当的教材。第三,有一部分学生对于这种科目,视为"空洞无物",不切实用。

科学方法也是一种新科目。原意包括科学发达史,现在科学大势,科学精神,以及科学方法,并随时加以实验,以期收得科学的训练。但是也有人怀疑,觉得中学生的科学知识非常浅薄,读这种科目,恐怕得不到益处。并且要养成学生科学态度,应从科学中实地去养成,不应该离了科学,才讲科学方法。所以高中的必修科目,还有讨论余地。

除以上公共必修科外,另有分科专修和纯粹选修两种,分科专修又分必修和选修两种。凡本科内主要的及基础的,概为必修科目,余都为选修科目。如理科的学生,都应学习大代数、解析几何及物理、化学。那几门科目,可以列在分科必修科内。其他如微积分、应用力学、平面测量、矿物学、地质学等,可以列在分科选修科内了。

所谓纯粹选修科目,系指学生自由选习的科目。例如理科的学生,除学习共同必修科目及分科必修科目外,还须选习若干理科的科目,除此以外,不论选习文科、理科或职业各科,悉听他便。

分科包含普通和职业两种。职业科分农、工、商、家事、师范或其他门类。普通科暂分一二两系或两组。第一系注重文学及社会学科,第二系注重数学及科学。倘使学生志愿,不在升学理工数学等科,可免习第二系分科必修科之数学一部分,增修有关系的科目;如志在升学医农的,应多习生物学,志在升学化学科的,应多习化学。

高中设科,应视学校情形和地方需要而定。但至少须设置两科。因为一方面可以使学生选择途径加多,不致误用才力。一方面经费可以比较省些。

依照课程委员的意见,公共必修为 64 学分,占全体学分(150 学分)42.7%。分科专修学分(包括必修和选修两种),至少为 37%。纯粹选修学分之最大限度,为 20%。

根据上面的标准,各校就可按照地方情形,支配高中课程了。下面再举几个例子:

表 45　暂拟高中普通科第一系课程表

科目			学分	百分比
公共必修科		国语	16	42.7
		外国语	16	
		人生哲学	4	
		社会问题	6	
		文化史	6	
		科学方法	6	
		体育	10	
分科专修科	分科必修	本国史，本国地，东亚史，西洋史，世界地理　任选	6	37.3
		心理学初步	3	
		论理学	3	
		本组特设国文	8	
	分科选修		36	
纯粹选修科			30	20.0
总计			150	100

附普通科第一系分系选修科目学分表

科目	学分
国文（一）（二）（三）（四）	12
英文（一）（二）（三）（四）	12
本国史（上）（下）	6
本国地理（上）（下）	6
西洋史（上）（下）	6
东亚史（上）（下）	4
经济概论（上）（下）	4
哲学概论（上）（下）	4
进化论大意（上）（下）	2
教育学	3
法学通论（上）（下）	4
第二外国语（一）（二）（三）（四）	16

文字学（上）（下）	4
国语学（上）（下）	4
社会学（上）（下）	6
新闻学（上）（下）	4
中国文学史（上）（下）	4
英文阅读（上）（下）	6

表46　暂拟高中普通科第二系课程表

科目		学分	百分比
公共必修科	国语	16	42.7
	外国语	16	
	人生哲学	4	
	社会问题	6	
	文化史	6	
	科学方法	6	
	体育	10	
分科专修科	分科必修		37.3
	大代数	6	
	解析几何	6	
	物理	10	
	化学	10	
	分科选修	24	
纯粹选修科		30	20.0
总计		150	100

附普通科第二系分系选修科目学分表

科目	学分
定性分析化学（上）（下）	6
普通无机化学（上）（下）	8
高等物理（上）（下）	8
弧三角	2
微分大意（上）（下）	8
矿物学	3
地质学	3

科目	学分
第二外国语(一)(二)(三)(四)	16
电工学	3
应用力学(上)(下)	4
热力学	3
平面测量(上)(下)	4
工程画(上)(下)	4
工场常识(上)(下)	4
植物	3
动物	3
作物学(上)(下)	6
园艺学(上)(下)	6

表 47　暂拟高中商科课程表

科目			学分	百分比
公共必修科		国语	16	42.7
		外国语	16	
		人生哲学	4	
		社会问题	6	
		文化史	6	
		科学方法	6	
		体育	10	
分科专修科	分科必修	珠算(上)(下)	2	37.3
		商事要项(上)(下)	4	
		商业簿记(上)(下)	6	
		经济概论(上)(下)	6	
		商店实习(上)(下)	2	
		商业组织(上)(下)	4	
	分科选修		32	
纯粹选修			30	20.0
总计			150	100

附商科分科选修科目

科目	学分
商业英文	4
打字	2
银行学	3
银行实践	3
银行簿记	3
货币学	3
会计学	3
商法	2
商业史	3
商业地理	3
商业算术	3
运输学	3
汇兑	3
财政学	2
保险学	3
统计学	2
交易所	3
交易所实习	2
商业政策	3
速记	6
商业管理	3
买卖论	2
理化大意	3

表 48　暂拟高中师范科课程表

	科目	学分	百分比
公共必修科	国语	16	42.7
	外国语	16	
	人生哲学	4	
	社会问题	6	
	文化史	6	
	科学方法	6	
	体育	10	
分科专修科　分科必修	教育心理（上）（下）	6	37.3
	教学法（上）（下）	6	
	学校行政（上）（下）	4	
	教育原理（上）（下）	4	
	教育实习（上）（下）	8	

续表

科目		学分	百分比
	分科选修	28	
纯粹选修		30	20.0
总计		150	100

附注：除上列分科必修科外，并须于国文、算术、艺术、史地、自然各科中认定一门，读满十学分以上。

附师范科分科选修科目

科目	学分
国文（一）（二）（三）（四）	16
本国史（上）（下）	6
本国地理（上）（下）	6
保育法	3
幼稚教育	3
儿童文学（上）（下）	4
学校卫生	2
教育史	2
教育统计	2
心理测验	2
各科教育法（上）（下）	8
童子军组织	3
体育原理	3
职业教育概论	2
伦理学	2
哲学	2
音乐（上）（下）	2
图画（一）（二）（三）（四）	4
园艺（上）（下）	4
手工	4
图书馆管理	2

其他各种职业科，也不必再举例了。就是上边所举的四种例子，也只好算

一种参考,不能作为学程标准。

就新学制课程委员所定的课程,尚有几个怀疑点:(1) 对于文科及商科的学生,共同必修科所规定的数理学分是否嫌太少?(2) 高中是否可选习高等理化一类学程?照我们的经验而论,要提高中学程度,须放低教材。现时的弊病,在好高骛远,得不到丝毫熟练的机会。所以怎样可使学生不蹈虚,是我们编制课程所应注意的一点。

十、选科问题

选科问题,为现时课程中一个重要问题。普通人对于选科和分科,往往混为一谈,其实分科制和选科制显有不同。民国五年(1916),江苏六中、四中所设的二部,民国六年(1917)南京高师附属中学所设的农工商班,是一种分科制。选科制是指分科或分组之中,再分必修科目与选修科目,使学生在每科或每组中,再有一部分自由选择的机会。中学校的课程,普通可分下列四种:

1. 单科制　所有课程,一律固定,如民国六年以前之各省中学课程是。

2. 单科选科制　一小部分学程是活动的,一大部分是固定的。例如在旧制中学第四年,学生预备升学的,可选习大代数、高等物理、化学等科;预备服务的,可选习教育原理、哲学、心理学等科。

3. 分科制　普通旧制中学在第三年起,开始分科。但学生只能选科,不能选学程。

4. 分科选科制　如上面所举的高中课程表,便是一个例子。

选科的优点,我们大家都知道,不必再说。此刻所要讨论的,就是实施时的困难。

1. 经济的困难　实行选科后,教学设备须加增,教师也须添请。以前的中学校,对于图书仪器的设备,太不讲求,所以现时施行任何新方法,都感受到困难。不过办学的,总应时时设法提高教育效率,不应安于故常,得过且过。至于选科后,教师人数的增加,也属有限。经济宽裕的学校,选修学程满10人以上,即可开班。经济较困难的学校,选修学程,不及20人,可不开班。

2. 教室的困难　未行选科的时候,每班学生只须有一个普通教室,施行选科以后,除普通教室外,还须有选科教室。不过这层困难,尚不难解决。现时学校内各教室能一天到晚充分利用的,很不多见。倘使我们用教室能讲求经济,选科也不生问题了。

3. 教师的困难　选科学程繁多，物色相当教师，非常困难。关于这一层，有两种救济方法。第一种可用交换法聘请，如某地有长于哲学的教师，某地有长于教育学的教师，两处可以分年开班，轮流聘请。第二种可按照地方情形，开列选修学程，不必把他校所有的学程，都包含在选科范围以内。

4. 课程表不易支配　这确是困难的一件事情，不过未尝没有办法。东大附中上学期有8班学生选科，选修学程开班者，有50门左右，课程表的编制，也算复杂极了。排列课程表的手续如下：

（1）先调查学生下学年内拟选习何种科目。

（2）把学生开列的科目，做一个统计，然后按照科目的性质，分成若干小组，每一小组内，包含两三门学程。这几门学程，都是同时上课，学生在每小组内，只能选习一门学程，因为这几门学程的性质，本不相近。例如解析几何、银行学、心理学，可以放在一起，因为在理科读解析几何的人，大概不会到商科读银行学，到文科或师范科读心理学。即使理科学生愿意选习银行或心理学，他可以在下学年选读，因为在下学年时，我们仍旧可以把这三种科目放在一起。

（3）学生正式选科。

（4）排列课程表。

（5）接洽各教师。

（6）如仍有少数学生所选的学程，不能开班，或时间上有冲突，可令其重行选习。

不过这尚不是根本的办法。最好把选科学程的时间，先行支配妥当，然后让学生选习，就没有什么困难了。

5. 学生选科无目的　学生选科时，往往无一定宗旨，选定后，又随意更改，致学业方面受到很大影响。对于此点，也有几种救济办法：

（1）设选科指导学程。在初中高中第一年，都可举行。指导的方法，在请本校教职员或校外专门人员讲演各门选修学程的概况，社会的需要，以及各种应用的常识，使学生选习时，不致茫无头绪。

（2）注意教育指导和职业指导，如调查在校各生的智力、学力、兴趣、愿望、性情和家庭状况等等。关于这一点，下边讨论指导问题时，还须详细说明。

（3）规定更动选修学程的办法，如选科开班后一星期或两星期内，可允许学生更改科目，过此时期，便绝对不许更动。

6. 教材不易搜集　选修学程，大都为新科目，无适当的教材。此为改进时代不可免的困难。倘使各校教员都能抱有试验精神，按照实际需要，编订教授大纲，继续的研究，继续的改进，将来总有解决问题的一天。

此外尚有处置不及格的困难，俟在下章讨论学级编制时再谈。现时还有一个问题，我们要讨论的，就是缺课问题。

十一、缺课问题

学生随意缺课，是学校里边最大的一个弊病。要革除这种弊病，所以各校对于缺课，都定有很严厉的规程，例如某学程缺课几小时以上的，酌扣分数，缺课满几分之几的，不给学分。但是此刻的问题，不在处置缺课的办法，在怎样考查学生的缺课。通常学校里边，对于考查缺课，有下列几种方法：

1. 教师在课室点名，每次退课后，写一缺课报告单，投在报告柜内，以便学校办事人搜集报告单后，即统计检查。这种方法，看来似很精密，但因手续麻烦，有好多学校，采用以后，都得不到实效。有的敷衍塞责，有的无形消灭。

2. 每次上课时，由教室服务生点名，退课时请教师在报告单上签名，送交教务部。这个方法，也有弊病。第一服务生点名时候，往往受同学请托，随意划到。教师退课时，更不暇检点，照例签名。第二教师平素不点名，不容易认识学生。

3. 由教务部派人至各教室点名。这个方法，在不用选科制的学校，教室坐位号数编定后，尚可实行，但添了职员许多事务，也不甚经济。至于施行选科的学校，每教室各时间的学生人数，时有出入，更难实行了。

4. 教室中编定坐位号数，由教员点名（一两星期后，教师不必逐一唱名，只须看课室内有无缺席人数便了），在每星期终了时，在缺席簿中撕下一张，送交教务室。这种方法，和第一种一样精密，但比较的简便些。东大附中就采用这种方法。下面的表格，便是记载缺席用的：

……级中学第……年级第……组学科目（　　　）

坐位号数	时日姓名	第　　　星期						
		星期一	星期二	星期三	星期四	星期五	星期六	缺席总数
1								
2								
3								
4								
5								
6								
7								

续 表

坐位号数	时日\姓名	第　　星期						
		星期一	星期二	星期三	星期四	星期五	星期六	缺席总数
8								
9								
10								
11								
12								
13								
14								
50								

教员署名……………

⊙缺席记于格内⊙出席不记符号⊙此张用一星期⊙一星期课完后请将此张撕下送交教务室

表格内姓名一项，不必撕下来，因为各学程的学生名字，教务股都有存根，可以考查。缺席簿背后，附有缺席规程，转录如下：

1. 上课由教员自行点名。

2. 每学期开始第一小时上课，各生须照教员点名表号数上认定坐位。不照号数坐者，作缺席论。

3. 每学期自开学之日起，放假之日止，每人至多缺席 6 小时。因公缺席，或因家属丧葬，自己疾病，不得已而欲缺席至 6 小时以上者，须持确实可靠之证据（如家长署名盖章之信件或医生证明书等），预向教务股请假，由教务股酌量给予假期，期满不到者，照下列第四条办理。

4. 一学期内缺席在 6 小时以上者（教务股特许者不在内），每多 1 次，星期日禁假 1 天。禁假两次者，停止月考 1 次，停止月考两次者退学。

5. 学生上课迟至 5 分钟后到教室者，作缺课 1 小时论。

6. 因事欲早退席在 5 分钟以内者，须得教员许可。早退 10 分钟以上者，虽得教员许可，亦作缺课 1 小时论。

7. 学生欲中途退席，须得教师许可。过 5 分钟不复入席者，作缺课 1 小时论。

8. 教师未请假而迟至 10 分钟未到者，须由服务生先至教务股报告，然后令各生退席，由教务股择日请教师补课。未报告以前，自由退席者，作缺课 1 小时论。

研究和讨论问题

1. 选择任何一个地方,看那地方中学校内所有的学程,如代数、几何、物理、化学等,于居民的生活,究有几多关系?
2. 改造课程有什么阻碍?
3. 倘使我国要彻底改造中学课程,应取什么途径?进行的方法怎样?
4. 怎样可以社会化中学课程?
5. 选择任何一种中学科目,分析他的职能。
6. 研究地方生活和社会背景对于(1)中学课程,(2)学校生活,和(3)学校宗旨,所发生的影响。
7. 批评新学制课程委员会所拟的初中课程表和高中公共必修科课程表。
8. 你自己拟一个初中课程表,一个高中普通科课程表和一个高中职业科课程表。
9. 列举选科制的困难,并提议解决困难的方法。
10. 假定一个中学校,只有三班学生,倘使要适应个性,应采用分科制还是选科制?

参考书目

西文:

1. Bobbitt, F.: The Curriculum. Boston: Houghton Mifflin. 1918.
2. Bobbitt, F.: Curriculum-making in Los Angeles. Chicago: University of Chicago Press. 1922.
3. Briggs, T. H.: The Junior High School, Chap. Ⅵ. Houghton Mifflin. 1920.
4. Briggs, T. H.: "Curriculum Reconstruction in the High School," The School Review, Feb., 1923.
5. Charters, W. W.: "The Los Angeles High-School Curriculum," The School Review, Feb., 1923.
6. Clement, J. A.: "Attitudes Toward Curriculum-making and Second, ary School Objectives," Educational Administration and Supervision, Dec., 1922.
7. Ferriss, E. N.: "Curriculum-building in the Rural High School," The School Review, April, 1923.
8. Inglis, A.: Principles of Secondary Education, Chap. Ⅳ. Houghton Mifflin Company 1918.
9. Judd, C. H.: Introduction to the Scientific Study of Education. Boston: Ginn and Company. 1918.
10. Koos, L. V.: The Junior High School, Chap. Ⅳ. Harcourt Brace and Howe 1920.
11. Monroe, P.: Principles of Secondary Education, Chap. Ⅴ. The Macmillan Company. 1914.
12. Snedden, D.: "Bobbitt's Curriculum-making in Los Angeles," The School Review, Feb., 1923.

中文：
1. 参见：《中等教育》第一卷第三期(新学制课程大纲号)。
2. 参见：郑宗海，《初级中学之特殊职能及其课程》，载《教育杂志》(十四卷号外)，1922。
3. 廖世承，《介绍新书》，载《中等教育》第一卷第二期，1922。
4. 《新学制课程标准纲要》(新学制课程标准起草委员会编辑)，江苏省教育会印行，1922。

第十一章　中学校的学级编制

编制学级和编制课程，有极密切的关系，所以我们讨论课程问题以后，紧接讨论学级的问题。

一、学级的成因

学级的起来，大概有两种原因，一种是经济的，一种是社会的。在以前私塾里边，学生人数并不多，最经济的方法，便是请一位先生，教授这许多学生。就是在单级制的学校方面，也采用这种办法。除了经济的关系以外，还有一种势力，就是群育的影响。大家觉得在课室里边，正当的竞争，相互的暗示，可以养成一种良好的空气，比较各个人分开来教授，效力要大些。因此有学级的组织。

可是在单级或私塾里边，只须教师支配他个人的时间，来教授一班学生。对于各学生教材的支配，并不困难。一到了规模较大的学校，有三四班以上的学生，学级编制的问题，就起来了。

二、学年制的害处

通常每班学生的人数，总在30或40以上。这许多学生，放在一班，学习同样的科目，同样的教材，过了一年，考试及格，大家升上一班，又学习同样的科目，同样的教材。这种机械的学级编制，试问能不能减少教授的困难，提高教育的效率，适应学生的个性，发展天才的儿童？

我们知道在任何班中，总有几个学生，因为天赋能力特别高，学习的速度，要比较班中进行的学习程序快一倍。也总有几个学生，因为天赋能力特别低，加增了一倍以上的学习时间，还怕不能及格。

介乎这两种学生之间，还有一组中材的学生，他们觉得学校内所支配的各科时间，恰巧和他们的能力相称。不过我们不要以为高材、中材和低能的中间，有绝对的界线可以划分。能力的参差，是渐次递高或递减的，并不是显分的。

因为班中程度不齐，学生的损失很大。通常我们总以为天资优秀的学生，没有多大损失，天资鲁钝的学生，却是受亏不小。其实优秀的学生，不单是学业上受到损失，并且品性方面，养成一种懒惰的习惯。教师看见他们学习很快，心中未尝不快慰，但是从此便不十分督促他们，大部分的时间精力，都费在中材以下有及格希望的学生，使他们也能勉力上进，和资质优秀的共同升班。结果怎样呢？优秀的学生，平时不必十分努力，课室中也不必十分注意，便可照例升班了。

美国有一个很著名的初级中学，在新生入学的时候，用智力测验去试验他们，结果觉得中间天才出众的人非常多，以为将来学业成绩，必定很好。哪知初上课的几天，看他们的神情，非常淡漠，既不同人争竞，又不努力用功，只有意无意地听教师讲解，参与教室作业。因为他们懒怠的习惯，已早养成了。

美国又有一个规模很大的私立学校，平素对于学生的智力、学力以及各科成绩，都记载很详尽。学生离校入工商界服务以后，仍继续地考查他们的服务成绩。考查的结果，有一点很可注意，就是在校能力出众的学生，服务成绩反不如中材生好。这个原因，固然很多。但是平日在校所养成的懒怠习惯，是一个大原因。读书的时候，既漫不经意，无特殊努力的表示，进了工商界后，事务仍看得很轻，钱财也看得很容易，因此便无成绩可言了。

看了上面两件事实，也可想见沿习的学级编制，实在是埋没天才的一种组织，就是对于资质鲁钝仅能及格的学生，也有害处。这一组学生，虽然勉强升班，但是实际上的得益，实在很少。假定60分为及格分数，他们的分数，总在60和70之间。例如出三个数学题目，他们至多能做对两个，问他们史地的事实，他们至多能答出三分之二。什么叫做"熟练"，他们从来没有过这种经验。因为各科学习程序，都不是按照他们的程度做标准的。

有时一门功课不及格了，要他们重习，他们依然得不到熟练的机会，因为进行的速度，仍不和他们的能力相称。譬如我们坐在火车内的时候，看见路旁的广告，要想念一下子，刚看明了几个字，火车已飞速地过去了。等到下一次再过那个地方，火车开行的速率，和前一样，因为上次有些经验，这一次可以多看到几个字。但是全体的字要看清楚，非多走几次不可。要是火车开行的速度和我们读广告的速度相称，那我们一次便可读完了。学生的重习，也如在火车内第二次读广告，虽多加了些知识，仍不能完全领略，并且兴趣减少，读时还不能专心致志。

但是哪一个学校不主张学生功课不及格，应该重习，重习的程序，仍和上次一样？

倘使天资优秀的学生，因为学级编制不得当，养成懒怠的习惯，那么天资鲁钝的学生，养成失败的习惯——做事不彻底的习惯、得到60%或70%的成业自行满足的习惯、失去自尊心的习惯、不自信的习惯，如自己常说"我总是做不好，何必努力呢"?

就是一般中材生,也受到不良好的影响。他们看见天资优秀的学生,不必刻苦用功,便安然过班;天资鲁钝的学生,成绩勉强及格,也照例升班。因此他们便想出一种折中的方法,学习聪明人的"写意"、"不努力",学习愚笨人的"仅能及格"。这样一来,他们的成绩,也就不大高妙了。

总结上边的讨论,学年制有下列几种害处:

(1) 施行学年制的学校,升班以时间为单位,以学科成绩为单位,不合于教育原理。

(2) 施行学年制的学校,学生有一两门功课不及格,各门功课都须重习,时间太不经济。

(3) 学年制对于天资优秀的学生,不能与以相当的发展,使他们学业上、品性上,都受到不良好的影响。

(4) 学年制对于天资鲁钝的学生,使他们心灰意懒,缺乏奋斗的能力。

(5) 班中程度不齐,增加教授上的困难。

三、救济学年制的办法

要破除学年制,适应班中的个性,美国曾试行了好几种方法,此刻且简单的介绍几种:

1. 普韦布洛[①](Pueblo plan)　此制在 1888 年普韦布洛地方试行的。初起时所用的方法,以各个人进步的速度,为升级的标准。所以有时称作个人升级制。课室中采用自习的方法,不偏重诵述(recitation)。但是这种制度,缺乏共同作业的精神。并且要收到效果,必须有熟练的教师,较小的班次,还须有良好的辅导视察才行。

2. 组长制(Monitorial system)

此制有类分团教授,通常在算学班上试行。每级按照程度,分上中下三组。每组择一优等生为组长,如下组缺乏组长人才,可由上中两组轮选充之。上课时由每组组长,指定一人在班上表演,再共同讨论,教师则从旁指导,并随时给以补充教材。各组学生程度既相当,所以学习时倍饶兴味。

3. 巴达维亚制[②](Batavia plan)　此制的目的,在注意劣等生的学习,使他

---

① 普韦布洛(Pueblo),美国新墨西哥州北部一个印第安部落。——编校者
② 巴达维亚(Batavia),美国伊利诺伊州一个城市。——编校者

们在学期或学年终了时,也能得到升级的希望。教师授课时,抽出一部分的时间,专以辅助学生自习。倘使班中人数过多,可添一助教,指导迟钝的学生。这种制度的好处,在减少留级及迟进的弊端,他的坏处,在忽略天资优秀的学生。

4. 升级以学科为单位　大多数的初级中学,都采用这种办法。这个办法,和"学科制"略微有些不同。学科制和级任制相对待,就是教师所任职务,以学科为本位。所以采用学科制的学校,也许不采用"升级以学科为单位"的办法。

为什么要采用这种方法呢?因为我们承认学生的能力有差异。长于文言的,不一定长于数学,长于理科的,不一定长于艺术。以前派克(Parker)曾经调查过 245 个中学生的成绩,看各科成绩的相关怎样。结果如下:

英文和历史 …………………………………………… 0.62

英文和算术 …………………………………………… 0.58

英文和代数 …………………………………………… 0.55

英文和图画 …………………………………………… 0.15

科学和历史 …………………………………………… 0.56

科学和代数 …………………………………………… 0.40

科学和图画 …………………………………………… 0.20

斯密士(Smith,A. G.)在小学方面,也做过同样的研究,他共调查了 1 500 个学生的成绩,结果如下:

英文和算术 …………………………………………… 0.395

英文和地理 …………………………………………… 0.435

英文和图画 …………………………………………… 0.155

算学和地理 …………………………………………… 0.36

算学和图画 …………………………………………… 0.14

地理和图画 …………………………………………… 0.125

看了这两个表,我们知道照大概情形说来,凡是一个学生一门功课好的,别门功课也好,一门功课坏的,别门功课也坏。但是不少例外,因为各科的相关,并不十分大;所以有各科单独升班的必要。例如在初中二年级的学生,国文或者在三年级上课,英文或者在一年级上课,理科或者在本班上课。

不过这种办法,有两层困难:(1)编制课程表时,很不容易。(2)学生一门功课留级,毕业时仍发生阻碍。

关于第一个问题,我们可以用各科同时上课的方法来解决。例如双级制的学校,每级有甲乙两组,甲组的英文、国文、数学可同时上课。乙组的英文、国文、数学,也可同时上课,倘使这层办不到,那末一组同时上课,一组不同时上课,凡是升级降级的学生,都归在同时上课的一组内。单级制的学校,每科教员人数少,同时上课办不到,可以另想别一种救济方法(参看下面的讨论)。

关于第二个问题(参看前一章内选科困难一节),我们有几层意思。

(1) 选修学程不及格,本不必重习,不过学生得不到学分罢了。

(2) 必修学程不及格,必须重习。如初二的英文不及格,在初三时,仍须读初二的英文。

(3) 要是英文不及格的学生,在课外或假期内补习,确能表示他的程度,不亚于原班中等以下的学生,仍可以回到原班去学习。

(4) 设立特殊补习班,补充不及格学生的缺点。

(5) 逐年减少必修学程,使学科升级不发生困难。例如现时所定的课程,高三的共同必修科目很少,预备学生在末一学年有从容补习的余地。

(6) 倘使用了上面各种方法以后,再有极少数学生当毕业时,有一门必修科不及格,可允许他在校外补习,至学期终了或学年终了时,请求特别试验。

各校对于上面所提议的方法,可以斟酌情形办理。最后有一句话要声明。我们办教育的人,当随处替学生设想,减少他们时间和精神的浪费。但是一校学生的程度,总是参差不齐,聪明的 3 年可以毕业,迟钝的也许要 4 年才能毕业。要是我们不问学生的程度怎样,到了 3 年,一概使他们毕业出去,那又变成"毕年",不是毕业了。

5. 按照学习速度分组(speed grouping) 上面所讲的一种方法(升班以学科为单位),注重在纵的方面,此刻所要讨论的,注重在横的方面。所谓能力分组,纵横方面,都须兼顾。

横的分组,完全以学生的学习速度为标准,例如有一级学生,分为 3 组,每组教授的程序不同,从努力方面,作业方面,熟练方面看来,3 组学生完全相同。所不同的,就是成业的数量有多寡。

这样分法,除了疾病和缺课以外,学生天天就他的能力所及,做完他的功课,从没有留级的事情。

分组的时候,我们可以根据下列几种标准:(1) 智力测验,(2) 学力测验,(3) 学业成绩,(4) 教师批评。分定以后,发现成绩特殊好的,或特殊坏的,或因病而缺课太多的,仍可以随时调动。

有时我们可以举行一种全体试验,考查各学生的成绩和各组进步的数量。例如在一学期终了时,把一学期所用的教材,归纳成许多题目,末了几个题目,要使得学习最快的一组,都没有学到。倘使试验下来,最慢的一组答对25%,最快的一组答对75%,我们就晓得两组学习的速度,相差有3倍,支配各组课程时,也可以此为准则了。我们再省察各个人的结果,看有没有应该调动的地方。

在学生方面,我们有两点,应该切实同他们声明,第一学习的快慢,完全系于天赋能力,于将来的成功,没有什么关系。成功的条件,在乎一个人能否应用他的知识,不管他知识得来的时候,快慢怎样。第二学习最慢的一组学生,成绩有列在本组中等以上的,应该和最快的一组学生成绩列在中等以上的,受到同样的奖勉。例如试验全体学生时,最快的一组学生答对了50%可以作为不及格,最慢的一组答对了50%可以视为非常好的成绩了。

全体的试验,不应该常用,因为易使学习慢的人气短。一学期最多用两次,在学期中间或终了时举行。每组可以注重平日的考查和每月的短期试验。各学生的成绩,专以本组为根据,不和同班的人相比较。

这种升班方法,虽然有程度不齐一的弊病,但是各组所习的教材,都能熟练,比较现下一般中学校,表面上虽觉程度很整齐,但是实际上有一部分学生对于教材大半未能领略,已经强多了。我们再须知道学校内往往因强迫学生学习能力赶不上的功课,因而引起许多训育上的问题。所以学级编制得法,与训育也有绝大关系。

采用这种方法以后,懒惰的习惯和失败的习惯,都不至于养成了。并且留级的问题,也可减少许多,因为平素注意平均发达,不使学生偏向于一两门功课。这一点和道尔顿制相仿佛。

我们理想的计划,最好每级有125人至200人,分为5组,每组有25人至40人。这5组学生在初进学校的时候,英文指定一个教师教授,国文指定一个教师教授,其他学程,也是这样。等到他们升入二年级,教师也随他们升到二年级,他们升三年级,教师也升三年级。这样,有几种好处:

(1)教师对于同级各组的程度,都很熟悉。支配教材和调动学生时,可以有确实依据。

(2)学生升班的时候,教材没有不衔接的地方。

(3)对于各学生的个性,可以知道得格外清楚。

现时有许多学校,每班学生的教师,动辄更易,各个人学习的速度怎样,教师完全不能知道。这是一个很大缺憾。

我们讲到这个地方,一定有人忍不住要说:"提议的方法虽好,但是规模较小的学校,不能实行,岂非有类纸上谈兵?"要知道我们所说的方法,不一定规模很大的学校,才能实行。就是规模很小的学校,也有救济方法。假定一个地方有3个规模很小的初级中学,可推定一个初级中学做中心,把3校同级的学生,试验一下,分成不同等学力的3组,分配在3校。这样,3个学校仿佛成了一个学校,依旧可以收到能力分组的效果。要是这个方法不行,可另换一个。假定春季招生的时候,3校的新学生,都归到甲校,秋季所招的学生,都归到乙校,明年春季所招的新生,都归入丙校。这样轮流招生,屋宇方面可不生问题,而学生受到实惠了。倘使这两个救济方法,都不切用,那末我们可以另提一种办法。

6. 用教育测验做个别教授和升班的秘钥　以前所说的普韦布洛制,是一种个别教授和个别升班的方法,打破时间的观念,但是缺点在没有科学的工具,度量成业的单位(achievement units)。现时所提倡的道尔顿制,也注重个别教授和个别升班,但是考查成绩,也少具体办法。

我们第一步应分析各科学程,定成业的单位。这种单位,有时又称为"目标"(goals)。不过这种研究,很费时间。

有了各科成业的单位以后,第二步就在编制各科标准测验。编制的时候,有几点须留意:

(1) 须包括一科内所有的学程单位,例如做算术测验,凡算术内各种方法,都列在内。

(2) 须能诊断学生的缺点,知道他受病在什么地方。

(3) 须绝对的客观的,并且阅卷时非常便利。

(4) 答案须明显,使学生发现错误后,即行注意练习。

第三步在编制各科教材练习片,这又是一件很麻烦的事情,须各教员通力合作。练习材料,当适合下列标准:

(1) 须便于学生应用,能增进自动教育的精神。

(2) 每次练习的材料,只包含一种新成分。在一种习惯没有养成以前,不另外引进别的成分。

(3) 须能使学生自己更正错误。例如每张练习片附有正确的答案,或采用别的方法。

(4) 须以练习测验为归束。例如某生做完了某种练习材料以后,自己可用练习测验试一下子。这个练习测验和正式的测验性质相仿佛。所以学生做了练习测验,就可知道要不要向教师请求给他一个正式测验。

(5) 练习材料的排列,须和测验的程序相符,以便学生所做的测验有错误后,容易考查练习材料。

三种工具——成业的单位、各科的测验、练习的材料——完备后,这个方法就可施行了。施行的时候,不同班的学生,也可在一个教室内学习,因为各人有各人的作业,没有什么妨碍。在课室内一方面注意自习,一方面仍注重"社会的作业"(social work)。大概须熟练的教材,可用自习的方法;广博的教材,可用社会化的方法。所谓社会化的方法,包含团体讨论、团体设计、团体表演、特殊报告、团体游戏等等。

这个方法,于学校人数的多寡,经济的盈亏,都不生问题。任何中小学,都可以采用。所最困难的,就是准备工具的问题。

7. 设立特殊班　这也是一种救济学年制的方法。倘使每班学生中间有特殊好的或特殊坏的,都可归入特殊班内。特殊班不分什么年级(ungraded room),因材施教,使各人都有充分努力的机会。

学年制的害处,上边已说得很详尽,救济的办法,也提议了好几种。这几种方法,虽不能说都很切实用,但尽有可供我们参考试行的地方,希望大家努力进行,解决我国中学行政上一个很困难的问题。

研究和讨论问题

1. 学年制最大的害处是哪几种?
2. 在施行学年制的学校里边,天资优秀的学生,要受到什么损失?
3. 普韦布洛制的优点和缺点在什么地方?
4. 学生有学程不及格,应否重习?重习的教材,应该怎样?
5. 巴达维亚制的缺点怎样?
6. 对于"升班以学科为单位"的办法,最大的困难是什么?解决困难的方法怎样?
7. 什么叫做"按照学习速度分组"(speed grouping)?
8. 施行速度分组的方法,何以要用试验全体的测验?
9. 适当的学级编制,和学校训育有什么关系?
10. 怎样教育测验可以解决学级编制的问题?
11. 道尔顿制和学级编制有什么关系?

参考书目

西文:

1. Briggs, T. H.: The Junior High School, Chap. V. The University of Chicago

Press. 1922.
2. Freeman, F. N.: "Bases on Which Students Can Be Classified Effectively," The School Review, Dec., 1921.
3. Koos, L. V.: The Junior High School, Chap. Ⅱ. Ginn & Company. 1927.
4. Monroe, P.: Principles of Secondary Education, Chap. Ⅱ.
5. Parker, S. C.: Methods of Teaching in High School, Chap. Ⅻ. Ginnand and Company 1915.
6. Van Denburg, J. K.: The Junior High School Idea, Chap. Ⅲ. Henry Holt & Company 1922.
7. Washburne, C. W.: "Educational Measurement as a Key to Individual Instruction and Promotions," Journal of Educational Research, March, 1922.

第十二章 科学的考查成绩法

分组的问题，上章已经讨论过了。分组的主要目的，在使各个人随着他的学力进行，不致嫌太快或太迟。但是怎样分组，怎样升级，都须以成绩为根据，所以成绩的考查，也成了一个重要问题。

一、反对考试的理由

我国开始兴学的时候，对于考试的规程，定得非常严密。近今报纸上逐渐有反对考试的论调，以为考试是科举的余毒，每逢大考时候，尽有许多学生，"急难抱佛脚"，不分昼夜用功，以致身受疾病，或神经错乱，甚至于以不及格而怨愤自尽的。

并且考试的结果，有时显不出真才实学。尽有天资优秀、程度很好的学生，因为临时匆忙，或过于矜持，反而考得不好的。也有程度中等的学生，因为对于考试的得失，看得非常淡漠，从容应付，反而名列前茅的。

还有一层，通常学校的考试，大都偏重于机械的智识，至于理想和应用方面，往往忽略不顾。这也是考试的一种缺憾。

上面三层缘由，都就学生方面立论，就教师方面说，对于现行的考试制，也不甚赞成。没有一个教师，绝对欢迎改削试卷的事情。倘使举行两三小时的考试，每本试卷细细看起来，要费掉四五分钟的时间。要是一个教员担任 4 个班功课，每班有 40 学生，那 160 本试卷，差不多要费掉 15 至 20 小时左右。这种机械的、沉闷的职务，是做教师最苦的一件事情。

二、赞成考试的理由

赞成考试的人，对于上面的话，大部分能谅解，不过觉得除了笔试以外，还有什么满意的方法，可以度量教育成绩？倘使在私塾里边，统共只有四五个学生，教师对于各个人的程度，非常熟悉，当然用不着笔试。但是现在每间课室里边有了三四十个学生，无论教师怎样有经验，凭他一个人，如何能确实知道各个人的程度呢？所以只有在同一时间，出同样的题目，来度量同班学生的成绩。

考试的功用，不单是使教师知道学生对于那一部分教材，是否明了，并且要使学生明白他自己对于一部分教材,究竟晓得几多。通常学生总缺乏自知的能力,对于一种教材,实在没有熟谙,他以为知道得很清楚了。经过了笔试以后,他才肯心悦诚服的自己认错。有的学生,觉得"晓是晓得的,不过说不出来"。有了笔试做依据,我们可以让那种学生知道,凡是说不出的,就等于不晓得。

考试还有一种利益,就是使学生在极短时间内,得到一种系统的温习。各科教材,本是连贯的,不过照课程表的编制,各科都变成碎割的部分了。善读书的,自然能寻出一个线索,不善读书的,便如人家进了树林,只看见单独的树木,不知道树林在哪儿。学校所以有考试,就在帮助学生寻出各科教材的统系,使他们知道知识是整个的,不是碎割的。

三、对于考试应取的态度

总观双方的理由,我们觉得学校内各班的人数很多,度量成绩,是一件不可少的事情。在理论上,考试既有存在的价值,在实际上,决不应该发生危险。考试所以有流弊,因为考试不得其法。要知考试的方法,不止一种,我们只须选择一种方法,能够袪除现行考试制的害处,同时并可保存他的利益。

一个儿童自小学而初中,而高中,而大学,一生不知要经过几许笔试。倘使儿童缺乏笔战的能力,他的学业前程,就很危险了。

笔战和儿童的学业,既有这样大的关系,我们对于笔战的方法,固应考求,对于养成儿童笔战的能力的计划,也应顾及。所考虑的方法和计划,总须使教师和学生双方满意,使现行考试制所有的害处,逐渐除掉。

四、考试新计划

假定一学期有 20 个星期,我们可分为 4 个单程,5 星期为一单程。照心理实验的结果,每隔 5 星期,有一次总温习,时间上恰好,多了太麻烦,少了收不到平时试验的实效。

这种考试的时间,不应过长。在初中一年级的时候,每次试验有 20 分钟够了,因为儿童笔试的能力,尚未养成,时间太长,很不相宜,并且每次温习的材料,并不过多,也无须长时间的试验。到了初二初三,温习的材料逐渐加多,考试时间,也须加长些。兹将初中考试时间表列下,作为参考(高中各年级可参考初三)。

单程	时期	初一	初二	初三
1	第 5 星期	5 星期试验	5 星期试验	5 星期试验
2	第 10 星期	5 星期试验	10 星期试验	10 星期试验
3	第 15 星期	5 星期试验	5 星期试验	5 星期试验
4	第 20 星期	5 星期试验	10 星期试验	20 星期试验
5	第 25 星期	5 星期试验	5 星期试验	5 星期试验
6	第 30 星期	10 星期试验	10 星期试验	30 星期试验
7	第 35 星期	5 星期试验	5 星期试验	5 星期试验
8	第 40 星期	10 星期试验	20 星期试验	40 星期试验

在初一上学期的时候，每次试验，只须预备 5 星期的功课，学期考试，也和平常的小考一样，到了初一下学期，初二上学期，仍旧继续 5 星期的试验，不过在学期中间和学期终了时，温习时须包含 10 星期的教材。在初二下学期和初三上学期，至学期终了时，20 星期的教材，都须温习。初三下学期最后一次考试，可包含全年的教材。

高中考试时间的分配，大体可以仿照初三。如初中设有天才生特殊班，3 年的课程，预备 2 年读毕，考试时间的分配，大致如下。

单程	星期	初一	初二
1	5	5 星期试验	5 星期试验
2	10	5 星期试验	10 星期试验
3	15	5 星期试验	5 星期试验
4	20	10 星期试验	20 星期试验
5	25	5 星期试验	5 星期试验
6	30	10 星期试验	30 星期试验
7	35	5 星期试验	5 星期试验
8	40	20 星期试验	40 星期试验

上面我们说改削试卷是一件很苦的事情，现在主张各班举行 5 星期的试验，试卷不是更多了吗？这却不然，因为要实行这种计划，考试的方法，必须大大的更改，使教师学生，都不感受困难。

还有一句话要声明的，试行这种计划的时候，平日的口问、笔记、作文等等，仍旧可以照常进行。

五、考试新方法

照心理学家的主张,试验记忆最普通的方法,至少有两种:(1)追忆(recollection)和(2)认识(recognition)。

例如我和友人有一个约会,约会的时期,相隔尚远,这几天我把那件事早已忘却,但是到了那个时期,忽然追忆起来,这便是忆起(recall)的作用。或者我把约会的日期,写在怀中记事册,或书桌的日历簿上,后来翻阅记事册,就确实认定某时期的约会,这便是认识的作用。前一种是平空忆起约会的日期,后一种是靠着记事册的帮助,认识约会的日子和其他种种。

又如早岁时,人家介绍我一个朋友,此刻逢见他,尚能认识他的面貌,但是他的名字,却记不起来了。要是有人把他的名字和许多别人的名字写在一起,我依旧可以认识他的名字。再我们大家都听人说过,太平天国在什么时候起事;不过也许一时呼应不起来。倘使我们以前确实知道的,看了下列几个日期,就不至于不认识:道光三十年,咸丰三年,嘉庆二十三年,同治三年。

大概说来,生活里边最需要的一种记忆,是认识不是忆起。认识虽不能概括记忆全体,却占记忆中很重要的位置。用认识的方法试验学生,看来似乎容易,其实不确实知道的人依然不会答对。

现时所提倡的新法考试(口问、笔记、作文等不在内),归纳起来,不外三种:

1. 认识法(recognition tests)。每个题目有四五个答案,叫被试的人选择一个正确的答案。

2. 是非法(true or false tests)。每句答案,就是问题。问被试的人,究竟哪个答案是对的还是错的。

3. 填字法(completion test)。这是包含许多不完全的句子,或不完全的答案,叫被试的人填写出来。通常所谓问答法,也属于这一类。

现在且每种举个例子:

1. 认识法(下面的例子是从常识测验里边摘出来的)

[1] 太平洋会议地点在:(1)纽约 (2)伦敦 (3)巴黎 (4)华盛顿
..................................( )

[2] 《出师表》是一篇:(1)论辩 (2)书说 (3)奏议 (4)序跋文字
..................................( )

[3] 收割小麦是在阴历的:(1)正、二月 (2)三、四月 (3)七、八月

(4)九、十月 …………………………………………………………（　）

[4] 由蚊虫传染的病应吃：(1) 痧药　(2) 金鸡纳霜　(3) 仁丹　(4) 盐水
…………………………………………………………………………（　）

[5] 现在民国的制度合几县成一个：(1) 府　(2) 道　(3) 州　(4) 厅
…………………………………………………………………………（　）

[6] 肺叶共有：(1) 五个　(2) 两个　(3) 三个　(4) 六个 ………（　）

[7] 平常火车每点行：(1) 10—20 里　(2) 60—100 里　(3) 150—200 里
(4) 250—350 里 …………………………………………………（　）

[8] 我国出口货中最多的是：(1) 磁器　(2) 米麦　(3) 丝茶　(4) 豆类
…………………………………………………………………………（　）

[9] 五口通商原于：(1) 八国联军　(2) 中日之战　(3) 凉山之役　(4) 鸦片之战 …………………………………………………………………（　）

[10] 传热最速的物质是：(1) 水　(2) 木　(3) 铁　(4) 银　（　）

[11] 强健的人，体温约在摄氏表：(1) 25 度　(2) 37 度　(3) 48 度
(4) 60 度 …………………………………………………………（　）

[12] "纸"是：(1) 平声　(2) 上声　(3) 去声　(4) 入声 ………（　）

[13] 小麦为一种：(1) 单子叶植物　(2) 双子叶植物　(3) 多子叶植物
(4) 木本植物 ……………………………………………………（　）

这种方法，有几层好处：

(1) 学生回答时，只须在括弧内写一数目字，例如太平洋会议地点在华盛顿，只须写一"4"字。

(2) 20 分钟内，学生可以做五六十个题目。教材中的要点，可以包括在试题内，不似现行的考试制，一小时内，只能做三四个题目。这三四个题目，仅能代表一小部分的教材。

(3) 改削便利，四五十本试卷，不消一小时就可看完。

(4) 计分有客观的标准，不致受主观的影响；学生争论分数等事，永远不会发生。

(5) 可以发现学生缺点，使他设法补救。

不过认识法有一种弊病，四个或五个答案中选择一个，多少有些机遇。倘使四个中选择一个，那末对的机遇有四分之一，错的机遇有四分之三。换一句说，做四个题目，平均有 1 个对的，3 个错的。每错 3 个，表示有 1 个侥幸对的。

所以我们应该用下列的公式减去认识法的机遇：（对的题数）$-\frac{1}{3}$（错的题数）
=分数。例如有20个题目，一个人只知道8个，其余12题完全不知道。但是给他尝试做做看，做对了3个，做错了9个。总算起来，他做对了11题，做错了9题。代入公式：

$$（对的）-\frac{1}{3}（错的）=分数，$$

$$11-\frac{1}{3}\times 9=11-3=8$$

倘使他只做8题，其余12题不做，当然不去减他分数；要是答案有5个，我们的公式应如下列：

$$对的-\frac{1}{4}错的=分数$$

2. 是非法举例：

(1) （　　）中国南部宜于种稻。

(2) （　　）煤是泥沙变的。

(3) （　　）小数除小数愈除愈大。

(4) （　　）八国联军之役，把台湾割隶日本。

(5) （　　）中国铁路要算沪宁路最长。

(6) （　　）长江发源于西藏。

(7) （　　）茶树种在低田中。

(8) （　　）汉口是辛亥革命首义的地方。

(9) （　　）苍蝇能传染霍乱。

(10) （　　）硫黄容易吸水。

(11) （　　）蛆虫可变飞蛾。

(12) （　　）蛇的舌头是细长而分叉的。

施行这种方法的时候，只要叫被试的人，在括弧内做正号或负号。这个方法的特点，和上面一种差不多。不过另外有几层须注意：（1）正负号的数目，不要上落太多，最好100个题目中，有50个正的，50个负的，（2）因为没有知识的人，胡乱猜度，也能得到一半分数，所以正的一定要减去负的，才能结果正确，公式如下：

$$（对的）-（错的）=分数$$

3. 填字法举例:

(1) 佛教是从_____传入中国的。

(2) 先令为_____货币。

(3) 清朝与外国订条约最早的是_____。

(4) 金钢石的硬度为_____。

(5) 泰戈尔是印度的_____。

像下边算学测验的例子,也属这一类。

(1) 要是两桶煤油,价 4 元 5 角,问半桶价多少?

．．．．．．．．．．．．．．．．．．．．．．．．．．答．．．．．．．．．．．．．．．．．．．．．．．．．．

(2) 12 = △尺?

．．．．．．．．．．．．．．．．．．．．．．．．．．答．．．．．．．．．．．．．．．．．．．．．．．．．．

(3) 工人六名,4 日可成工,问加 2 名做,须几日可成?

．．．．．．．．．．．．．．．．．．．．．．．．．．答．．．．．．．．．．．．．．．．．．．．．．．．．．

(4) 何数的 $\frac{3}{4}$ 是 18?

．．．．．．．．．．．．．．．．．．．．．．．．．．答．．．．．．．．．．．．．．．．．．．．．．．．．．

(5) 刘生 15 分钟能跑 900 码,问他 6 秒钟能跑多远?

．．．．．．．．．．．．．．．．．．．．．．．．．．答．．．．．．．．．．．．．．．．．．．．．．．．．．

(6) 月利 0.8％,本银 500 元,今以单利计,想得利息 144 元,问要几年?

．．．．．．．．．．．．．．．．．．．．．．．．．．答．．．．．．．．．．．．．．．．．．．．．．．．．．

(7) 求 2 与 8 之比例中项。

．．．．．．．．．．．．．．．．．．．．．．．．．．答．．．．．．．．．．．．．．．．．．．．．．．．．．

(8) 摄氏 15°当华氏若干度。

．．．．．．．．．．．．．．．．．．．．．．．．．．答．．．．．．．．．．．．．．．．．．．．．．．．．．

3 种方法比较起来,认识法和填字法或问答法最为可靠。是非法稍次。究竟宜于用哪一种,可看教材的性质,临时酌定。

采用了上边的方法,有几层好处:

1. 免除学生疲劳的影响。学生做这种试验的时间很短,决不会因此发生疾病的危险。并且做的时候,兴趣非常高,更不至于厌倦。

2. 节省教师的时间精力。教师改削试卷,非常便利,以前改削 150 本试卷须费 20 小时的,现时只须费 2 小时就够了。有时还可请书记代看,因为答案有标准可对照,学校中随便什么职员,都可帮忙。

3. 使教师和学生都得到一个正确的观念。以前的考试,只凭了几个笼统的题目,作为度量成绩的标准。究竟成绩如何,不单是教师不能明确知道,就是学生自己,也是茫然,采用新方法以后,问题既很普遍,标准又属客观,成绩的高下,很易定夺。

不过上面那种题目,也不可以"咄嗟立办"。最好由各教师平日留心,将教材中要义,随时摘出,做成试验的题目,那末积少成多,就不致有"临渴掘井"的弊病了。过了一年以后,已有好几百个题目,只须略事增减,便可继续应用了。

六、中学的标准测验

平时的考查成绩,用不到标准测验,只须采用上面陈述的测验方法够了。因为做标准测验的手续很麻烦,不是随便什么人可以胜任。并且一种标准测验,在一校内连接用数次,就失掉它的效用。学生对于测验的内容,都很熟悉了。就经济方面说,现时出版的标准测验,也只能偶用,因为购费并不十分廉。但是改为油印,又怕有错误,和原来的标准不符。

自从麦柯尔博士到我国以来,在各地聚集了许多心理学家,编成好多种标准测验,不过其中小学的居多,中学的较少。本年春季,东大附中与中等教育协进社合作,编有中学教育测验 10 种,曾到各地去测验,每种试有 2 000 人左右,现时标准已求得,不日即可出版。10 种测验如下:

混合算学两种　　初中及高中用

混合历史一种　　初中及高中用

混合地理两种　　初中及高中用

混合理科两种　　初中及高中用

国文常识一种　　初中及高中用

文法测验两种　　初中及高中用

除混合算学及文法测验外,各种测验试卷,均附有答案纸条。学生答案,都写在纸条上,试卷可以继续应用,这是一种最经济的方法。例如混合理科的试卷有 100 个题目,每个题目有 4 个答案,如下面两个例子:

1. 空气是:(1)混合质　(2)真空　(3)原质　(4)化合物质

2. 肝属于:(1)排泄系统　(2)呼吸系统　(3)循环系统　(4)消化系统

学生看了每个题目,将每题正确答案的数目字,写在纸条的括弧内。纸条格式如下：

纸条的正面

```
混合理科测验
    初中及高中用
      第一类
我的姓名是_____。
我是(男或女)_____学生。
我今年_____岁。
在_____月_____日生的。
我在_____学校,
_____年级_____学期。
今天是民国_____年,
_____月_____日。
注意：填好后看后面。
```

纸条的反面

一（1）	五一（　）
二（4）	五二（　）
三（　）	五三（　）
四（　）	五四（　）
五（　）	五五（　）
六（　）	五六（　）
七（　）	五七（　）
八（　）	五八（　）
九（　）	五九（　）
十（　）	六十（　）

对 $-\frac{1}{3}$ 错 = ……………………

第一题的答案为1,所以在纸条的第一个括弧内写1;第二题的答案为4,所以在纸条的第二个括弧内写4。纸条上每隔5个括弧,中间空一些,使被试的人和改削试纸的人看时清楚些。

改进社已编就的中学测验,有团体智力测验、默读测验、代数测验、理科测验。此外安德森(Anderson)编有英文测验(Comprehensive English Test)(商务印书馆印行),里斯(Keys)编有英文字汇测验(English Mastery Tests)(伊文思出版),各方面汇集起来,大致初中高中主要科目的标准测验,已够用了。

标准测验最大的效用,在定一普遍的年龄和年级标准。倘使各校要知道各学生的"年龄分数"或"年级地位"或者要和他校比较,那末非用标准测验不可。至于入学考试或平日度量成绩,尽可不必用它。大概每年用一次,或至多两次,也就很好了。

七、入学考试

入学试验,也为中学一个大问题。现时投考的人数,一年多似一年,所以考试的方法,也应该一年强似一年,但是按之实际上边,关于入学考试的主要科目,如国文、英文、算学等,各校仍用沿习的方法,并没有特别改良的地方。有时另加一种心理测验,或常识测验,来顺应教育的新潮流。不过这种测验,成了现时入学考试的一种装饰品,在甄别去取时,无重大关系。本年东大附中的入学考试,各科均采用测验方法,限定时间。计分的标准,也别开生面,此刻不妨简单的介绍一下,作为各校的参考。

本届初一初二的入学试题,共有四种:(1)国文,(2)英文,(3)算学,(4)常识。国文一门内,又包含三种:(a)缀法,(b)文言默读,(c)白话默读。常识一门包含历史、地理、文学和自然科学。各科均用测验的方法,例如初一的算学试题,共有35个,凡在小学学习过的重要方法,大概包含在内,时间限60分钟。就是缀法,也限定时间,阅卷时有共同的标准,计分也用科学的方法。此刻用文言默读测验做个例子:

默读测验　　乙

(初一及初二用)

(时间 15 分钟)

(一)

楚人有两妻者。人诱其长者,长者詈之;诱其少者,少者许之。居无几何,有两妻者死。客谓诱者曰:"汝取长者乎,少者乎?"曰:"取长者。"客曰:"长者詈汝,少者和汝,汝何为取长者?"曰:"居彼人之所,则欲其许我也;今为我妻,则欲其为我詈人也。"①

1. 许"诱者"者为:(1)客 (2)楚人 (3)长者 (4)少者 …………(4)

2. 诱者:(1)愿取长者 (2)愿取少者 (3)愿取两妻 (4)均不愿取 ……………………………………………………………………………( )

3. 客劝诱者取少者,因其:(1)能詈客 (2)能詈楚人 (3)能詈诱者 (4)许诱者 ……………………………………………………………( )

(二)

楚有祠者,赐其舍人卮酒。舍人相谓曰:"数人饮之不足,一人饮之有余,请画地为蛇,先成者饮酒。"一人蛇先成,引酒且饮之;乃左手持卮,右手画蛇曰:"我能为之足。"未成,一人之蛇成,夺其卮曰:"蛇固无足,子安能为之足?"遂饮其酒。为蛇足者,终亡其酒。②

1. 舍人画蛇因:(1)争酒 (2)让酒 (3)不喜酒 (4)喜画蛇 ……………………………………………………………………………( )

2. 画蛇先成者未得饮酒,因其:(1)与他人争论 (2)酒卮为人所夺 (3)不肯画蛇足 (4)画蛇添足 ……………………………………( )

---

① 引自《战国策·秦策一》。——编校者
② 引自《战国策·齐策二》。——编校者

3. 画蛇在:(1) 纸上　(2) 桌上　(3) 地上　(4) 掌上 …………（　）

(三)

魏王遗楚王美人,楚王悦之。郑袖知王之悦新人也,甚爱新人。衣服玩好,宫室卧具,择其所喜而为之。楚王以为郑袖不妒。郑袖知王以己为不妒也,因谓新人曰:"王爱子美矣,虽然,恶子之鼻。子如见王,则必掩子鼻。"新人见王,因掩其鼻。王谓郑袖曰:"夫新人见寡人而掩其鼻,何也?"郑袖曰:"妾不知也。"王曰:"虽然,必言之。"郑袖曰:"其似恶闻君王之臭也。"王曰:"悍哉!"令劓之,无使逆命。①

1. 夫人郑袖心实:(1) 爱新人　(2) 憾新人　(3) 怕新人　(4) 妒新人 …………………………………………………………………（　）
2. 新人见王常掩其鼻,因:(1) 王不喜其鼻　(2) 听郑袖谗言　(3) 恶闻王之臭　(4) 博王之欢心……………………………（　）
3. "悍哉!"乃:(1) 王詈郑袖　(2) 王詈新人　(3) 郑袖詈王　(4) 新人詈王 ………………………………………………………（　）

(四)

楚庄王赐群臣酒。日暮酒酣,灯烛灭。乃有人引美人之衣者,美人援绝其冠缨。告王曰:"今者烛灭。有引妾衣者,妾援得其冠缨持之矣。趣火来,上视绝缨者。"王曰:"赐人酒,使醉失礼,奈何欲显妇人之节而辱士乎?"乃命左右曰:"今日与寡人饮,不绝冠缨者,不欢。"群臣百有余人,皆绝去其冠缨,而上火,卒尽欢而罢。②

1. 楚王命群臣:(1) 不绝冠缨　(2) 上火　(3) 绝缨　(4) 上火后绝缨 …………………………………………………………………（　）
2. 楚王不肯听美人言,因:(1) 烛灭　(2) 惧失士　(3) 爱惜冠缨　(4) 不欲显妇人之节 …………………………………………（　）
3. 群臣尽欢而罢,因:(1) 有美人在侧　(2) 与楚王饮　(3) 酒酣日暮　(4) 楚王荫庇绝缨者 …………………………………（　）

(五)

隰斯弥见田成子。田成子与登台四望,三面皆畅。南望,隰子家树蔽之。田成子亦不言。隰子归,使人伐之。斧离数创,隰子止之。其相室曰:"何变

---

① 引自《战国策·楚策四》。——编校者
② 引自《说苑·复恩》。——编校者

之数也。"隰子曰:"古者有谚曰:'知渊中之鱼者不祥。'夫田子将有事,事大而我示之知微,我必危矣。不伐树,未有罪也;知人之所不言,其罪大矣。"乃不伐也。①

1. 蔽田成子台者为:(1)东向 (2)南向 (3)西向 (4)北向 …………………………………………………………( )
2. 隰子使人伐树,因:(1)受田子之命 (2)欲取悦田子 (3)欲开辟园地 (4)听相室之言……………………( )
3. 隰子忽又不肯伐树,因:(1)立志不坚 (2)不忍见树木被创 (3)思及渊中之鱼 (4)虑启成子之忌…………………( )

(六)

客谓梁王曰:"惠子之言事也,善譬。王使无譬,则不能言矣。"王曰:"诺。"明日,见。谓惠子曰:"愿先生言事则直言耳,无譬也。"惠子曰:"今有人于此,而不知弹者,曰弹之状若何?应曰,弹之状如弹,则谕乎?"王曰:"未谕也。""于是更应之曰,弹之状如弓,而以竹为弦,则知乎?"王曰:"可知矣。"惠子曰:"夫说者,固以其所知,谕其所不知,而使人知之。今王曰无譬,则不可矣。"王曰:"善。"②

1. 梁王不许惠子:(1)言事 (2)直言 (3)譬 (4)说理 ………………………………………………………( )
2. 惠子开口说弹,便是:(1)譬 (2)直言 (3)说理 (4)用典 ……………………………………………( )
3. 所谓譬,即:(1)以所未知,喻所已知 (2)以所已知,喻所未知 (3)以所未知,喻所未知 (4)以所已知,喻所已知 ……………………………………………( )

对 $-\frac{1}{3}$ 错 = ………………

答案标准纸

| (二) |
| 1. (1) |
| 2. (4) |
| 3. (3) |
| (三) |
| 1. (4) |
| 2. (2) |
| 3. (2) |
| (四) |
| 1. (3) |
| 2. (2) |
| 3. (4) |
| (五) |
| 1. (2) |
| 2. (2) |
| 3. (4) |
| (六) |
| 1. (3) |
| 2. (1) |
| 3. (2) |

上面那个测验共有六段,第一段是例子,印在试卷面上,预备解释给学生听的。做时须从第二段做起,时间限十五分钟,

---

① 引自《韩非子·说林上》。——编校者
② 引自《说苑·善说》。——编校者

阅卷时。正的也须减掉 $\frac{1}{3}$ 负的。

试卷阅好后，将所有分数，均化为 T 分数。求 T 分数的方法如下表。表中第一行为做对题数，这个测验，一共只有 15 题，所以最高分数为 15。第二第三行为做对题数的人数，例如投考初一的，一题没有做对的有 42 个人，做对一题的有 12 个人，做对二题的有 42 个人，做对三题的有 72 个人，余类推。第四行为初一初二人数的总和。第五行百分比的求法，略为麻烦。先从 0 分的百分比做起，看有几个人的分数超过 0 分。我们知道一题没有做对的，共有 54 人，全体人数为 930，930－54 为 876，再加上一题没有做对的人数的一半（因为要求各分数的中点），得到 903，$\left(876\ \frac{54}{2}=903\right)$。用 930 去除，再乘 100，得数为 97.1 $\left(\frac{903}{930}\times 100=97.1\right)$。这就表示有 97.1% 的人数，在 0 分的中点以上。在 1 分的中点以上的，有 867 人 $\left(930-54-18=858,858+\frac{18}{2}=867\right)$。用 930 去除，再乘 100，得数为 93.2。在 2 分的中点以上的有 829 人 $\Big(930-54-18-58=800,800+\frac{58}{2}=829\Big)$。百分比为 89.1。余类推，求到了百分比以后，与 T 分数表对照，即得 T 分数①。

表 49　求 T 分数的方法
（用默读测验乙做例子）

做对题数	初一人数	初二人数	合计	百分比	T 分数
0	42	12	54	97.1	31
1	42	6	18	93.2	35
2	42	16	58	89.1	38
3	72	17	89	81.2	41
4	56	20	76	72.4	44
5	32	9	41	66.1	46
6	55	31	84	59.4	48
7	81	24	105	49.2	50

---

① 对照 T 分数表，载在 Macall's How to Measure in Education，此书现由刘廷芳先生翻译，不日即可出版，此表见附录内。

续 表

做对题数	初一人数	初二人数	合计	百分比	T分数
8	58	22	80	39.3	53
9	16	5	21	33.8	54
10	39	20	59	29.5	55
11	34	48	82	21.9	57
12	29	40	69	13.8	60
13	6	3	9	9.6	63
14	27	34	61	5.9	66
15	11	13	24	1.3	72
			930		

为什么要求T分数？因为各科的分数价值不等。例如同一默读测验，文言的要比白话的难许多。做文言的默读测验，做对8题，已算难得；做白话的，做对8题，却很平常。所以同是8分，不可相提并论。又如默读测验乙只有15题，算学有35题，常识有50题，各科试题的多寡不等，核算总分数时，也难平允。用了T分数，题目的多少，试题的难易，教师计分的宽严，各种影响，都可除掉。用了T分数，各科分数的价值，绝对相等。默读的T50，等于算学的T50，也等于英文的T50，也等于常识的T50，也等于缀法的T50。T50刚巧代表中间的等第。例如有930人应考，得到T50的人，名次总在460以上。T分数愈高，名次也愈高。用了T分数，有一门功课擅长的人，不致埋没掉。例如我们定录取标准，先规定两条：(1)各科T分数均在50以上，(2)总分数比较最多。看了T分数，各个人各科的程度，便"了如指掌"。所以采用了科学的考试法，还须应用科学的计分法。至于平日学校里边，应否采用T分数，下章还要详细的讨论。

讨论和研究问题

1. 现下反对考试最大的理由，是哪几种？
2. 考试的功用，在什么地方？
3. 考试制能否废去？说出能的理由来。如不能，说出不能的理由来。
4. 就疲劳方面说，受到考试的不良影响最大的是学生还是教师？为什么缘故？
5. 何以学校内应该注重平日小考？
6. 考试新计划与按照学习速度分组法，有什么关系？
7. 就现行的标准测验里边，选择三种测验，可以证明上述的三种方法，并按照测验说明书,实地测验学生,看自己有没有做主试的能力。
8. 拟做三种新法考试的题目,每种拟十题。
9. 采用测验式的考试方法,究竟有几多利益?
10. 在什么时候,学校应该施行标准测验?
11. 标准测验,何以不能常用?
12. 改良入学考试,应从何方面入手?
13. 试拟一个中学校的考试计划(包含考试时间的分配及施行标准测验等)。

参考书目

西文:

1. Macall, W. A.: How to Measure in Education, Chap. X. The Macmillan Company 1922.
2. Van Denburg, I. K.: The Junior High School Idea. Warwick & York. Incorporated. 1919.

中文:

1. 《中等教育》(第一卷第二期),《中等教育测验号》,中华书局印行。
2. 《中小学用各种测验》,商务印书馆印行。
3. 廖世承,《应用科学原理改良入学考试的方法:一个入学标准》,载《教育杂志》(第15卷第10期),1923。
4. 俞子夷,《问答法,选择法,是非法的测验哪一种可靠?》,载《初等教育》(第一卷第一期)。

第十三章　科学的记分法和学业成绩报告

一、分数代表什么？

学校里边要编制学级，督促学生学业上的进行，不得不有考查成绩的方法。分数就是成绩高下的代表。各学生成绩的高下，不单是学校行政人员要考查，就是教师和学生也应该知道。教师可借以改进教法，补救学生缺点；学生可知道一己在班中所处的地位怎样。

有人反对考试，并反对分数，以为学校内看重分数，不啻养成一般"分数的奴隶"。不知道分数果能代表学业成绩的高下，那么看重分数，就是看重学业成绩。倘使分数不能代表学业成绩，分数高的，成绩未必好，分数低的，成绩未必坏，那当然为另一问题了。

近今教育界中人，对于各校记分的制度，很多批评，但是具体的改良方法，提议的却是很少。且把现行的记分制，逐一的讨论一下。

1. 百分记分法（Percentage System）　这种记分法，在东西各国，用得最普遍，沿习也最久。可是理论上边，说来很不圆满。例如有一个学生，算学考了60分，缀法73分，英文77分，理科79分。此刻我们就要问，60分代表什么？算学教员也许这样回答："算学试题一共有10个，每对一题，作为10分，那个学生做对了6题，应得60%的分数。"我们再问，73分代表什么？缀法教员说："那个学生的缀法程度，应得73%的分数。"但是我们要问，哪样子的程度，可以作为100分？怎样教师可以知道哪一篇文的程度，刚巧抵我们理想标准的73%？这两个问题，缀法教员，恐怕就对答不来了。

不单是缀法一类的分数，茫无标准，就是有答数可凭像算学一类的分数，也不可靠。例如同一学生，上次考算学，得到80分，这次考算学，得到60分。就分数论，这个学生的算学成绩退步了。要不是这个缘由，一定教师所评的分数不确当。其实学生的成绩并没有退步，教师的计分也很确当，所以前一次分数多，后一次分数少，是因为两次试题难易有不同。只看分数，不能知道成绩的究竟。真意既失，分数的作用，也就有若无了。

因为最高分数的标准，没有确定，所以各教师评阅分数的宽严，也大有出入。比方甲乙两班学习同样的科目，甲班教师的分数很宽，所以差不多没有人不及格，乙班教师的分数很严，所以一班中不及格的人，非常之多。看下面两个图,就可知道教师记分时,主观的色彩非常浓厚。

图 19 表示一个英文教员的分数。这个教员定分很宽,在及格分数下的只有 2％。图 20 表示一个理科教员的分数。这个教员,定分很严,不及格的人,差不多有 20％。

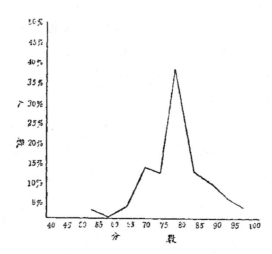

图 19　表示一个定分很宽的教员(60 分为及格)

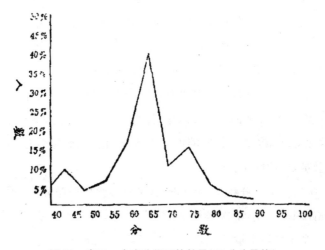

图 20　表示一个定分很严的教员(60 分为及格)

有时许多教员评阅同样的试卷,分数的上落,出乎意料之外。有时同一教员,在两个时间内,评阅数 10 本同样的试卷,得出不同的分数。所以百分法记分,实在有改良的必要。

2. 等第记分法(Group System)

研究教育的人,都知道百分记分法的不可靠,同时并知道 65 分与 70 分,或

75分与80分之间,成绩的高下,很难分别。因此提倡用五项等第来替代百分法。所用的符号,各各不同。有的用1、2、3、4、5;有的用超、上、中、下、劣;有的用E、S、M、I、F;有的用A、B、C、D、E。无论用哪5个符号,总之第一个代表最优等,第二个代表优等,第三个代表中等,第四个代表下等,第五个代表不及格。

　　五项等第记分的最大优点,就在破除办学的人的迷信,以为教师能够精密地评定各学生分数。其实教师只能甄别一个大概,如某某数学生,成绩在班中比较的最好;某某数学生,成绩稍次;某某数学生的成绩,仅能列在中等。所以用五等记分法,要比较的妥当些。

　　不过用了五等记分法,教师主观的色彩,依然不能除掉。碰到一个定分很宽的教员,大部分的学生,都得到A、B或超、上的等第。反之,碰到一个定分很严的教员,大多数的学生,都列在C、D或中、下的等第内。只就分数看A、B的成绩,当然要比C、D强,但是实际上,也许C反比B难得些。

　　我听说有一个很热心的教师,因为要督促他的学生勤奋向学,所以第一次考试的分数,大家很坏,都在"D"与"F"(不及格)之间。使各人有了戒心以后,分数就逐渐进步,由"D"而"C"而"B",等到学年考试,差不多各人都得到"A"的等第。在学校方面,在家庭方面,在学生方面,每次看到成绩报告总发生一种异样的感情,以为成绩一天好似一天,学问的进步,真是未可限量。要是知道了其中的原委,怕大家要爽然若失呢!

　　彻底说起来,学校、家庭和学生所要知道的等第,是一种比较的等第。我们要晓得这个学生的国文,在班中处于什么地位,他的数学处于什么地位,其他各科的成绩,比较起来怎样。所谓百分法,所谓五等记分法,都不能明示各学生在班中的位置,倘使我们看见某生的英文成绩为"B",我们总以为他的英文程度在一班中等以上,要是那班的学生中间,有大多数得到"B",我们的猜想就有错误了。

3. 比较的计分法(Relative Rating System)

　　由等第计分再进一步,即为比较的记分法。这个方法,仍采用五项等第,不过每等所占的百分比,有一个大概的范围。例如某班有34个学生,试验的成绩分配,大致如下:

符号	比较的等第	学生数
1	超(比中等的成绩特殊好)	3
2	上	5
3	中	18

4	下	5
5	不及格（比中等的成绩特殊坏）	3
	总数	34

按照统计的常态分配（Normal distribution），五项等第所占的百分比面积，应如下图：

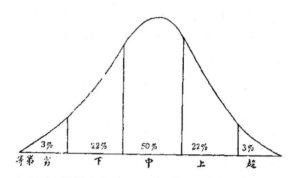

图 21　按照常态分配，五项等第所占的百分比面积

比较的计分法，以全班的中等成绩为出发点。无论那个中等成绩为 30 分，或 50 分，或 70 分，我们都算他中等。这个方法的好处，可分作几层来说：

（1）这种计分，深合统计原理，因为研究任何人类的特质，如体高、体重、智力、学力，调查至数千人以上，可以得到如上边的"常态面的分配"。一班的人数少，每次考试的成绩，虽不能恰与理想相符合，但是大致总不甚相远。例如一班 34 个学生，不一定每次最好的或最坏的总是 3 个人。也许这一次多些，下一次少些。不过统算起来，可无大出入。

（2）教师对于学生的程度，可以有一个明确的观念。要是教材太深，或题目太难，学生考时，大都不甚出色，列入中等的，分数仅有三四十分，教师就应该留意放低程度，或减轻作业。不用这种方法的时候，倘使不及格的人多，教师只怪学生不肯用功，却不去考查不及格的真实缘由。反之，试验时列入下等的，也有七八十分，教师就应该提高程度，或加重作业。所以比较的计分法，教师可奉为教授的指南针，借以考查和适应学生的程度。

（3）学生对于一己在班中的位置，也有一个明确的观念。所谓百分法、等第计分法，都是一种绝对的标准，学生知道后，没有多大的价值。换了比较的等第，他就知道得很清楚，自己所处的地位怎样。

（4）家庭接受学校报告时，也觉得比前有意义些。看了报告单上的等第，家庭就晓得他们的子弟各科的程度怎样。他们并且知道各科等第的价值是一致的。

(5) 各种意外的影响,可以除掉。例如某次小考,全班学生因为参与足球比赛,未曾好好预备,以致考试的成绩,极不满意。但是用比较的计分,毫无关系。倘使全体考在 40 分以下,那么考满 40 分的,就可列在超等。下边再举一个例子,证明这种方法有怎样活动的好处:

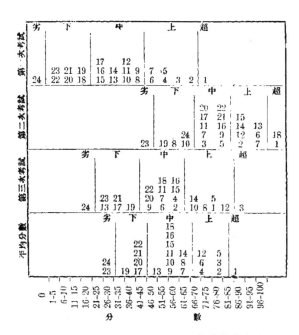

图 22 表示化平日小考分数为比较等第的方法

图中的号数,代表被试的姓名。倘使 60 分为及格,以百分法计算,第一次考试,只有一人有及格的希望。第二次考试,各人都及格;第三次有 17 人或 71％不及格。三次成绩平均起来,有 14 人或 58％不能及格。换了比较的计分法,每次不及格的人就很少了。

这个例子,并非臆造,实际上自有这种情形。全班学生成绩的高下,悉凭教师一个人。教师这一次题目出得难些,分数定得严些,不及格的人数就特别多。下一次教师题目出得容易些,分数定得宽些,就全体都可及格。计分真实的意义,早已失掉了。

有人反对比较的计分法,谓万一一班之中,确有大多数人不及格,我们强要将他们列入中等或下等,也非公允的办法。不知一班之中,除了教材太深或试题太难,或定分太严,绝不会有多数人不及格的道理。要是有这种事情,应由教师完全负责。

又有人深怕行了这种方法以后，学生相率不肯用功，以为只要大多数人考得不好，不好的人，也就有及格的希望了。理论上确不得不有这种顾虑，但是实际上决无此种情事。少数学生怕读书，设法偷懒，学校中容或有之，至于全体学生，相约为自欺欺人之举，稍有常识者，谅不至此。并且每学期终了时，仍可用标准测验试验全体学生各科的程度，和他校学生相比较。所以这层顾虑，尽可不必。

比较的计分法，在近今实施上，要算较为完美的一种方法。东西各国的实验学校，采用这种方法的很多。东大附中去年也想采用它，改革全校的计分制。后来我和麦柯尔先生商议，他觉得与其彻底改革，不如采用一种比较的更为精密的科学方法。他的意思，就是应用标准测验的 T 分数，来评阅平日学校各科试验的成绩。可是说这句话的时候，并没有一定的具体计划，并且我国中学用的标准测验，那时尚没有产生，因此这件事，就暂时搁置了。到了此刻，许多中学用的标准测验已编就，我们又可重行讨论那个问题。

4. 应用测验单位计分法

现时所编的各种测验，引进了四种教育上的新单位：T、B、C、F。这四个单位的详细解释，可以参考各种测验说明书。简单的说，T 分数是一种比较的标准，代表一个人的总能力（Total ability）。B 代表一个人的年龄分数，有了 B 分数，可以比较两个人的成绩，除去年龄大小的影响，C 代表一个人的年级地位，看了 C 分数，可以知道一个人的成绩，应该在什么年级。F 表示一个人的努力分数，例如智力高的人，学业成绩也应该高，二者不相称，努力的分数，就减少了。

标准测验求 T、B、C、F 的手续，非常麻烦，学校里边平时的小考，怎样可以应用这种单位呢？我对于这个问题，曾经费了几番思索。后来想到一种办法：

（1）先用一种中学标准测验，例如智力测验，测验学校内全体学生。

（2）求各个人的 B 智力（Bi）分数。

（3）各种小考分数，均化为 T 分数。（考试不拘用旧法或新法。化 T 分数的方法，见上边一章）

（4）这样得来的 T 分数，就称之为 B 分数。因为在标准测验里边，T，B 绝然为两个单位，T 分数是随年龄增加的，B 分数是不大变动的。例如有一个 14 岁的学生，T 智力为 55 分，B 智力为 50 分。到了 16 岁的时候，T 智力也许加增到 62 分，但是 B 智力仍旧在 50 分左右。其故因为中等程度的学生的 B 分数，总在 50 上下，这是各年龄一致的。至于 T 分数便不是这样。倘使做中学测验的时候，以 16 岁为根据，那么 16 岁的中材生，刚巧得到 T 50 分，年龄较小的，T

分数要低下些,较长的,T分数就要高些。关于16岁的学生,T分数和B分数没有什么分别。现在以班为根据,班中年龄的大小怎样,不去管他,所得的T分数,也不会随年龄而变迁,所以直可称为B分数。

(5)用公式求各个人(或全班)各科目(或各科总成绩)的F分数。公式如下:

$$T算学(或 T教育) + 50 - T智力 = F$$

用这个方法,只要在学年开始时,施行一种标准测验,就可应用教育上的新单位,知道各学生对于各科努力不努力了。如F分数在50以上,就表示学生肯努力,如在50以下,就表示不肯努力。同时各个人的比较分数,也能精确地求得。比较上面提议的方法,似乎还要精密些。

最近又碰到麦柯尔先生,我把这个方法与他商酌。他觉得这个法子,想得非常聪明,谓两年来,他对于学校计分的问题,亦曾精思研索。现时也想到了一种方法,与我所提的,大同小异,不过法子还要简便些。他对于我的方法,还下了一个批评,怕有引进"中数错误"的机会。例如一班学生实际的B分数,也许在60以上,或40以下。现在以T分数作为B分数,强定一班学生B分数的中数为50分,对于中数变迁一层,似未能顾到,他所提议的方法如下:

(1)用任何一种标准测验,试验全体学生。

(2)求各个人的B分数。

(3)按照分数的多少,排列各班的名次。

(4)举行平时考试,按照分数排列名次。(考试与记分用任何方法都可)

(5)名次最高的,给以最高的B分数,称之为B历史,B缀法,等等。例如下:

智力测验分数		缀法分数	
(标准测验)		(用旧法记分)	
学生	Bi	学生	Bc
张	80	孙	80
王	75	赵	75
赵	72	王	72
李	69	李	69
孙	64	张	64

依据标准测验,那一班学生的第一名是B 80分,第二名是B 75分,第三名

是 B 72 分,余类推。所以那一班学生的缀法第一名,不管他原来的分数多少,也给他 80 分,第二名也给他 75 分,余类推。

(6) 求各个人的努力分数。例如张生智力的 B 分数为 80,缀法的 B 分数为 64,代入公式:

F = B 缀法 + 50 − B 智力 = 64 + 50 − 80 = 34。我们就知道张生对于缀法,不甚努力。又如孙生智力的 B 分数为 64,缀法的 B 分数为 80,代入公式:

F = Bc + 50 − Bi = 80 + 50 − 64 = 66。就表示孙生对于缀法很努力了。

(7) 求各个人的年级地位,C。这个表却没有现成的,要各校自己去创造一个。我且把创造的方法,举一个例子:

表 50　显示求年级地位的方法

B 年龄	47	48	49	50	51	52	53	54
17;0	49T 9;0G	50T 9;4G	51T 9;9G	52T 10;4G	53T 10;9G	54T 11;3G	55T 11;8G	56T 12;2G
17;1	50T 9;4G	51T 9;9G	52T 10;4G	53T 10;9G	54T 11;3G	55T 11;8G	56T 12;2G	57T 12;7G
17;2	50T 9;4G	51T 9;9G	52T 10;4G	53T 10;9G	54T 11;3G	55T 11;8G	56T 12;2G	57T 12;7G

制表时先列年龄,自 11 岁 1 月起,至 21 岁止。例如 17 岁、17 岁 1 月、17 岁 2 月等。第二步列 B 分数,约自 30 起至 80 止。第三步查 T 分数与 G 分数,按照读法测验说明书"年龄与 Br 校正数对照表",17 岁的,应从 T 分数减去 2 分。所以真实的 T 分数,应在 B 分数上加 2 分。例如 47+2 为 49,48+2 为 50,余类推。得到 T 分数后,再查照"班次与 Tr 分数对照表",就得着相当的 G 分数,例如 9;0G,9;4G,9;9G 等。9;0G 代表旧制中学第二年,或初中第三年,开始的时期,9;4G 代表初中第三年开学后 4 个月的程度。倘使一个 17 岁的学生,得到 B 分数 47 分,就表示他的程度,可以在初中三年级肄业。不过有了 G,还须用下表来校正。

表 51　化 G 为 C 的校正数(秋季始业用)

阳历月终	九月	十月	十一月	十二月	一月	二月	三月	四月	五月	六月
加数	+0.4	+0.3	+0.2	+0.1	0	−0.1	−0.2	−0.3	−0.4	−0.5

倘使在九月中试验，G 分数上应加.4，例如 9:0＋0.4 为 9:4（初中第三年第 4 个月）。又如 17 岁 2 个月的学生，得到 B 分数 50，他的 G 为 10:9。倘使在 2 月中试验，应减去 0.1。10:9－0.1 为 10:8（高中一年级第 8 个月）。表示他的程度，可和高一第 8 个月的程度相当。

记分法研究到这个地步，也算"上轨道"了。并且懂了方法，施行起来，丝毫不觉得麻烦。不过这个方法，尚属新创，实施时尽有改良余地。希望各校继续研究，产生一个完美而简单的记分制。

二、成绩报告

家庭对于子弟的学业，以全权托付学校，所凭以稽考子弟学业的勤惰就是一纸成绩报告单。所以学校对于成绩报告一事，应格外郑重。用百分记分法，或等第记分法的学校，就是在成绩报告单上标明各科分数或等第，家长依然得不到真相。这个理由，上面已经说得很明白。倘使改用后一种的方法，在成绩报告单上，写明各科的 B、C、F 分数，同时再加以各种单位的说明，家长看了就很明白了。

不过成绩报告单，不只限于学业成绩一方面，学生的品性，也应有具体的报告。这一个问题，俟有机缘，再行讨论。

讨论和研究问题

1. 学校内何以要记分？记分的功用怎样？
2. 废除记分制，于学生有什么影响？
3. 哪几种要素，可以影响学校记分的正确？
4. 在什么时候，60 分也可视为很高的成绩？
5. 在什么时候，80 分也可视为很低的成绩？
6. 调查任何教师每次考试的分数，绘作成绩分配图，以便比较。比较时，注意下列几点：(1) 教师定分的宽严，(2) 各次分数的出入，(3) 最高分数和最低分数的距离。
7. 比较的计分法，根据什么统计原理？
8. 比较计分法的功用怎样？
9. 用测验单位计分法，何以比较其他三种都来得精密？
10. 四种新单位的解释怎样？

11. 学校内成绩报告单,至少应包含哪几项事件?

参考书目

西文:
1. Johnston, Xewlon, Pickell: Junior, Sonier High School Administration, pp. 319-336. C. Scribner's sons, 1922.
2. Mecall, W. A.: How to Measure in Education. NY: The Macmillan Company, 1922.
3. Van Denburg, J. K.: The Junior High School Idea. Henry Holt & Company, 1923.

中文:
1. 《各种测验说明书》,商务书馆印行。

第十四章　中学教师

一个学校最后的成功,就靠着教师。无论学校的宗旨怎样明定,课程怎样有统系,训育怎样研究有素,校风怎样良善,要是教师不得人,成功还没有把握。初中的学生,年龄较轻,程度又不如高中的整齐,所以教师的责任格外重要。美国某视学员说:"替初中找到良好的教员,要比课程等事重要一千倍。"上海某君已经做了20年的私立中学校长,有一次我问他办中学最困难的是什么问题,他说:"最困难的是请教员,教员的问题能彻底解决,其他训育等问题,便迎刃而解了。所谓彻底解决,就是请到一位教员,能将他所任的功课,安心地完全交托他。"这两个人的话,虽言之过分,却有十分之六七的真理在内。

我国的中学教育,所以绝少进步,教师不得人,是一个大原因。本章一方面暴露东西各国中学教师的真相,一方面指示今后对于中学教师应取的态度。

一、中学教师的资格

我国新制中学教师的资格,没有正式规定。现时的趋势,在专科师范毕业的学生,可以充当初级中学的教员,在大学或高师有经验的毕业生,可以充当高中的教员。但是实际上边,良好的师资缺乏。尽有初级师范的毕业生,做初中的教员,高师刚毕业毫无经验的人,做高中的教员。这种现象,很是普遍。

美国前几年曾调查1 311个地方,对于中学教师的规定。里边有69.2%规定中学教师,须在大学毕业,而有此项规定的有54.6%只须大学毕业,不必有教授经验。有48.1%只规定有中学毕业的证书。其中有14.3%对于毫无经验的中学毕业生,也肯试用。

据路易斯(Leuwis)的意见:"初中的教员都须在中学毕业。再须在师范学校毕业,并试教一年,或在大学肄业两年,预备将来教授的功课,并有试教的经验。另外,须再担任小学教员两年,表示他很满足的教授经验,专门职业的兴趣、学识,以及研究精神,然后再请他到初中去教授。最好初中教员,均为大学毕业生,有试教的经验,再在小学满意的担任教师一年。在初中拟教授什么功课,在大学时就应有切实的准备。只有成绩出众的,方能在小学教授一年后,升到初中去。"

戴维斯（Davis）①说："初中的教员，应和高中教员，一样有学识，一样有经验。将来——这个时期不久就要到——无论初中或高中的教员，都须有大学学位和专门训练。并须有满足的教师经验，和成熟的判断能力。介绍学生一种新思想或引起他们的新反应，需要一种很高的技能。文凭初到手的青年男女，知识也许很好，但是生活的意义和生活的关系，未能深切明晓，与其教初步的学程，还不如教高深的学程。对于大学里边年轻的博士或初中里边年轻的学士，希望学校行政的先生们，总不要把一年级的学生，交托他们才好！"

在新旧过渡时代，一定要大学毕业生充当初中教员，未免"胶柱鼓瑟"了。在现时有经验能胜任愉快的教师，纵不合资格，也不应淘汰他们。不过时间和机会，总可使我们的理想实现。

高士林（Gosling）②说："讲到初中教师的标准，应包含精深的学识，大度而能兴奋他人的人格，适当的专门训练，了解和爱悦青年的态度，真实的领袖资格，和远大的社会的目光，对于学校能积极服务，并能联络学校、学生和校外的社会环境。初中教师的特质，一方面表示广阔的人类的同情和深固的学识，一方面能顺应因教育进化而发生的社会新需要。换一句说，初中教师须兼有小学和高中良教师的特质，并有宏大的志愿和才能，做各种有益社会的事业。"

至于几个著名的学校，所公认的标准，大致如下：

（1）毕业于国内外著名的大学。

（2）曾在师范学校或大学师范院受过专门的训练；或有相当的教授经验。

（3）了解并表同情于青年男女。

（4）一个纯洁的，大度的和能兴奋他人的人格。

（5）真实的领袖性质。

（6）远大的社会的目光，并深悉一己对于社会的责任。

其他美国各州关于中学教师的规定，以及名人的言论，恕不多引了。

法国中学教师的地位很高。中学教师的头衔（Agrégé），不单是表示高深的学识，并代表研究中学某科的有数人物，只有在全国考试中名列前茅的几个人，才能享受此种权利。当法国某科中学教师的，须能胜任该科各种学程，例如担任数学的，不拘算术、代数、几何、三角等，都须熟谙；担任理科的，兼授物理、化学；担任自然的，兼授动、植、地文。这样，教师既得专研一科，又不若他国分而

---

① 据查未详。——编校者
② 据查未详。——编校者

又分,教师学识,太偏于一隅。

德国的中学教师,也享受荣誉。正式的教师(Oberlehrer),在中学毕业后,至少须在大学肄业三年,复经一年的全国考试。及格后,方能在指定的中学校内实习;实习满意,才有试教的头衔(Probejabr)。复经两年的刻苦工作,才领受正式的教师文凭。有了文凭,还须等候指派。德国中学程度的优美,也可想而知了。

近今德国以统一学制起见,拟有下列各种学校:

1. 幼稚园3岁至6岁。
2. 基础学校(Grundschule)6岁至12岁。
3. (1)公民学校(Bürgerschule)12岁至14岁,或(2)初级中学(Mitttlschule)12至15岁。
4. (1)职业学校(Berufsschule)14岁至18岁,或(2)高级中学(Oberschule)15岁至18岁。
5—7. 大学、补习学校、平民大学、科学、美术、工艺研究院。

因为这种统一学校(Einheitsschule)的组织,教师的养成,也受到影响。任何教师,无论幼稚园的,或小学的,或中学的,初步都须受普通的教育,进大学后,才有专门研究。所谓专门研究,约分两种:普通的教育方面和专门智识(科学的、美术的,或工艺的)。

二、中学教师的来源

中学教师的概况,与中学校的组织很有关系。倘使初中高中设在一个学校里边,两部分教师的学历经验,便没有什么分别。倘使初高分设,教师的情形,便不同了。初中的教师,大都来自小学,高中的教师,大都来自旧制的中学。我国现时改组方始,关于教师详细的概况,尚在调查中,只得先把美国的情形说一说。

1. 普通概况　据台维斯(Davis)的报告,共调查有24 363个中学教师的概况,开始教授的年龄,大致在20与25之间。14 806个教师的年龄分配如下:

表52　美国中学教师的年龄分配

年龄	人数	百分比
20以下	45	1.3
20—25	3 918	26.5

续　表

年龄	人数	百分比
26—30	4 038	27.3
31—40	4 390	29.7
41—60	2 208	14.9
60 以上	207	0.3
总数	14 806	100

2. 学历

据台维斯的报告,大部分的中学教师,在公立的中小学毕业后,进州立的或私立的大学习一种主科,两种副科,另外再读几个关于教育的学分,在中小学内参观20多次的教授。他们在大学读书时,实习教授的机会却是很少。学习教育功课的概况如下表：

表53　美国中学教师习几多教育学分的百分比

学分数	在大学毕业前	在大学毕业后
11 以下	19.0	66.8
11—15	27.8	12.9
15 以上	53.2	20.2

布里克斯(Briggs)也有一个报告。接到调查的答案,有266个初级中学,3 338个教师,其中有1 621人或48.6％,是大学毕业生,有40个学校,或15.0％的教师,都是大学毕业的。有31个学校,或11.7％的教师,没有一个是大学毕业的。详情如下表：

表54　初中教师有几多大学毕业生的比例
（依照学校的大小分配）

每校所有的教师人数	学校数	教师总数	大学毕业生总数	大学毕业生的百分比
1—5	82	287	166	57.9
6—11	82	660	337	51.1
12—21	55	850	406	47.8
22—36	31	835	366	43.8
37—70	16	706	346	49.0
总数	266	3 338	1 621	48.6

3. 专门的训练　现时的中学教师,都缺乏专门的训练。再用台维斯的报告来引证,中学教师自己认为缺憾的如下：缺乏实习教授(2 335 人提出这个意见),专修的作业尚嫌少(1 952 人),少视察(1 486 人),少习文雅的学程(1 337),理论太多(888),少演说的训练(845),缺乏学校行政知识(740),不谙教法(548),不谙测验方法(462),少习心理学(360),不谙学习指导(220),少研究中学用书(137)。

4. 经验　教师的经验和教授效率有很大关系。据台维斯的报告,平均中学教师的经验在 5 年以上。据布里克斯的研究,平均在 7 年以上。以前路圣极儿①(Los Augeles)地方曾有一个详细的调查表,摘录于下：

表 55　路圣极儿地方教师教授年数的百分比

教授年数	小学	初级中学	旧制中学
$\frac{1}{2}$—1	2.5	1.1	1.0
2—3	6.7	7.5	6.6
3—5	12.2	10.8	8.4
5—10	25.1	26.3	28.2
10—15	24.0	24.1	23.4
15—25	20.4	27.7	27.2
25 以上	7.0	2.5	5.2
中数	10 年 1.3 月	10 年 10.7 月	11 年 2.9 月

5. 性别　美国的小学教师有百分之八九十是女子,所以中学女教师的百分比也是很大。台维斯所报告的 24 363 个中学教师的男女分配数如下：

教普通功课的男教师……………………………………… 5 203
教普通功课的女教师……………………………………… 10 681
教职业功课的男教师……………………………………… 2 846
教职业功课的女教师……………………………………… 4 743
不教功课的行政人员……………………………………… 890

总数 24 363

总算起来,男教师有 32.8%,女教师有 67.2%。男教师中有 62.5%,已经娶亲,有 37.5%未曾娶亲。女教师已结婚的只有 5.9%,未结婚的有 94%。

---

① 现译为"洛杉机"。——编校者

布里克斯所调查的 265 个初级中学,有 845 个男教师(25.2％)和 2 513 个女教师(74.8％)。有 21 个学校,只有女教师,平均每一个学校,有 1—4 个男教师,5—9 个女教师。下面的表显示 265 个初级中学所有男女教师的人数。表的读法如下:在 196 个初级中学里,有 1—4 个男教员;在 30 个初中里边,有 5—9 个男教师,余类推。

表 56　265 个初中的男女教师人数

教师总数	学校数	
	有男教师的	有女教师的
1—4	196	106
5—9	30	69
10—14	12	36
15—19	4	21
20—24	1	14
25—29	1	5
30—34	0	7
35—39	0	3
40—44	0	3
50—54	0	1

在我国中学里边,女教师很少,于将来女子中学前途,发生很大的阻碍,有提倡培养中学女教师的必要。

三、中学教师的职务

台维斯的报告说美国中学教师,平均每天教授 5 小时,教 100—125 个学生。最近柯恩(Cowing)和格利能(Greenan)均有详细的调查。柯恩共调查了 14 个都市,跨到 9 州,接到的答案可靠的有 100 份。调查的方法,系请各地的中学教师在每天晚上,纪录他费在各项职务上的时间,共纪录七天。除此以外,还请他们回答各项问题。

表 57　美国中学教师职务时间的分配

	100 个教师	
	参与各项职务的百分比	时间中数(以分钟计)
教授	100	210　每天

续 表

	100 个教师	
	参与各项职务的百分比	时间中数（以分钟计）
预备功课	97	55 每天
改削课本	96	64 每天
路上往返时间	100	40 每天
午膳	79	30 每天
书记的事务	95	22 每天
专门的阅读	64	25 每天
接洽学生	91	22 每天
指导"家庭作业室"	56	32 每天
特殊的学校活动事业	41	150 每星期
在大自修室指导	32	220 每星期
推广事业	21	146 每星期
会堂事业	51	31 每星期
接洽其他教师	51	60 每星期
特殊的指导	25	114 每星期
小团体集会	26	107 每星期
教授会议	49	50 每星期
特别指派的事业	26	88 每星期
监视学生午膳	13	91 每星期
学校会议	17	110 每星期
委员会议	22	61 每星期
接洽校长	36	31 每星期
分科会议	27	59 每星期
接洽教育行政人员	18	32 每星期
访问学生	3	90 每星期

注：参与的百分比系指参与的人数，例如"预备功课"百人中有 97 人有这种事务；"改削课本"百人中有 96 人；余类推。

怕 100 教师不能代表美国中学教师全体的情形，所以柯恩另外请某校 33 个相熟的教师，也照样纪录他们一星期内费在各项职务上的时间，结果和上面的异常符合，因此可以推知这次的调查，确能代表中学教师的大概情形。

表 58 显示中学教师在一星期内，除学校职务外，所担任的各项事情。表 59 显示中学教师在假期内的活动。

表 58　美国中学教师在一星期内除学校职务外所有的活动

	100 个教师	
	参与各项事业的百分比	每星期时间中数（分钟）
教授夜学校	13	386
其他兼任事业	19	237
普通阅读	83	313
休养	68	395
教堂的事业	42	146
社交的事业	31	120
地方上的事业	16	63

表 59　美国中学教师在假期内的活动

	100 个教师	
	参与的百分比	时间中数
星期六作业	71	2.3 小时
星期日作业	50	2.2 小时
暑期学校（上年）	13	6.5 星期
临时职务（上年暑假）	31	5.6 星期
暑期中休息与料理家庭事务	87	6.6 星期

在名义上每个教师在学校内每天应费 $5\frac{1}{2}$ 小时，每星期（以 5 天算）应费 $27\frac{1}{2}$ 小时，但是实际上每个教师一星期平均费有 48.2 小时，时间超过约有四分之三。

有 24 个教师只教一种科目，其余的教二种至五种不等，中数为 2.3。不过这种科目，大都有很密切的关系，例如代数与几何，或历史与公民学。有 45 个教师教二班学生，平均每人所教的班数为 2.9。

大概各教师每天总要预备几种功课，有的因为所教的科目不同，有的因为所教的各班程度不同。平均每人每日须预备 3.7 种功课。

各教师平均每星期教授 25 小时，兼任职务的，如科主任，钟点略少，普通为 20 小时。英文教师因为要改削文课，并须多与学生接洽，作个别指导，所以平均每星期担任 21 小时。

各教师所教的学生数平均为 132.9。但是全距离（range）非常大，最少的只有 48，最多的有 222，如音乐及其他一星期只有一小时的功课，尚不列在内。

各班学生的平均数为 27.2,全距离为 17—48。

假定教师费在学校各项职务的时间为 100,专门的研究占有全时间16.4%,教授占有 36.3%。所谓专门的研究,含有普通的预备,研求教法,及课外作业。

有 76.0% 的教师在学校上课钟点内,一天到晚只有 30 分钟空闲时间可以预备功课或改削试卷。照教师的意思,平均每天有 99.7 分钟的空闲时间就够了。有几个学校,教室终日不得空,教师没有地方可以预备他的功课。

预备日常功课的教师,共有 97%,平均每个教师一星期费有 274.4 分钟,或每天 54.9 分钟。54.9 分钟预备 3.7 种功课,时间实在嫌太少。无论教师对于教科的内容怎样熟悉,他每次上课时,总应该有充分的预备才好。

总结上面的统计,觉得现时美国中学教师的事务,实在太多,所以对于本身最重要的责任,有时反忽略过了。我国的中学教师,事务没有那样多,可是兼课太忙,所以对于所任功课,也不能充分预备,至于课外的指导,更无暇及此了。

四、中学教师的薪金

要使中学教师对于所任职务视同一种专门职业,不以学校为传舍,那么教师的薪金,应该从丰,并须有"年功加俸"的办法。我国现时各省的中学校,大都以钟点计算,例如授课一小时,送薪一元。经济宽裕的学校,有每星期授课一小时,每月送薪十元的。从学校行政方面看来,钟点制有许多便利的处所,但是教育的效率,却要减少许多。第一采用钟点制以后,教师除授课外,与学校如风马牛之不相及,师生间不能发生很密切的关系。第二稍有名望的教师,各校便互相延请,兼课太多,只有敷衍塞责。第三校事只有少数人负责,不得收集思广益的效果。

有的学校不用钟点制,用专任制,薪金多寡,不以钟点计算。同时采用年功加俸的办法。例如在大学毕业初当教师的人,暂定每月 60 元,以后每年加 5 元一月,至 120 元为止。如有才能出众,任事热心的教师,除按年加俸外,另有论功加俸的办法。这种规定,当然要比钟点制强得多。不过特别加俸的标准,很难具体定出,措置稍不公允,易引起同事的误会。

据美国教育局最近的报告,初当中学教师的薪金,平均为 1 297 元美金一年。或一百零数元一月。男教师的薪金高些,初当教师的每年平均数为 $1 572,女教师平均为 $1 184,男教师平均要比女教师每年多 $388。不过我们不要以为各州初当教师的薪金标准是一致的。男教师的最小数为 $1 289,最大数为＄2 154。女教师的最小数为＄835,最大数为＄1 760。由此可见各州中学教师薪金数目的相差很大。

在1921年的时候,美国69 358个中学教师薪金平均数为＄1 678。比较初当教师的平均数,不过高了＄381或29.4％。换一句说,平均每个教师加薪的希望,在30％的范围以内。看了这个光景,很难鼓励才力出众的人安心地继续做事。

美国加薪的限度,也是各州不同。最少的只有7.8％,最多的有64.6％。服务5年以上的男子,平均加有＄676或43.0％,女子平均加有＄571或48.2％。女子初起的薪金虽少,但是加增的比例数,反比男子大些。

我们知道美国的生活程度,要比我国高过三四倍。但是教师的薪金与我国相较,平均不过高一倍余。然而我国中学教师维持生活,已经觉得很困难了。

五、中学教师的修养

现时的中学教师,有一种很不好的现象,就是不喜欢研究。学识不够的人,不必说了;学识较好的人开始教授时,就"故步自封",不肯继续研究,也难有发展的希望。我们知道生命是流动的,教育也应当流动;社会是进化的,教育也应当进化。一个人在社会里,不努力奋斗,尚且要失败,何况做教师,何况教儿童去适应现在的和未来的环境。

促进教师的修养,学校也负一部分责任。例如增进教师阅读的机会,利用教师会议,参观教授并积极地批评,度量教授的成绩,都和修养有关。

美国有人要调查中学教师是否注意修养,曾发信五百封致各地中学教师,说现有新出版的,很有价值的中学教育书籍一种,如要看,可写信来借,附邮票七分,并指定还书日期。结果只有8个人回答要的。可见他们不喜欢读书。教授并不当作一种专门职业。

我国有几个中学校,竭力想提倡教员阅书,特地设了教员阅书室,并添买了许多教育书报,但是看书的人依旧是少数。

教师会议,有时可引起教师阅书的动机。如在开会时间内,提出一两个问题,请少数人负责研究,在下次开会时报告结果。这样教师天然肯去阅读有关系的参考书报了。

教师会议的功用,犹不仅此。会议最大目的,在使教师参与各种行政事业。对于学校提出的问题,视同一种专门的责任,诚恳地研究,有了把握,就去试行。学校未曾提出而自己所看到的问题,也肯提出来,与大众商讨。学校能办到这个地步,才有合作的精神,群治的希望。教师无形间也可增进许多经验,得到许多阅历。

指导教师,本是一件很困难的事情。但是做校长的,应该时时念着,时时想着,这是他的第一种责任。没有指导教师的能力,就没有做校长的资格。指导应从教授方面入手。在中学校内,这层更为重要。我国的中学教师,大都为大学及高师毕业生。平素关于试教的经验,很形缺乏。一旦高据讲席,便随处发生问题。有时极浅显的教学原理,都不知道应用。例如在课室内叫一两个学生在黑板上练习,教师立在旁边看他们写,写了又同他们反复辩论,前后费去几半小时,大多数学生都枯坐无事。这是何种现象!要是有教学经验的人看见了,只须在课后点醒他一下,便可促其觉悟改进。否则日复一日,年复一年,待他做教师的资格已老,再去一一指导他,就难了。

不过批评教师,确是不容易。有人把中学教师对于校长批评教授的态度分成五等:(1)呆拙的教师,并不理会批评的意义;(2)虽理会意义,但处之漠然;(3)受了批评,心中羞愧交加,即有辞职的表示;(4)不服气,以为校长故意同他为难;(5)虚心请益,力求改良。

又有人用专家的目光,把指导教师应取的态度,分成下边五等:

(1)良好的教师,自己有积极研究的理想,用不到外来的刺激去督促他们。他们的"书生式的习惯"以及优美的成绩,大可引起同事的观感。对于他们,不必要指导,只要设法得到他们的协助,会同其他的教师,解决各项问题。

(2)有的教师,办事能力很好,学识也不差。不过富于保守精神,不肯造次变更。这种教师对于校务,大致都非常热心。要是学校能使他们切实了解新方法的价值,他们就肯竭诚赞助。所以指导他们的问题,在怎样示范(demonstration),变更他们旧有的观念。

(3)教师的学识肤浅,或教授能力缺乏,或两项并缺;胆怯、退缩,不知道教学原理及良好的教学标准,怕人参观;强勉进行,略带敷衍的性质。指导这种教师,应先鼓励他们的勇气,使他们明白知道标准是什么,他们可希望达到什么地步。

(4)教师的学识肤浅,或教授能力缺乏,或两种并缺,但不自知其缺点,并不觉悟有指导的必要。对于这种教师,初步就可用直接的指导。

(5)新做教师的人。他们虽没有几多经验,但是对于教授,尚有一种专门的态度——肯虚心。指导时,应使他们成为一等的教师,不要使他们流入第二、第三或第四等。要希望他们所教的学生,有广大的心胸,慎重的态度,对于两种主张,不肯轻易下断语,他们自身就应该有这种精神。要他们保持这种精神,校长就不应该用武断的态度指导他们。

指导的结果,一方在增进修养,一方在免除失败。教师失败的缘由有多层:(1)缺乏教授的趣味;(2)缺乏自信力;(3)缺乏一种判断的能力,对于各种事业的价值,不能明了;(4)不能与其他的教师或学校行政人员协作;(5)学识不足,无远大眼光;(6)不能管理学生;(7)人格有缺憾;(8)教授无方法。其他或尚有数种原因。指导时间对(1)、(2)、(6)、(8)数层,很有裨益。即对于(3)、(4)、(5)数层,也有帮助。关于(5)、(7)两点,聘请教员时,就应该注意。

校长参观教师授课后,紧接应有个人的谈话。谈话的态度能愈自然愈妙。最好先将优点提出,然后再陈述个人的意见。使教师明白了解怎样教授的效率,格外可以增加。

无论参观教室,或个人谈话,校长自身应有几条具体的标准,为度量成绩或批评的根据。度量的标准,不必太琐碎,只须包含下列几点:

1. 教授宗旨与各科纲要　曾确定某科目教授宗旨否?教材纲要有无规定?所规定的教材数量,是否与教授时间相称?每次教授小目的,是否与该科大目的相联络?达到目的的方法怎样?

2. 指定作业　每届上课时,是否抽出一部分时间为指定下次作业之用?指定作业时,能否预料学生预习时困难,并指示解决困难的方法?所指定的作业,有指定价值否?

3. 提示教材　教材的组织,属于心理的或论理的?

4. 教师活动　教师与学生的接触,系自动的或被动的?能否利用上课时间,养成学生的"学习习惯"?采用任何教法时,是否有一种试验精神?

5. 学生活动　班中学生活动,占全时间几分之几?学生参与作业系自动的或被动的?学生能否共同解决班中的问题?

6. 应用教材　教师曾否努力显示本科教材与他科之关系?曾否使教材与日常生活相联络?

7. 教室中普通状况　对于学生动作及教室中普通情形(如光线、空气等)能否注意?

8. 其他　如学生态度(教室训育),所发问题,时间经济等,是否满意?

上边8条,虽似"菽粟布帛"无甚新奇。但是教师苟能时常留意,切实去做,在我国中学界里,已算难得的人才了。

总结上面的论点,现时中学教师的资格,都不能负我们的理想,而对于服务时的修养,更不注意。在这种情景下,要希望中学教育有进步,其难可知。目今第一问题,在明白规定中学教师的资格,养成他们专门职业的精神,和继续研究的态度。这样,中学教育的前途,才有很大的希望。

讨论和研究问题

1. 为什么说"学校最后的成功,靠着教师"?
2. 调查 5 个中学校的教师资格,看有几分之几是大学,或高师,或专门学校毕业的?有几分之几是中学毕业的?有几分之几是未经学校毕业的?
3. 同样调查他们的经验及专门的训练。平均他们在中学校教过几年书?服务以前有试教的经验否?曾读过何种教育科目?
4. 同样调查他们的薪金及职务。薪金的平均数多少?担任几多钟点?除授课外兼任职务否?
5. "钟点制"有什么利便的地方?有何种缺点?
6. "年功加俸"应依据什么标准?
7. 就调查的结果,比较中美两国中学教师的待遇及每星期费在职务上的时间。
8. 列举促进中学教师修养的方法和原则。
9. 中学教师与校长的关系应该怎样?与学生的关系?与其他各教师的关系?
10. 校长指导教师时,应具何种精神?

参考书目

西文:

1. Bennett, G. V.: The Junior High School, Chap. Ⅶ. Warwick & York, Incorporated, 1919.
2. Bonner, H. R.: "Salary Outlook for High School Teachers," The School Review, June 1922.
3. Briggs, T. H.: The Junior High School, Chap. Ⅷ. Houghton Mifflin, 1920.
4. Cowing, H. H.: "A Teacher's Time," The School Review, May 1923.
5. Davis, C. O.: "The Training and Experience of the Teachers in the High Schools Accredited by the North Central Association," The School Review, May 1922.
6. Greenan, J. T.: "The Teacher's School Week," The School Review, Oct. 1922.
7. Johnston, C. H.: The Modern High School, Chap. ⅩⅤ. New York. C. Scribner's sons, 1914.
8. Johnston, Newton, Pickell: Junior-Senior High School Administration, pp. 218 – 238. New York, C. Scribner's sons, 1922.
9. Monroe, P.: Principles of Secondary Education, Chap. Ⅲ. New York. The Macmillan Company, 1914.
10. Smith, H. J.: "Special Preparation for Junior High School Service," Educational Administration and Supervision, Dec. 1922.

第十五章　中学生的课外活动

青年男女是天生的"社会的动物"(social beings)。幼年的儿童虽然喜欢伴侣,但是友爱的时期很短,朝为良友,暮为仇敌,是小孩中常见的事,不足为奇。

到了青年,友情比较的真挚。两人不友爱则已,有了友谊,不致猝然中断。在这个时期,青年喜欢参与团体的事业,发挥个人的意见。家庭和社会的制裁,轻易不能束缚他。

学校方面很可利用青年这种的倾向,提倡各种适当的团体活动,养成各种优美的团体生活,使为将来立身行事的基础。

可是实际上并不如此。除了几个较为著名的学校,青年的体育和群育尚略加注意外,其余的学校学业上能认真,已算好的了。结果怎样呢?不正当的团体组织,遂乘间而起,小则妨害个人的志趣,大则破坏全国的学风。这是何等危险的事情!

现时社会上神经过敏的人,时用"教育破产"四个字来警醒我们。我们知道做一分事业,总有一分效果,教育是不会破产的。不过学校内专尽了"教"的工夫,不尽"育"的责任;专供给知识,而不问应用知识的人的人格如何,确有许多流弊。与其有知识而没有人格,还不如有了人格而没有知识,尚可减少一半的罪恶。人格的训练,在培养各种良好的习惯,道德的和社会的。培养那种习惯最好的时期,就是在中等学校内注意各项课外活动。

一、组织课外活动的几种原则

改进一校的团体生活,就作者的经验而论,觉得是一件异常困难的事情。草拟计划,强迫执行,不单是教师不表同情,就是学生也缺乏兴趣。所以最适宜的步骤,在利用时机,分期进行。要知各校的组织不同,历史不同,地方观念不同,人才经济不同,是以在一校施行有良果的,在他校未必如此。我们现时只能就大体立论,至于施行的细目,只得听各校自由变通了。下面是组织课外活动的几种原则:

1. 各种课外事业,学生均须自动的参与。学校不要代庖,替他们定纲要或支配一切进行事务。因为学生不自动的参与,就缺乏兴趣,失掉组织的精神。

2. 各种课外活动,当有教育的意义。凡不能进益青年男女身心的事情,就没有提倡的必要。

3. 任何课外活动,都须与有组织的事业发生关系。如此,学校生活方有一定的目标,不致散漫无规则。

4. 课外活动的种类须丰富,使每人能参与一两种,以便普及。

5. 各种课外事业,全校学生均须有同等的资格参与。

6. 教职员须尽力赞助,和学生合作。要知道现代的教师,对于群育,也应负相当的责任。

二、课外活动的种类

除了书本的教科以外,学校活动的种类很多,此刻且举几种较为重要的说一说:

(一)**课外运动**　现时各校的体育方针,都注重在运动。提倡运动的动机,大概有两种:

(1) 利用运动为消遣的工具,借以锻炼个人的身心。

(2) 以运动为增高校誉的一种手段,冀博得社会的赞美。

这两种动机对不对,暂时且不下断语,我们先讲运动的功用。人类的动作,大致可分三类:(1) 工作(work),(2) 操练(exercise),(3) 游戏(play)。工作是"有所为而为";操练在注重技能的纯熟,或身心的发达;游戏则纯出天籁,合乎本性。运动属于哪一类,须视个人的动机如何而定。最好的动机,是一种游戏的。不过这种游戏,须有组织,方可收到正当的利益。其利益可概之如下:

1. **健康方面的**　自世界文化日进,机械发明以来,人类遂由劳力而趋向劳心。因之体魄日弱,精神不充,事业的成效不大,后嗣也不强壮。西儒说得好:"强健的精神,常寓于强健的身体。"身体不健康,则诸事不能做。古来享大名的人,虽未必身体都康健,如洛克(Locke)[①]以孱弱之躯,也成为西方大哲,但是一生所感的痛苦,已够他消受的了。

2. **休养方面的**　劳心过度,则血脉不能畅流,精神便觉委顿,做事效率,因而减少。稍事运动,便能活动气血,舒畅四肢,且可加增生活上兴趣。在做事的时候,心神紧张,各种情感,都受到暂时的束缚,无由发泄。一到了游戏场,便觉"水流花放"、"鸢飞鱼跃",在在有一种生意流露出来。我们平时的生活,所以觉

[①] 约翰·洛克(John Locke, 1632—1704)是英国的哲学家,其提出了著名的分权学说。代表作有《论宽容》《政府论》。——编校者

得干枯,就为缺少变化,动作有变化,是休养方面一个很重要的条件。

3. 社会方面的　在运动时候,不分什么阶级。有特殊能力的,就受大众的尊敬。总统可以贿选,运动的领袖,却全凭真实的本领。各人对于举出的领袖,须绝对的服从,否则比赛时,精神就不能团结。所以牺牲个人荣誉,增进全体幸福,是与赛的人所必具的精神。

4. 教育方面的　今人竞言人格教育,要知体育为人格教育的实验工具。习惯的造成,本能的发达,有赖于运动的地方很多。如冒险是人类的一种天性,不过没有相当的刺激,就不能发展出来。又如争斗也是一种天性,不过现时的环境和原人时代不同,争斗一变而为工商业或学术上的竞争。倘使有人逢到困难时,只知太息,不知奋斗,就因为以前缺乏刺激,未曾发展这种固有的精神。

青年在中学校时代,如不供给以相当的刺激,就得不到充分的发展。兹择其最重要而为运动所能培养的,分述如下:(1)自动性。发明、创造、积极进行、行动敏捷诸特点,都和自动性有关。自动性的养成,有赖于队球、网球、足球、篮球等等。在这种运动里边,青年能造成各种良好习惯,如适应新动境、活泼、敏捷、有秩序。只有普通的体操或枪操,尚不足以达此目的。此奋斗的、不怕失败的自动精神,决非在课室内埋头读书所可养成。(2)被动性。顺从真理,服从法律,这种有意识的被动性,也很重要。两组决赛的时候,最后的胜利,就靠托服从、忠勇、胆敢、合作、创造、自信、决断、镇定及自制的能力。任何队员,为了细小的愤怒,致累及全体的失败,不必事后有人责备他,他自己知道愧悔,知道在下次补过。(3)群性。在比赛时,不单是对于本组的队员,有热心的情感,就是对于敌组的队员,也有相当的敬意;不肯用诡谲的手段来取胜,因为这不是"好汉的精神"(sportsmanship)。有了这种"好汉的精神",无论将来入工商界、入农界、入政界、入教育界,总能处事公允,仗义执言,不至混淆是非,颠倒黑白了。

总之运动的功用,在养成身心的康健,发展良好的本能,培养美满的人格。任何设施、任何教材,能实现这三种目标的,就有存在的价值,否则也有若无了。

普通各校关于运动方面,有一种很不好的现象。他们只知造成几个选手,须备各校联合运动时,夺取锦标,不问全校学生的体健。这个弊病,不单是我国如此,美国亦然。里德学院校长福斯特(Foster)[①]曾有一个很深刻的批评,他

[①] 福斯特(William Trafant Foster, 1879—1950),美国教育家与经济学家,里德学院首任校长。——编校者

说,各校比赛的目标不外三种:(1)打胜人家,(2)借此敛钱(因美国各校赛球时,卖出的票价很昂),(3)博个人或团体的荣誉。这种举动,和时下流行的跑马、比武有什么分别?这种营业性质的各校比赛,实在没有教育意味。他的话虽说得过火,但很可为一般学校的当头棒喝。要知各校比赛,自有他的位置,不过不要太注重了。各校平时,应留意校内的各级比赛,使全体学生都有参加比赛的机会。有时选出最好的一组,同他校比赛。比赛时,最应注意的就是培养"好汉的精神",胜固喜,败亦肯服输。不要一味逞强,或谲诈胜人,或破坏游戏规程,或不听公证人指挥。要是养成这种不良好的习惯,将来服务社会的成绩,就不可思议了。

施行普及运动的时候,学校还有一点要注意,平素当有很详密的体格检查和医药检查。体格检查所以调查各个人体质发达的状况,医药检查所以诊断各个人身体上的缺憾。知道了缺憾,才可想补救的方法,否则心弱的人,叫他练习长跑,不特于身无益,反足以酿成疾病。

现时东西各国,对于"自然的运动"均极力提倡。他们深知运动可以(1)养成人格,(2)增进健康,和(3)训练特别技能。任何国家,要希望政治清明,经济稳固,须有身心健全的人支持一切,尤须全国的工业效率增加。要增加工业效率,须全国人的体力处于稳固地位。民治的国家,更宜注意公民的道德,养成大国民的风气,或者说"好汉的精神"。

(二)童子军 童子军训练,在教育上也占有重要地位。其优点可分述如下:

(1)发挥天赋本能,养成善良的品性。

(2)适应儿童的心理,利用儿童的余暇,俾随时有学习常识常技的机会。

(3)练习人群服务,以建立青年高尚的人格。

(4)锻炼体格,养成健全的国民。

欧美文明各国,对于童子军事业,莫不尽力推广,视为重要事务的一种。我国近十年来,各地教育界,对此事业,也稍知注意。中学方面,如南开、清华及东大附中都有童子军的组织。附中在前两年即规定童子军为必修科,试行以来,觉效果尚好。不特学生精神较前活泼,即对于手工一类功课,兴趣也视前加增。现新制中学成立,注重自动,注重体验,注重考查个性,童子军更有推行的必要。各校纵不能将童子军列入正课,也当认为课外重要事业的一种。

(三)辩论会 新社会的人物,不特身心要强健,并且口才也须敏捷。因为社会的组织一天复杂一天,用口发表的机会,也一天多似一天。青年最好辩论,所以在青年时期,须注意口才的发展。倘使我们留意任何身心强健的青年一天以内的动作,我们就要骇异,为什么他的思想、论点、信心,与人家立异地方很多。并且他不抱定一个观念则已,要是抱定了一个观念,他要辩论到底,贯彻他的主张。不过他不按辩论的正当手续,一味野战;论点没有确定,他就要推演,事实没有证明,他就下结论。他不知道用科学的方法解决问题,先有假定,慢下判断。他辩论的心太急切了。有时有了意见,还不知道怎样组织,怎样陈述。

所以中学辩论会,实有组织的必要。不过辩论有真假两种。真的辩论会(genuine debates)在探求真理,解决问题,所说的都系由衷之言;假的辩论会(pseudo-debates)在练习口才,诡辩胜人,多半是故作违心之论。两种价值的高下如何,亦可不言而喻了。

学校中可以施行的辩论方法甚多,且举几种说一说:

1. 时间人数俱有限制　这是一种假的辩论,在学校中很通行。如举行各级比赛,先由每级推定辩论员若干人,分为正反两组,每组有领袖一人,助辩员两人,预备员一人(如届时辩论员不能出席,可由预备员替代)。学校中先拟一个辩论题,令各级举行预赛。每级优胜的一组,再行级赛。最后胜利的两级,举行决赛。辩论时发言的程序以及时间的分配,大概如下:

正面	反面
1. 领袖 10′	2. 领袖 10′
3. 助辩员甲 5′	4. 助辩员甲 5′
5. 助辩员乙 5′	6. 助辩员乙 5′
8. 复辩 7′	7. 复辩 7′

先由正面领袖发言,时间假定限 10 分钟,次由反面领袖发言,时间也限定 10 分钟。以次助辩员陈述意见,或答辩对方的论点。复辩时,先由反面领袖发言。最后为正面领袖复辩。上 6 次的辩论稿,都可事前预备好,末两次的复辩,须临时对答。所以胜负的决定,于复辩的精彩,很有关系,评判员普通为三人,评判的标准,约分姿势、声调、语言、思想、结构、复辩精彩数项。

现时通行的各校联合比赛,也采用这种方法。就教育方面说,假的辩论终不若真的好。下边说真的。

2. 限制时间不限辩论的次数　这种辩论的程序,大略如下:(1)先由辩论会中各会员提议一个值得辩论的问题,在这许多问题中,选择 5 个更有价值的,请各会员研究正反面的主张;(2)5 个中再选定一个,择期讨论;(3)讨论时各人陈述解决的方法,以及对于本问题的意见,如主张一致,即无庸辩论,如意见不一,双方均有主张,即有辩论的价值;(4)先择定主张正面最热烈的辩论员两人,预备员两人,再择定深信反面主张的辩论员、预备员各两人;(5)正式辩论,先由正面两辩论员陈述意见,然后反面答辩。各人辩论的时间由会中规定,至复辩的次数,可临时酌定。俟末次复辩了后,由听众投票取决。如有三分之二以上票数赞成一面主张,问题即算解决,否则作为悬案。

这种方法的好处有几层:(1)优胜的标准,不仅持口才的敏捷,须理由充足,证据确实,可使听众心服。所以事前必须有充分的准备;(2)题目与日常生活有关,为学生自拟;(3)只有不能解决的问题,才提出辩论;(4)辩论员均深信他的主张,无违心之论。

不过方法虽好,行了几次,学生也要觉得厌倦,须时常有些变化。

3. 公开辩论　正式辩论以前的步骤,和第二种方法相同。辩论时,先经主席认可,由正面一人发表意见,以后各人可随意加入辩论。辩论时间及次数,可由会中酌定。最后由听众投票取决,一组得多数同意票者,即为胜利。

4. 三角式的辩论会　这是一种学校比赛的方法,应使学生负下列的责任:(1)定夺和哪个学校比赛,(2)谁做辩论员,(3)辩论的规程怎样,(4)经费如何筹划。

进行时先须决定与赛的三个学校。例如甲校为发起的学校,先组织一个辩论筹备会,请定一两个教师做指导员。复由筹备会拟定一个题目,征求与赛两校的同意。题目决定后,筹备会可会同指导员选定与赛的辩论员。

三角辩论时,可迭为宾主。例如乙丙两校辩论时,地点可在甲校,甲校须任招待及评判事宜;甲乙两校辩论时,则丙校为东道主,余类推。至最后决赛,可请外界人为评判员。

这种办法,既可练习辩论,又可练习社交,也是课外的一种良好活动。所困难的,学生筹费恐不胜任,最好由学校酌量补助若干,以利进行。

(四)出版品　现时规模较大的中学校,都发行一种周刊,周刊是练习学生用文字发表思想的一种重要工具。但是普通人对于中学的周刊,不大重视,当他做学校里边一种消闲品。这有几层原因:(1)周刊的组织,在教职员和学生方面,都没有一定的宗旨;(2)言论思想,易流于粗俗;(3)评断一切,不能持公允的观念。因此觉得中学周刊,徒然浪费精力,无发行的必要。

其实周刊和中学发展的关系,非常之大。要是办得好,有许多的利益。此刻且分别的说一说：

1. 传播消息　有的人以为天天在校内生活，校中情形，当然知道，何必要有什么机关来记载"明日黄花"的消息呢？他不知道一星期内校中可记的事情很多，例如行政人员的布告，会议的结果，新科目的引进，教法的变更，仪器的购置，运动的新闻，自治会的概况，各种研究会的进行，以及个人有趣味的事实，都是校内的人所应该知道的。没有一个周刊，替学校搜集保存起来，各人就有隔膜的地方了。

2. 贡献意见　周刊是全校的喉舌，对于全校应兴应革的事宜，不当"默尔面息"，应该开诚布公地说出来。攻击个人，有伤私德。至于正当的建议，为大众谋幸福，校中办事人断不会置诸不理。在周刊上面，不要只有编辑员发表意见，应该欢迎全体积极的批评。

3. 欣赏诙谐　良好的周刊，能把全校生活的情状反射出来。学校的生活，无论如何干枯，总有各种悲欢喜笑的事实，只要用艺术家的笔，描写几句，便不觉引起人生最密切的情感。不过不要只打趣或颂扬一个人，引起人家的厌恶。周刊的编辑员，应该竭力调查有这种艺术思想的人，充分利用他们的才能，来增进我们的兴趣。

4. 辅助教科　中学生最不欢喜的是在国文课上做枯槁的题目，如"入中学后之感想"，"学然后知不足说"，没有话讲，偏要说几句，苦痛极了。但是用文字发表思想，又是一种极重要的工具。一个人的专门学识，无论登峰造极到什么地步，要是发表思想的工具不完备，就处处受到牵制；在社会上，没有多大的影响。所以文字不得不做，工具不得不练习。最好的练习，是在自然的环境里边，自己有一种强盛的动机。例如一个学生想在周刊上发表一种意见，或描写他游历时的见闻，或做一首新体诗，自己的印象有了，思想组织好了，所缺的就是辞不达意。要是那时候，教师把他的语病指点出来，文字修饰一下，他不单是很感激，并且觉着得益比较往常来得多。这就是周刊和教科联络的方法。

5. 练习准确　在周刊上，无论发表什么意见，记载什么事实，叙述什么新闻，都要像在几何教室内证实算题，化学教室内分析原质，一样准确。否则就没有价值了。

6. 消除畛域　一个学校内有好几百人，意见当然不易一致。不过应该有一种中坚的思想，可以代表一校的精神。至于各组的成见，应设法祛除；教职员和学生的界限，应设法沟通；学校生活方面的优点，应尽力提倡；劣点应尽力消灭；对于校中的办事人，应有相当的敬意；对于训育，应有共同负责的精神。总之对于造成一校良好的校风,周刊有一个重大的使命。

周刊与学校的关系,既经这样密切,所以教职员与学生,应该通力合作。最适宜的办法,编辑事宜,教职员与学生共同负责。教职员方面,推举总编辑一人,学生方面,也推举总编辑一人,任期以一学期为满,连举得连任。编辑员由各班推举一两人,或轮值或常任均可。另外再推举访事员若干人,专司探听消息,也由学生任之。事务方面,可由学生处理,教职员负指导的责任。事务约分经济、发行,及招登广告数项。

在周刊发行以前,先须筹有的款。印刷费如能学校与学生分任最好。

果能依照上面的办法为组织大纲,以上述六种功用为编辑目标,切实地做去,一定可以收到很大的效果。

(五)研究会　各校研究会的种类很多,如文学研究会、英文研究会、戏曲研究会、音乐研究会、图画研究会、理科研究会等等。研究会的名式虽多,收效却并不大。其故由于(1)缺乏教师指导,(2)缺乏兴趣,(3)入会无限制。此种自由集合,应有教师参加,规定进行日程。对于会员,亦当稍有限制,如一人同时不能入数种研究会。总之事业不妨小,兴趣却须保存,与其没有兴趣,徒担一个虚名,不如早日退出,不为会员的好。

(六)娱乐会　我们时常说大多数的中学生的生活太干枯,以致卑下的思想,不能祛除。行动方面,绝少一种少年精神、活泼气象。所以平时学校内应多供给娱乐的机会。我们听见德国的学生每逢星期日,辄至山深处,徜徉游息,至日暮人倦,方歌唱而归。故身心方面,两得其益。我国青年,实缺乏此种陶养。现时所有的娱乐,不外音乐会、游艺会、演剧、郊叙、茶话会数种。学生每逢此种集会,所表演的节目,大都陋俗无味,缺乏教育的意义。学校平时应注意此种训练,对于良好的西乐、国乐以及其他能陶冶性情、养成高尚思想的艺术表演,都须积极提倡。此外如每星期六演影戏,也是一种很好的娱乐,无形间可以提起学生的精神,南开曾备有影戏机一架,东大附中本年也在置办,不过学生人数较少的学校,就无力购置了。

总之学生课外活动的事业很多,一时也说不尽。我希望各校不要因为数次尝试不成功,对于团体生活,就灰心不去提倡。今年不成功有明年,明年不成功有后年。果能遵照本章开始所陈述的6种原则,分期进行,总有些须成效。否则团体散漫,校风日就堕落,以后要挽回,更须加倍努力了。

讨论和研究问题

1. 用几件事实证明青年男女是天生的"社会的动物"。
2. 说明课外活动和人格教育的关系。
3. 我国中学生所以缺乏团体精神的最大的几种缘由是什么？补救的方法怎样？
4. 运动有何种特殊的功用？
5. 学校对于运动应取何种方针？应用何种方法达到所定的方针？
6. 我国人缺乏奋斗的精神，好作"自了汉"，你想和运动有没有什么关系？
7. 你觉得各校比赛足球、篮球、棒球等，有提倡的必要吗？如需这种比赛，应有何种限制？
8. 何谓"好汉的精神"？
9. 童子军可以救济中学生那几种弊病？
10. 怎样可以引起学生自由集合的兴趣？
11. 何以中学校有购置影戏机的需要？除本章所举的娱乐方法外，还有什么别种良好的设施？

参考书目

西文：

1. Briggs, T. H.: "Extra-curricular Activities in Junior High Schools," Educational Administration and Supervision, Jan. 1922.
2. Johnston, O. H.: The Modern High School, Chaps. XVI-XIX. New York. C. Scribner's Sons, 1914.
3. Johnston, Newton, Pickell, Juniro-Senoir High School Administration, Chaps. 13, 14, 16. New York. C. Scribner's Sons, 1922.
4. Wilds, E. H.: "The Supervision of Extra-curricular Activities," School Review, Nov. 1917.

第十六章　中学自治问题

中学生的自治会,本亦为课外事业的一种,不过现时在我国中学实施方面,占一个很特别的位置,所以另列一章讨论。

一、自治主旨
原来学生自治的宗旨,在:(1)发展社会性及公众责任心;(2)使学生实地练习做公民;(3)使学生明了人己的关系;(4)养成自尊心;(5)造就独立精神;(6)替代消极的管训。

二、自治会的现状
"学生自治"四个字,何等庄严,何等光明,何等深合教育原理,何等动人听闻。可是理想太高,往往与事实发生冲突。现时东西各国中学生自治的效果如何,明眼人自知,不必我细说。提倡学生自治的先生们,此刻都如"哑子吃黄连,说不出的苦"。但也有办理得法,稍著成效者。例如嘉兴秀州中学校长台维斯先生,曾有一个很满意的报告。他做报告时,他们的自治会,成立已有三年了。进行的步骤如下:

(1) 先在英文班上讲解关于学生自治的论文,使学生明了自治的意义与宗旨。这样过了两个月,学生对于自治会的组织,渐发生一种热烈的情感,急迫的需要。最后开了一个全体大会,讨论组织自治会,赞成者112人中有94票。

(2) 组织的方法,采用一种执中的主义,不偏于绝对的专制或放任。用图表明:

甲式以教职员为重心,学生事事被动,无丝毫自治精神。乙式教职员与学生彼此分立,各不相谋,结果必致学潮溃决而不可收拾。丙式教职员与学生共同合作,相维相系,以爱情为结合,以体验为教育,如家庭之培养子女然。

学生办事的统系,悉仿美国的地方自治制,有市长、副市长、市议会议长以及裁判员三人。选举前,先举行祈祷会,祷告耶稣在暗中辅导,使举出的职员,确有领袖的资格。自经此会,学生投票时,异常慎重。三年中所举出的职员,有75个人是信耶教的。

那个自治会,在三年内,很做了些事业,很表示点精神。不过我们不要以为

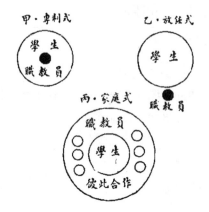

美国人在我国办学生自治,就很有成效,我国人自己办就办不了。美国各地中学生的自治成绩,也未见得十分高妙。萨兼尔①(Satchell)曾调查弗吉尼亚州中学校自治概况,他共调查了200个著名的中学校,收到150份答案。其中有42校,回答有自治会的组织;有108校,回答没有这种组织。108校中有9校,说因为试验失败才取消的;有12校说正在预备进行;其他87校只回答没有自治会,并不说什么理由。兹将各校校长对于自治会的意见分述如下:

(1) 有自治会的组织,并赞成自治会的:

  (A) 自治会能使学生自己负教室外的训育责任,并能提高学校精神。

  (B) 自治会能减少学生迟到的弊病。

  (C) 使学生养成正当的行为。学生渐能理会教师是良好的指导员,并不专是一个教书先生。

  (D) 自治会能沟通师生间的情意。

  (E) 希望自治会的范围逐渐扩充,有许多教师做的事情,将来都让学生自己处理。

  (F) 我们希望教职员与学生合作,不希望有自治会的形式。

  (G) 自治会能代教职员解决许多困难的问题。

(2) 赞成自治会的,但校中尚无自治会的组织:

  (A) 我们正在引起学生组织自治会的动机。

  (B) 现时尚没有,但正设法与学生合作。

  (C) 据我个人意见,自治会的组织,与学校生活有很大关系。计划拟就后,即当试行;不过时间问题(only a matter of time)。

---

① 据查未详。——编校者

(3) 不赞成自治会的:

(A) 本学年开始时即取消,由各班领袖提议,因全体学生对于自治会无兴趣。

(B) 我不赞成。自治会的事业,大都是校长的事业。只须处事公允就是了。

(C) 从来得不到有效率的组织。试了一次,结果很不好。

(D) 类似自治会的组织,我们曾试行过一年。觉得实行时期尚早。

(E) 数年前曾经有过这种组织;结果不满意,我们把它取消了。

(F) 数年前试行的结果并不好。学生方面发生一种嫉妒的情感,对于自治会,渐不欢迎。男子中学,也许无此种现象。

看了这个调查结果,我们也可想见美国自治会的概况。一州虽不能代表全国,但其他各州,也未闻有任何显著的效果。至于我国情形,可道的更少。能积极做些事业的,真如凤毛麟角;其余的非空挂一个招牌,即假借自治会名义与学校为难。

三、自治会的缺点

综观各校自治会现象,有数种普通缺点:

(1) 会员对于选举不郑重。对于选出的领袖,无相当的信仰。

(2) 会务只有少数人负责,多数人视为无关紧要。

(3) 每次集会职员出席不踊跃,缺乏热心会务的自动精神。

(4) 每次改选职员,有若干人不愿就职,或就职后不负责任。

(5) 有时议决之规章办法,不能执行。

四、失败的缘由

自治会所以有这种现象,缘由何在呢?我曾举出这个问题询大学和中学学生,大家都异口同声地回答说,因为功课太忙,又缺乏教师指导。这两个原因,固然说得不差。但是我们觉得功课太忙,不是真正的原因。自治会的宗旨,在教人做一个完美的人,难道因为功课忙,就愿意放弃做人的责任吗?并且"忙"是一种比较的说素,曾国荃攻南京,作战数昼夜,晚上犹手书报告,洋洋数万言,未尝说个"忙"字。我们青年,要得些课外经验,便觉得日无暇晷,殊太没有振作精神了。所以功课忙的理由,不能成立。

缺乏教师指导,自是一个重要原因。不过我们要知道自治会最后的判断,在各个人有否养成自治的能力,不在一时所做的事业。有的自治会,表面上看来很有成效,但是实际上完全靠托教职员指导的力量。换一句话说,这个自治会的基础,不是筑在学生本身,筑在教员或职员个人支配的势力(the controlling personal force)。要是那个势力一去,自治会即失所依傍,随之而倒了。所以教师指导,固不可少,但缺乏教职员指导,尚不是自治会失败的最重要缘由。

重要缘由究竟是什么?有的人说,学生缺乏自治能力。这句话也不差。不过学校所以要组织自治会,就因为缺乏能力,要是各人都有了自治能力,那也不必再有自治会的组织了。

我以为自治会失败最重要的缘由,在未养成学生自治能力以前,加以大规模的组织。"好高骛远",本是人类的通病。所以学生不谈自治则已,谈到自治,总觉得范围愈大愈好,小了要被人家看轻。凡和他们学校生活有关系的,希望都受他们自治会的支配。什么行政部、评议部、纠察部,式式都全,会务定得很烦重,规章定得很详密,但是什么人去负责?没有人。

我们须记得学生组织一个比级会组会再小一些的团体,尚且意见横生,不能通力合作,怎样会有统治全校同学的能力,怎样可以组织那么大的一个团体?所以说自治会不好,自治会本身不负责任。这是施行的人心太急些。例如教非洲半开化的人民,施行最新的民治方法,方法虽良好,总得不到多大效果。我国的政象,也是一个例子。无论改行立宪,建设共和,于两三百兆不识字的老百姓,丝毫不生影响。一般人喜欢坐了飞艇同人家争胜,事虽快意,但于实际究何益呢?总之学生在青年时代,决不能完全自治。我们只可逐渐养成他们自治的能力。

五、养成自治能力的步骤

学校中训育的势力,可分三种。第一种是怕惧(fear),例如怕学校规程,怕教师,怕校长,或信教的学生怕上帝。怕惧的势力,全凭外界的强制,最不可靠。第二种是敬爱(love),例如敬爱某教师或某校长,因此不忍做犯规的事情,重违他的心意。第三种是由"自发的理想"(self-imposed ideals),抑制个人的行动。这种光景,当然很少。但是学校内总有一小部分学生,他们所以肯守规则,不是因为怕惧,也不是因为敬爱,完全由于自制的能力。要是全校学生,都能这样,自治会就不致失败了。

从一方面看起来，青年学生仿佛一种半开化的人民。给他们相当时间，未尝不可慢慢地吸收文化，达到民治的理想。所以讲到学生自治，即可以半开化的人民做例子。

半开化人民的领袖，必有他特殊的资格。他的勇力、技能、才识，必为侪辈所推重。到后来有部落，国家的组织，酋长或国君遂成了世袭的职位。但在开创时候，领袖必能代表群众的信仰。凡群众所缺乏、所想望（aspire）的特质，领袖都能备有。

青年的自由集合，有时也有这种倾向。凡是会长的行动，都可以代表一般会员的思想。推而言之，土匪的领袖，以杀人越货为能；政客的领袖，以纵横捭阖为能；军士的领袖，以杀敌致果为能。各人的"想望"（aspirations）不同，所以领袖的资格也不一。

初中的学生，正在青年的初期。同情及社会的观念，方始发达。他们的行动，实际上犹不如半开化的人民。叫他们实行自治，其实是一个大笑话。但是自治的能力，总须养成。无已，只有渐来。

1. 养成自治的理想　　总结上面的讨论，促进自治会的第一步，在养成共同的理想，或共同的想望（annuity of aspiration）。新近美国曾悬赏征求适合青年的信条，得奖的一名所列的信条大致与童子军规条相仿佛。盖童子军规律与组织，最适合现今一般青年的需要。斯派尔学校（Speyer School）①曾依照那个信条，编成全校十大规则。近东大附中亦采用其意，列为附中十大信条。兹摘录于下：

东大附中的十大信条

（1）东大附中的学生是尊重的

他尊重、服从他的父母、师长、领袖和其他的职权。他不侵犯、鄙视他人的习惯、风俗、宗教。

（2）东大附中的学生是信实的

他的言行是可靠的。倘使他说一句谎话，或做一件欺骗的事情，或受了人家的嘱托，不负责任，就有损他的信用，就当不起东大附中学生的名称。

（3）东大附中的学生是忠诚的

他对于应该尽忠竭诚的都肯尽忠竭诚——他的学校、他的师长、他的家庭、他的父母、他的国家。他对于功课，也知勤奋。

---

① "斯派尔学校"是哥伦比亚大学教育学院的附属实验学校。——编校者

（4）东大附中的学生是互助的

他随时随地肯扶助人家，分任家庭和学校的事务。每天总做一件有益他人的事情。

（5）东大附中的学生是友爱的

他视各人如朋友，视同学如兄弟。

（6）东大附中的学生是谦恭的

他对待各人都有礼貌。对于妇孺老弱，更知爱护，有相当的敬意。

（7）东大附中的学生是快乐的

他时常含有笑容。能敏捷的、愉快的尽他分内的职务。事务愈困难，心中愈欢乐。

（8）东大附中的学生是节俭的

他不损坏物品。他切实做事，不浪费时间，并能充分利用他的机会。他节省费用，留以周济他人，或达到他个人有价值的目的。

（9）东大附中的学生是勇敢的

他有不避艰险的勇气，服从正义的精神。不受友朋的谄媚，不怕仇敌的威吓。任何失败，不能灰他的心志。

（10）东大附中的学生是清洁的

他保持他身体的清洁、思想的清洁、言语的清洁、习惯的清洁。他参与清洁的游戏，交结清洁的伴侣。

不过这种信条，应得到全体学生的信仰，不应当作规程看待，由校中提出来束缚大家。等到各个人承认了这种信条，奋力的来实现这个具体的目标，我们才可做第二步的工夫。

我们以前说，最难养成的是校风。倘使各个信条，不成为具文，能切实代表学生的"想望"，那优美的校风，自然可以造成。新生来校后，只须由旧生同他们开几次会，说明信条成立的缘由，并请他们承认这种信条，加入固有的团体。这样：新生便易于同化了。

2. 选择领袖　以前自治会所以失败，就为领袖不得人；领袖所以不得人，就为选择时无具体的标准。所选的领袖，不能代表学生的"想望"。现时有了信条，领袖的资格，就可具体地陈述出来。任何学生，服务的精神，能适合信条的，就可被举为领袖。如学生对于信条有绝对的信仰，那么对于实行信条的领袖，当然也知服从。不过学生所选的领袖，不一定个个都好。逢到不称职的领袖，学校中应有权不承认他，知照学生另行选举。

我们此刻所说的领袖，是指点小团体的领袖，并不是自治会的领袖。因为我们觉得学生未经训练，即予以自治的权利，实在不是爱他，反是害他。有人以为有了自治会，才可养成自治的能力，其实错了。应该先养成能力，然后组织自治会；那个自治会，仿佛"瓜熟蒂落"，自然而然的产生出来。所以自信条成立后，至少也须待四五年，才可组织如现今大规模的自治会。

在初级中学有童子军的，最好即以童子军的分队为单位。寝室榻位的编制，即以童子军的名单为根据。例如每组有四十人为一团，选出的团长就充组长。每团分四队，各队的队长，即分负班中的一切责任。队员有不服从队长指挥的，可报告组长；有不服从组长指挥的，可报告训育股。

各队均佩有特殊的徽章，以便认别。任何比赛，都以队为单位；即操行分数，亦可以队与队相比较。待各队的精神坚固，然后再组织组会，组会的规章，可由学生自行议定，另请教师为顾问，指导一切。如有关于全校事宜，可由各组推举临时代表处理之。

3. 组织自治会　待组会有了三四年的根柢，办有成效，然后再扩大范围，采行地方自治制的精神。不过这个时期，总须经过长时期的预备，方可实现。此刻把上边所讨论的各点总结起来：

（1）在学生未养成自治能力以前，即组织大规模的自治会，是很危险的事情。

（2）促进自治会的第一步，在养成学生共同的"想望"，例如信条即代表想望的一种。

（3）信条成立后，须注意领袖的产生。领袖的资格，以能适合信条的精神为主。

（4）先从小团体做起，所办事项，宜少而易行。

（5）小团体组织就绪，再扩充为组会。

（6）教职员自始至终，须在旁监督指导。

（7）数年后俟团体的习惯养成，再由小团体连成大团体，实行自治的办法。

讨论和研究问题

1. 为什么各校自治会的成效都不大好？
2. 你对于自治会的现状有什么意见？
3. 你觉得自治会最大的缺点有几种？

4. 缺乏教师指导,何以不能算自治会失败的最大缘由?
5. 从哪方面可以证实青年如同一种半开化的人民?
6. 要使自治会有价值,何以先须定夺行为的标准?
7. 怎样养成学生鉴别领袖的能力?
8. 除上列的十大信条外,另有哪几点应该特别注重?
9. 小团体应怎样组织,才有成效?
10. 怎样引起学生对于组会的兴味?
11. 提议一个养成自治能力的具体计划。

参考书目

西文:

1. Bowden, A. O.: "Student Self-government," School and Society, pp. 97 – 102, July 27, 1918.
2. Briggs, T. H.: "Extra-curricular Activities in Junior High Schools," Educational Administration and Supervision, Jan., 1922.
3. Davis, L.: "A Three Years" Experiment in Pupil Self-government," Educational Review, 教育季报, Apr. 1923.
4. Satchell, J. K.: "Student Participation in School Administration," The School Review, Dec. 1922.
5. Stahl, F. W.: "An Experiment in Pupil Self-government," The School Review, Sept. 1921.
6. Van Denburg, J. K.: The Junior High School Idea, Chap. XIX. New York. Henry Holt & Company, 1923.

中文:

1. 陶知行,《学生自治问题之研究》,载《新教育》(第二卷,第二期),1919。
2. [美国]顾樊山(Goldwasser),廖世承译,《关于学生自治的几个问题》,载自《新教育》(第2卷,第3期),1919。
3. 美国学生自治研究会发布,郑晓沧译,《中小学校学生自治实施之计划》,载自《新教育》(第2卷第3期),1919。
4. 陈鹤琴,《学生自治之结果种种》,载《新教育》(第2卷第3期),1919。
5. 杜威,《学生自治》,载《新教育》(第2卷第2期),1919。
6. 王衍康《中学校训育问题》,载《中等教育》(第一卷第一期)。
7. 邰爽秋,《训育实施的一种结果》,载《中等教育》(第一卷第四期)。
8. 张念祖,《中等学校训育之研究》,载《中等教育》(第二卷第二期)。

第十七章　中等学校的职业指导

一、为什么有职业指导？

做了一个人，不能不做事，职业指导的目的，就在使各人得到一种相当的事业去做，但是青年中有几多人，选择一种职业，曾经用过一番工夫去自己考虑的？

我们时常听见各国政府说："保存天然的财源。"这句话怎样讲呢？就是说一国政府，对于一国所有的地力、水利、森林、矿产、水族产品等等，须尽量利用，不可有丝毫浪费。但是浪费天然的财力，还不如浪费人类的精力来得大，外人讨论中国问题时，总有几句"门面语"说："中国地大物博，富强的机会很多，可惜现时不知道利用天然的财力，所以这般贫弱。"其实他们不知道中国贫弱的原因，不仅是"货弃于地"的问题。大部分的问题，还在我们一般国民没有相当的事业去做，有用的精力，消耗于无用。消耗的原因，就为缺乏指导。所以看见学法政的人做官了，大家以为学法政是做官的"终南捷径"，都去学法政了。一时又看见工程师的薪金很大，以为工程师的事业，很可以干得，又相率而学工程了。学成以后，看见社会上的位置很少，又不得不别作企图。学法政的，改营教育；学工程的，转业盐务。学非所用，用非所长，大家这样子的混闹，还有什么正当事业做得出来，国家怎么会不贫不弱呢？所以我们一方面主张用科学方法，改良农业，开辟矿产，营造森林，推广水利；一方面须提倡职业指导，保存人类的精力，双方并进，或者对于国事，还有补救的希望。

不要说中国的青年们择业茫无目的，就是美国，也是这样。据美国儿童工作委员会的报告，他们曾经调查许多儿童，问他们何以选择某种职业。有的说："因为别的儿童选择某种职业，所以我也选择那一种。"有的说："我碰巧得到那一件事情。"有一个家长说："此刻谋事的人这样多，我们的孩子找到一件事就算了，哪里还有什么选择？"

二、没有指导有什么弊害？

从上边的事实看来，现在的教育，对于青年期的指导，实在太忽略了。因此，常使青年们走入歧途。现在且把选择职业不适当的弊害分析一下。

（一）个人方面的损失

1. 能力　依近来心理学上的试验，各个人的能力不一样：有长于观察的，有长于记忆的,有长于创作的,有长于模仿的。倘使选择职业不以能力为根据,各个人特殊的长处,就埋没掉了。

2. 健康　各个人的能力有不同,各个人的健康,也有差异。譬如某某的身体,不甚强健,只能任甲种事业,此刻叫他任乙种事业,身体上必至受到影响,因此作业的效率,就减少了。

3. 时间　无论劳心的工作,或劳力的工作,时间总当力求经济。有许多人因为缺乏相当的指导,选择职业时,往往用"尝试错误"的方法。选定后,又复见异思迁,中途改业。改业的事情,虽不能完全免去,但果能减去一分"尝试错误"的精神,时间便可经济一分。用这一分的时间,去干相当的事业,成就不是更大吗?

4. 兴趣　兴趣是能力的表示。一个人做一件事情有兴趣,就表示他有做那件事情的能力。反转来说,倘使一个人所做的事,同他的能力身体都不合宜,兴趣便不会发生。

(二) 社会方面的损失

1. 减少效率　近代教育的目的,在养成社会上有用的人才,加增社会作业的效率和促进社会服务的精神。所以社会的进步,全凭个人的发展;个人的幸福,全靠社会的改进。两种的关系,非常密切。要是个人的才力,不能用得其所,个人的发展,固受牵制,社会的效率,也要减少许多。

2. 埋没天才　依照近人测验的结果,高能儿和低能儿的总数,大致相同。一国物产文明的能否进步,精神文明的能否提高,都以一国的天才能否发展为断。社会上不少各种特殊的才干,果能充分利用这种才干,农工商以及其他职业界上,何至这样消沉无生气。发明的事业,也不至让泰西独步了。

三、中等学校实施职业指导的目的

从上边所说的几种害处看来,职业指导的事情,实在不容再缓。可是职业指导的范围很广,学校只能担荷一部分事业,现在先就中等学校应该做而可能做的几点说一说。

1. 引起学生职业上兴味　无论学习什么事情,初步时能够有一明了的目的,就肯潜心注意。大多数的青年,进中学以后,对于他择业的问题,不甚措意。他们视学校,仿佛一个隔离的社会,朝斯夕斯,融融泄泄,绝然不想到将来出外后作何生活。因此对于各界的生活状况,非常隔膜,自己读书的宗旨,也茫无一定。到了将毕业的一年,才如梦方醒,如睡方觉,想到毕业后的"升学"及"服务"问题。要是升学呢?进哪一个学校,专修哪一种科目?要是服务呢?进哪一个机关,担任哪一种职务?这种问题,至少须在将离校的青年脑中盘旋一两次。可是缺乏平素的准备,只得率尔尝试,尝试不如意,便改弦易辙。但可宝贵的青年时间,能经几回尝试失败?

我们提出这个问题,并不希望学校强迫初入校的青年,认定一种职业。我们希望学校能相机利导,设法引起青年对于本问题的注意,使他们觉悟校内的生活与校外的生活有密切的关系,使他们知道"学以致用",盲目的学习,是无甚意味的。

2. 帮助学生选择职业　我们主张青年应有自由择业的机会,学校不应该干涉他们的志愿。但是怎样使青年自行发现他们的能力,怎样纠正他们谬误的思想,学校应尽辅导的责任。例如有的学生志大言大,但是能力不能副他的志愿,学校应明示学生办事的困难,减轻他无谓的热望。有的学生轻视劳工,不肯做粗笨事情,学校应晓谕他各业都须从底下做起,"我们应该做人中人,不要做人上人"。所以帮助学生选择一种职业,是中等学校实施职业指导的一种目的。

3. 补充职业上知识　这与上边两种目的,有相互关系。要是学生关于各种职业方面的知识太缺乏,就不易"引起学生注意"或"帮助选择职业"。反转来说,学校只知引起学生职业上兴味,或帮助他们选择职业,不去补充他们的职业知识,职业指导的设施,就要落空,就要蹈虚。

4. 增加职业上训练　增进职业技能,是职业教育的事情,不是职业指导的事情。但是增加职业上训练,职业指导,确应负一部分责任。因为中学学生,无论毕业后预备升学或径行服务,将来总须在社会上做些事业。所以平素的职业训练,是不可少的。职业的种类虽多,然而有几种品性,是共同认为重要的。例如勤俭、耐劳、负责任、不苟且、服从指挥、有协作的精神。这几种良好的习惯,苟能在校时养成,便无往而不自得,到处受人欢迎。

5. 引起家庭注意　职业指导是多方面的,不是一方面的。通常青年择业的时候,最后的决断,大概属诸家长。所以学校施行职业指导,对于学生的家属,也应负一部分责任。有许多家属,不明白教育原理,不考查子弟个性,只凭自己一时的好恶,令子弟就不适当或不相干的职业。其原因发生在贪小利,慕虚荣,或因自己受了特别刺激,以为某种职业毫无希望,致不肯令子弟就相宜的职业。学校应改革这种思想,使家属对于各种职业,有一明了的观念。

6. 引起职业界注意　现时职业界对于学校出身的人,不大欢迎。他们愿意招收一般未受过学校教育的学徒。其原因大概有两种：（1）职业界中人只知墨守成法，目光囿于一隅，不明白学校的宗旨与内容；（2）学校中人不与职业界联络，所造就的人才，不符他们的希望。要知教育的目的，原在满足个人生活的需要，提高社会服务的效率。所以受教育的年期愈长，个人的人格，也应愈高；服务的效率，也应愈大。美国以前曾有一个调查，未受教育的人，平均每十五万人中，只有一人能在社会崭然露头角；曾受小学教育的，知名士人数四倍之；曾受中学教育的，知名士人数八十七倍之；曾受大学教育的，知名士人数八百倍之。所谓"知名士"，就是在政学农工商各界稍有设施的人。因此可证实我们上面所说的一句话。

  受过学校教育的人，进了职业界，应负两种责任：一种是保存固有的知识、技能、习惯；一种是图谋将来的发展。现时我国的职业界，很少发展的希望。即以普通商店而论，一切率循旧章，什么新法簿记、广告学、商业道德、改良出品等等，丝毫不去理会。像这样子的职业界，怎样可在现今商战、农战、工战的世界争得一席优胜地呢？消沉的缘由，就为缺乏脑筋灵敏、受过良好教育、不肯安于故常环境的人才。我们记得在欧战的时候，美国有许多大学学生都去充当兵士。他们只受了半年多的训练，就升做军官。有好多行伍出身的人，不如他们的干练。这就表示教育有类化的效用。受过教育的人，初进一种机关服务，做事也只平平，但是他们学习很快，并且肯随时随地运用思想，几年以后，成效便显示出来了。改进我们的农工商界，唯一的希望，在受过良好教育的青年。所以职业界不信仰学校，直是一种自杀的政策。可是学校自身，也应努力。现今学校所造就的人才，知识、技能、品性方面，都受人指摘，不能副职业界中人的期望。所以怎样使职业界明了教育与职业的关系，怎样使学校的设施，能根据职业界的实际需要，是职业指导中一个重要目的。

  7. 介绍职业 职业指导最重要目的，在使学生择业得当。介绍职业，只能算指导中一小部分事业。通常每误会介绍职业，就是职业指导，其实两种事业的范围广狭不同。在学校内，介绍职业一层，很难负完全责任。这件事情，应由职业教育社或各机关通力合作，设立一个大规模的介绍所。学校方面，只能就力所能及，设立一个介绍部。不过介绍的责任，学校也不应完全放弃。

四、中等学校实施职业指导的方法

  根据了上面的七条目标，暂定指导的方法如下。各校如有特殊情形，尽可变通采用。

1. **课程方面的改进**

职业指导与课程有密切关系,要实施职业指导,须先注意课程的改造。兹分三方面来说。

(1) 增加职业陶冶课程

初中的手工、家事、用器画等科目,均有职业陶冶的功用,学校应十分注意。在美国职业学校,本有一种尝试课程"try-out course"。例如儿童初入职业学校时,不叫他决定专习哪一门职业。在金工场、木工场、印刷所、电机房……各处,轮流实习几个月,然后再定究竟学习哪一种。这个方法,可以使学生自行发现他的能力,知道各种作业的概况,不凭一时的感情,来解决终身问题。现今初中的混合教授,本亦含有这种意义。例如混合理科,一方面在增进儿童的科学常识,一方面在介绍普通物理、化学及生物学大意。儿童读了混合理科以后,对于自然科学,已略得门径,将来选科时候,不致茫无端倪。其他如混合算术、混合史地,都供给一种尝试的机会。总之学校编制课程时,对于职业陶冶方面,应多加注意。

(2) 各科教材力图实用

学问空虚,是学者的大病,也是教者所切忌。所谓"空虚",就是无补于学者的生活及学者所处的环境。所以教者第一步先应问,这门功课于儿童究有什么益处?于他所处的环境,究有什么贡献?如有益处,究竟怎样教法益处才最大?初中应格外留意这一点。例如教授算学,应注意与儿童日常生活有关系的应用问题,练习准确与敏捷。教授国文,应练习用言语及文字发表思想的能力,注意清楚有条理。凡与儿童生活不甚接近的教材,就可分别删减。

讲到这一点,我们觉得童子军在初中实占一很重要的位置。从职业的方面看,童子军是切近儿童生活的一种教育,可以陶冶儿童良好的品性,增加体验的机会,使儿童不怕用手,学得有用的技能。换一句说,童子军可以打破"纸片的教育",使我们注意实际的经验。我们的教材苟切实用,对于职业指导的目的,也可说已尽一部分责任了。

(3) 利用教授机会引起学生职业上的兴趣

依照教育原理,课程的编制,各科本应彼此关联,不应单独分立。可是现今的中学教师,往往各自为政,教国文的,不管史地的教材;教地理的,不管理科的教材。因此宗旨纷歧,或教材重复,学生轻易得不到一个相当的概念。

现不谈教育原理,只就职业指导方面说,各科教师也有合作的必要。合作的机能有两种：一种是利用切近学生生活的教材，补充他们职业上的知识；一种是利用学生游戏或团体作业的动机，增加他们职业上的训练。先谈第一种。教授国文的时候，可以引进与职业有关系的文字，或讨论人生问题。讲解地理时，可以发下列问题：为什么这个地方居民很多？他们做什么事情？本地出产什么东西？讲解历史时，可注重近代工业发达史、各国发明事业、运输事业以及各地风俗习惯、教育状况等等。有时可令学生作报告，讨论某种职业——如蚕业——的发达史。历史最大的目的，原在显示各种事业的因果，借古证今，比较得失，使学生有鉴别及估计的能力。这种教材，于儿童将来的职业，很有关系。讲政治经济学，可讨论纳税问题，各项税款的用途，所收到的效果，资本与劳力的关系，生产的情状，合作的例子等等。讲生物学，可讨论于街上、河内、田间有关系的各种昆虫、微菌。

上边不过举几个例子，再谈第二种。国文教师可使学生在班上演说，练习口头发表，或在台上表演。要知社会的组织愈复杂，人群的交际愈密切，用口发表的机会也愈多。历史教师可利用上课时间，分组辩论；算术教师可举行算术比赛；音乐图画教师可竞赛创作成绩。适当的争竞，也为职业界不可缺的要素。地理及理科教师，可时常导引学生出外旅行或参观。旅行参观的益处有好多种：（1）增加学生读书兴趣，（2）增加职业兴趣，（3）眼界宽大，（4）多得实践机会。各科教师如能本此两种方法进行，自能为"发现学生能力"的一助。

2. 训育方面的改进

学校是一个整个的机关，学校的设施，当然与各方面都有关系。职业指导与训育的关系，也分作三层来说。

（1）多与学生个别谈话

人与人的接触，感化力量最大。在团体中不肯讲的话，有时个别谈话，学生肯尽情倾吐。中学职教员很可利用这种机会，加以指导，并可随时省察学生的言语行动，考查他们的志愿性情，探听他们的家庭状况，以备参考。作者在东大附中曾拟有表格一种，专为这种用处。表附后：

表60　与学生个人谈话存查表

号数_____ 姓名_____ 学校_____
____中____年级____组____年____月____日谈话

| 1. 外貌 | |

续 表

2. 言语	
3. 志愿	
4. 体格	
5. 家庭状况	
6. 求学历史	
7. 课外作业	
8. 学业成绩	
9. 心理测验	
10. 各科测验成绩	
11. 考语	

主任签字_____

(2) 利用学生课外活动养成职业界所需要的特质

以前我们说过,学生课外活动的价值,非常重大。例如编辑周刊,可以了解新闻事业;管理厨房,可以熟悉生活情状;演说辩论,可以练习应对口才;游戏运动,可以养成刚强气概。其他各种集会,都能促进团体服务精神,唤起各人责任心。

(3) 训育方针兼顾职业训练

课外活动所养成的诚实、耐劳、负责任诸习惯,为服务职业界所不可少的特质。然个人的道德不好,服务的效率,依然不能增高,所以学校训育方针,应兼顾职业道德。所谓职业道德,包含三种要素:(1) 不自私自利;(2) 能与人合作;(3) 有服务精神。

怎样使学生不自私自利,固是一个困难问题。但学校苟能养成一种风气,使自私自利的学生,为大众所轻视,大家都知道尊重他人的意见和权利,就好了。合作的精神,可在课室内,研究会中,或运动场上养成。关于服务一点,也靠托平时的训练。学生苟能理会服务公众或社会,是个人应尽的责任,他便肯乐意地赞助人家。

3. 调查

调查是职业指导的入手方法。没有各种调查统计,我们指导时就无所依据。调查的门类,约可分下列数种:

(1) 调查学生状况　这种调查表,应该愈简单愈好。问题太多了,学生不肯诚意的填写,并且做统计时,很不方便。此刻且举一个例子:

表 61　东大附中在校学生状况调查表

＿＿＿中　　＿＿＿年级　　＿＿＿组　　姓名＿＿＿　　号＿＿＿　　性别＿＿＿

婚姻＿＿＿（填已婚,已定,或未定）年龄＿＿＿（填中国岁数）＿＿＿月＿＿＿日生

籍贯＿＿＿省＿＿＿县　　住址＿＿＿　　通信处＿＿＿

本人志愿

第一目的（拟升学者）

拟入何校＿＿＿　　拟入何科＿＿＿　　原因＿＿＿

将来希望＿＿＿

第二目的（拟服务者）

拟就何种职业＿＿＿　　薪金最小限度＿＿＿　　原因＿＿＿

将来希望＿＿＿

备注＿＿＿

个人好尚

在你最喜欢之学科下括弧内写一"○"号,最不喜欢之学科下括弧内写一"×"号：

国文（　）英文（　）算学（　）理化（　）生物（　）史地（　）

农业（　）工业（　）商业（　）社会（　）美术（　）体育（　）

课外最喜读何书试举三种：

（1）＿＿＿　（2）＿＿＿　（3）＿＿＿

现在参与何种课外活动试举三种：

（1）＿＿＿　（2）＿＿＿　（3）＿＿＿

平常注意何种修养＿＿＿

喜合作抑独作＿＿＿　　喜急进抑缓进＿＿＿

体格

能不能耐劳苦＿＿＿　　能不能处烦琐＿＿＿

平常有何疾病＿＿＿　　身体何部最发达＿＿＿

身体何部最不发达＿＿＿　　其他＿＿＿

（2）调查学生家庭状况　　也举一个例子：

表62　东大附中在校学生家庭状况调查表

_____中_____年级_____组学生

家长姓名_____号_____与该生之关系_____

通信处_____

家长对于该生之希望：

第一希望_____

第二希望_____

家长职业：

父之职业_____职业地点_____

兄之职业_____职业地点_____

最可靠亲戚之职业_____职业地点_____

家中生计状况

家中总人数_____每年进款约计_____有余_____

抑不足_____

备注_____

说明：（1）在"家长对于该生之希望"项下，填写希望毕业后升学或服务，如升学拟入何种学校，如服务拟习何种职业。

（2）在"家庭职业"项下，如能三条都填最好，如只能填一条者，其余两条，尽可不必填写。

（3）调查毕业生状况　举例如下：

表63　东大附中毕业生状况调查表

姓名_____号_____何科毕业_____何处毕业_____

永久通信处_____临时通信处_____

毕业后状况

(a) 升入何校肄业_____何时举业_____

(b) 现任何种职务_____月薪若干_____

服务上之困难_____

服务上之心得_____

以前有无从事他种职业_____

更改之原因_____

从前所习何种科目于

现时职业之影响最大

现在注意何种研究

其他意见

备注

(4) 调查职业界状况　做这个调查表,有几点应注意:

1. 本地职业机关的数目(适于毕业生服务的)。

2. 各职业机关事业的大小。事业稳固否。

3. 工作的状况。妨碍卫生否。

4. 进去的资格。

5. 待遇的情形。加俸办法。特别酬劳。

6. 有无发展的可能。

7. 有无补习学问的机会。

关于这个调查,中华职业教育社已拟有进行办法。

(5) 调查学校状况　这是预备指导一般升学的学生。中华职业教育社近曾拟定一表,兹附录于后:

表64　学校状况调查表

年月日	本校预拟学生毕业后之出路	(1) 毕业后即入职业界者得就右列之职务
		(2) 毕业后升学者得入右列之学校(如可保送得免入学试验请注明)
	本校毕业生服务状况	(1) 已有职业之毕业生人数　(2) 未有职业者人数
		(3) 毕业生所有职业之种类如右(请于每种下注明人数)
	入本校初年级应具之各科程度	
	本校学生每人每年费用	(1) 学费　(2) 膳费　(3) 宿费
		(4) 书籍纸笔费　(5) 必需之零用费约数
	本校已实行之职业指导或教育指导之计划	
校填	附记	

中华职业教育社职业指导委员会存查
　　　年　　月　　日
(第　　号)　年　月　日收到

(6) 调查中途退学学生状况　学校对于中途退学学生,也应有一记载。例如在学时的学业成绩,退学的原因,离校后的状况,都应载入表内。

（7）记载学生状况　各方面调查后，对于各学生应有一系统的记载，以备永久的参考。这种表格，也不应太复杂以免琐碎。关于学生的缺点，能不列入最好，因一经登载，令阅者有一深刻的印象，容易引起误会。且数年以后，办学的人又岂能料定学生不能自行补救他的缺点？表格举例如下：

表 65　学生状况记载表

_____中_____年级_____

1. 姓名_____　2. 号_____　3. 性别_____

4. 年龄_____　5. 籍贯_____　6. 已婚未婚_____

7. 入校年月_____　8. 通信处_____

9. 家长职业_____

10. 家庭生计状况_____

11. 家庭期望_____

12. 学生聪明分数_____

13. 学生努力分数（各科平均）

第一年_____

第二年_____

第三年_____

14. 操行成绩_____

第一年_____

第二年_____

第三年_____

15. 体育状况_____

体格_____

对于运动的兴趣_____

16. 课外活动_____

17. 擅长何种学科_____

18. 教师评语_____

19. 本人志愿_____

　　（1）升学_____（a）何种学校_____

　　　　　　　　　　（b）几年毕业_____

　　　　　　　　　　（c）其他计划_____

(2) 服务＿＿＿＿　(a) 性质＿＿＿＿＿＿＿＿＿＿＿＿＿＿＿

　　　　　　　　　　(b) 薪金＿＿＿＿＿＿＿＿＿＿＿＿＿＿＿

　　　　　　　　　　(c) 其他意见＿＿＿＿＿＿＿＿＿＿＿＿

　20. 指导委员的意见＿＿＿＿＿＿＿＿＿＿＿＿＿＿＿＿＿＿

＿＿＿＿＿＿＿＿＿＿＿＿＿＿＿＿＿＿＿＿＿＿＿＿＿＿＿＿＿

4. 讲演

　　讲演的目的，一以补充职业知识，一以引起学生职业上的兴味。这里边可分作三种：

　　(1) 选科指导　在初中或高中开始时间，每星期规定一小时或两小时，请各教师讲演各科目的性质、内容，以及学习的途径，预备学生选科时有一明了的观念。这是一种教育指导，但也可划在职业指导范围以内。

　　(2) 普通讲演　每两星期或四星期，校中举行全体大会，请校外名人讲演各种专门学术，农工商业的趋势，以及于青年修养有关系的问题。

　　(3) 职业讲演　有时可请职业界闻人，专讲某种职业状况，如请纱厂经理讲棉纱事业，请电话局工程师讲电话事业，请农场主任讲农业概况等。总之三种讲演的宗旨，可概括成下列四点：

　　(a) 使学生明白择业的重要。

　　(b) 使学生明白国内最需要的人才。

　　(c) 使学生明白职业界应有的修养。

　　(d) 使学生明白本国的富源及中外贸易的状况。

5. 参观

　　讲演是从听觉方面引起学生职业上兴味，参观是从视觉方面入手。我们知道视觉的刺激要比听觉强些。专事口讲，总不能十分清楚，不如使学生实地观察，分外来得有效些。参观可分作两种：(1) 本地参观，(2) 外方参观。前一种可随时举行，后一种因经济时间关系，只得临时规定。不过参观第一要有目的，例如看了伟大的建筑，可以引起工程上的兴味；看了邃密的组织，可以增进办事上的知识。倘走马看花，不求实际，那便没有什么意义了。

6. 与家庭联络

　　学校与家庭的关系，本应密切。关于择业问题，更须家庭的赞助。联络家庭的方法，可分作三种：

　　(1) 调查家庭状况及意见　这一点我们在上面已经说过了。

　　(2) 开恳亲会　恳亲会在中学校，不大盛行，其实有提倡的必要。中学生的家长,不都在本地居住,对于校中详情,很形隔膜,有了恳亲会,就可救济这个缺点。并且学校很可利用这个时机,展览各种成绩,使家长对于子弟在校读书的情形,有一明确的了解。有时还可请人讲演普通问题或职业问题,纠正家长谬误的观念。

（3）与家长谈话　与本地的家长,可时作个别的谈话;在远地的,开恳亲会时如能来校,也可作一度的商讨。调查表总有许多不确切详尽的地方,当面谈话,就可得到真的意见。与家庭联络一件事,就是没有职业指导的设施,也应该注意的。

7. 与职业界联络

联络的方法,也可分作三种:

（1）请职业界名人讲演　这也是一种联络方法,因为借此可使讲演的人与学校发生关系。

（2）与职业界中人谈话　谈话的宗旨,也是双方的,一方在使职业界中人知道学校的真相,一方在使学校办事人明了各种职业的内容。

（3）调查职业界对于学校的意见　办学的人很愿意知道自己的缺点和校中毕业生在外服务的概况。倘使各种职业机关,肯下切实的批评,把毕业生服务的优点劣点尽情揭发出来,很可唤起在校师生的注意。即没有毕业生在某种机关服务,听了他们笼统的批评,也可作为一种有价值的参考。

8. 设介绍部

我们上面说过,校中对于介绍职业,不能负完全责任。但介绍部不得不设立。介绍部的职能,简单说来,有三种:（1）调查各种职业机关所需要的人才,并请各机关有缺出的时候,通知介绍部。（2）帮助学生找寻适当的位置。（3）介绍临时职业,如半工半读之类。

9. 展览

展览性质可分临时的与永久的两种。永久的展览,就是设立一间陈列室。里边的设备,可分下列五项:

（1）图表　例如各种职业的统计表、职业工作表、测验成绩的图表等等。

（2）模型　如各种工作模型等。

（3）成绩　如学生的调查报告、学生所制成的工艺品等。

（4）物品　如各地的特产、各机关所有的商品等等。

（5）书报　关于专门职业及讨论普通职业问题的书报。

除了陈列室以外,有时可特开一展览会,引起校内外人士的注意。

10. 研究及出版

职业指导最后的成功，还靠托继续的研究和报告成绩。研究的对象有三种：（1）所调查的结果，（2）本国职业指导情形，（3）外国职业指导情形。

就我们研究所得、经验所得，发为文章，登诸定期或无定期刊物。有了这种刊物，既可保存我们固有的经验，又可借以介绍职业界新消息，所以研究和出版，也是有相互关系的。

中等学校实施指导的计划，既如上述，然天下事未有一蹴而就，最好由学校先组织一常设委员会，根据了这个计划，分期进行。由小而大，由近及远，是办事当然的程序。畏难苟安，或欲速躁进，都非常道。我愿实施职业指导的人，不要犯这种弊病。

讨论和研究问题

1. 什么是"职业指导"？什么是"非职业指导"？
2. 职业指导可以救济什么弊病？
3. 实施职业指导时应注意哪几点？
4. 从职业训练眼光来观察，中等学生现时最缺乏的是什么？
5. 通常家庭帮助子弟择业时，用什么作依据？家长是否省察子弟的能力，或考查社会的需要，或全凭一时的感情。
6. 职业界最不满意学校的是什么？学校与职业界不联络，这个责任应该谁负的？
7. 教育指导何以与职业指导有关？
8. 说出三种理由，证明各教师应利用教授机会，引起学生职业上的兴味。
9. 编制调查表格，应注意几点？
10. 依照本章所提议的方法，列成一个职业指导计划表。
11. 批评本章所提议的方法，另列一个计划表。

参考书目

西文：

1. Bloomfield, Meyer: Readings in Vocational Guidance. Ginn and Company, 1915.
2. Bloomfield, Meyer: Vocational Guidance of Youth. Boston. Houghton Mifflin Company, 1911.
3. Brewer, J. M.: The Vocational Guidance Movement. New York. Macmillan Company, 1918.

4. Briggs, T. H.: The Junior High School, Chap. Ⅹ. Houghton Mifflin, 1920.
5. Johnston, C. H.: The Modern High School, Chap, ⅩⅩⅣ.
6. Leake, A. H.: Vocational Education. Macmillan Company, 1918.
7. Taylor, J. S.: A Handbook of Vocational Education, 1914.

中文：
1. 《教育与职业》(职业指导专号)。
2. 庄泽宣,《职业指导是什么》,载《教育与职业》(第3卷第29期),1921。

第十八章　中学校自行度量(Self-survey)的标准

一、度量校舍的标准

现在各种事业，都讲求效率，定夺效率大小的工具，就是度量方法。外界的批评，是一种度量；内部的省察，也是一种度量。可是外界批评的力量，总不如内部自行省察的影响来得大。古话说得好："文章千古事，得失寸心知。"区区做几句文字，尚且轻易不为外界的批评所动，怎么办一个学校，倒可以随人指挥，自己一点没有准则呢？不过批评人家或度量自身，也得有一客观的标准。下面三种度量标准，虽不能概括一校所有的事业，然很可作为一种参考。

第一种是中等学校度量校舍的标准，为施菊野教授(Professor Strayer)所拟，由东大教育科朱君毅先生译成中文。朱先生觉得这个表在中国尚适用，去年在江苏昆山举行学务调查，曾经用过。各校有了这个标准，不必待人家来调查，自己可以度量一下。表附后：

表66　城市学校校舍记分表
校舍之记分

	1	2	3		1	2	3
I 地址			125	F 用水设备		30	
A 坐落		55		1. 饮水	10		
1. 交通	25			2. 洗手水	10		
2. 环境	30			3. 洗浴	5		
B 地势		30		4. 热水与冷水	5		
1. 高度	20			G 厕所设备		50	
2. 土壤	10			1. 分配	10		
C 大小与形式	40	40		2. 装置	10		
II 校舍			165	3. 适当与布置	10		
A 校址		25		4. 男女分设	5		
1. 方向	15			5. 卫生	15		
2. 位置	10			H 机械设备		10	
B 外部的构造		60		1. 升降机	5		
1. 形式	5			2. 运书机	2		

续 表

	1	2	3		1	2	3
2. 材料	10			3. 运垃圾机	3		
3. 高度	5			Ⅳ 教室			290
4. 屋顶	5			A 位置与邻室	5	35	
5. 基础	5			B 构造与粉饰		95	
6. 墙壁	5			1. 大小	25		
7. 进路	10			2. 形式	15		
8. 美观	5			3. 地板	10		
9. 状态	10			4. 墙壁	10		
C 内部的构造		80		5. 门	5		
1. 梯级	35			6. 衣服室	5		
2. 走廊	20			7. 黑板	10		
3. 地室	15			8. 揭示处	5		
4. 颜色	5			9. 颜色	10		
5. 屋顶小室	5			C 光度		85	
Ⅲ 应用设备			280	1. 玻璃面积	45		
A 生热与通气		70		2. 窗	30		
1. 种类	10			3. 窗帘	10		
2. 装置	10			D 衣服房	25	25	
3. 空气之供给	15			E 用具		50	
4. 电扇与换气电机	10			1. 椅桌	35		
5. 分配	10			2. 讲席	10		
6. 温度之支配	10			3. 他种用具	5		
7. 特殊设备	5			Ⅴ 特殊室			140
B 消防设备		65		A 通用火房		65	
1. 器具	10			1. 游戏室	10		
2. 避火	15			2. 会堂	15		
3. 逃路	20			3. 自修室	5		
4. 电线	5			4. 图书室	10		
5. 太平门与避火屏	10			5. 健身房	10		

续 表

	1	2	3		1	2	3
6. 太平门灯与门标	5			6. 游泳池	5		
C 去污设备		20		7. 会堂	10		
1. 种类	5			B 办事室		35	
2. 装置	5			1. 办公室	10		
3. 效能	10			2. 教师预备室	10		
D 灯光设备		20		3. 调养室	10		
1. 煤气与电气	5			4. 校役室	5		
2. 设施与装配	5			C 其他特殊室		50	
3. 光度	5			1. 实验室	20		
4. 配光方法	5			2. 演讲室	20		
E 电用设备		15		3. 贮藏室	5		
1. 钟	5			4. 艺术室	5		
2. 铃	5			总计	1 000	1 000	1 000
3. 电话	5						

用"记分表"之说明：(1) 最高限度为 1 000 分；(2) 记分共三栏，唯实地记分时，只用第一栏，其第二第三两栏以后填入；(3) 若表中之某细目不在实地测验之校舍内，及非此校舍所需要者，则将此细目所得之分数上画一圆圈。记分数以施菊野—安格霍之"城市学校校舍记分表说明书"内所载之标准为根据(说明书载在朱君毅、陈鹤琴合编之《学务调查》一书，读者可参考)。

第二种是中学校长自行度量服务成绩的标准，系从美国学校杂志（The School Review, April, 1922）上译来。其中有数条不适合于我国现情的，已把它删去，或换了别的。

二、中学校长度量自己成绩的标准

（一）你对于下列几项，和教师共同研究过么？

1. 增进学生学习的习惯；

2. 施行几种辅导自修的方法；

3. 社会化的教学法；

4. 社会化的各科之教材；

5. 课室讨论时，注重理解，不专注重记忆；

6. 改良考试方法；

7. 多用客观的记分方法；

8. 编制课程；

9. 设立学业方面的指导员。

(二) 你们的课程,是不是包含下列几种要素？

1. 道德训育；

2. 体育；

3. 职业指导；

4. 群育；

5. 各科的程度和教材,刚巧适合学生的智能,因为：

(1) 按照能力分组；

(2) 按照各组学生智能的高下,排列教材。

(三) 你对于各班学生,曾经用过团体测验么？

1. 你曾否用测验的结果,来：

(1) 分别学生在国文、英文、数学、理科和社会科学的班次；

(2) 指导学生选择学科；

(3) 指导学生选择职业。

(四) 你曾经用过有标准的教育测验么？

1. 你曾否用测验的结果,来：

(1) 度量各科教学法；

(2) 增进各科教学法；

(3) 适应各个人需要。

(五) 全体学生都有过体格检查么？

1. 发现身体上缺陷后,校中曾否设法医治,或请

(1) 校医注意；

(2) 体育股注意。

(六) 你曾否设法使大多数学生参与课外作业？

1. 课外作业的种类,足够适应各个人需要么？

(1) 运动；

(2) 音乐；

(3) 文学；

 (a) 辩论；

 (b) 演说；

　　　　(c) 研究；

　　　　(d) 戏剧；

　(4) 艺术；

　(5) 科学；

　(6) 商业实习；

　(7) 日刊或周刊旬刊；

　(8) 年刊；

　(9) 社会服务；

　(10) 娱乐会。

(七) 你对于各学生状况，曾经调查过么？

1. 你曾否用调查所得资料来指导学生的作业，适应他的需要么？

(1) 生年月日；

(2) 智慧年龄；

(3) 关于社交方面的发达；

(4) 求学历史；

(5) 学业成绩；

　　(a) 在小学校时候；

　　(b) 在初级中学时候；

(6) 父母；

　　(a) 家长职业；

　　(b) 父母所受的教育；

　　(c) 家庭状况；

(7) 体格；

(8) 欢喜或不欢喜哪种作业和游戏；

(9) 中学成绩；

　　(a) 正课方面；

　　(b) 课外作业；

(10) 有工读的学生么？

　　(a) 在家内服务；

　　(b) 在店中服务；

　　(c) 在机关内服务；

(11) 视察学生有几多？

    (a) 坚忍的能力；

    (b) 创造的能力；

    (c) 信实的表示；

    (d) 领袖的能力；

    (e) 互助的能力；

(12) 学生离校后，在外服务的状况。

(八) 你对于教育有没有一定的观念？

1. 你的理想是不是时常变换？

2. 你是不是默察当代社会情势、经济情势，设法使你的学校能适应良好生活的需要？

(九) 你对于学校组织及管理，是否取一种公开的态度？

1. 关于学校行政方针，肯容纳教师意见；

2. 和教师共同编制课程；

3. 和教师共同负责任；

4. 使学生也负一部分的责任；

(1) 教室内；

(2) 关于普通的训育方面；

(3) 课外作业。

(十) 你曾否用下列各种方法，引起教师专门研究的兴味？

1. 研究各项教育问题；

2. 阅读和本身教务有关系的书籍；

3. 到暑期学校听讲；

4. 参与各种教师研究会；

5. 参与各种教育会议。

(十一) 你曾否组织下列各种集会和地方上联络？

1. 青年会；

2. 读书会；

3. 俱乐会；

4. 慈善会。

（十二）你曾否举办下列各种事业,引起校外人士的兴味?

1. 恳亲会;

2. 展览会;

3. 出版品。

（十三）你调查过中等学校么？参观过么？

（十四）你在近五年内到过暑期学校听讲么？

（十五）你对于学校行政有专门研究么？

（十六）你参与下列事务么？

1. 编制预算决算;

2. 选择教科书。

（十七）你们学校内每科所用的教科书,你能举出一两种名字么？

（十八）你知道你们学校内各项用费的详情么？

1. 每个学生平均费用校款几多;

2. 每个学程平均费用校款几多;

3. 别的学校费用怎样。

（十九）你读过下列各种书籍么？

1. Johnston: The Modern High School.

2. Inglis: Principles of Secondary Education.

3. Snedden: Problems of Secondary Education.

4. Monroe: Principles of Secondary Education.

5. Parker: Methods of Teaching in High Schools.

6. Judd: Psychology of High School Subjects.

7. Colvin: An Introduction to High School Teaching.

8. Bagley: The Educative Process.

9. Briggs: The Junior High School.

（二十）你看过下列几种杂志么？

1. Schools Review.

2. Teachers College Record.

3. Educational Administration and Supervision.

4. American School Board Journal.

5. Journal of Educational Research.

6.《中等教育》;

7.《新教育》;

8.《教育杂志》;

9.《中华教育界》。

(二十一) 你每月看一两种普通杂志么？

(二十二) 你天天看报纸吗？

(二十三) 关于下列各科近十年来所出版的书籍,你看过一两种么？

1. 教育心理学;

2. 社会学;

3. 教育社会学;

4. 经济学;

5. 设计教学法;

6. 社会化的教学法;

7. 辅导自修;

8. 职业教育;

9. 职业指导;

10. 家庭教育;

11. 商业教育;

12. 体育;

13. 道德训育;

14. 科学教学法;

15. 英文教学法;

16. 数学教学法;

17. 社会科学教学法。

第三种是中学教师自行度量的标准,也译自美国,这个标准虽嫌太高些,然中学教师,苟能置诸座右,时常省察,未尝不可当作一种良好的兴奋剂。标准如下。

三、教师自省和自强的标准

(一) 教学上的技能　　　　　　下　中　上

在什么等第:

他是否深悉本身所授的功课和其他有关系的科目：

1. 教授历史、地理等科目，能否利用课本外的教材 ……
2. 教授科学时能否和他科教材联络，并且举例不限于本科的教材 ……

他能否选择适当的教材和参考书目 ……

他有没有明定的教授方针 ……

从什么地方可以看出他：

1. 在教授纲要中有明定的目标 ……
2. 每课计划，都能实现他的目标 ……
3. 能切实分别各课的目标在造就技能，或灌输知识，或练习解决问题方法 ……
4. 使学生对于每课方针，有一明了观念 ……

课室中讨论时，他能否应付裕如 ……

1. 讨论时资料丰富，并且能够临时运用思想 ……
   (1) 能否利用学生所发的问题，并且应付敏捷 ……
   (2) 所发各项问题，是否有组织而不欠强 ……
   (3) 发表思想清楚否 ……
2. 实施训练(drill)的技能 ……
   (1) 他是否能利用经济的练习方法（像克的斯的数学练习片）……
   (2) 他是否训练和启发并用不偏重一方面 ……
3. 增进新智识的技能
   (1) 每课教材是否能和上次的联络 ……
   (2) 教材是否有组织 ……
   (3) 能否使学生实地应用各课教材，解决现时或将来的问题：
       ① 在本科范围以内 ……
       ② 在本科范围以外 ……
4. 使全班参与作业的技能 ……
   (1) 班中各人是否都参与讨论 ……
   (2) 学生是否能互相问难不受形式的束缚 ……
5. 指定下届功课的技能 ……
   (1) 是否设法使学生知道怎样预习他的功课 ……
   (2) 指定时，是否仅声明读某书某页等等 ……

(3) 学生是否能领会指定功课的范围和目的 ……………………

他知道学生怎样学习吗 ……………………………………………

1. 他的讨论是否能适合学生程度 ………………………………

2. 他是否设法发现学生缺点,并且把各种缺点,记载下来,预备补救
………………………………………………………………………

3. 讨论时,能否适应各学生个性 ………………………………

总结度量教授技能的等第 …………………………………………

(二) 教室管理方面的技能　　　　　　　　　下　中　上

在什么等第:

1. 班中作业,进行是否顺利(讨论时有没有无谓的间断)

2. 学生对于班中作业,是否能潜心注意 ………………………

3. 址中秩序是否整齐(不用高压手段) …………………………

4. 关于班中例行事务,如传发纸张走向黑板练习等等,是否也有组织,能免除浪费 ………

5. 课室中一切用具物品,是否安放有条理 ……………………

6. 他对于课室中光线、温度、通气一切,留意否 ………………

总结等第 ……………………………………………………………

(三) 协助的精神　　　　　　　　　　　　　下　中　上

在什么等第:

1. 是否能和其他教员协力参与校内各种设施(如委员会、游艺会等) ………

2. 在教职员会议中,是否有所贡献 ………………………………

3. 对于学校行政人员和同事,是否能忠诚相待 …………………

4. 曾否提议促进学校的计划 ………………………………………

5. 对于自己所做事情,肯负责任否 ………………………………

6. 学生时常向他商量一切问题否 ………………………………

7. 指导学生有越轨的言语举动否 ………………………………

8. 设法了解学生家庭状况否 ……………………………………

9. 参与校外各种社会服务否 ……………………………………

10. 成绩报告和其他报告都能按时无误否 ……………………

总结等第 ……………………………………………………………

（四）修养的精神　　　　　　　　　　　　下　中　上

在什么等第：

1. 阅读和本身职务有关系的书籍杂志否 ……………………………

2. 能参与研究会议并有些须贡献否 ………………………………

3. 到暑校听讲或上补习班否 ………………………………………

4. 人家提议一种好的方法，他肯去试行否 ………………………

5. 他自己能创造或尝试一新方法否 ………………………………

6. 对于本校和他校合作事业，能协助调查研究否 ………………

7. 关于本科研究会肯参与否 ………………………………………

8. 对于教育方面的出版品，有贡献否 ……………………………

总结等第 ……………………………

（五）个人人格和社交的精神　　　　　　　下　中　上

在什么等第：

1. 人家欢迎他否（他对于人家所做的事情有兴味否）……………

2. 待人接物和气否 …………………………………………………

3. 对于服装能注意整洁否 …………………………………………

4. 心思缜密否（对于社会礼貌能注意否）…………………………

5. 不自视过高妨碍职务否 …………………………………………

6. 平常谈话和会议时，表示进取精神否 …………………………

7. 能应付学生、同事和行政人员否 ………………………………

8. 有坚忍心，计划能贯彻到底否 …………………………………

总结等第

自省为自强的基础

教师注意……逐条省察一下，自己定一等第。这是促进职务的第一步。良好的教师，各条都须列在上等。

校长和视学员注意……各教师每学期内至少须自行度量一次。自省为自强的基础，不过要自省，须有一具体的标准。要结果正确，行政人员和教师可分别度量。大家协议，指出最重要几条。行政人员对于度量教师的结果，可以藏在办公处查考。

要是校舍适宜，学校的校长教师，又都肯依着标准，积极做去，那个学校的成绩，无论如何，总有可观的了。

讨论和研究问题

1. 自行度量何以要比他人批评的效力大些？
2. 校舍与教育效率有什么关系？
3. 施菊野校舍记分表中哪几点觉与中国现情不甚适合？
4. 中学校长自行度量的标准，至少应有几种职能？
5. 从你自己经验里边，觉得现时一般中学校长，能实行上列标准的，约有几分之几？
6. 从"教师自省自强的标准"观察，你觉得通常中学教师最难达到的是哪几点？

参考书目

中文：

1. 廖世承，《中学校长度量自己成绩的标准》，载《中等教育》（第 卷第四期）。
2. 朱君毅，陈鹤琴：《学务调查》。
3. 廖世承，《中学教师自省自强的标准》，载《中等教育》（第二卷第一期）。

第十九章 结论

近数年来的中等学校，不能说没有进步。不过这个进步，外表上看不出来。要明白进步状况，须回溯前清和民国初年设立的中等学校。那时办学的人，只要按照部中规定的课程，分年教授学生，等到修业期满，就毕业了事。从来不大听见有什么特殊困难问题，要研究解决方法的。但是此刻不是这样。办学的人，觉得随处都是问题。什么训育啊，课程编制啊，课程标准啊，教授方法啊，能力分组啊，施行测验啊，没有一件事，觉得完全有把握的。到处参观，细心考察，但是总得不到一种"万应灵药"，可以帮助我们解决这许多问题。因此听了人家的批评，自己也格外虚心。这种"虚怀若谷"的态度，潜心探讨的工夫，是何等精神！

不过这种精神，很难持久。一不小心，就要犯进锐退速的弊病。从今以后，我们要多做些实地研究的工夫，少做些浮面的文章。讲到实地研究，总脱不了下列几个问题：

1. 编制课程

从旧制改行新制，从单科制改为选科制，课程方面，可以说是较前活动多了。但是各科的标准，学分的多寡，主要科目和选科目的分配，每周上课的时间，每班的人数，依旧没有解决。我希望各地同志，把这许多问题，用科学的方法，分头研究一下。再随时披露，预备各人参考。

2. 选择教材

这是一个大问题。我们知道了教什么科目，还须知道在各科目中选择什么教材。有时候我往往发一种奇想，觉得我们做职员的，一天到晚忙着解决教育上各种问题，做教员的，一天到晚忙着预备功课，但是学生究竟得到了知识没有？学习了技能没有？这个知识技能，和他将来的生活，究竟有什么关系？我们不要白忙了一世，做了一个大呆子，这才糟了。我以为这个问题，应当分两部来研究。第一部先定夺一般的中等学生，最需要的是什么知识，什么技能，什么欣赏，什么习惯。第二部再看各地的情形，和个人的需要，来变通共同的标准。总之教材须切近学生生活，确实知道有什么用处。这里边的调查研究，决非一两个人所能为力，我希望大家念着，想着，实行研究这许多问题。

3. 改进教法

中等学校方面缺点最大的是教学法，孟禄博士看得最不满意的，也是中学教学法。教法应当改进,不必多说了。有了适当的课程,良好的教材,要是教法不研究,效力依然很小。教法是达到目的的工具。语云:"工欲善其事,必先利其器。"工具不好,事情怎样能够希望做得好呢?但是也有人误会工具的意思,以为工具好了,其他可以不问。不知道工具的本身,没有多大价值;工具的用处,全在做的事情方面。所以只晓得采用新的教法,不问目的怎样,也不问能否达到目的,可以说是昧于教育原理。现时教法所以不良的缘由,就在学生事情做得太少。我们知道教育是改进的意思,学习就是变更一己的经验,自己不做事情,经验怎样可以变更?所以学习要自动,要体验。譬如有一个理发匠,教他的学徒剪发,他不叫学徒实习,只口讲指划,讲给他听剪发的法子,你想那个学徒会剪不会剪?我们提倡学生多自动,并不是说教师可以少做事情,教师的事情,恐怕比寻常还要多些。用一个浅近的譬喻,教师仿佛是做"木头人戏"牵线的人,我们不要看牵线的人在台上表演,但是牵线的人,却一刻离不了指导,并且要有系统、有组织的指导。关于改进教法和辅导学习种种问题,实在够我们长时间的研究。

4. 施行测验

要引起学生学习的动机,须使他明了目的,知道他自己进步的状况。现时的中等学生,对于各科的目的,都不能切实明了。至于自己进步的状况,更是茫然;所以学习时,免不了盲动的弊病,兴趣不会十分加高。喜欢运动的态度,便不是这样。各人知道自己能跳几多高,跑几多快,一学期的练习,得到了几多进步。但是一进教室,便觉得虚无缥缈,无所用力,教师说某生功课做得好,某生做得不好,但是不好在什么地方,应该怎样用力,不但学生不知道,教师自己也说不上来。这样,进步便难了。救济这种弊病最好的方法是测验。测验可帮教师的忙,将一门功课,分成许多单程(goal)。换一句说,分成许多小目的。有了单程,就可以时常度量进步。测验又能诊断学生缺点,不进步的学生,可以考查他的缺点在什么地方。测验可以定夺标准,引起学生动机。学生时刻比较一己的成绩,和标准相差多少,时刻知道一己进步的状况,便肯发奋努力,不待教师督促,自己去想法达到目的了。现时中小学标准测验,已编有好几种,应用于中学的虽占少数,不过有了起点,以后便可继续研究。在中学测验的范围以内,不知包含几许问题,热心中等教育的人,这里边大可以做些事业。

5. 注意训育

以前中等学校所注意的训育,大都偏重于管理方面,可以说是一种消极的训育,现时我们所欲注意的训育,须多从积极方面着想。训育第一个问题,在使师生间情意不隔膜。情意隔膜的原因,由于彼此接触少。教职员对于学生,视同一种偶然的结合,没有浓厚的兴趣;学生对于教职员,也如普通的属下对于上司,在人家的治权之下,不得不略表恭顺,其实毫无信仰的意思。这种学校,虽没有起什么风潮,但是学潮的因,已种在里边,一发起来,便无法收拾。现时数校采用的教职员学生代表会议,采集各方舆论,疏通彼此意见,也是联络情意的一种好方法。其他如周会、月会的组织,也可收到训育的效用。东大附中又有一种分组指导制,每学期分为三个时期,在各时期内每位教员或职员,担任指导十二三个学生。指导的目的,在认识学生,了解学生个性,略谙学生的家庭状况、求学历史以及求学困难种种。最后的目的,在使学生认定指导员是他的朋友,有个人问题发生时,自己肯就商指导员。指导的方法,随各位先生自定。有的召集学生到房间内谈话;有的召集学生到野外去散步,披草而坐,随意谈天;有的在名园胜景处开一个茶话会。到一时期终了时,各指导员把与学生谈话的心得,报告主任,以便汇齐参考。不过训育的范围很大,训育的方法,也不止如上边所说的几种。师生共同运动,共同研究,也可以收训育方面很大的效果。总之,训育的目的,在辅助课本所不足,增进学生各部分的能力,使师生间情意,无丝毫隔膜,真能达到诚信相孚的结合。

6. 增进生活

课室里的教育,仅占正式教育的一部分,其他如课外运动会、课外研究会、课外游艺会以及其他一切正当娱乐,都含有教育的意味。现时学校的生活,觉得太干枯了。以后我们对于全校学生体育的普及,应当用什么方法来强迫实行;对于各项运动的最低标准,应当怎样规定;对于游艺会的指导,应当用什么方法,使学生平常表演的游艺,都含有高尚的、纯美的教育意味;对于研究会的兴趣,应当怎样保存,使得大家都能投其所好,不致心骛神弛,或干枯乏味。还有一层,我们要顾及的,就是一方面我们要学生自动学习,多做事情,一方面又要学生抛开书本,多服务,增进各项活动。这其间不无冲突。俗语说得好:"又要马儿不吃草,又要马儿走得好。"世界上虽没有这种两全的事情,但是办教育的人,总有这种奢望,否则就不能平均发达。所以怎样规定服务章程,怎样酌给服务学分,都值得我们研究讨论。

7. 推广中等教育

教育不应当关了门来办,学校应该做社会的中心,这两句话,我们大家都知道的。不过因为自己校里的事情,还没有弄好,所以对于校外,就无暇顾及。其实双方事业,可以同时并进。例如增设补习班,预备一般投考学校不取的学生及工商界失学的子弟补充知识;设立夜学校,预备白天没有空闲的人来补读;刊行周刊旬刊月刊季刊等类,使校中言论,多与社会相接触;多开展览会运动会,使校外人士,常得参与校中活动。这许多问题,都在推广的事业范围以内。我们对于这一类事业,以后还须多注重些。

8. 多与家庭联络

在小学方面,时常开恳亲会咧,游艺会咧,故常和家庭联络;在中学方面,却不大听见有这种举动。其故因为中学的学生,多来自各地,家庭不聚在一处,所以不易联络。不过学校和家庭的关系,这样疏远,总觉得不是道理。以后中等学校方面,应该设法多征集家庭意见,多和家庭通讯,不要只凭寒暑假时,一纸报告单,就算了事。学校和家庭的关系深,不单是训育方面,可以减少许多问题,就是学业方面、职业指导方面,学校也可得到家庭的许多援助,这一件事情,我们以后也须特别注意。

上面只提了几个具体的问题,已经觉得问题复杂,急切间无从下手。其他如行政上的组织、办事的效率、教师的待遇、学校的设备、学校的卫生,都须顾到。因此可见教育的问题,是永久的问题。我们必须继续研究、继续改进才好。我不希望十年八年后,再有如孟禄博士的来华,说我们的中等教育,办得很有成绩,使我们心中都觉得满意。我希望十年八年后,中等教育还是充满着不满意,办中等教育的人,还觉得随处都是问题,随处没有解决;保存着这种积极研究、虚心探讨的精神,我们的中等教育,还有继续发展的希望。

讨论和研究问题

1. 从什么地方可以看出现时中等教育的进步来?
2. 读了本书以后,你觉得对于中等教育有什么感想?
3. 拟一个中等教育的计划,使实施中等教育的人,有一进行的标准。
4. 你对于现行的学制,有否彻底怀疑的地方?

参考书目

西文:
1. Johnston, Newton, Pickell: Junior-Senior High School Administration, Chap. IV, pp. 89 - 115. New York. C. Scribner's Sons, 1922.

中文:
1. 廖世承,《从今后》,载《中等教育》(第二卷第一期)。

附 录

查考 T 分数对照表

S. D. Value	Per Cent	S. D. Value	Per Cent	S. D. Value	Per Cent	S. D. Value	Per Cent
0	99.999 971	25	99.38	50	50.00	75	0.62
0.5	99.999 963	25.5	99.29	50.5	48.01	75.5	0.54
1	99.999 952	26	99.18	51	46.02	76	0.47
1.5	99.999 938	26.5	99.06	51.5	44.04	76.5	0.40
2	99.999 92	27	98.93	52	42.07	77	0.35
2.5	99.999 90	27.5	98.78	52.5	40.13	77.5	0.30
3	99.999 87	28	98.61	53	38.21	78	0.26
3.5	99.999 83	28.5	98.42	53.5	36.32	78.5	0.22
4	99.999 79	29	98.21	54	34.46	79	0.19
4.5	99.999 73	29.5	97.98	54.5	32.64	79.5	0.16
5	99.999 66	30	97.72	55	30.85	80	0.13
5.5	99.999 57	30.5	97.44	55.5	29.12	80.5	0.11
6	99.999 46	31	97.13	56	27.43	81	0.097
6.5	99.999 32	31.5	96.78	56.5	25.78	81.5	0.082
7	99.999 15	32	96.41	57	24.20	82	0.069
7.5	99.998 9	32.5	95.99	57.5	22.66	82.5	0.058
8	99.998 7	33	95.54	58	21.19	83	0.048
8.5	99.998 3	33.5	95.05	58.5	19.77	83.5	0.040
9	99.997 9	34	94.52	59	18.41	84	0.034
9.5	99.997 4	34.5	93.94	59.5	17.11	84.5	0.028
10	99.996 8	35	93.32	60	15.87	85	0.023
10.5	99.996 1	35.5	92.65	60.5	14.69	85.5	0.019
11	99.995 2	36	91.92	61	13.57	86	0.016
11.5	99.994 1	36.5	91.15	61.5	12.51	86.5	0.013
12	99.992 8	37	90.32	62	11.51	87	0.011
12.5	99.991 2	37.5	89.44	62.5	10.56	87.5	0.009
13	99.989	38	88.49	63	9.68	88	0.007
13.5	99.987	38.5	87.49	63.5	8.85	88.5	0.005 9
14	99.984	39	86.43	64	8.08	89	0.004 8
14.5	99.981	39.5	85.31	64.5	7.35	89.5	0.003 9
15	99.977	40	84.13	65	6.68	90	0.003 2
15.5	99.972	40.5	82.89	65.5	6.06	90.5	0.002 6
16	99.966	41	81.59	66	5.48	91	0.002 1
16.5	99.960	41.5	80.23	66.5	4.95	91.5	0.001 7
17	99.952	42	78.81	67	4.46	92	0.001 3
17.5	99.942	42.5	77.34	67.5	4.01	92.5	0.001 1

18	99.931	43	75.80	68	3.59	93	0.000 9
18.5	99.918	43.5	74.22	68.5	3.22	93.5	0.000 7
19	99.903	44	72.57	69	2.87	94	0.000 5
19.5	99.886	44.5	70.88	69.5	2.56	94.5	0.000 43
20	99.865	45	69.15	70	2.28	95	0.000 34
20.5	99.84	45.5	67.36	70.5	2.02	95.5	0.000 27
21	99.81	46	65.54	71	1.79	96	0.000 21
21.5	99.78	46.5	63.68	71.5	1.58	96.5	0.000 17
22	99.74	47	61.79	72	1.39	97	0.000 13
22.5	99.70	47.5	59.87	72.5	1.22	97.5	0.000 10
23	99.65	48	57.93	73	1.07	98	0.000 08
23.5	99.60	48.5	55.96	73.5	0.94	98.5	0.000 062
24	99.53	49	53.98	74	0.82	99	0.000 048
24.5	99.46	49.5	51.99	74.5	0.71	99.5	0.000 037
						100	0.000 029

教育心理学

序

教育心理为现时治教育者所不可不读的科目,因其能应用心理学原理,解决教育上困难问题。可是近今出版的教育心理书籍,虽汗牛充栋,然大都偏于理论,不切实用。只有斯特朗(Strong)①的"An Introductory Psychology for Teachers"一书,编辑方法,最为适宜。本书特采用其意,一方讨论学理,一方参用实验,使学生从实际研究方面,得到一个结论。

著者在东南大学担任教育心理学程,已有四年半了。是书在两年前已开始编辑。前年全国新学制课程标准起草委员会开会,高中教育心理学程,即由著者起草。后来江苏师范讲习所课程委员会开会,又以此学程见委。两次所定的纲要,都主张教材注重儿童研究及学习法,包括测验、教法注重参观及实验。现时所编内容,与以前所定纲要,尚能符合。全书分三编,共四十三课:

第一编　学习心理　21课　约占全书十分之五
第二编　儿童心理　7课　约占全书十分之二
第三编　个别差异　15课　约占全书十分之三

所以这样编辑的缘由,在"绪论"中已经说明。至于本书的特点,可略举如下:

1. 自来读心理学者,每病干枯。本书力矫斯弊,用浅显文字,并多引与日常生活有关系的事实,以保持读者兴趣。

2. 理论与实验相间而来,使学者得自行证实各种原理,以备随时应用。

3. 凡本国例子可引用者,则引用之,以期适合我国现情。如"个别差异"一编内所载各种测验法、计分法、教学法、诊断法等,均为我国最新的材料。

4. 每课附有研究及讨论问题,有时并附录各种实验材料,教师苟能充分利用,当增加班中兴趣不少。

5. 每编有一课总温习,该课即为全编纲要,用填字式,令学生在空白内填入相当的字句。此为最经济的温习方法,开自来教科书所未有。

6. 末一课为全部总温习,用测验式,共有100题,其中40题用"认识法"编制,60题用"填字法"编制,可供教师参考。

---

① 斯特朗,美国心理学家,全名斯特朗·E·K。——编校者

7. 每课附有参考书目,并注明出版处及价值,以备课外阅读。

8. 令学生做每课纲要,书中有纲要的例子,也为温习的一种方法。

著者很希望本书能满足各校(大学、高师、后期师范、高中及师范讲习所)教育心理学程的需要,并希望对于一般青年教师,也有翔实的贡献。

本书第一编参考最多的为(1) Strong E. K.：*An Introductory Psychology for Teachers* 及(2) Pyle, Wm. H.：*The Psychology of Learning* 两书。第二编参考最多的为 Waddle, C. W.：*An Introduction to Child Psychology* 一书。第三编参考最多的为 McCall, Wm. A.：*How To Measure in Education* 一书。[①] 其他列在各课内参考书的作者,俱在感谢之列。同事陆志韦及陈鹤琴两先生,供给我实验材料,尤所心感。稿件蒙吾父及吾弟细心校正。一编之书,合兹众力,始得以观厥成焉。

1924 年 2 月 9 日廖世承序于南京

---

① 所列各编英文书目,在各自章节后附录参考书目中都有详细说明,这里不再另注。——编校者

教育心理学目次

绪论 ———————————————————————— 267

 第一课 什么叫做心理学？ ·· 267

  课外研究和讨论问题 ·· 270

  参考书目 ·· 270

 第二课 续前 ·· 270

  一、心理学的定义 ·· 270

  二、研究心理学的途径 ·· 272

  三、心理学与教育的关系 ·· 273

  四、教育心理的问题 ·· 273

  课外研究和讨论问题 ·· 274

  参考书目 ·· 275

第一编 **学习心理** ———————————————————— 277

 第三课 小学校读法和书法的研究 ·· 277

  一、认字法 ·· 277

  二、动境和反应 ·· 278

  课外研究和讨论问题 ·· 279

  参考书目 ·· 281

 第四课 学习的分析——动境和反应 ······································ 281

  一、学话 ·· 281

  二、读书 ·· 282

  三、感应结 ·· 283

  课外研究和讨论问题 ·· 283

  参考书目 ·· 284

 第五课 解释英文字母实验的结果 ·· 284

  一、目的 ·· 284

  二、结果 ·· 285

  三、曲线的解释 ·· 287

	课外研究和讨论问题	289
	参考书目	289
第六课	镜画实验	290
第七课	解释镜画实验的结果	291
	课外研究和讨论问题	295
	参考书目	295
第八课	学习曲线	296
	课外研究和讨论问题	300
	参考书目	300
第九课	经济的学习法——练习时间的长短和时期的分配	300
	一、记忆无意义文字的实验	300
	二、形数交替实验	301
	三、加法的实验	302
	四、时期的分配	303
	课外研究和讨论问题	306
	参考书目	307
第十课	经济的学习法——普通的要素	307
	一、注意和学习	307
	二、态度和学习	309
	三、志愿或性情	310
	课外研究和讨论问题	311
	参考书目	312
第十一课	经济的学习法（续）	312
	一、鼓励实习的方法	312
	二、确实的感应结	313
	三、感情和学习	314
	课外研究和讨论问题	316
	参考书目	317
第十二课	经济的学习法（续）	317
	一、课室训练	317
	二、算术方面的训练	318

　　　　三、关于其他功课方面的训练 ·················· 319
　　　　四、训练方面的琐碎问题 ······················ 319
　　　　五、实验的推论 ································ 320
　　　　课外研究和讨论问题 ···························· 321
　　　　参考书目 ······································ 322

第十三课　经验的保存 ································ 322
　　　　一、学习和记忆 ································ 322
　　　　二、记忆和年龄 ································ 323
　　　　三、记忆和性别 ································ 323
　　　　四、机械的记忆和理解的记忆 ···················· 324
　　　　五、助记忆巧法 ································ 324
　　　　六、唤起法 ···································· 325
　　　　课外研究和讨论问题 ···························· 325
　　　　参考书目 ······································ 325

第十四课　关于记忆的实验 ···························· 326
　　　　一、试验保存 ·································· 326
　　　　二、试验记忆广度 ······························ 326
　　　　参考书目 ······································ 329

第十五课　记忆 ······································ 329
　　　　一、复习 ······································ 332
　　　　二、初步保存与二步保存 ························ 332
　　　　三、练习的影响 ································ 333
　　　　课外研究和讨论问题 ···························· 333
　　　　参考书目 ······································ 337

第十六课　记忆（续） ································ 337
　　　　一、学习和保存的关系 ·························· 337
　　　　二、记忆的材料 ································ 338
　　　　三、记忆的方法 ································ 339
　　　　四、记忆材料的多寡 ···························· 340
　　　　五、全部学习与分段学习 ························ 341
　　　　课外研究和讨论问题 ···························· 341

　　　　参考书目 …………………………………………… 342

第十七课　记忆（续）………………………………………… 342
　　　　一、遗忘 ……………………………………………… 342
　　　　二、长时期的保存 …………………………………… 343
　　　　三、记忆和智慧的关系 ……………………………… 343
　　　　四、保存方面的个别差异 …………………………… 345
　　　　五、记忆的要素 ……………………………………… 345
　　　　六、试验保存的方法 ………………………………… 345
　　　　七、随时忆起 ………………………………………… 347
　　　　八、强记 ……………………………………………… 347
　　　　课外研究和讨论问题 ………………………………… 347
　　　　参考书目 ……………………………………………… 348

第十八课　习惯动作 …………………………………………… 348
　　　　一、定义 ……………………………………………… 348
　　　　二、从生理方面来解释习惯 ………………………… 349
　　　　三、习惯的问题 ……………………………………… 349
　　　　四、养成习惯的程序 ………………………………… 350
　　　　五、习惯成立的原因 ………………………………… 350
　　　　六、习惯的效用 ……………………………………… 351
　　　　七、结论 ……………………………………………… 351
　　　　课外研究和讨论问题 ………………………………… 351
　　　　参考书目 ……………………………………………… 352

第十九课　习惯的类化——学力的迁移 …………………… 353
　　　　一、相同分子 ………………………………………… 355
　　　　二、态度和入手方法 ………………………………… 355
　　　　三、理想 ……………………………………………… 356
　　　　四、自信力 …………………………………………… 356
　　　　五、注意 ……………………………………………… 356
　　　　课外研究和讨论问题 ………………………………… 357
　　　　参考书目 ……………………………………………… 358

第二十课　疲劳与学习 ………………………………………… 358

- 一、疲劳的性质 ·················· 358
- 二、疲劳的种类 ·················· 358
- 三、疲劳的实验 ·················· 359
- 四、实验的成绩 ·················· 359
- 五、学校儿童的疲劳 ·············· 361
- 六、每日工作时间的效率 ·········· 361
- 七、睡眠与疲劳 ·················· 362
- 八、主观的疲劳 ·················· 364
- 九、练习与疲劳 ·················· 364
- 课外研究和讨论问题 ·············· 364
- 参考书目 ························ 364

第二十一课　本编总温习 ·················· 365

第二编　儿童心理 ——————————— 372

第二十二课　反射动作 ·················· 372
- 一、简单的反动 ·················· 372
- 二、反射动作 ···················· 372
- 三、反射弧 ······················ 373
- 四、复杂的反射 ·················· 374
- 五、连锁反射 ···················· 375
- 六、交替反射 ···················· 376
- 七、反射的性质 ·················· 376
- 八、人类的反射动作 ·············· 376
- 课外研究和讨论问题 ·············· 378
- 参考书目 ························ 378

第二十三课　儿童的天性 ················ 378
- 一、先天的与后获的 ·············· 378
- 二、本能和反射动作的关系 ········ 380
- 三、本能的分类 ·················· 381
- 四、试验本能的成绩 ·············· 383
- 五、本能的原始 ·················· 384

	课外研究和讨论问题	386
	参考书目	386
第二十四课	天性在教育上的位置	387
	一、天性的发达和改换	387
	二、天性与教育的关系	389
	课外研究和讨论问题	396
	参考书目	396
第二十五课	儿童语言发达的程序	397
	一、语言的定义	397
	二、学话的条件	397
	三、学话的步骤	398
	四、儿童的字汇	399
	五、字义的解释	400
	六、语言与智慧	401
	七、语言与思想	401
	八、结论	402
	课外研究和讨论问题	402
	参考书目	402
第二十六课	儿童图画的研究	403
	一、本能的根据	403
	二、图画的进化观	403
	三、儿童的图画的研究	404
	四、儿童图画能力发达的程序	404
	五、儿童画的内容	406
	六、儿童画的特质	406
	七、个别与两性的差异	407
	八、图画的功用	408
	九、结论	408
	课外研究和讨论问题	409
	参考书目	409
第二十七课	儿童身体和精神方面的发达	409

　　　　一、身长和体重 409
　　　　二、各部发达的比较 412
　　　　三、脑部的发达 413
　　　　四、智力的增进 413
　　　　五、体质发达和精神发达的关系 415
　　　　课外研究和讨论问题 416
　　　　参考书目 416
　　第二十八课　本编总温习 416

第三编　个别差异 —————————————————————————— 422

　　第二十九课　个别差异的概论 422
　　　　一、学习镜画的个别差异 422
　　　　二、学习简易算术的个别差异 424
　　　　参考书目 428
　　第三十课　个别差异的三大原因——环境、遗传和训练 428
　　　　一、环境、遗传和训练 428
　　　　二、从遗传和训练解释个别差异 429
　　　　课外研究和讨论问题 435
　　　　参考书目 435
　　第三十一课　个别差异的常态分配 436
　　　　一、理想的分配 437
　　　　二、实际的分配 441
　　　　课外研究和讨论问题 441
　　　　参考书目 442
　　第三十二课　度量个别差异的方法 442
　　　　一、智力测验 442
　　　　二、教育测验 451
　　　　三、品性量表 455
　　　　课外研究和讨论问题 456
　　　　参考书目 456
　　第三十三课　测验实习 457

　　　　　实习一 …………………………………… 458
　　　　　实习二 …………………………………… 458

第三十四课　个别差异与学级编制和教学法的关系 ………… 460
　　　　　一、个别差异和学级编制 ……………………… 460
　　　　　二、个别差异和教学法 ………………………… 462
　　　　　三、算术练习测验 ……………………………… 462
　　　　　课外研究和讨论问题 ………………………… 466
　　　　　参考书目 ……………………………………… 466

第三十五课　科学的诊断法与新法考试 ………………………… 466
　　　　　一、诊断的功用 ………………………………… 466
　　　　　二、诊断的方法 ………………………………… 467
　　　　　三、诊断的先决问题 …………………………… 470
　　　　　四、新法考试 …………………………………… 470
　　　　　课外研究和讨论问题 ………………………… 473
　　　　　参考书目 ……………………………………… 473

第三十六课　T、B、C、F 分数的解释 ………………………… 473
　　　　　一、编造测验的参照点 ………………………… 473
　　　　　二、编造量表的单位 …………………………… 474
　　　　　三、T 量表的编造法 …………………………… 475
　　　　　四、编造 B 量表的方法 ………………………… 477
　　　　　五、编造 C 量表的方法 ………………………… 481
　　　　　六、计算 F 分数的方法 ………………………… 483
　　　　　结论 ……………………………………………… 483
　　　　　课外研究和讨论问题 ………………………… 484
　　　　　参考书目 ……………………………………… 485

第三十七课　T、B、C、F 分数的应用 ………………………… 485
　　　　　一、计分问题 …………………………………… 485
　　　　　二、度量教育的效率 …………………………… 495
　　　　　课外研究和讨论问题 ………………………… 496
　　　　　参考书目 ……………………………………… 496

第三十八课　核算点量数的方法 ………………………………… 497

一、点量数 ································· 497
　　二、在什么时候应用什么点量数？ ············ 502
　　课外研究和讨论问题 ······················· 502
　　参考书目 ································· 502

第三十九课　核算差异量数的方法 ············ 502
　　一、差异量数的种类 ························· 503
　　二、核算差异量数的方法 ···················· 503
　　三、在什么时候用什么差异数量？ ············ 507
　　课外研究和讨论问题 ······················· 508
　　参考书目 ································· 508

第四十课　核算相关系数的方法 ·············· 508
　　一、什么叫做相关 ··························· 508
　　二、相关的用处 ···························· 509
　　三、核算均方相关的方法 ···················· 509
　　四、核算等级相关的方法 ···················· 510
　　课外研究和讨论问题 ······················· 513
　　参考书目 ································· 513

第四十一课　统计实习 ······················ 513
　　问题一 ··································· 513
　　问题二 ··································· 514
　　问题三 ··································· 515

第四十二课　本编总温习 ···················· 516

第四十三课　全部总温习 ···················· 521

附录一　S.D.值对数表 ························· 532
附录二　形数交替（一） ······················ 534
　　　　形数交替（二） ······················ 535

教育心理学图表

图 1	动物细胞	271
图 2	各种细胞的形状	272
图 3	显示十组顺背和倒背英文字母的学习曲线	286
图 4	镜画的星像	290
图 5	显示学习镜画曲线	293
图 6	表示底线上边的零度应当怎样保存	297
图 7	学习曲线	297
图 8	学习曲线	297
图 9	图 7、图 8 的实验结果	298
图 10	学习曲线	299
图 11	分配卡片的曲线	299
图 12	斯达奇的实验，表示各组练习的结果	302
图 13 甲	派尔的实验	304
图 13 乙	派尔的实验	305
图 14	机械的记忆	323
图 15	理解的记忆	323
图 16	表示学习后过去时间的长短，对于保存的影响	330
图 17	艾宾豪斯的遗忘曲线	342
图 18	表示在小学四、五、六、七年级里同年龄的儿童，对于理解的记忆的效率	344
图 19	表示 516 个大学男生和 516 个大学女生的成绩分配	345
图 20	表示神经通路成立的过程	349
图 21	学习曲线	354
图 22	用镜画试验学力的迁移	355
图 23	盖茨试验每日儿童工作时间的效率	362
图 24	盖茨试验每日大学学生工作的效率	363
图 25	表示反射弧	373
图 26	表示神经关键	373

图 27	简单的听觉反射	374
图 28	表示分布的反射	375
图 29	连锁反射	375
图 30	儿童对于各种游戏的兴趣	394
图 31	画人的进化	407
图 32	身长与体重的增进的曲线	410
图 33	各年龄脑部重量的增加	413
图 34	中材儿童和高能儿童智力增进的曲线	414
图 35	中材儿童和高能儿童的智力商数 IQ 曲线	415
图 36	表示两人关于算术训练方面的影响	430
图 37	表示 3 个天赋能力不同的人对于学习算术的结果	431
图 38	表示 4 人的学习曲线	432
图 39	表示一个小学四年级的学生和一个愚笨儿童的练习加法测验	433
图 40	表示各组做算术演习题的曲线	434
图 41	表示用 3 粒骰子掷 25 次的"成绩分配面"	436
图 42	用 3 粒骰子掷 216 次,依照理论应得的常态分配曲线	437
图 43	常态分配曲线	438
图 44	用斯坦福大学修正的比奈测验,试验 112 个幼稚园儿童所得的智力商数 IQ 分配	439
图 45	智力的常态分配曲线	439
图 46	显示初中各级英文成绩重叠的现象	440
图 47	常态分配曲线,分全距为 10S. D.	474
图 48(1)	表示 12—13 岁人数分配的假定曲线	476
图 48(2)	表示常态分配曲线内的各段人数	477
图 49	表示 11—15 岁的次数分配曲线	479
图 50	11、12、13 各年龄的曲线相关图	479
图 51	依照常态分配曲线,五项等第所占的百分比面积	488
图 52	表示化平日小考分数为比较等第的方法	490
表 1	顺背英文字母十组的平均秒数	285
表 2	倒背英文字母十组的平均秒数	286
表 3	十人镜画实验的平均时数及错误数	292
表 4	学习后各时间保存的百分比	329

表 5	记忆的材料	338
表 6	表示广告数目的保存和隔了不多时所认识的广告数目的关系	340
表 7	表示学习无意义字的遍数和材料长短的关系	340
表 8	理解的记忆和 6 种智力测验的相关	344
表 9	用 5 种方法度量遗忘的结果	346
表 10	表示各年龄睡眠的平均时间	363
表 11	人类的反射动作	377
表 12	人类的本能	381
表 13	人类的本能倾向	383
表 14	斯密斯、霍尔调查儿童好奇的结果	395
表 15	各年龄儿童的平均字汇	399
表 16	儿童字汇的分配	399
表 17	8 个儿童在一天内所用的字数	400
表 18	儿童开始说话的年龄	401
表 19(1)	各年龄身长的比较	410
表 19(2)	各年龄体重的比较	411
表 20	鲍德温所调查的儿童的身长体重表	412
表 21	十个人镜画测验的成绩	423
表 22	表示成人和四年级儿童每次做对加法乘法的平均题数	426
表 23	1 171 个 16 岁女孩的身长分配	428
表 24	表示求 T 分数的方法	476
表 25	表示求 B 分数的方法	478
表 26	年龄与 B 校正数对照表	480
表 27	年级次数分配表	481
表 28	年级 T 分数对照表	482
表 29	C 校正数与距开校月对照表	482
表 30	计算全班 T、B、C 分数的方法	483
表 31	一个教师在每次试验所定的分数	486
表 32	显示求年级地位的方法	492
表 33	表示求平均数的方法	498
表 34	表示求下二十五分点、中数、上二十五分点的方法	500
表 35	表示平分级距的方法	501

表 36　表示核算平均差的方法 …………………………………… 504
表 37　表示核算均方差的方法 …………………………………… 506
表 38　核算均方相关的方法 ……………………………………… 509
表 39　核算等级相关的方法 ……………………………………… 511
表 40　化 R 为 r 的对数表 ………………………………………… 512

绪　论

第一课　什么叫做心理学？

诸位大概都看过《红楼梦》这部小说，倘使没有看过，总听见过这个书名。底下一段，就从那个书中摘出来的。①

> 黛玉听见宝玉奚落宝钗，心中着实得意。才要搭言，也趁势取个笑，不想靓儿因找扇子，宝钗又发了两句话。他便改口说道："宝姐姐，你听了两出什么戏？"宝钗因见黛玉面上有得意之态，一定是听了宝玉方才奚落之言，遂了他的心愿。忽又见问他这话，便笑道："我看的是李逵骂了宋江，后来又赔不是。"宝玉便笑道："姐姐通今博古，色色都知道，怎样连这一出戏的名儿也不知道，就说了这么一串。这叫个负荆请罪。"宝钗笑道："原来这叫负荆请罪。你们通今博古，才知道负荆请罪，我不知是什么负荆请罪。"一句话未说完，宝玉、黛玉二人心里有病，听了这话，早把脸羞红了。……一时宝钗凤姐去了，黛玉笑向宝玉道："你也试着比我利害的人了。谁都像我心拙口笨的，由着人说呢？"

为什么这一段话，很能表现各人个性？黛玉为什么得意？宝钗为什么用机锋话嘲笑两人？宝玉的态度怎样？异性间何以不易发生妒忌？

诸位不要以为我在此地说废话，上边许多的问题，都是心理学的问题。从讨论实际的问题里边，我们可以得到一个心理学的概念，可以知道各分类的范围怎样。下边再举几个例子。

近人有部小说叫做《好青年》②，书里边描写一个活泼的小孩子，名字叫万榴。有一次他同家里的人到影戏园去看戏。看见影戏里有一个女郎，踽踽独行，不防在旷野地方，撞着一个凶恶强盗，被那强盗用一根丝绦套着女郎颈项，背起来就走。不一会侦探赶来了，侦探坐的是汽车，就将那强盗捉住，女郎方才

---

① 参见《红楼梦》第三十回："宝钗借扇机带双敲，龄官划蔷痴及局外。"——编校者
② 《好青年》作者李涵秋（1873—1923），清末民初文学家，鸳鸯蝴蝶派小说名家之一。——编校者

安然出险。万榴回到家里,就和他妹妹谈论,问他那一出影戏好顽。他妹妹倦了,不理他。他在这当儿,蓦然想起那出得意的影戏,又觉得他妹妹的面庞,颇与那影戏里的女郎有些仿佛,登时触动了一个念头。便轻轻解下腰间系的那根丝绦,给他妹妹一个不防备,套入她颈项背起来就走。他妹妹吓得手舞足蹈痛哭,万榴那里肯理会。他越是哭得利害,自家越跑得利害。只恨那房屋没多大,跑来跑去只好在那几间空屋里乱转。心里总还思量,或者有人来救护。谁知回头望了望,也没有巡捕,也没有汽车,和那影戏里要出来的大不相像。至于他妹妹先前还有哭闹的分儿,后来经那带子越套越紧,几乎回不转气,差不多要死了。幸喜后来给他家里人看见,才连声喝住。瞧他妹妹颈头里,已露出一条红印。

  影戏何以这样容易感动小孩?万榴瞧他妹妹的面庞,忽然触动了一个念头,这是什么心理作用?万榴何以要给这样苦给他妹妹吃?

  吴趼人著的《二十年目睹之怪现状》①里边,有一段事实,很可以供我们参考。有一次上海制造局里边来了一个报告,说洋枪楼里边,藏了十数个强盗。总办听见慌了,立刻传了本局的炮队营,又请了忠信两营,又调了护军营。一时间兵调来了,都在局外面团团围住,却不敢进洋枪楼去,恐怕黑夜里边,有什么错误。只在外面吹洋号,敲梆子,闹了一夜。到明天早上,各营的兵,才纷纷聚在洋枪楼外面,排齐了队伍,对准了枪口,另外叫两个人在门口开锁。锁开了,便一人推一扇门,只推开了一点,便飞跑地走开了。却不见有甚动静。一个带队官喊了一句口号,各营兵才一步一步的向洋枪楼走去,把那大门推的开足了,鱼贯而入。楼上楼下却找不到一个人影。后来才晓得隔天晚上,熟铁厂里有一个师爷,提了手灯,到下面墙脚下方便。那手灯的火光,正射在洋枪楼向东面的玻璃窗上。恰好那打更的护勇,从东面走来,远远的看见玻璃窗里面的灯影子,便飞跑地到总办公馆去报,说洋枪楼里面有了人。那家人传了护勇的话进去,却把一个人字,说成了一个贼字。那总办慌了,却又把一个贼字,听成了强盗两个字,才有这一个笑话。

  明末时候,有一处地方演草台戏。有几个人正跑来看戏,看见场里边有几个人慌慌张张地退出来,问他们有什么事情,他们回答:"倭寇杀来了。"那几个

---

① 《二十年目睹之怪现状》,吴趼人著,是一部带有自传性质的作品,晚清四大谴责小说之一。通过主人公"九死一生"二十年间的遭遇和见闻,描述了日益殖民化的中国封建社会的政治状况、道德面貌、社会风尚及世态人情。——编校者

人听了,返身就走。于是一传十,十传百,登时阖城鼎沸起来。地方官立刻从各处调了几支兵,来守护城池。后来才知道戏里边正演薛仁贵征东,有几个装扮了番兵,谣言就从这个地方起来。

些小的事何以会化得这样大？倘使总办听了报告不惊慌,制造局还会闹那个笑话吗？关于倭寇的那个谣传,做地方官的应当怎样对付？你对于这两件事情有什么感想？

有一家人家办迁葬的事情,忙乱了大半天。到后来各事都办妥,开船走了。船行了十余里,大家方才想起,那口灵柩单单的忘记在岸上。

何以最要紧的东西,反而忘掉？你自己有没有这样的经验？

我住在美国的时候,我的房东家里养一只狗。那只狗到了晚上,总到我房东的床边,向房东望着,仿佛告晚安的样子。几年中没有间断过一次。有一天晚上临睡的时候,它没有走来,房东知道它病重了,自己跑去看它。它没有声响,仿佛垂泪的样子。过了两天,它果真死了。

狗有知觉吗？上边所说那只狗晚上没有去请晚安,房东何以知它病重了？

有一个强盗,抢劫人家东西,人家抗拒他,他就把人家杀死了。

某处兵变,有一个叛兵,捉住了一个行人,想搜括他的东西,行人不服气,同他争斗起来,结果那个叛兵被行人打死了。

有一个开汽车的,开行并不十分快。忽然间前面来了一个老妇人,她耳朵聋了,听不见汽车的响声,因此被那汽车碾死了。

上边三件事情,都犯杀人的罪名。这三个人是否都应该抵命？倘使你说他们犯罪的情形不同,那末应该用什么标准定夺他们罪名的轻重？是否看他们的动机,还是看他们所处的环境？还是两种并看？

我有一个同学,患了一种病。看见随便什么人,就要打躬作揖,向人赔不是。后来迁居别处病就好了。好了几时,又回到原来地方,病又发了。

这是一种什么病？何以离开了他的居所,病就会好？何以回到原住地方,病又发了？

12加13等于25,大家都知道的。大比小等于重比轻,大家也知道的。但是问一班小学生,竟有十分之二三,回答错误的。

为什么缘故同在一班念书,有回答对的,有回答错的？倘使你说有的练习过,有的没有练习过。练习何以能发生效力？除了练习,还有别的原因吗？

课外研究和讨论问题

1. 笔答本课中各项问题。
2. 这许多事实和心理学有什么关系？
3. 如本课所举的事实，你自己也举两则，并说明与心理学的关系。
4. 你在没有读过心理学的书籍以前，觉得心理学是一种什么东西？
5. 心理学与教育的关系怎样？
6. 普通心理与教育心理有什么分别？
7. 本课所举的事实中哪一件与教育心理有密切关系的？

参考书目

1. 曹雪芹、高鹗著，《红楼梦》。今有人民文学出版社，2000。
2. 吴趼人著，《二十年目睹之怪现状》。今有百花洲文艺出版社，2010。——编校者
3. 李涵秋著，《好青年》，上海国华新记书局，1931。

第二课　续前

一、心理学的定义

上面许多的问题，都在心理学范围以内，因为这许多问题，都和生物的精神现象有关。心理学就是研究精神生活的一种科学，以前有人说："心理学为研究灵魂的科学"，也有人说："心理学为研究心的科学"、"心理学为研究意识的科学"。最近有许多心理学家承认"心理学为研究动作的科学"（The science of behavior）。所谓科学，就在观察事实，推求真理，有一系统的组织。心理学所观察的动作，不仅限于人类。小而至于昆虫飞鸟，大而至于猿猴牛马，都在研究范围以内。从研究动物的动作里边，心理学得到许多的参考资料。

这动作（Behavior）一个名称，我们也得解释一下，凡是生物受了环境的影响发生各种反应，都是动作。例如一个人听见一种特殊响声，他就回转头去看。坐在大菜桌上，侍者送上菜来，就拿起刀叉来切食物，把食物送到口里边去。走过一家珠宝店，看见窗里面装满了电光灿烂的手饰用具，便立定了脚，细细的看。这种种举动以及一切筋肉方面的适应，内部腺的活动，都是人类对于环境的反应。此种现象，统合起来，就叫做动作。

动作的范围固然很广，不过这个解释，也要看得清楚。倘使一阵大风，把一个小孩吹倒了。他的倒，不能算是动作；他倒在地上的痕迹，也不能说是反应的

结果。因为这是一种偶然的事实,并不是受了环境的影响,发生一种有机体的反应。倘使风吹他的时候,他极力挣扎;或者将要倒地的时候,他张开两手来抵抗,那么他是受了环境影响,发生一种有机体的反应,可以说是动作。

知道了动作,还须知道生物(Organism)的解释。生物的单位就是细胞(cell)。细胞的形状如下图:

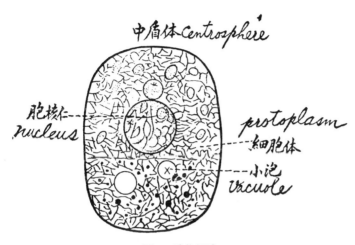

图1　动物细胞

细胞的种类甚多,有生殖细胞、骨节细胞、血液细胞、皮肤细胞、肌肉细胞、神经细胞等等。

各种细胞的作用不同,形状也各别。不过有两种相同的特质:(1)"营养代谢"的作用(Metabolism);(2)分裂的作用(Mitosis)。从极简单的生物"呵咪吧(Amœba)"到极复杂的生物"人类"所赖以生存传后的,就不外这两种作用。从这两种细分起来,我们可以得到下列六种生命的机能(Vital functions):

1. 组织(Organization)

2. 营养(Nutrition)

3. 生长(Growth)

4. 支配(Regulation)

5. 回复原状(Repair)

6. 生殖(Reproduction)

和生命的机能相对待的,为精神的机能(Mental functions)。生命的机能,所以保持生物的常在;精神的机能,所以使生物和环境发生关系。这个关系里边,包含三层作用:(1)兴奋;(2)适应;(3)反应。这三种合起来,就成为一种

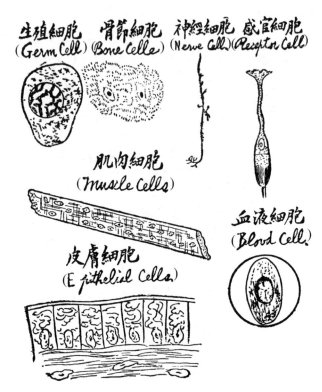

图 2　各种细胞的形状

经验（Experience）。经验的集合，就是生物的精神生活（Mental life）。使这种精神生活实现的机体，就是精神方面的组织（Mental organization）。

二、研究心理学的途径

研究心理学，大概有两种方法。一种是观察他人的动作，看他人对于一种环境的影响，发生什么反应。这是一种客观的方法，最可靠的。不过人类的精神生活很复杂，有许多地方，外貌上看不出来。例如我想像一个朋友，在数千里外，我能够想像他的音容笑貌。但是人家不知道我心里想的是什么。要研究这种现象，只有采用自省的方法（Self-observation）。所谓意识现象（conscious phenomena），就是自省的结果。

我们时常听见意识（consciousness）这个名词，意识是什么？意识就是我观察一己的现象。譬如我看见了黄鹤楼的痕迹，我就想起革命时的情形，心中发生了许多感触。但是人家在旁边，观察不出什么来。要是他立刻把我的脑子解剖开来，用极好的显微镜来观察，至多他看到了一点化学的作用，神经分子的变化。至于意识的经验,只有我一个人知道。

这两种方法,表面上似有冲突,实际上或可并行不悖。从内省方面,可以得到许多臆说,供我们的参考。不过要使心理学成为一种纯粹的科学,那么主观的方法,最好少用些。

三、心理学与教育的关系

要讨论教育心理的问题,我们第一要晓得什么是教育。倘使教育以发达个人为前提,那么心理学的问题是一种;倘使教育的根本目的在适应社会,那么心理学的问题又是一种。就前一种说,教育可不问环境怎样,只须完全发展各个人的身心;就后一种说,教育所以要发展个人的身心,就在使他能适应社会的和自然的环境。现时我们不问教育详细的目的,只把教育和心理学的关系,简单的提出来。

从广义论,桑戴克(Thorndike)[①]说得最好。他说:"教育的目的,就我们所能看见的,在改进人类,增加他们有用的需要,并满足那种需要的能力。"改进的事业,可分作三部:知识的改进,技能的改进,理想的改进。从教育方面,儿童可以获得有用的知识、应用筋肉和支配思想的技能,以及各种正当的理想。人类的变更,有教育意义的,大概可归入这三部内。

四、教育心理的问题

根据上边的论点,就发生下列几个问题:

1. 人类应有何种变更?
2. 用什么材料促成那种变更?
3. 用什么方法?
4. 怎样人类可以容纳那种变更?
5. 容纳变更的程度是不是各个人一致的?

第一个问题应让哲学和社会学去回答。哲学告诉我们什么是人生的理想,社会学指导我们什么是社会的意义。有了他们两位老先生的启迪,才可定夺我们究应有什么变更。因为各民族的思想不同,各时代的情状不同,所以对于教

[①] 爱德·桑戴克(Edward Thorndike)(1874.8—1949.8),美国心理学家,心理学行为主义的代表人物之一。他从研究动物的实验中,领会到它们的学习过程,从而提出他的联结主义理论:刺激(S)—反应(R)公式。被公认为教育心理学的奠基人。——编校者

育的基本观念，也是因时因地而异。

第二个教材问题半和社会学有关，半和心理学有关。定夺教材时，我们一方要顾及个人所处的自然的和社会的环境，一方要审察个人的精神和体质方面所发生的反应。

第三、第四、第五个问题，才是心理学切身的问题。和上面第二个问题的一部分合起来，就是我们教育心理学的范围。

因此我们第一步讨论学习的方法。我们觉得各种教学法，都应该以学习原理为根据。倘使儿童用朗读的方法，得到欣赏的作用。那么教师要发达儿童欣赏文字的能力，有时就应该注意朗读。倘使儿童学习算学最简便的方法，在看了"3×4"，立刻就写答案"12"不再心理盘算一下，默默地念"三四十二"，那么教师要使儿童计算敏捷，就应该注意养成这种态度。所以不研究儿童的学习心理，任意引进各种教学法，是很危险的。

第二步我们要讨论怎样儿童有学习的可能，因此我们要研究儿童心理。例如儿童的天性，天性在教育上的位置，儿童语言发达的程序等等。

第三步我们要看容纳变更的程度是不是各个人一致的。倘使不一致的，要学校行政上、教授上、训育上发生什么问题？怎样应用科学的原理来解决这许多问题？因此我们在"个别差异"一编内，专讨论各种实施的问题，如学级编制、成绩考查、训育设施、计分方法等等。

总结上面的讨论，心理学的范围，非常广阔，教育心理不过为心理学的一部分。就这一部分，所包含的问题，已经很多。我们就教育心理的范围，参照教师和学生的需要，分为三编：（1）学习心理；（2）儿童心理；（3）个别差异。每篇内容，俱注重具体的事实，不重抽象的理论。中间参加各种简单的实验，预备课室中讨论时作为参考。

课外研究和讨论问题

1. 做本课的纲要。

2. 解释下列的名词：

（1）动作

（2）生物

（3）细胞

（4）意识

（5）内省

3. 为便利起见，心理学普通分作下列七种：

（1）动物心理学（Animal psychology）又称比较心理学（Comparative psychology）。例如华森（Watson）教授试验鼠的学习，司各得（Scott）和惠兼尔（Witchell）试验鸟有否发音的本能，都在这种心理学的范围以内。

（2）儿童心理学（Child psychology）。例如研究儿童的天性，儿童学习语言的程序等。

（3）个人心理学（Individual psychology）。例如测验各个人智力的差异、遗传的影响等。

（4）应用心理学 Applied psychology。

a. 应用于教育　如改进教学法、编制课程、甄别成绩等。

b. 应用于医药　如诊断病状等。

c. 应用于法律　如盘诘案情、测验罪犯等。

d. 应用于商业　如广告心理等。

（5）变态心理学（Abnormal psychology）。如弗洛伊德①（Freud）的研究梦状和神经症候等。

（6）社会心理学（Social psychology）。研究社会生活所表现的特殊心理现象。

（7）民族心理学（Racial psychology）。研究民族特殊的心理现象。

其他尚有青年心理学、女子心理学、生理心理学、实验心理学等名词。

把第一课所引用的各种事实，分别归在各类心理学范围以内。

4. 何以各科教学法须根据学习原理？

参考书目

西文：

1. Cameron, E. H., Psychology and the School, Chap. Ⅰ. The Century Co., New York, 1921.
2. Colvin, S. S., The Learning Process, Chap. Ⅱ. MacMillan, 1915.
3. Gordon, K., Educational Psychology, Chap. Ⅰ. Henry Holt & Co., New York, 1917.
4. Hunter, W. S., General Psychology, Introduction. The University of Chicago Press,

---

① 弗洛伊德（Sigmund Freud, 1856—1939），是奥地利精神病医师。心理学家、精神分析学派创始人。——编校者

1919.
5. Starch, D., Educational Psychology, Chap. Ⅰ. MacMillan, 1920.
6. Strong, E. K., Introductory Psychology for Teachers, Lesson Ⅰ. Warwick & York, Baltimore, 1920.
7. Warren, H. C., Human Psychology, Chap. Ⅱ. Houghton Mifflin Co, 1920.
8. Woodworth, R. S., Psychology, A Study of Mental Life, Chap. Ⅰ. Henry Holt & Co., 1921.

中文：
1. Colvin, S. S. 著,廖世承译,《教育心理学大意》(第一章),中华书局,1922。
2. 舒新城编,《教育心理学纲要》(绪论),商务印书馆,1929。
3. 松本亦太郎、崎浅次郎著,朱兆萃、邱陵译,《教育心理学》(第一章),商务印书馆,1924。

第一编　学习心理

第三课　小学校读法和书法的研究

诸位退课以后可到附近小学里边,参观初小一二年级的读法书法功课,预备下次来班上讨论。

前次我们说心理学是"研究动作的科学",今天我们就要把动作分析一下。不过人类的动作很复杂,决非几个星期所讲得明白的。我此刻先从学习方面来解释动作,举几个浅近的例子。

一、认字法

第一个例子,就从初小一二年级的读法书法来说明。在我国小学里边,教授读写,尚没有很好的方法。不过有的小学,正在试行各种新的原理。美国近来有一般小学校,采用一种"认字的方法"(the sight-spelling lesson),可以介绍给我们参考。

用那种方法的时候,教师大概分几种步骤:

(一)利用儿童旧经验　学生初上学的时候,教师不教他书,只叫他在班上讲有趣味的事实。

(二)教师把儿童经历的事实写在黑板上　过了一两个星期以后,有一天教师照样问儿童前天做过什么事情。有一个年幼的儿童伸起手来说:

星期日我到乡下去。　　我看见一只牛。

我同妹妹一起玩。　　我们拍球。

大家很快活。

教师把这几句话都写在黑板上。儿童此刻才知道板上写的字和他的思想有关系的。

(三)练习认识字句　教师问哪个指点我看,哪一句是"星期日我到乡下去";哪一句是"我看见一只牛"……起初儿童只记得哪一句先说,哪一句后说,从写的地位来猜度句子。逐渐间对于各句句子的大概状况记得了。以次练习分句(clause)、兼词(phrase)和个别的字。有的儿童学得快些,有的学得慢些。后来大家对于各个字的声音记得了。教师任说一个"球"字,儿童就指出"球"

字,教师再写一"球"字,指着说:"这个字总是念做球的声音。"

这样练习了几天以后,教师就可以再进一步。

(四)练习忆起字句　此刻教师换一种问法,指了句子,问这一句怎样念法,或指了一个字,问:"这是什么字?"儿童须从符号方面忆起音声。教师指着字,儿童说出以后,教师仍如前写一"球"字说:"这个字总是念做球的声音。"

在这个时候,教师可以引进书法。例如教师任选一个字,写在黑板上,写后把它揩去了,叫儿童上去写那个字。

诸位知道练习(Drill)是很重要的。在小学校内,可以采用设计教学法,却不能废除练习,因为有许多基本知识(读、写、算)非练习不行。但是练习须要有变化,否则便干枯乏味。

上边第三步、第四步同一练习,方法却不同。第三步是练习认识(Recognition),第四步是练习忆起(Recall)。两种不能不分别练习,因为尽有儿童知道"球"的声音,却不认得字(能忆起而不能认识),也有认得字,却把声音念错(能认识而不能忆起)。

第四步实际也包含两种程序:(一)看了字,忆起音声(读法);(二)看了字,再行默写(书法)。第一是表明儿童看了字,知道怎样动他发音器官的筋肉;第二是表明儿童听了音或看了字,知道怎样动他手臂和手指的筋肉。看下面的式子,格外可以清楚些:

读:看"球"字　　念"球"字

写:听"球"字　　写"球"字

写:看"球"字　　写"球"字

第二种程序就是认字(Sight spelling)的方法。用这种方法惯了,儿童便注意教师的动作,使得默写便利些。

上面所讲授课的方法,有一个目的。这个目的是什么?就是教儿童认字。所以一课里边的动作,都和儿童的学习有关系的。倘使有的动作和学习没有关系,便应当除掉。

二、动境和反应

上边例子和儿童学习有关系的事实,可以分作两部分:(1)影响儿童的事实。如教师的讲话、写字、手势以及其他儿童的动作,都能影响各个儿童。(2)儿童反应的事实。第一种总括起来,叫做动境(Situation);第二种叫做反应

(Response)。

来引证上面两种事实,我们可以在认字课中举一个例子。比方教师讲到"花"字,教师就在黑板上写一个"花"字,写好后把它抹去,叫王儿上去写。王儿走上去,写了一个弯弯曲曲的"花"字。

关于王儿的动境和反应(从教师写"花"字起到王儿写"花"字止),可以分析一下,像下面的式子:

动境　　　　　　　　　　反应

1. 王儿在班上。　　　　　普通的注意状态

2. 课室中有教师同学。　　(1)对于全班,(2)对于教师,(3)对于讨论的特殊问题。

3. 讲到"花"字。

4. 教师叫大众注意他写的字。

1、2、3、4同上。　　　　(4)王儿从椅上立起来,(5)走向黑板方面,(6)在板上写"花"字,(7)回到坐位上。

5. 教师在黑板上写"花"字。

9. 抹去"花"字。

7. 叫王儿上去写。

1,2,3,4同上。

5. 教师点首表示许可状。　　8. 王儿表示欣喜色。

从上边的例子,我们可以看出来,动境是包含各种影响王儿的事实,反应是包含王儿对于动境发生的各种事实。所以动境和反应都非常复杂。

那个动境和反应合起来,就成了王儿的动作。所以动作分析起来,就含动境和反应两种要素。我们说动作是指生物和环境发生关系而言。环境能引起生物的反应,就称为动境。生物对于动境所发生的事实,就是反应。倘使学习没有反应,没有自动,就不成其为学习。下次我们再继续讲动境和反应,继续讲学习。

课外研究和讨论问题

1. 写参观初小一二年级读法书法的报告,预备下次交进来。

2. 预备从动境反应方面,下次到课室中讨论参观时情形。

3. 从日常生活中,任举三十个动境和反应的例子,举例如下:

动境　　　　　　　　　　　　反应

(1) 手碰到热的东西。　　　　　一个人就把手缩回去。

(2) 骤然的响声。　　　　　　　一个人就吓了一跳。

(3) 听见吹号的声音。　　　　　学生就想到上课。

(4) 看见"2+2"的符号。　　　　一个人就想到"4"。

(5) 路上碰见熟识的女子。　　　西人就脱帽致敬。

4. 比较东大附小教授读法书法的程序和本课所举的例子。

附小教授新生读法的程序,大致如下:

(1) 开始三四个星期,教师纯用暗示的方法。不教儿童读书,也不教儿童写字。谈话时有意无意的在黑板上写字给儿童看。

(2) 令儿童看图画,解释图画的意义。简单的句子,教师写在黑板上。

(3) 令儿童学习重复故事。举例如下:

小猴子　小猴子寻到一袋米。他同羊、鹅、兔三位朋友说道:"哪一个愿意帮我搬这袋米?"

羊说:"我不愿意。"

鹅说:"我不愿意。"

兔也说:"我不愿意。"

小猴子说:"我就自己去搬这袋米。"

米搬好了,小猴再问三位朋友道:"哪一个愿意帮我做糕?"

羊说:"我不愿意。"

鹅说:"我不愿意。"

兔也说:"我不愿意。"

小猴子说:"我就自己去做糕。"

糕做好了,小猴子再问三位朋友道:"哪一位愿意帮我烘糕?"

羊说:"我不愿意。"

鹅说:"我不愿意。"

兔也说:"我不愿意。"

小猴子说:"我就自己去烘糕。"

糕烘好了,小猴再问三位朋友道:"哪一个要吃糕?"

羊说:"我要的。"

鹅说:"我要的。"

兔也说:"我要的。"

小猴子说:"我一些也不给你们吃,我要自己吃哩!"

(4) 随时介绍儿童读物。

教授新生书法的程序大致如下:

1. 开始几个月教师在黑板上写字,不教学生写。

2. 学生需要写自己的名字或发表思想时,可用粉笔或铅笔随意涂写。

3. 在某时期设计内,教师讲解写字的方法。

4. 学生随时临练习片上的字。临好后自己向书法量表(Handwriting scale)对照分数。

比较时注意下列几点:(1) 怎样引起儿童学习读法书法的动机?(2) 怎样练习认识?(3) 练习忆起?(4) 批评两种方法的优劣。

参考书目

1. Camerom, E, H, Psychology and the School, Chap, XVI.
2. Gordon, K, Educational Psychology, Chap, VII.
3. Strong, E, K, Introductory Psychology for Teachers, Lesson.

第四课 学习的分析——动境和反应

上次我们曾经把儿童学习写字的课,分作两部分:一部分是动境,一部分是反应。对于感应要格外明白些,我们不妨再举一个浅近的例子。此刻不从个人的动作方面来解释读法,专从读法的普通理论来说。

一、学话

我们知道儿童发音,是一种天性。初生下来几个月的小儿,倘使他母亲抱了他,他的父亲,正从前面走来;他母亲说:"爸爸来了!"小孩子就模仿起来,仿佛说:"爸——爸。"他的父母听见了,当然表示非常欢悦。小孩子看见他父母愉快的颜色,自己也不觉愉快起来。这样几次以后,小孩子看见了他的父亲,听见了"爸爸"两个字的声音,他就要说"爸爸";再后,不必听见人家说,只要看见他的父亲,他就说"爸爸"了。这是因为动境和适当的反应已经联结在一起。学习其他的字,也是如此。发音器官天天得到练习的机会,忽而哭,忽而笑,忽而叫人,忽而作异样的声音。到后来语言里的基本音都学到了。学会的字,便一天增加一天;听见人家讲名词一次或两次,自己就会讲了。

总结起来:第一步看见了事物,再听见事物的名称,自己学说名称;第二步看见了事物,就能说出事物的名称;第三步不必有实在的事物在旁边,只要心中念到那个事物,就能说出事物的名称了。

二、读书

从上面小儿学习语言的情景看起来,当他没有念书以前,他早就知道口里讲的话,是代表看见的事物。念了书,他晓得书上的话,就是代表口里讲的话。两种动境,可以得到同样的反应。

比方 1. 看见了旗的形状说"旗"字。

2. 看见了写的"旗"字,说"旗"字。

彻底说起来,看见了写的字,能说出音,就是读书的能力。(成人读书的能力,当然不止念出一个字或两个字的声音。不过读书读得快的人,也就从这种基本的作用里边,造成各种阅读的习惯。)

教师的责任,就在联合动境(写的"旗"字)和适当的反应(说"旗"字)。上次所讲的,也就是这样。

1. 在黑板上写句子。

2. 叫儿童认识。

3. 叫儿童忆起。

这种教授的程序,是很适宜的;因为起初儿童对于黑板上写的句子"我有一面五色旗",一点都不懂,仿佛没有念过英文字母的人,看人家写英文,他不知道白粉笔在黑板上画的什么符。他永远想不到这是代表他口里说的话。等老师写了,口里念"我有一面五色旗"这句句子的字和这句句子的音,不知不觉发生了一点关系。

再叫儿童从各句句子里边指出一句,这就是认识的作用。认识要比忆起容易些。例如我知道某人是在某处宴会时介绍过的,但是要我忆起他的名字,却难了。所以动境和反应有些须的关系,便能发生认识的结果。认识次数愈多,动境和反应的关系便愈密切。所以练习了几次以后,教师就可以问:"这句句子怎样念法?"(以前这样问,便不生效力。)能够忆起,以后只须多多练习便好了。

这就是读法的开端。

所以读法就是看见了字，知道怎样动喉部的筋肉。

控制喉部筋肉的能力，在儿童没有进学校以前，已经发达。不过要应用这个能力，去适应新动境（指板上或书上的字）那便是教师的责任了。

学校里边各种科目，统说起来，就在使学生对于一种动境，发生一种适当的反应。

教初步学程最好的方法，就在使没有关系的动境和反应，发生一些关系。从一些关系里边，再发生较强盛的关系。最后用练习的方法，使得这个关系，格外强盛些。

三、感应结

动境和反应发生的关系，在心理学上，叫做感应结（Bond）。感应结是感官（如眼、耳、皮肤等等）方面的神经原（Neurone）和筋肉方面的神经原的结合，任何学习，都包含这三种要素：(1) 动境；(2) 反应；(3) 感应结。感应结初成立的时候，不十分强固，后来多练习几次，便牢固的成立了。

学习是造成适当的感应结。这句话可以举一个简单的例子来证明。上数学的时候，教师问："6 乘 8 等于几多？"儿童回答："48。"儿童的动境，分析起来是：(1) 教师；(2) "6 乘 8 等于几多？"的声音。因此喉部和口发生一种动作，儿童说："48。"联络耳部（感官）和喉部的筋肉，中间有许多神经原。其间的结合，非常神妙。这神妙作用的枢纽，便是感应结。

课外研究和讨论问题

1. 做下边的实验（实验简易的学习）

注意　实验前，一次不可练习。

(1) 问题　顺背英文字母 10 次，倒背英文字母 10 次。

(2) 用具　有秒针的表一只。

(3) 手续　两人合做，一主试，一被试（主试可先将字母写出来放在旁边，作为参考）。秒针走在二十八秒或五十八秒的时候，主试喊："预备—做！"被试开始背诵。主试(a) 每次记时，(b) 记错误次数，(c) 记方法有无更动，(d) 记有趣味的事实。顺背 10 次后，倒背 10 次，方法同前（主试将字母写出来，次序颠倒，放在旁边参考）。被试背错时，主试只说"错了"，不要代为更正。主试(a) 每次记时,(b) 记错误次数,(c) 记方法更动否,(d) 记有趣味的事实。

(4) 报告　做好实验后,写一报告。分(a) 问题,(b) 用具,(c) 手续,(d) 结果,(每次试验时间和错误次数,列成一表),(e) 画学习曲线。举例如下:

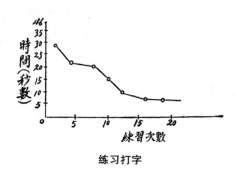

练习打字

上图说明:第一次练习,费 29 秒钟;第五次练习,费 22 秒钟;余类推。(顺背、倒背都须画一曲线)(f) 解释　实验里边,有特殊的状况,当一一说明其理由。

2. 解释下列名词:

(1) 动境

(2) 反应

(3) 感应结

参考书目

1. Cameron, E, H, Psychology and the School, Chap. XVIII.
2. Strong, E, K, Introductory Psychology for Teachers, Lesson 4.

第五课　解释英文字母实验的结果

一、目的

我们做实验的目的,原在证明各种学理,并不是测验各个人的能力。所得的结果,可以供我们讨论时的参考,增进我们教育上的活动。所以做的时候,应当绝对服从做法说明,不应该随随便便地做。

这个实验,是一个极简单的,但是方法和结果,与高深的实验,也没有什么大分别。诸位试读桑戴克的《教育心理学(第二册)》(*Thorndike, Educational*

Psychology, vol. Ⅱ)①和派尔的《学习心理学》(Pyle, The Psychology of Learning)②那两本书里边,差不多把近人关于学习方面的实验,都包含在内了。各种实验的结果,都有详细的说明。我们现时所做的实验,看来似很简单,但是要把结果详细的解释,却也不大容易了。

诸位第一次做实验,做的时候,手续上或者不能十分正确,这也不妨事,只须多做几次,便有把握了。不过做实验,第一要有创造的精神。仿佛冒险家探险的样子,处处留心,着着猛进。因为通都大邑,山陬海澨,虽久已昭昭在人耳目,但是尽有人迹不到的新地,尚需我辈开辟。我们要晓得教育心理是一种实验的科学,全凭书本上的知识,是靠不住的。我们必须时常在课外实验,课外观察,才能把经验和学理打成一起,才能应用。

二、结果

这一次交进来的结果,有四五十组。现在任意选择了十组。把十组的结果,列成下面两个表:

表1 顺背英文字母十组的平均秒数

次数\组别\秒数	甲	乙	丙	丁	戊	己	庚	辛	壬	癸	平均秒数
Ⅰ	14	10	4	12	7	4	7	10	9	13	9.0
Ⅱ	16	8	4	5	5	4	5	8	11	9	7.5
Ⅲ	13	8	4	6	5	4	5	12	11	9	7.7
Ⅳ	10	8	4	4	5	3	4	10	12	8	6.8
Ⅴ	8	6	5	4	5	3	3	9	15	7	6.5
Ⅵ	8	6	4	6	5	4	4	10	14	6	6.7
Ⅶ	6	5	5	5	3	3	3	9	12	7	6.0
Ⅷ	6	5	4	4	4	3	3	8	8	6	5.1
Ⅸ	5	5	4	5	3	3	4	8	8	5	5.3
Ⅹ	4	5	4	5	4	3	3	10	7	5	5.0

---

① 桑戴克所著《教育心理学》共分三卷(27章),其中第二卷为"学习心理学"(10—20章),论述从动物实验所揭示的种种规律也适应于人类的学习。——编校者
② 又译"实用学习心理学",参见:(美国)派尔著,张绳祖译。中华书局,1934。——编校者

表 2　倒背英文字母十组的平均秒数

次数\秒数\组别	甲	乙	丙	丁	戊	己	庚	辛	壬	癸	平均秒数
Ⅰ	72	32	48	56	45	35	37	45	50	70	49.0
Ⅱ	52	30	28	50	20	35	30	30	45	55	37.4
Ⅲ	54	27	33	35	27	15	26	30	42	45	33.4
Ⅳ	58	25	30	30	20	15	15	30	33	39	29.5
Ⅴ	46	25	29	38	21	14	21	25	43	38	30.0
Ⅵ	40	22	33	23	16	16	14	20	29	35	24.8
Ⅶ	38	19	21	32	15	14	26	25	32	32	25.4
Ⅷ	26	19	21	18	16	10	10	30	31	30	21.1
Ⅸ	14	19	16	24	17	8	13	35	43	25	21.4
Ⅹ	14	17	16	15	25	8	9	20	35	24	18.3

根据了上面两个表，我们就得到下面的"学习曲线"（The Learning Curve）：

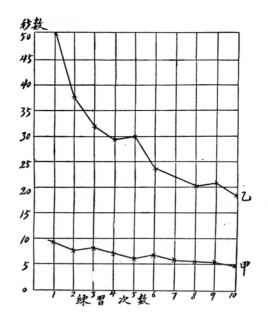

图 3　显示十组顺背和倒背英文字母的学习曲线

曲线甲＝顺背的　　曲线乙＝倒背的

三、曲线的解释

上面的曲线，表示一种普通的概况。各个人每次练习的时间不同，曲线也各别，不过有几个问题，是较为普遍的。对于这几个问题，现时心理学家，尚没有圆满的答复。但就我们这个学程方面说，那种解释，也许可以有些贡献。问题和答案如下：

甲乙两曲线不同的地方在哪儿？不同的理由何在？

1. 曲线甲垂下甚少，曲线乙垂下甚多。换一句说，曲线甲没有十分进步的表示，曲线乙表示进步甚多。

2. 曲线甲仿佛一根直线的样子（中间的波折，不去管它）。曲线乙起初垂下很多，后来逐渐减少。

3. 曲线乙始终比曲线甲来得高。

解释：学习一种没有练习过的事情，起初的进步，总是很快，练习几次以后，进步便逐渐减少。达到限度时，就没有什么进步了。顺背英文字母，我们以前不知练习过几多次，所以现时曲线垂下不多，没有什么大进步。但是在从前练习的时候，也曾有此种进步现象。

两根曲线的异点，总结起来，可以说曲线甲是表示练习数百次或一千次以上的结果；曲线乙是表示没有练习过的结果。对于曲线甲，我们不希望有多大的进步。对于曲线乙，我们希望初起时有绝大的进步；后来的进步，要逐渐慢些。倘使我们每天练习倒背英文字母十次，练习一两个月以后，末了一天的曲线，要和现时的曲线甲相仿佛了。

所以看了曲线的形状，我们就可以知道以前曾否学习过。

甲乙两曲线相同的地方在哪儿？解释相同的缘由。

1. 两线都垂下，都有进步的表示。

解释：无论做什么事情，反复练习了多少次，做起来总要觉得容易些；这是人类动作的一个普通原则。两曲线所以都有垂下的表示，就为这个缘故。

2. 两线都有起伏的现象。每次进步速度，并不一致。有时后几次的成绩，反比前几次的退步些。

解释：任何作业，总是包含许多段落。即以倒背数目而论，里边也可以分成许多小段落。有时各段落都做得很好我们就有进步的现象，曲线垂下甚多。有时有几个段落做得不大好，曲线有向上的趋势，结果就是退步。有时各段落都做得平平，我们曲线的表示，也就平平了。

在这两种学习(顺背和倒背)里边,开始的动境和反应,与终了时的动境和反应,有什么分别? 说明理由。

关于动境方面。

1. 有新的事实加入动境。有几部事实影响被试的力量,逐渐加大。例如:

(1) 对于特殊困难的几部分(如 w. v. u. t.)格外注意。

(2) 起初逐个字母分开来念,到后来几个字母,自成一个段落。这对于被试方面,也有影响。

(3) "不要错误的观念"和"要背得快的观念",一次比较一次显著些。

2. 有几部分的事实,在动境中失掉了势力。例如:

(1) 对于四围的环境,不发生异感。

(2) "做实验的观念",不如初步的萦绕心中。

(3) 旁边人讲话,不大注意。

(4) 主试人在面前,记时、记错误等等,影响被试的势力,也逐渐减少。

3. 换一句说,学习逐渐进行,动境逐渐变更。有几部分事实,对于被试,影响逐渐加大;有几部分,影响逐渐减少。

关于反应方面。

1. (1) 越做越快,(2) 错误越做越少,(3) 越做越顺利。

2. 不快、惊惶、匆遽、不安详等状态,渐变成愉快、安静、有把握等状态了。

3. 倒背的方法也变动了,例如:

(1) 起初先要顺背,才能倒背,后来不必这样。

(2) 说了一段落,停顿一会,才能再说,后来停顿时间可以逐渐减少。

(3) 小段落渐变成大段落。

可知学习的程序,不单是要做得快,错得少,并且还要注意各部分的动境,使方法上有实在的变动。

为什么第十次背诵要比第一次来得迅速? 动境变更吗? 反应变更吗? 其他有变更吗?

1. 动境可以说没有变更,因为第十次的环境和第一次的相仿佛。但也可以说有变更,因为被试的态度变了。动境中有几部分事实的势力,逐渐加大;有几部分的势力,逐渐减少。所以就被试方面说,动境可以说是变更的。

2. 反应当然有变更的;时间减少,结果逐渐正确,就是反应变更的表示。

3. 其他被试的神经组织,也受了影响。后几次说"w、v、u、t",要比起初快些。换一句说,被试的动作,已经变更;倒背字母的感应结,已经成立。初步时,成立不完全；到后来听见主试说："预备！做！"就快快地背，感应结已较前强固了。

上面的解释，或者有不明了的地方，以后多做几个实验，就可以明白些。

总结上边几课的要点

1. 参观读法书法的功课。和"认字法"的比较。

2. 了解"动境"、"反应"和"感应结"的名词。

3. 理会动境是一种复杂的现象，中间包含许多特殊的事实；反应也很复杂。

4. 画"学习曲线"的方法。

5. 反复练习，可以变更真实的动境，变更反应，变更联合动境和反应的感应结。

6. 学习曲线的普通概况。

7. 写实验报告的方法：

(1) 问题，你想做什么？

(2) 用具，你用什么来做？

(3) 手续，你怎样做法？

(4) 结果，你发现什么事实？

(5) 解释，你对于结果的意见怎样？

(6) 应用，得到的原理，怎样应用到别的问题方面去？

课外研究和讨论问题

1. 为什么第三课里边引证的王儿看见教师在黑板上写了"花"字，自己也会写？动境、反应或其他要素有变更吗？说明理由。

2. 各组倒背英文字母的结果有什么共同的现象？有什么不同的现象？能说出理由否？

3. 甲乙两线何以有起伏的现象？

4. 这一个实验是证明学习哪一类的功课？和上面两课有什么关系？

参考书目

1. Edwards, A, S, The fundamental Principles of Learning and Study, Chap 7. Warwick & York, 1920.
2. Pyle, W, H, The Psychology of Learning, Chap Ⅰ. Warwick & York, 1920.
3. Strong, E, K, Introductory Psychology for Teachers, Lesson 6.
4. Woodworth, R, S, Psychology, A Study of Mental Life, Chap ⅩⅢ.

第六课　镜画实验

关于倒背英文字母的实验,我们已经得到一些普通观念,这是和读法有关系的。书法方面,不容易试验,因为我们大家都知道写字,所以用镜画来替代。学习镜画和学习写字相仿佛。做了这个实验以后,就可以推想儿童写字的经验了。

做这个实验,仍旧两个人合为一组,一主试,一被试。一共做12次。

问题:学习镜画时,怎样得到进步？用具:镜画仪器;12张镜画纸;有秒针的表一只。

手续:

(1) 主试先让被试不用镜画器,在镜画纸上练习一次。从"星"上底下一点起,用铅笔在两条线的中间,依照"星"的图形,四围圈转来,不许碰到两条线。主试记时间。

(2) 主试装置仪器,使被试看不到他自己手的动作,只能从镜子里边看到镜画纸上的图形。被试用铅笔画周围的线,愈快愈妙。

画线时铅笔须在两线中间,须按照图形,一笔画下去。倘使铅笔碰到两条线,每碰一次,作为一个错误。倘使铅笔画到线外去,再缩回来,也算一次错误。

图 4　镜画的星像(4.25×5英寸)

放镜画纸的时候,应该使"星"上边的出发点,从镜中看起来,刚巧对着被试,靠近被试。倘使我们把星上边十二个角,每个角给他一个数目(假定出发点为12,被试在镜里看起来右边的一点作为1),将来作报告时,说明地位就容易些。

在每张镜画纸上,写被试的姓名和试验的次数,否则一阵风把纸张吹乱了,结果就不会正确。

(3) 再试验被试9次,一共用镜画器画10个星。每次记时间。

(4) 再叫被试像第一次一样,不看镜子画线。

所以每组要用12张镜画纸,10张看了镜子画,两张不用镜子。

结果:主试应该记载(1)每次时间,(2)错误次数(例如铅笔碰到镜画纸上的两条线,或画出线外,或调换方向)。

学习曲线:正确和时间分开来报告。底下平直线上预备写12次练习次数,旁边垂直线上分成300秒(用5秒或10秒作一单位)。不过记得第1次和第12次是不用镜子画的,第2次至第11次是用镜子画的;所以第1次和第2次的结果,第11次和第12次的结果,都不应该用线连起来。用实线连第2、第3、第4以至第11;用虚线连第1和第12次的结果。

其次画正确的曲线。为便利起见,每一次错误,暂作一秒钟计算。最后画第3条曲线,把时间秒数和错误次数(变成秒数)合起来画。这一条曲线,是代表学习的程序,因为时间和正确双方都顾到。

主试和被试都须写一报告,式子同上一次的实验报告相仿佛。"结果"里边,须包含试验成绩和曲线三条。"解释"方面,注意下列几个问题:

1. 一件事情反复练习了多少次,发生什么影响?从(1)速度,(2)正确,(3)两种合起来着想。

2. 看了不用镜子画的成绩,我们发生什么观念?换一句说,被试练习镜画许多次数以后,你想他可以进步到什么地步?

关于"应用"一层,不要忘掉报告几件具体的事实,证明从实验里边得到的原理,可以应用到别的作业方面。

注意(1) 我们此刻是研究学习的问题,所以做实验时,切切不可练习,练习一次,成绩就不可靠了。倘使试过的镜画纸缺少了一张,报告时声明一下。例如失掉了第8次的成绩,后一次的仍叫做第9次。画曲线时,第7次的和第9次的连起来,表示第8次的已经失掉了。

(2) 要是镜画仪器不敷用时,只有用寻常镜子来替代,不过被试的右手要用物件遮掉,使他看不见自己手的动作。镜子的位置,也不能随意移动。报告时声明用镜画仪器或寻常的镜子。

第七课　解释镜画实验的结果

对于上一课所列的几个问题,分别地对答一下。

(一) 一件事情反复练习了多少次,发生什么影响?从(1)速度,(2)正确,

(3) 两种合起来着想。

我们第一次画镜画的时候,画得非常慢,并且错误很多。第二次就好了许多,时间也节省,错误也减少。以后每多一次练习,即多一些进步(中间也有例外)。到了末一次,我们画时所费的时间和错误的次数,都很少了。下边图5有三条曲线,显示10个青年男女练习10次的结果。曲线甲(正确)和曲线乙(速度)都显出开始时有极大的进步,后来便渐渐地慢了。两种合起来的曲线丙,也表示这种现象。

看了曲线乙和曲线丙,我们可以知道倘使那10个青年,练习的次数,在10以上,他们的进步,一定还要大些。曲线甲情形稍有不同;正确方面,他们似乎已经达到限度。实际上看起来,在第7次练习,已快达到限度。第九次练习,比较的算最正确。但是从另一方面看来,还有一种解释。上次我们做实验的时候,并没有特地声明,应当注重速度或正确。不过诸位交进来的报告,都倾向速度方面,大家想做得愈快愈好。至于正确,只要不大错误就得了。抱了这种观念,所以时间的曲线,进步非常之多。正确的曲线甲,从第7次到第10次练习,不过表示普通的正确程度。被试的人在那几次练习的时候,没有用心去增进他的正确。倘使是这个意思,那么多练习几次,他就要觉悟正确方面,还没有完满,须得加倍努力。这样一想,他就要特地注意正确方面,他的态度,就要变换了。态度变换以后,正确的曲线便须继续垂下;时间的曲线,进步或须暂时停顿。所以从我们的报告方面看来,正确还没有达到真的进步限度,不过达到暂时的限度。这个暂时的限度,是因为态度的关系。

表3 十人镜画实验的平均时数及错误数 第1次及第12次系不用镜子画的
(成绩存东大教育科)

练习次数	平均错误数	平均时数(以秒计)	时间与错误合计
1	1.6	4.8	6.4
2	37.2	207.9	245.1
3	25.8	162.9	188.7
4	16.8	140.9	157.7
5	16.0	121.6	137.6
6	14.0	102.7	116.7
7	12.6	110.6	123.2
8	12.2	98.0	110.2
9	11.3	89.7	101.0

续 表

练习次数	平均错误数	平均时数(以秒计)	时间与错误合计
10	9.2	81.0	90.2
11	10.6	76.3	86.9
12	0.7	4.5	5.2

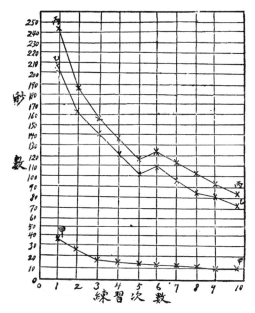

图5 显示学习镜画曲线(第1次及第12次成绩不列在内)

甲＝每次错误的次数

乙＝每次练习的秒数

丙＝每次错误次数和练习时间

高原期

暂时的限度，在学习进行曲线上，叫做"高原期"(Plateau)。所谓高原，就是暂时没有进步的地方。用动境、感应结和反应来解释，我们可以说动境里边有一部分事实，对于学习的人，尚没有发生影响。因为不生影响，所以没有反应。因此感应结方面，没有进步；动境一部分事实，和反应的事实，不生关系。后来这种事实，对于学习的人，渐渐发生影响；关于这种事实的感应结，逐渐成立；进步就看得见了。这种解释，和我们的实验是符合的。画线的时候，些小的弯曲以及运用筋肉的记忆，初时不大影响我们。我们对于那种事实，也不大注意，所以感应结没有机会好好的成立。后来这种事实，渐渐影响学习的人，正确方面，也就有了进步。

对于学习进行曲线,我们在上边实验里边已经知道开始进步很快,以后便渐渐地慢了,此刻又多明白了一点。这一点就是进步的高原。进步有时可以完全停止;隔了几时,才再有进步。关于进步的高原所以起来的缘由,以后还须再谈。

进步的高原,可以当作学习程序里边的一种起伏现象。这种现象,在各种实验里边,都很普通。看图5的曲线乙和曲线丙,第5次练习,有低下的现象,第6次又向上了。图上边的起伏现象,尚不十分显明。要是把各个人的成绩单独画起曲线来,看时还要清楚些。起伏的缘由,在第五课中,已经约略说过了。

(二)看了不用镜子画的成绩,我们发生什么观念?

比较两种成绩以后,我们觉得不用镜子,可以画得非常快,非常正确。所以能达到这种地步,就因为关于图画写字方面旧感应结牢固成立的关系。要是镜画练习许多次数以后,效率也能增进到这个地步。现时的曲线,只表示练习10次的进步限度。就是不用镜子,多练习一次,也可再减少些时间,减少些错误。所以这个限度,不能作为最低限度。真的最低限度,叫做生理的学习限度。那种限度达到以后,多练习几次,绝对不发生什么影响。但是普通说来,这种限度,是不容易达到的。

上面所说的进步的高原,是暂时的限度(Temporary limit),不是生理的限度(Physiological limit)。这两种是有分别的。

(三)从实验里边得到的原理,怎样可以应用到别的作业方面?

倘使我们知道几多大的儿童,应当做演习题做得几多快,那么遇到进步的高原,我们就知道怎样解决了。我们说这句话,并不是希望各个儿童都达到他生理的限度,不过可以减少我们怕儿童能力不胜任的观念,使他努力进行。

有一个9岁的男孩子,在高小二年级念书。这个孩子,天性很聪明,关于运用思想一类的科目,他都能独出心裁,考列上等;但是对于手工、图画和书写的速度,远不如同班的学生。教师的解释,以为他所以做不好手工那一类的功课,是因为年岁太轻。普通十一二岁的小孩,身体较为发达,比较九岁的小孩,运用筋肉要灵敏些。他虽是聪明,但是总敌不上一般十二岁的儿童。倘使教师这个意思是对的,那么我们认为是生理上的关系,不必去督促他,他到了十一二岁的时候,自然也会做得和别人一样好。万一不是这个解释,他做得不好,并不是因为年轻,是因为能力薄弱,或缺乏兴趣的关系,那么应当设法使他加倍努力。所以要解决这个问题,须切实了解几多大的儿童,做这种功课,应当做得几多好,实际上做得几多好。这样解决时就有头绪了。

又有一个高小二年级的学生,各种成绩都很好,不过做算术演习题,做得太慢。教师想设法增加他的速度,但是没有结果。不过教师认定他比较普通儿童慢得多,一定是碰到了进步的高原,并不曾达到生理的限度,所以决计用诊断的方法来调查,果真发现了一件有趣味的事实。那个小孩做下面那种简单的演习题时(4+2,8+3,7+1,4+0),每做一个要用笔在纸上轻轻敲两次。教师知道了,以后每逢他要敲,就禁止他。这样不到几星期,他的旧习惯已经破除掉,速度加增了有百分之五十。倘使教师事前不认定。(1)像他那样大的儿童,应当做几多快,(2)他没有进步,就不去调查原因,他的速度,也就永远没有加增的机会。在纸上且敲且记数,可以说是一种保存下来的习惯,那个小孩,起初做4+2加法的时候,先要敲两次,然后再想下面一题的答案。在没有破除这种习惯的时候,他的速度,可以说已经达到生理的限度。后来一面写6,一面就在想8+3等于11,要直截了当许多。

课外研究和讨论问题

1. 背述英文字母何以与读法有关系?镜画何以与书法有关系?
2. 陈鹤琴先生曾做过一个长期的镜画实验,在《心理》一卷四号上有篇报告。试验的结果,关于速度方面很有进步,但是错误并不十分减少,这是什么缘由?他的结果,与我们所讲的,是否符合?
3. 根据本课的讨论,说明态度和学习的关系。
4. 什么叫做"高原期"?从你自己的经验里边举一个例子。
5. 什么叫做暂时的限度?生理的限度?
6. 从实习里边得到的原理,怎样可以应用到教学方面?
7. 指导学习何以应有诊断?

参考书目

西文:
1. Cameron, E. H., Psychology and the School, Chap. XVIII.
2. Starch, D. Educational Psychology Chap. XVII.
3. Strong, E. K., Introductory Psychology for Teachers, Lesson 8.
4. Woodworth, R. S. Psychology, A Study of Mental Life, Chap. XIII.

中文:
1. 陈鹤琴,《镜画试验》,载《心理》(一卷四号),中华书局,1922。
2. Colvin. S. S. 著,廖世承译,《教育心理学大意》(第二章),中华书局,1922。

第八课　学习曲线

　　学习的状况,普通用曲线来表示。诸位自己画过几条曲线,对于曲线的造法,大略知道一些,不过还没有十分明白。在现在的科学时代,不能用曲线来解释复杂的观念,便当不起学者的名称。此刻先把造曲线的几个普通要点说一说。

　　1. 各种学习曲线,都根据双行的成绩。第一行表示练习的次数,或度量进步的时间单位。第二行表示度量学习的结果。例如图5曲线甲就根据下面的两行成绩:

练习次数	镜画实验每次错误次数
1	37.2
2	25.8
3	16.8
4	16.0
5	14.0
6	12.6
7	12.2
8	11.3
9	9.2
10	10.6

　　2. 用横轴(水平线)表明练习次数,用纵轴(垂直线)表明度量学习的结果。

　　3. 划分水平线的数目,总写在底下;划分垂直线的数目,写在左旁。两条线均须注明表示什么。

　　4. 关于心理学方面的曲线,水平线的读法,应当自左而右;垂直线自上而下。

　　5. 图表上边的字句或数目字,应当写在图表下面,或写在图形的右上角。

　　6. 曲线上边的点,最好用(×)符号来替代。连接各×的线,应当比统计纸上原有的线粗些。

　　7. 图上零度的地位,应当保存。倘使垂直线嫌太长,中间可以截去一段,用波形的曲线来表示,如下面的图6。

　　8. 图上的标题,应当清清楚楚,完全写出,使得人家丝毫没有误会。理想的标题,要使局外人,看了那个图,知道是什么命意。

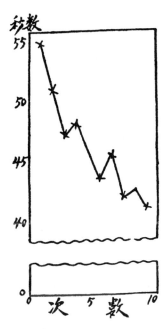

图 6　表示底线上边的零度应当怎样保存

我们上面所有的曲线,都是按照这几条原理画的。不过画曲线的方法有几种,曲线的形状也各别。此刻先举几种来说说。

第一种就是用横轴表明实习次数,纵轴表明学习成绩。各点连起来,就是学习曲线。曲线的向上,就代表效率的增高。

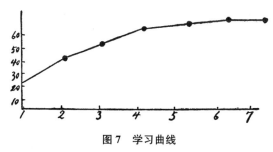

图 7　学习曲线

分配卡片,15 只卡片箱,每箱放 5 张卡片,继续实验 5 天,第一天分配 4 次,以后每天分配 8 次,12 个被试的人,每第 6 次的成绩,用来画曲线,成绩以一分钟分发几多卡片计算。

图 8 表示第二种的方法。画这种曲线时,水平线不用点来分,用距离作单位。每次练习的成绩,在适当的高处,用短线来代表。短线的长短,和水平线上的单位相等。两种曲线,表示同样的成绩;不过几条曲线画在一起的时候,图 7

的方法,比较的便利些。

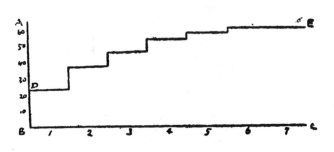

图8　学习曲线(成绩解释同上)

上边两个图,都以曲线向上,表示效率的增高。**这种曲线,以时间作单位,看在继续的练习时间以内,能够有多少成绩。还有一种画曲线的方法,是以成绩作单位,看每次做同样的事情,须几多时间。**用第二种方法,效率的增高,以曲线垂下来表示(我们以前实验时画的曲线就属这一种)。要格外明白些,我们可以用图7、图8的成绩,来画垂下的曲线。那个成绩,从分配卡片的实验里边得来。我们一共有75张卡片,15只卡片箱或卡片匣子。每只箱有一个数目字;每张卡片,也有一个数目字。平均每只箱内,安放5张卡片。实习时候,要把75张卡片,按照数目,分配在15只箱内。练习次数愈多,分配的时间,当然也愈少。这一点在图9上面可以看出来。图7图8的曲线,是以一分钟作每次练习的单位,看继续练习,每次能多分配几张卡片。图9不是这样,看继续练习分配75张卡片,每次能减少几多时间。

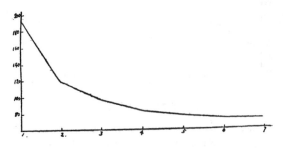

图9　图7、图8的实验结果　成绩是以分配75张卡片,须用几秒钟计算。曲线垂下表示效率的增高。

曲线的形状所以各别的缘由,就因为学习性质有不同的关系。普通的进步现象,总是先快后慢,曲线上边成为一种凸起的样子。倘使进步是先慢后快,曲线上面就要凹进,像下面的图10。曲线初步的现象,无论是凹是凸,末后的形状,总是平平的。这是因为习惯的限度快到,"百尺竿头,再上一步",非加倍的努力不可。

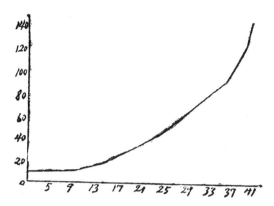

图10 学习曲线 凹进向上。采用 Swift 的实验,练习丢球。纵轴上面表示成功次数;横轴上边,表示练习天数。曲线所以凹进向上,因为实习影响递进的关系。

我们上面说过,线上总有起伏的表示。这种起伏现象,因为动境方面或反应方面有一部分事实无端变迁的关系。要除掉这种不相干的影响,有时用一种修匀曲线的方法(Smoothing the Learning Curve)。这个方法有好几种,一种是不用曲线来连各点,在两旁点数相等的中间,画一条曲线。这条曲线,不过表示成绩的大概情形。还有一种方法,就是用三次的平均数。算第一次和第末次的成绩,是用2乘,加上邻近一次的成绩,再用3来除。方程式如下:

$$A' = \frac{2A + B}{3}$$

$$B' = \frac{A + B + C}{3}$$

$$C' = \frac{B + C + D}{3}$$

(A = 第一次成绩,B = 第二次成绩,C = 第三次成绩。)

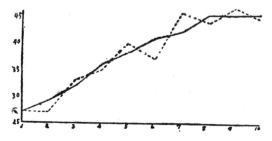

图11 分配卡片的曲线 虚线是实际的曲线,实线是修匀的曲线

课外研究和讨论问题

1. 根据你倒背英文字母的实验结果,画成同图9一个样子的曲线。
2. 比较你个人的曲线同班中任何10人平均的曲线。何以平均的曲线要比你个人的修匀些?
3. 修匀你个人的曲线。
4. 再倒背英文字母10次,每次限定10秒钟,看能背出多少字母。把10次的结果,画成同图7图8样子的曲线,纵轴表明背出之字母数,横轴表明练习次数。
5. 学习曲线有什么用处?

参考书目

1. Pyle, Wm. H., The Psychology of Learning, Chap. Ⅱ.
2. Thorndike, E. L. Educational Psychology, vol. Ⅱ. Teachers College, 1913.

第九课　经济的学习法
——练习时间的长短和时期的分配

学习就是结合　到得初步结合以后,我们必须反复练习,使这个结合更为永久强固。关于经济的学习法第一个问题,就是练习时间的长短和时期的分配应当怎样。换一句说,我们对于一种动境,发生反应以后,应当反复练习几次,再行休息?休息后,须隔几多时,再行练习?关于这两个问题,有许多实验结果,可以参考。

一、记忆无意义文字的实验

最初艾宾豪斯(Ebbinghaus)[①]和乔斯特(Jost)[②]的实验,都觉得短时间的练习,分布在较长时期,要比长时间的练习,分布在较短时期好些。后来的实验,大概都赞成这一说。因此我们知道任何学习,都有一恰当的练习时间,时期的分配,也有一适当的方法。

[①] 赫尔曼·艾宾豪斯(1850—1909),德国实验心理学家,实验心理学的创始人,也是最早采用实验方法研究人类高级心理过程的心理学家。——编校者

[②] 乔斯特(A·Jost),为艾宾豪斯学生,和艾宾豪斯一起发现了"乔斯特定律"。该定律认为,当两个联想强度相等时,则复习一次使旧联想比新联想更加巩固。——编校者

乔斯特比较一天练习10次，共练习3天，和一天练习30次的结果，觉得分布在3天的，成绩要好百分之十五。集中练习所以不如分布练习好的缘由，也很明白。学习从一方面看起来，仿佛如长育一样，总须经过几多时间。我们不能在几个月以内，使儿童赶快的长育，也不能在极短的时期以内，养成一种习惯。在一个时间内的练习，可以促进习惯到一特殊地步，但过此以往，紧接的练习，次数虽多，也无效了。

新近帕金斯(Perkins)[①]又做了一个记忆无意义文字的实验。他的问题分两层：（一）每时期应练习多少次？（二）两时期应分隔多少时间？他用好几组无意义的字，每组材料有14对字，每3秒钟看一对字，中间隔3秒钟。练习两星期后试验各人记忆多少。他的结果如下：

每天练习次数	保存多少（百分比）
1	75.25
2	57.75
4	42
8	13.25

从上面的结果看来，一天一次的最好，一天两次的差一些，一天4次的又差一些，一天8次的最坏。帕金斯的实验，每组材料，共练习16次，练习8次一天的，两天内可以做完，练习一次一天的，须16天才能完事。

二、形数交替实验

关于解决上面的问题，迪尔伯恩(Dearborn)[②]、斯达奇(Starch)[③]和派尔(Pyle)[④]曾经用形数交替的方法来试验。

迪尔伯恩觉得每天10分钟一次练习，要比每天分作两次5分钟的练习好些。斯达奇用4种方法，分配120分钟练习时间：（1）每天练习两次10分钟，继续6天；（2）每天练习一次20分钟，继续6天；（3）间天练习一次40分钟，继续6天；（4）一次练习120分钟。结果看下边图12。10分钟和20分钟一次练习的成绩没有大上落。平均说来，10分钟一次练习的结果最好，不过最后的结

---

① 帕金斯，美国心理学家。——编校者
② 迪尔伯恩(Walter Dearborn, 1878—1955)，美国教育家和实验心理学家，阅读教育领域的开拓者。——编校者
③ 斯达奇(Daniel Starch, 1883—1979)，美国心理学家。——编校者
④ 派尔(William Henry Pyle, 1875—?)美国心理学家。——编校者

果,却是 20 分钟的最好;40 分钟一次练习的结果,比较差一些;120 分钟一次练习的结果最坏。这个实验,不能作为定论,因为斯达奇未曾用同等学力程度的组别,来做这个实验。各组试验成绩的参差,一部分是因为能力不同的关系。例如在起初两个 5 分钟里边,10 分钟和 40 分钟两组的成绩开始便高,表示这两组人的学力,本是好些;20 分钟一组的成绩开始差些,表示这一组人的学力,本不甚高,不过最后的胜利还归 20 分钟的一组;40 分钟的练习时间,总嫌太长;120 分的一组,初起的成绩,就很不好,表示这一组的学习能力,本是最低。但是后半段的成绩,所以这样坏,大部分是因为分配时间不得其法的关系。从斯达奇的实验里边,我们可以得到下列的结论:20 分钟一次的练习时间最好;10 分钟的差不多一样好;40 分钟的差些;120 分钟的最坏。

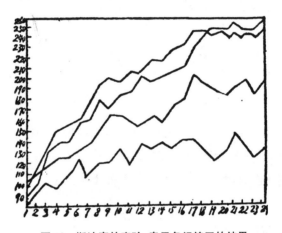

图 12　斯达奇的实验,表示各组练习的结果

三、加法的实验

甘耳贝(Kirby)[①]、哈痕(Harn)[②]和桑戴克(Thorndike)都用加法来做实验。甘耳贝和哈痕所试验的是儿童,桑戴克所试验的是大学学生。甘耳贝和哈痕都用极短的时间为练习时期。

甘耳贝初试用 15 分钟,最后试验也用 15 分钟,中间练习 45 分钟。四组练习的方法,各各不同。每次练习时间的分配如下:22.5、15、6 和 2 分钟。各组结果的百分比如下:45、43、42、56。前三组的结果,比较起来,没有什么分别,时

---

① 据查未详。——编校者
② 据查未详。——编校者

间较长的略为好些。2分钟一次的成绩最好。不过我们要晓得,22.5分钟的一组,两天可以毕事;2分钟的一组,天数要加长10倍。在这20天以内正课方面和课外的实习,都可以影响加法的实验,所以说2分钟为适当的练习时间,这句话就靠不住了。

哈痕的结果,不赞成极短的练习时间。桑戴克也不赞成。桑戴克的试纸上边,共有80个演习题。他觉得每次练习做八张试纸的成绩,要比每次练习做两张的好些。他的报告说:"极短时间的学习,没有多大影响。"

四、时期的分配

定夺了一时期最适当的时间,应该几多长,第二个问题便是时期的分配,那样最为适当?从各种实验的结果,概括说来,每天练习一次最为适当。一天2次或两天1次的结果,也不算坏。不过还要看学习的性质怎样,以及习惯成熟到什么地步。此刻且举几个重要的实验,作为参考。

墨菲(Murphy)①比较每天1期掷10次标枪和每天分两期掷10次,觉得每天1期的好些。他并且说:"学习时期,可以分作间天1次或每星期1次,不生什么阻碍。"

派尔用两组人打字,每组练习90个"半小时"。一组每天练习两个"半小时",一组每天练习10个"半小时"。前一组上午练习1次,下午练习1次。后一组每练习1次,休息半小时。实验的结果,可以概括如下:集中努力,对于开始5次的练习,很有效果,但在5次以后,当天多练习几次,速度方面,便不生影响。从5次到40次,每天练习两个"半小时"的成绩比较好些。从40次到60次,两组的结果,参差逐渐减少。总结起来,像打字一类的作业,分布练习,最为适宜,但集中练习,也生效力。倘使一个人急于近功,那么可以不必顾虑"欲速不达"的话。上边我们的比较,都用时数做标准。比较的结果,可以参看下边图13甲。倘使我们专论天数,不计实在费去的时数,那么一天10个"半小时"的结果,当然比一天两个"半小时"的好。一天练习10次的一组,在第9天上,速度要比一天练习两次的高许多。倘使我们计算实在费去的时间,那么每天练习1小时,分布在45天的成绩要好些。图13甲中间的一条线,表示每天练习10个

---

① 加德纳·墨菲(Gardner Murphy)(1895—1979),美国社会心理学家,1920—1940年在哥伦比亚大学任心理学教授。1940—1952年在纽约市立大学创办心理学系。——编校者

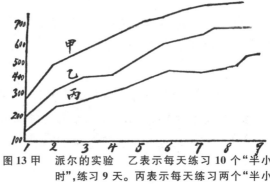

图 13 甲　派尔的实验　乙表示每天练习 10 个"半小时"，练习 9 天。丙表示每天练习两个"半小时"，练习 9 天。甲表示和乙的练习时间相等，不过分布在 45 天以内。甲和乙的曲线，都用每 10 次练习的成绩来画的。不过乙的 10 次练习，是在一天上做的；甲的，是在 5 天内做的。

"半小时"在 9 天以内的结果。下边一条线，表示每天练习两次，在 9 天以内的结果。上边一条线，表示时间没有增减，不过把 90 个"半小时"，分布在 45 天以内。关于造成打字一类的习惯，一天练习 5 小时（每练习半小时，休息半小时）要比一天练习一小时的好。一天练习次数到什么限度，要发生退步现象，实验里边尚说不出来。在初试时候，我们说在 5 次以后，多加练习，要不生效力。以后大约过了 2 次 3 次，便有此种现象。

　　派尔另外做了一个形数交替实验。这个实验，共分三组：一天练习两次，一天 1 次，间天 1 次。以时数做标准，一天 1 次的最好。一天分上下午两次练习，结果也尚不坏。习惯将成熟时，间天 1 次所得的成绩，不亚于每天 1 次。倘使我们不论实际费去的时间，但论天数，那么一天两次当然比一天 1 次的结果来得好。

　　关于集中练习方面，我们有一个问题：一天练习次数，超过限度以外，于习惯的造成，究竟有无影响？派尔曾经研究过这个问题。他叫 4 个学力相等的人，做形数交替实验，从早上一直做到晚。4 个人中有 1 个人，做了 4 次以后就不做了，其余 3 个人，继续地做下去。过了两三天后，再试验他们练习的影响。试验的结果，练习 4 次的 1 个人，和一天到晚练习的 3 个人，成绩没有什么分别。可见一天练习次数，到了限度，继续的练习，于造成习惯方面，丝毫没有用的。

　　图 13 乙表示派尔一天到晚做形数交替实验的结果。他一天练习 14 个"半小时"，每练习 1 次，休息半小时，从早上 8 点钟起一直做到晚上 10 点钟。另外叫一个学力相等的人，每天练习半小时，练习 14 天。集中练习的结果，三次以

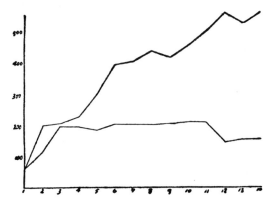

图13乙　派尔的实验　下边的曲线,表示一天练习14个"半小时"形数交替的结果。上边的曲线,表示每天半小时,练习14天的结果。

后,尤甚进步。分布练习的成绩,则继续向上。

其他的实验,我们也不必细说了。有三点大致可以定夺:(1)造成一种较为复杂的习惯,像打字一类,起初集中练习,似乎很有效力。每天大致以练习3个或4个"半小时"为限,每练习1次,休息半小时;(2)习惯将成熟时期,集中练习不一定比分布练习的效力大;(3)造成掷标枪丢球一类的习惯,要支配各部分筋肉,使有适当的反应,练习时期分布开来好些。要知同用"尝试错误"的方法,有时两种习惯的性质完全不同。像分配卡片一类的事情,困难不在支配手的动作,在归类适当,记忆哪一个号数的卡片,应该放在哪一个地方。像丢球泅水一类的习惯,困难不在记忆方法,在运用筋肉,使动作恰合这个方法。

从实验里边看来,困难在支配筋肉那一类的习惯,利于短时间练习,长时期休息。运用筋肉很便利的那一类习惯,集中练习似乎有效。

对于支配儿童的练习时间,教师究宜何所适从? 大概说来,儿童的练习时间,最好短些,每天练习一次或两次。习惯将近成熟,次数愈不宜紧接。所谓短时间的练习,是指5分钟、10分钟、15分钟而言。一时期的练习,究宜几多时间,须看学习的性质怎样以及学习的人是否容易疲劳。除了在疲劳的时期,每次练习,总有些须效果。我们以前说短时间的练习,长时期的休息,对于造成几种特殊习惯,成绩要好些。不过平常我们总喜欢求近功宁愿长时间的练习,短时期的休息,时间经济,不去管他。总之学习的人,倘使不急于加增速度,那么一天练习一次最好。倘使急于加增速度,不计较浪费几多时间,那么一天多练习几次,也犯得着。所以教师应从各方面着想在学校里边,普通不在求一朝一夕的功效,并且门类繁多,各事都应顾及,所以时间经济问题,当列在第一。这句话就是说一天有一两次集中注意的练习尽够了。有时儿童能在较长时间的练习期内，保存他最高的效率。不过像算术一类的练习，每天几分钟，进步已很多了。年幼的儿童，总不应作长时间的练习，因为他们的注意不能持久。

课外研究和讨论问题

1. 帕金斯记忆无意义文字的实验，证明学习时间的分配应该怎样？
2. 斯达奇的形数交替实验，证明每次练习的时间应该几多长？
3. 照派尔打字的实验，集中练习，是否有很大的进步？倘使一个人急于近功，应该采用集中练习，或分布练习？
4. 一天练习次数，超过限度以外，于习惯的造成，究竟有无影响？
5. 支配筋肉那一类的习惯，练习的时间宜乎短些或长些？
6. 从本课里边，对于支配儿童的练习时间，得到什么教训？
7. 做一种形数交替实验：

（1）问题　比较练习时间的长短和时期的分配，看哪一种方法最为适宜。

（2）用具　形数交替试纸若干张，有秒针的表一只。

（3）手续　根据上次实验的结果（上次在班上曾用另一种形数交替试纸，甄别各个人能力），选择4组能力相等的学生。每组的人数相等。各组试验前，不许练习；做第二张时，不要抄第一张的结果。4组的练习方法如下：（甲）每天练习5分钟，继续练习6天；（乙）每天练习10分钟，继续练习3天；（丙）每天练习15分钟，继续练习2天；（丁）一天练习30分钟，各组试验时，每隔5分钟在试纸上做一记号（试验时，主试在旁记时，每隔5分钟，知照被试，叫他在做的地方打一个圈）。

（4）结果　各组将5分钟所得的成绩（每填对1图，作为1分），画一曲线，仿照图11的式子。

（试纸样式在附录内）

（5）解释　下面是东大教育心理班上4组学生的成绩：

组别 第几个5分钟	甲（每天 5分钟）	乙（每天 10分钟）	丙（每天 15分钟）	丁（每天 30分钟）
1	39.3	40.1	40.0	42.2
2	51.8	45.9	43.0	46.2
3	59.3	61.5	48.5	52.9

续 表

组别 第几个5分钟	甲(每天 5分钟)	乙(每天 10分钟)	丙(每天 15分钟)	丁(每天 30分钟)
4	68.6	64.2	68.2	56.5
5	72.4	73.6	66.1	54.3
6	74.8	72.5	66.4	55.9

(a) 哪一组进步最多？哪一组最少？

(b) 与你自己的成绩比较怎样？

参考书目

西文：
1. Pyle, Wm. H.: The Psychology of Learning, Chap. Ⅲ.
2. Starch, D.: Educational Psychology, Chap. Ⅺ.
3. Thorndike, E. L.: Educational Psychology, vol. Ⅱ.

第十课　经济的学习法
——普通的要素

一、注意和学习

　　上面一课我们讲复习，差不多以为每次复习的价值是相等的。因为各种实验的结论，都假设有一适当的生理心理方面的学习环境。其实每次复习的价值，并不一致，此刻我们先讲影响复习的普通要素。要素里边最重要的一个，就是注意。注意是什么？从意识方面立论，注意是感觉的明度。说我们注意这件事情，仿佛说这件事情很清明的存在意识界里边，同时别的事情，都不及他明显，他处于烧点的地位。从生理方面立论，注意就是垄断大脑活动的一种作用。因为进化的关系，我们中央神经系的组织，差不多专在综合各种同时来的刺激，以便发生反应。这种综合的作用，生理上说起来，就是注意。我们各个人仿佛有许多的脑子，但是一时间总要有一个脑子做主，否则就彼此发生冲突，不能支配动作了。所谓许多的脑子，就指点容受各种外来兴奋的特殊器官。讲到学习方面，就要我们所学习的事情，垄断其他一切大脑的活动。换一句话说，学习的事情，必须为我们注意的焦点。

　　日常的经验，日常的生活，都可以使我们知道学习必须注意的原理，不必要有实验来证明。我们也知道要造成联念,必须使两件事情同时经历,同时在注意范围以内。对于习惯的造成,这条原理的应用,非常广大。

关于学习方面任何实验的结果,都表示一点:两组同时学习,其他要素相等,较为注意的一组,进步就快些。注意最强,进步也最快。所谓极强的注意,不过说学习在一时间能垄断其他的活动。但看学习快的人,心神紧张,全身都尽力于学习的一件事情,其他一切,丝毫无插足余地。在注意的学习时候,彷佛大门紧闭,心神界其他事物,一概都挥诸大门以外。

不注意的学习,便不是这样。同时有许多事情,来喧嚷争夺,但是没有一件,能够垄断我的中央神经活动。逢到这种境况,实习或复习,不生什么大影响。刺激和反应中间的神经结合,总不会牢固的成立。

用分发卡片的实验来比喻。学习快的人,一心一意地做事情。在那个时候,彷佛觉得分发卡片,就是他们的世界。其他一切事情,都不存在;就是存在,也无甚关系。分发卡片,已经完全占领了中央神经活动的范围。他们的身体,十分严重紧张,手里一面发,口里一面念数目。

学习慢的人,完全换了一个样子。他们的身体,露出松懈的神情。其他不相干的事情,便来侵犯中央神经活动的范围。他们时常东张西望,倾听各处的声音,注视室内各人的动作。

学习快的人,找到了一只卡片箱,一面放卡片,一面就凝视箱的地位。所以这只箱安放在何处,他有一个很清楚很明了的观念。或者他另用一种方法,辅助他的记忆。譬如说:"这是第14号,靠近桌横头第19号卡片箱的下面。"这样一来,他对于这只箱的位置,便有联念作用,便不模糊。

学习慢的人,找到了一只卡片箱,便随意的把张卡片放下去。等到他要有充分的时间来记忆箱的地位,来造成联念,第二张卡片,已经拿在手中。所以上一次经验,彷佛没有存在一样。隔了一会,又拿到那张卡片的号数,他仍旧要四处搜寻那只卡片箱。

在起初分发卡片的时候,感觉和心神两方面的扰乱,都发生很大的影响,感觉的扰乱(Sensational disturbance)是外界的,例如开门的响声,室内别人讲话的声音。这种种,都可以影响感应结的成立。

感觉的扰乱,可以设法防止;心神的扰乱(Ideational disturbance)却无法可施。学习时候,要有杂念起来,就要妨碍感应结牢固的成立。例如一个人进行很顺遂的时候,忽然一个观念起来:"我做得很好",这个观念,就暂时阻碍他卡片的进行,使他忘记卡片箱的地位。

感觉的扰乱,可以逐渐减轻影响。这是因为我们有顺应能力的关系。照大概的经验,环境的要素能够固定,就不生扰乱。所以要比较各次关于学习的实验,最好使每次外界的状况,不生变迁。房间里第一次有什么人,后来实验仍旧应该有什么人,坐在原来的地方。室中的布置一切,都不应该有更动。倘使一个人惯和别人一起做事情,那么单独做事情,就发生阻碍,倘使一个人惯于单独做事情,那么和别人一起做,就发生扰乱。各个人的情形不同,因此些小的更动,可以引起绝大的变化。所以对于支配时间、试验室、定夺进行方法、排列用具、坐位等等,在在都须留意。就是主试的态度和发音的轻重,最好都每次一律。

盖斯勒(Geissler)[①]曾做过一个关于注意方面很重要的实验。他觉得做加法最好的成绩,是处于扰乱的环境里边。换句话说来似乎很差异,其实和上边所讲的原理是符合的。盖斯勒的实验,用两种材料,一种在扰乱时候做,一种不在扰乱时候做。没有扰乱的时候,被试觉得题目很容易,便不经心,因此速度不十分高。扰乱的时候,被试的人知道困难,便打起精神,加倍努力。除做加法以外,其他一切扰乱的事实,不能排闼而入,侵犯他中央神经活动的范围,结果所以反来得好了。

二、态度和学习

注意和学习有根本的关系。其他要素,也有相类的影响,不过大都是间接的,因为影响注意,才影响学习。态度就是这种要素里边的一个。被试对于实验里边所做事情的态度,可以说是定夺进步的唯一要素。倘使他不欢喜那种事情,进步就慢;他就不努力;做时不大注意。他不希望做得好,成绩差些,他也觉得无关紧要。他所以不欢喜的理由,或者因为初步成绩太坏的关系。因为不欢喜,以后成绩便继续不好。所以态度不好和成绩不好,有相互的影响。

不好的态度,既可阻碍学习,好的态度,便可促进学习。被试喜欢那件事情,就比较不欢喜的肯多用些心力。普通在实验里边,初步的成绩好,就可引起良好的态度。有了良好的态度,成绩就继续的好。所以好的格外好,坏的格外坏。

---

① 盖斯勒(Geissler,L. R.,1879—1932),德裔美籍心理学家,研究领域为测量心理学和应用心理学。

彼得森(Peterson)①在教室内做过一个实验,表示态度的影响。他用许多字写在黑板上,叫学生抄写。抄写后,立刻叫他们默出来;隔了几时,叫他们再默一遍。另外做一个同样的实验,不过先知照学生以后要默写的。比较两次实验的结果,知道要默写的两组,结果都来得好。立刻的默写,一组较好14.8%,一组较好30%。过几时的默写,一组较好48.4%,一组较好51%。态度的差异,可以影响成绩这样大。知道要默写的学生,抄写时格外注意,所以能够保存永久些。因此可以晓得要一个人控制他的注意和观察,应该使他知道我们要他做什么事。

学校内儿童的态度,不消说是很重要了。要他们学习有效力,必须使他们对于教师,对于学校,对于各种功课,都有一适当的态度。倘使儿童喜欢这个学校,喜欢这个教师,喜欢这门功课,那么除非有别的关系,进步一定很快。所以养成了儿童适当的态度以后,儿童就可以充分发展他学习的能力。反转来说,儿童要是不欢喜这个学校,这个教师,或者这门功课,学习进行就有许多妨碍。在学校里边,往往有儿童浪费一学年的时间,就因为这个关系。所以引起儿童的良好态度,是教师一个很大的问题,也是一种很大的责任。

三、志愿或性情

态度有暂时的或永久的。永久的态度,可以叫做志愿或性情。我们有时倾向一门功课如历史之类,一种原理如进化或共和之类,一种方法如分析之类。这种倾向,逐渐间变成了一种性情,觉得对于几种功课,学时容易些;几种功课,学时难些。

确定的态度,普通在年幼的时候,已经养成。这种态度,于将来的学习,很有影响。儿童在小的时候,因为没有得到良教师,因为初步的方法不适当,因为学得太早或者因为别的关系,对于数学一门功课,就不喜欢。因为不欢喜,他就不大去练习,大部分时间,费在他喜欢的功课方面。这样进步天然少了,学习更形困难了。因此便更不欢喜练习,进步便愈形迟缓。儿童对于其他一切功课,都可以养成这种不良好的态度。从这许多事实里边,我们可以明白初步的重要。所谓初步,就是在校第一天,第一次和教师做实验,各门功课开始第一课。总之学校功课不应当太难,要是用不快的经验来加难功课,更是不应当了。

学习功课或指定作业,切不可用做谴罚的方法。我们不可用"关夜学"的方

---

① 彼得森,美国心理学家,其他资料未详。——编校者

法来惩罚儿童。因为这样,使得儿童对于学习,发生一种不欢喜的态度,结果要阻碍学习的进行。这种浅显的道理,有时不去理会,可以使学校方面受莫大的损失。

课外研究和讨论问题

1. 做本课的纲要。简单的纲要例子如下:

   Ⅰ．注意

   （1）注意的界说

   　　甲．从意识方面立论

   　　乙．从生理方面立论

   （2）注意和学习的关系

   　　甲．用分发卡片的实验来比喻

   　　　（a）学习快的状态

   　　　（b）学习慢的状态

   （3）扰乱注意的现象

   　　甲．感觉的扰乱——外界的

   　　乙．心神的扰乱——内部的

   　　丙．盖斯勒的实验

   Ⅱ．态度

   （1）态度和学习的关系

   　　a．适当的态度可促进学习

   　　b．不好的态度可阻碍学习

   （2）彼得森的实验

   （3）应用于教授儿童方面

2. 用你自己的经验证明学习必须注意。

3. 从盖斯勒的结果里边,我们得到一个什么教训？怎样可以使感觉的扰乱不影响我们的作业？

4. 态度是什么？态度和作业成绩何以有相互的影响？

5. 同时试做两件事情。预备几个单位的加法题,每题有 10 个数目。一面做算题,一面背诵一首熟读的诗,看自己怎样应付,并看答数错误否。

6. 做一个实验：

(1) 问题　试验扰乱被试注意的影响。

(2) 工具　两种形数交替试纸，每种若干张。

(3) 手续　选择学力相等的两组学生（没有做过第九课所指定形数交替实验的）。一组先在扰乱时间内，练习甲种材料 5 分钟，再在不扰乱时间内练习乙种材料 5 分钟。一组先不扰乱后扰乱，也练习两次，每次 5 分钟。两组所用两种材料的先后，应该一样。至于扰乱的方法，可以由主试临时酌定。大致用听觉方面的扰乱，最为适宜；例如继续不断的摇铃，或引进特殊响声。

(4) 结果　比较两组两次练习的成绩，写一报告。

参考书目

西文：
1. Pyle, Wm. H., The Psychology of Learning, Chap. Ⅳ.
2. Woorworth, R. S., Psychology, Chap. Ⅺ.

中文：
1. Colvin. S. S. 著，廖世承译，《教育心理学大意》（第四章），中华书局，1932。
2. G. M. Whipple 著，郑宗海译，《修学效能增进法》，商务印书馆，1932。

第十一课　经济的学习法（续）

一、鼓励实习的方法

注意是学习的基本要素，态度可以说是永久的注意状态。所以此刻的问题是怎样引起注意和适当的态度。这个问题，可以从几方面来说。

(1) 知道目的是什么——倘使学习的人，知道他实习的目的是什么，进行就较有把握。这是因为注意强盛，态度适当的关系。没有人愿意盲目的学习。所以开始时就应该使学习的人明白这是一个什么习惯，这个习惯有什么用处。例如练习加法，最浅近的目标，在使学生看了相加的数目，立刻就念得出答数。这种技能，可以使他将来做买卖、计算账目、核算一切成绩便利些。

(2) 知道成绩几多高——知道自己的成绩，于进步上也很有关系。倘使学习的人，有一精密的方法，记载他每次进步的成绩，他就要发奋练习，达到他最高的限度，通常学生不知道自己成绩，实习时总不能充分用力。教师应该采用一种正确的方法，度量儿童每天每月的进步，把结果显示儿童。要用曲线的地方，应该使儿童能自行解释曲线的状态，自行画学习曲线。

赖特(Wright)曾经做过一个实验。凡学生有一个目标,知道自己每次的成绩,要比较不知道的,事情做得多些。并且有了动机,疲劳也不大容易觉得。

通常在学校里边的作业,学生完全是盲目行动。他们不知道目的是什么,达到目的的方法怎样,自己有没有进步,进步有没有限度。他们游戏时的动境,完全不是这样。各项游戏,大都有一具体的目标。比方比赛跳高或赛跑,他们自己知道能够跑几多快或跳几多高。他们并且晓得哪一个跳得最高,跑得最快。各项游戏的普通标准,他们知道很清楚。一年来进步了多少,他们也很明白。总之所做的事情是确定的,方法也是确定的,得到的结果,也确实知道的。但是一进了教室,无论什么事情,都笼统不切实。学生完全处于被动地位,没有像游戏时候的自己有一种冲动。所以切实明了自己的成绩,是促进教室作业的一种良好方法。

(3) 知道错误在什么地方——不单是要使儿童知道得到的结果,并且要使他们切实了解自己的缺点。一个人有了错误,不知道更改,继续练习,也是徒然。从镜画实验里边,我们知道了解动作错误的重要。桑戴克以前曾说过一句话:"关于语言文字一类的学习,有时一个人可以继续练习,丝毫没有进步。"

(4) 知道学习的材料何时须应用——倘使学习的人,知道他所学的东西,什么时候要应用的,他的学习态度,便另换一种。学习的效率,也可增高些。

总结上边的四点:要学习有进步,必须使学习的人对于所造成的习惯或学习的目的,以及达到目的后的功用,有一正确的观念;必须确实知道进步的概况和错误的性质;必须知道应用的时期。

二、确实的感应结

上面几条原理,对于有几种学习,应用时觉得困难,因为所要造成的感应结,本不十分确实。所要造成的感应结愈确实,进步也愈快。例如在数学里边的感应结,都很明了。用基本的演习题来说:$9+8=17$;$6\times7=42$;$\sqrt{81}=9$;$(13)^2=169$。各种结果都是确定的。演习时,只须向确定的目标进行。要有错误发现,也可确实指点出来。所以对于这种学习,无丝毫疑惑,结果如何,可以确实度量。但是像写字、图画、缀法一类功课,便不是这样。关于写字方面,儿童还可以有张习字帖,知道应该写得怎样好。不过怎样达到目的,不单是儿童不知道,我们自己也说不上来。儿童只有仿照那张习字帖,多临几次;临得不像,我们也只能说这笔太长了,或者那笔太短了,或者这个字写得太大了。图画和缀法的困难,都是这样。一个学生做了一篇文,教师有时很难确实的指出来,不好在什么地方。但是缺点指不出来,学生的进步,总是很少。要是一句句子不清楚,或意义晦涩,最好切实指出来为什么不清楚,为什么意义晦涩。

凡是各种功课里边所造成的感应结,不十分切实,教授时就不免笼统浮泛,结果也就不大可靠。换一句说,我们自己标准没有确定,结果就无从度量起。所以批评作文的好坏,总不如批评解决数学问题的切实;教国文一类功课,总不如教数理化的有把握。并且批评作文的眼光,各人不同。同是一篇文,各教师的意见,大有出入。至于解决数学问题,批评时,便没有多大争论。

说实习必须有确定的目标,可以引用富兰克林(Franklin)①的两件事实。他的明敏识度,使他觉悟任何学习,都须有一具体的目标,系统的方法。他知道要增进品性,必须造成良好的习惯。一个人的品格,不能同时提高。所以他把各种良好的习惯。列举出来,分成几组,写在各张纸上。开始造成一个习惯,然后再造成第二个习惯。一组习惯完全造成后,再用同样方法对付第二组。要增进他的英文,他先记忆英文杂志(Spectator)里边的名著数篇。等到字句忘记以后,就用他的大意,自己做一篇拟作。把拟作和原文对照比较,看相差多少,自己的缺点在什么地方。这样一来,自修就有一具体的标准,知道怎样着力。

无论教授什么东西,要是具体的、确定的,就有进步的希望。所以我们应该先把教材详细的分析一下,使我们自己和学生对于各科内容,都有一切实的了解。然后再确定一目标,确定一达到目标的途径和度量成绩的方法。从此以后,学习不应再有"盲人骑瞎马"的现象。

三、感情和学习

感情和学习的关系,可以从两方面来看。感情可以鼓励实习,并可以引起注意,使实习有效。感情和注意实有密切的关系。一件事情可以发生快感的,我们就愿意做。所以说我们喜欢这件事情,就不啻说我们注意这件事情。注意是学习的要素,感情又是注意的要素。就是上边一章所说的良好的态度,也靠托愉快的经验。倘使儿童起初造成一种习惯的时候,受了一次痛苦,下一次就不愿复习了。所以感情为学习里边重要的成分,做事没有快感,或结果得不到快乐,我们就不愿意做;就是做,也不肯尽心尽力。快乐起来,就表示我们对于

---

① 富兰克林(1706—1790),出生于美国麻省波士顿,是美国著名政治家、科学家,同时亦是出版商、印刷商、记者、作家、慈善家,更是杰出的发明家与外交家。——编校者

一种经验,有竭诚欢迎的意思,我们愿意那种经验多来些。不快就表示我们不愿意再有那种经验。简单说起来,快乐可以引起练习,并且使得练习格外有效。可以引起练习,因为我们愿意做那种给我们快乐的事情。使得练习格外有效,因为快乐可以引起极强盛的注意。从这点看来,我们应该竭力设法,使练习发生快感。

据桑戴克的意思,快乐和学习的关系,还不止这样。他以为快乐可以加深印象。一个人受了刺激,发生反应的时候,要有快乐相伴而起,结果就能影响神经通路,增强感应结。近来克林(Kline)①的实验,对于桑戴克的学说,加以证明。克林觉得伴动作起来的快感,可以帮助感应结的成立。

斯诺迪(Snoddy)②在他新近所做的"尝试错误"实验里边,觉得从动作得来的快乐,和加深印象没有什么关系。他说:"做镜画实验的时候,所有的进步,都发现在休息时间以后。因此我们可以知道反应的快感,不能当作一种选择作用,从紊乱的动作里边,选择适当的反应出来。因为适当的反应在休息以后才发现。"但是桑戴克并没有说快乐可以造成感应结,他的意思是适当的反应所引起的快感,可以使得将来这个反应起来格外便利些。斯诺迪对于这一点,也没有实验结果来反证。

总之此刻尚没有切实的实验,来助我们定夺究竟伴动作起来的快感,能否增强感应结。就现时生理方面的考查,大致都赞同桑戴克的主张,说快乐可以发生效力。

关于感情和情绪方面生理、心理的调查研究,使我们知道快和不快,于身体方面,有绝大的影响。我们因此可以猜想他们对于学习方面的影响,或者不仅如上边所说的引起注意和加深印象。快乐和人生的康健、食物的消化、机体的营养、血脉的流通、神经的活动,都有绝对的关系。不快的影响,恰巧相反。快感可以促进生命的机能,提高个人的精神。不快可以抑制生机的发育,消耗个人的精力。快是积极的,不快是消极的。快使得生活丰富,不快使得生活萧索,所以快为学习的要素,不快可以妨碍学习。

快感虽然可以助长学习,但是情绪,无论其性质如何,总不宜于学习。从历届观察强盛情绪的影响和生理方面研究的结果,觉得上面一句话是有根据的。

---

① 据查未详。——编校者
② 斯诺迪(Snoddy, George S. 1882—?),美国心理学家。——编校者

凯能（Cannon）①说："中央神经系里边剧烈的激动，无论其为怒、为惧、为痛苦、为焦急、为快乐、为忧愁，或深切的厌恶，大都要破除交感神经区域的范围，扰乱那范围以内各器官的职能。"

剧烈的情绪，可以使身体方面骤增筋肉的活动。再引用柯南的话："筋肉活动所以能格外便利，就因为脏腑受了情绪扰乱的关系。消化作用的暂时停止，肚腹器官血脉的改道，心跳的紧张，筋肉方面疲劳影响的消除，内部糖质的流动，每一种脏腑的变化，便可直接使生物发泄极盛的精力，预备适应恐怖、大怒或痛苦等情绪。"剧烈的情绪，可以预备筋肉方面大活动，但是对于学习，无所补助。柯南所举的各种变化，同时都须占领意识的范围，排除学习的事情，在意识明度以外。

课外研究和讨论问题

1. 做本课的纲要。
2. 你觉得以前所学的科目，哪一种是盲目的，哪一种是有目的的？两种的分别在什么地方？
3. 怎样可以使课室内作业同课室外游戏一样有精神？
4. 根据本课的讨论，说明国文教师至少应该注意哪几点？
5. 今人动言"人格教育"，什么叫做人格？人格教育应从什么地方下手？
6. 快感何以能助长学习？情绪何以不宜于学习？
7. 试验"知道错误"于学习有什么影响，可以用"盲目画线"的方法。例如甲乙二人，都用巾障目，描画简单的图形（如三角形之类）。甲每次练习后，指示他看错误的地方；乙并不知道他自己的错误。比较他们每次的成绩。
8. 做一个实验：

（1）问题　试验态度和学习的关系。

（2）工具　同样长短的诗两首举例如下：

a. 杜甫诗②

暮倚高楼对雪峰　僧来不语自鸣钟

孤城返照红将敛　近市浮烟翠且重

---

① 今译"柯南"（Walter Bradford Cannon, 1871—1945），美国心理学家、教授，哈佛大学医学院生理学系系主任。——编校者

② 系《暮登四安寺钟楼寄裴十迪》。——校者注

多病独愁常阒绝　故人相见未从容

知君苦思缘诗瘦　太向交游万事慵

b. 苏轼诗①

草满池塘霜送梅　疏林野色近楼台

天围故越侵云尽　潮上孤城带月回

客梦冷随枫叶断　愁心低逐雁声来

流年又喜轻重九　可喜黄花是处开

(3) 手续　主试先读第一首诗给一个被试听,读时主试不要存心去记忆。待第一个被试记熟了,再读给第二个被试听。看读了几遍,主试自己方才记得。用第二首诗,做同样的试验。这次主试的人可留心记忆。

(4) 报告　比较两次结果。

参考书目

西文：

1. Kitson, H. D, How To Use Your Mind, chap. Ⅳ. J. B. Lippincott co., Philadelphia.
2. Pyle, Wm. H, The Psychology of Learning, Chap. Ⅳ.
3. Woodworth, R. S, Psychology, Chap. Ⅸ.

中文：

1. Colvin, S. S. 著,廖世承译,《教育心理学大意》,中华书局,1932。
2. G. M. Whipple 著,郑宗海译,《修学效能增进法》,商务印书馆,1932。

第十二课　经济的学习法(续)

学习的特殊要素

在上面一章内,我们讲了几种影响学习的普通要素,此刻再讲几种特殊要素。

一、课室训练

各种习惯的养成,都不外乎反复练习。知识的增进和应用,也靠托随时忆起。所以学校里大部分时间,就费在辅助学生养成各种需要的习惯,组织各项

---

① 系《秋晚客兴或为沈括作》。——校者注

有系统的知识。习惯方面,包含书法习惯、读法习惯、缀法习惯、数学习惯,以及其他一切社会的、道德的各种习惯。此种习惯的养成,学校里负重大的责任。

但是近来有许多教育家不主张形式的训练。他们觉得儿童在自然的环境里边,自能得到练习机会,养成各种基本的习惯。例如儿童写一封信,作一篇文,做几个理解算术题目,里边就有练习书写演算的机会,不必另外抽出一部份时间,练习读法、书法、演算等等。

偶然的训练(Incidental drill)究竟能否替代形式的训练(Formal drill),是一个实验的问题。我们知道学习原理里边最重要的一条,是反复练习。要练习有效,必须适合经济学习法的条件。我以无论采用什么练习方法,倘使和上边所陈的条件不冲突的就是一种好方法。关于这一个问题,心理学家也有好几种实验。

二、算术方面的训练

在 1911 年勃朗(J. C. Brown)①对于算术的训练,曾经有一个实验报告。他所试验的儿童,平均年龄为 13 岁 6 月。这许多儿童,依照他们数学的能力,分成程度相等的两组。一组有 25 个儿童、每天练习基本演算题 5 分钟,共练习 30 天,一组有 26 个学生,除了上数学课做理解题,得到一些练习机会外,不再提出时间来练习。过了 30 天,试验两组的结果,练习的一组对于理解题,进步了百分之 21.2,没有练习的一组,只进步了百分之 9.8。过了 12 个星期,再试一次,结果仍旧是练习的一组好。后来勃朗又做一个实验,试了 222 个儿童,结果也和上边相符合。

桑戴克对于算术方面的训练,也有一个实验报告。在小学四年级里边,有 29 个学生,每天练习两次,每次 2 分钟,共练习 15 天,练习了 60 分钟。但是进步很多,原来一分钟做两个题目零四分之三,练习后可以做四个题目零二分之一。

斐力柏斯(Phillips)②报告他的实验结果,他的学生,也分成两组。练习的一组,每天练习基本的演算和理解题 10 分钟,共练习两个月。后来试验下来,练习的一组,对于基本的演算,比较不练习的,增进了百分之十五;对于理解题,增进了百分之五十。

---

① 据查未详。——编校者
② 据查未详。——编校者

其他的实验,也不必多引。总之像数学一类的功课,短时间的练习,可以发生很大的效果。所以除了学习原理、解决问题以外,学生应有一部分短时间,专事训练基本的演算,或解决简单的问题,这种训练的效力,不单是可以增进做演习题的速度,并且可以影响理解的问题,因为演算纯熟,做理解题时,就可以用全力对付问题了。

三、关于其他功课方面的训练

沃林(Wallin)①研究训练拼法的价值,觉得偶然训练的机会,实在无济于事。彼脱斯(Peters)研究关于默读方面训练速度的影响,从小学三年级起到六年级止,共有 207 个学生。每级分成三组,两组练习,一组不练习。练习的几组,每天从读法功课里边,抽出 5 分钟或 10 分钟练习不作声的快读,在开始时候,练习的一组,速度仅抵不练习的一组 83.8%;到终了时,比较个练习的速度,多增进了 18.7%。

关于成人练习的影响,桑戴克也曾试验过。他选择了 10 个医院里边的看护妇,年龄在 21 与 35 之间。除了星期日外,每天练习做单位加法 5 分钟,看 5 分钟内,能做几多题目。平均计算起来,练习 2 小时 25 分钟的结果,速度增进了 88.7%。

四、训练方面的琐碎问题

柯奈和阿柏斯(Conard and Arps)②比较训练算术的两种方法。他们用柯蒂斯(Courtis)③算术测验,把 67 个中学生,按照能力,分成为程度相等的两组。两组都练习基本的演算 8 小时,不过一组练习时沿用练习的方法,一组注意心算。例如不说"6 + 4 = 10",看了"6 + 4",立刻就说"10"。采用后一种的方法,时间觉得格外省些。所以练习固然重要,练习的方法,也须用实验来定夺。

克伯屈(Kirkpatrick)④比较两组学习乘法的方法。一组看了九九表做乘法,一组先读熟了九九表,再练习做。前一种的方法,效力大些。他因此说:"实验的结果,表示有许多功课,先注重记忆,后讲求实用,实在是浪费许多时间、精力和兴趣。"

---

① 沃林(J. E. Wallace Wallin, 1876—1969),美国心理学家。——编校者
② "柯奈"和"阿柏斯",据查未详。——编校者
③ 柯蒂斯(Stuart A. Courtis, 1874—1969),美国心理学家。——编校者
④ 克伯屈(E. A. Heard Kirkpatrick, 1871—1965),美国教育学家。——编校者

派尔用分发卡片来研究这个问题。两个人分发5只卡片箱,每天练习1小时,练习两天。第一天一个人分发,一个人仅记忆卡片箱的地位。第二天大家都分发。这样继续试验了多少次,例如这次这一组记忆,下次那一组记忆,觉得分发卡片最经济的练习方法,就是实地分发。记忆卡片箱的地位,虽然可以加增下一次分发卡片的速度,但终不如实地分发的有效。

五、实验的推论

关于训练的问题,心理学对于教师,究有几多贡献?特殊训练的价值,各种实验已有确实的证明。在小学方面,造成习惯,最为重要。造成习惯时,不当瞻前顾后。我们知道儿童练习拍球的时候,不是练习一次两次就了事,日复一日,年复一年,他继续的练习下去。正课方面的习惯,也应该采用同样的手续。倘使有一种技能,我认为必需的,唯一的妙诀,就是实习!实习!实习!!!实习可以使我得到这种技能。所以第一我应该晓得要什么技能,和这个技能的性质,第二便是有恒的练习。从一方面看来,低年级的教室,可以当作一种训练场。训练的时间,必须短促,但须严格。在训练的时候,儿童的注意,必须达到最高限度,作业的效率,也须提高到极点。普通的训练时间,总不过几分钟,过长儿童就要疲倦了。训练时,用个人或团体比赛的方法,有时很可收效。总之无论什么方法,可以促进训练效果的都可以采用。例如叫儿童自己记载成绩,自己画曲线,也是一种好方法。因为可以引起他的努力,使曲线每天向上。

有时儿童对于一种新的技能,有浓厚的兴趣,不必督促他学习,他自己肯练习。例如儿童初学会几位的除法,兴致便非常高,要求人家出题目给他做。这也是人类一种普通性质,自己能够做的事情,高兴做些;新学会的事情,格外高兴做。训练时,这种机会很可以利用。

但是学校里边的训练,总不应当太偏于形式。要知道技能不过是一种工具。工具的本身,没有什么价值。所以工具的造成,最好在适当的环境里边。所谓读法、书法、演算,在他们本身,都没有重大价值。他们的价值,在另外一方面。例如会了书写,我可以和我朋友通讯;知道了读法,我可以得到有用的知识,欣赏有价值的作品;熟谙了加减乘除,我可以和人交易便利些。所以这种技能,都应该和实际生活联合在一起,都应该在自然的环境里边养成。不过事实上做不到。倘使踢足球的人只有和人家比赛时,才练习,他的球就永远踢不好了。学校里边的儿童,只有写信时,才练习写字,他的写字机会,恐怕就很少了。

于此可见专凭偶然的训练，是靠不住的。但是形式的训练，又不应该太多。最好学校能够假造一种环境，脱去形式训练的色彩。例如利用校里的商社，练习计数；利用恳亲会的函件，练习书写等等。有了这种机会，再加以形式的训练，对于生活需要的适应，大致可以满足了。

需要几多技能？ 此刻有一个重要的问题，我们在学校里边，究竟应当得到几多技能？学了许多现时不用的技能，过了几时，就荒疏了。从时间经济方面看来，是一种很大的损失。但是学校方面，通常不想到这个问题。他们以为儿童学了许多技能，将来总有一天用得着的。其实他们不知道有的技能，儿童永远用不到；有的技能，等到用时，已经荒疏了。所以我们对于各科的价值，应该先研究一下，对于儿童现时和将来的需要，也应该调查一下。然后把无关系的教材，分别除去。像数学一类的功课，除基本演算外，普通一般人的用处就很少。基本的演算应注重速度和正确；读法应注重快和了解；写字应注重清楚和速度。总之各科都有一最低限度的标准（Minimum essentials）。这个标准，是个个儿童应该达到的。有这个标准以外，就要看哪一件事最切用，就最先学习。其余的俟有适当时间，再行学习，这是一种最经济的方法。

教师的职能 教师和学生的关系，不消说是很密切了。濮克（Book）[①]曾经把教师对于儿童学习的职能，列成10点。此刻把他概括成8点如下：

教师应该

（1）辅助学生解决困难；

（2）辅助学生求得最良好的学习和作业方法；

（3）留意学生是否用最经济的方法造成习惯；

（4）减少冲突的影响；

（5）辅助学生随时吸收知识，并有一系统的组织；

（6）设法引起努力的动机；

（7）使环境适宜于学习，并适合卫生原理；

（8）养成学生良好的作业态度，使他对于作业，有永久的兴味。

课外研究和讨论问题

1. 做一个简单的本课纲要。

---

① 据查未详。——编校者

2. 什么叫做形式的训练？偶然的训练？近今教育家对于两种训练方法的态度怎样？
3. 勃朗、桑戴克的实验结果，证明形式的训练，有保存的必要否？
4. 从克伯屈的实验结果里边，我们得到一个什么概念？
5. 学生在学校内，是否可在自然的环境里边得到各种学习的机会？何以自然的环境要比假设的环境好些？
6. 没有需要而学习，可算是浪费吗？
7. 定夺各科的教材，应用什么做标准？

参考书目

1. Edwards, A. S, The Fundamental Principles of Learning and Study, Chap. 7.
2. Pyle, W. H, the Psychology of Learning, Chap. Ⅴ.
3. Stevenson, J. A. The Project method of Teaching, Chap. Ⅴ. Macmillan, 1922.
4. Thorndike, E. D, Educatsonal Psychology, vol. Ⅱ, Chaps, 6, 7, 8.

第十三课　经验的保存

一、学习和记忆

没有记忆，就不能学习。**学习是改进的意思，使得现时的"我"和从前的"我"不同些**。倘使所改进的，在极短时间内，都不能保存，我们就没有学习。所以学习和记忆是相互影响的。要学习，一定要有记忆；能够记忆，就表示我们已经学习了。

记忆或经验的保存，是人生很特异的一件事实。很小的经验，可以使得我们发生变迁。一种新经验的起来旧经验的复现，或得到一点新知识，都可以变换我们，因为我们是各种经验和倾向的总和。

生活所以有意义，就为记忆的关系。仅能知觉而不能记忆，生活就没有意义。知觉所引起的观念，就从过去经验里边得来。有了那种观念，知觉才有意义。要知道记忆的重要，只须虚想生活没有记忆，要变成什么样子。倘使所历的事情，完全像新的一样，和过去的不相连属，就不成其为经验了。所谓经验，不单是要有横的容量，并须有纵的容量。经验是过去和现在的结合。

学习和记忆，可以说是一件事情从两方面看。学习是变更的意思，记忆就是保存变更。关于记忆的实验，可以叫做学习的实验；学习的实验，也可叫做记忆的实验。所分别的,就看注重在哪方面罢了。此刻我们所讨论的记忆,从广义方面立论,和"经验的保存"一样解释。

二、记忆和年龄

保存经验的能力,凡是可以度量的,从幼年到成人,可以说是逐年有进步。经验的性质,虽有不同,但是年龄总可影响保存的能力。倘使我们给儿童看几样物件,几张图画,几个名称,或几个抽象的名词,末后再试验他们保存多少,我们可以知道各年龄的程度,逐渐加高,至成人为止。倘使我们讲一段故事给许多儿童听,后来再试验保存的数量,结果也是按年进步,不过这讲故事的能力,到了中学生时代,就呈退步。这不是保存能力有减少,是因为态度的关系。年幼的儿童,像鹦鹉一样,听了故事,最会学舌。年岁稍长,就知道复述大意,选择精采的地方,至于琐碎的事实,便忽略过了。细心研究关于这类实验的结果,我们可以知道凡是可用实验方法来度量的保存能力,都是按年进步,到青年以后,进步渐慢,到体质发达终止,进步也就终止了。中年前记忆退步的说素,实验方面,不能证实。下面两个图表示按年进步的概况。

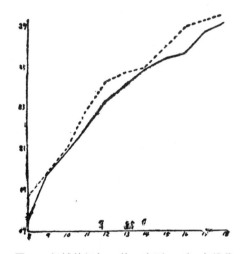
图 14　机械的记忆　从 8 岁到 18 岁,虚线代表女生,实线代表男生。(参考派尔)

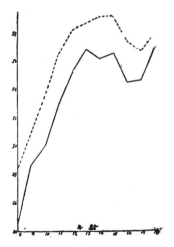
图 15　理解的记忆　虚线,女生;实线,男生。(参考派尔)

三、记忆和性别

记忆既然是按年进步,那么保存就是一种逐渐发达的机能。女子生理方面的发达,普通较男子为早,所以记忆也早发达些。实验里边证实这一点。关于机械的记忆,女子各年龄都比男子好,不过相差并不多。从 9 岁到 18 岁,男子每年平均进步为 3.94%,女子为 4.03%。

理解的记忆,也是女子比男子好。大学女生又比大学男生好。不过理解的记忆,靠托所用的材料怎样。要知影响学习或保存的要素很多,我们不能凭了一二次的实验,来定夺究竟是男孩或女孩的保存能力好。无论哪一次实验,两性间成绩总有上落,不过上落的缘由,是因为保存能力有不同,或因为态度、注意、兴趣、熟悉材料各种要素有不同,很难断定。从各种记忆的实验看来,大致女孩保存的能力,较胜于男孩。

女孩保存的能力比男孩好,但是女子比男子怎样?盖茨(Gates)[①]根据他心理学班上的考试,说女生暂时和永久的忆起,都比较男生好些。不过也许女生温习时间费得多些,所以她们的成绩好。派尔的实验,使女生和男生学习的机会相等。他们在同一时间内试验,所用的材料和方法,都是一样。关于机械的记忆,记忆具体的东西,38 个大学男生平均得到成绩 28.5;61 个大学女生得到 28.6,记忆抽象的名词,40 个男生得到 28.4,61 个女生得到 27.9。相差都是很少。具体的,女生比男生多记十分之一个字;抽象的,男生较好十分之五个字。

关于理解的记忆,65 个大学男生,得到 38.3,36 个大学女生得到 40.1,女生较好 1.8 字或百分之 4.7。这或者因为所用材料,女生较为熟谙的关系。

总结起来,女孩的保存能力比男孩好,因为发育早的关系。到了成人以后,除了经验、训练或态度以外,两性间就无甚差异。

四、机械的记忆和理解的记忆

死记的方法,在心理学上叫做机械的记忆(Rote memory);理智的方法,叫做联念的记忆(Associative memory)。机械的记忆,是造成纯粹新的感应结;联念的记忆,是利用过去的经验,造成新的感应结,所以造成时要便利些。儿童的经验少,记忆时多用机械的记忆;成人的经验多,记忆时多用理智的方法,不过机械的记忆,有时也免不掉。

五、助记忆巧法

记忆有意义的文字,比较无意义的差不多要容易好几倍,意义在学习里边,非常要紧。因为这个缘故,人家逢到不易记忆的地名、人名或事实,往往用了各

---

① 盖茨(Elmer R. Gates, 1859—1923),美国心理学家、发明家、科学家。——编校者

种人为的方法,来帮助记忆。如我国检查字典或辞源时习用的歌诀:"一二子中三丑寅,四卯辰己五午寻,六在未申七在酉,八九戌集余亥存。"便是一个例子。

六、唤起法

还有一种帮助记忆的方法,就是唤起法。例如认字,看见中文字想起英文字,或看了英文字想起中文字。从这种方法里边,我们可以得到一种适当的练习。我们可以预备许多小方块纸,每方纸的一边写中文意义,一边写中文字。平常练习时,看了这一边的字,就试想那一边的字。想不起来,再念几遍。通常学生喜欢把生字写在练习簿上,这个法子,有两层缺点:(1)每页上面的几个字,容易记得,因为首因的关系;(2)只能从英文字想到中文意义,不能从中文字想到英文意义。

课外研究和讨论问题

1. 记忆和学习有什么区别?怎样说"生活所以有意义,就为记忆的关系"?
2. 通常说"小孩的记忆比成人好",这句话对不对?说出对或不对的理由来?
3. 普通到了什么年龄,记忆才有退步?
4. 两性的记忆有什么区别?
5. 举一个"助记忆巧法"的例子。
6. 唤起法的效用何在?

参考书目

西文:

1. Edwaads, A. S., The Fundamental Principles of Learning and Study, Chap. 10.
2. Pyle, W. H, The Psychology of Learning, Chap. Ⅶ.
3. Woodworth, R. S, Psychology, Chap. ⅩⅣ.

中文:

1. Colvin. S. S 著,廖世承译,《教育心理学大意》(第十五章),中华书局,1932。
2. Colvin. S. S 著,黄公觉译,《学习心理》(第十一章),商务印书馆,1938。

第十四课　关于记忆的实验

关于记忆的经验,各人都有,不过没有做过详细的研究。我们可在本课时间内,先做两个实验。

一、试验保存

将上次顺背及倒背英文字母的实验再做一次,各组的人,须同上次一样。实验时务须注意准确。报告可仍照下列各项办理。

1. 问题　4星期后能保存几多?用复习字母来证明。
2. 用具　有秒针的表1只。
3. 手续　被试顺背和倒背字母各10次,主试每次记时间。
4. 画上次和这次的顺背及倒背字母曲线。

二、试验记忆广度

1. 问题　一个人听了人家念过一次数目字以后,能够记忆几个数目字。
2. 用具　附在下边的十三组数目字。
3. 手续　主试说完一行数目后,叫被试背诵。主试每念一数目,约占一秒钟。念的声音须平直清楚,切不可有音节。主试念时,被试不许动口。倘使一组有二行背得出,就不必念第三行,可试下面一组数目。倘使某组只能背一行,即停止试验,算被试已达到记忆的限度,只能背某组以上的各组。

试验材料

Ⅰ	Ⅱ	Ⅲ	Ⅳ
27	381	6497	68139
61	279	3185	62143
39	528	6193	27465

Ⅴ	Ⅵ
974258	1498637
825396	9315874
681372	4381579

Ⅶ
72413586
37591438
49572689

Ⅷ
861793542
725168739
613567482

Ⅸ
4192478315
8231597295
7513269187

Ⅹ
83567981674
68157381473
17538294361

Ⅺ
935431268753
357148635829
591837649432

Ⅻ
3678456793154
8915841932452
6359743594716

ⅩⅢ
53879465387691
79153872592316
31798632481652

倘使有别的关系,要另用几组材料,可以倒念上边各组内各行的数目字。

4. 结果　记录被试的记忆广度。

5. 解释　根据上边实验,解释下列的问题:

(1) 比较两次顺背倒背英文字母的成绩,你觉得被试忘掉了几多?

(2) 试验记忆广度和试验保存,有什么关系?说明理由。两种的不同地方在哪儿?

(3) 陆志韦先生曾在东大教育科心理学班上试验学生的广度,结果如下:

平均数		中英差数	读英文年数	平均年龄
用中文念	用英文念			
8.95	5.25	3.70	7.02	22.68

3年的试验结果,无甚上落,可知大学学生平均记忆广度之约数为9。

东大教育科学生钱希乃、裘塑勋两君曾在附小试验学生的记忆广度,共做了两学期的工作。儿童被试时的日子,没有一个离生日两星期以外;试时也能拘于科学方法。结果如下:

年龄	人数	平均数
9	14	4.83
10	19	5.83
11	17	6.08
12	17	6.37
13	22	6.37
14	19	6.08

斯蒂尔(Dr. Stiles)[①]也曾做同样的试验,标准如下。在第二、第四行为男孩女孩平均的记忆广度,在第三第五行为每组最高 $\frac{3}{4}$ 中最坏的成绩。表中成绩根据 751 个男孩和 834 个女孩的试验结果。

年龄	男孩		女孩	
	平均数	最高 $\frac{3}{4}$ 和最低 $\frac{1}{4}$ 中间的成绩	平均数	最高 $\frac{3}{4}$ 和最低 $\frac{1}{4}$ 中间的成绩
6	5.3	5	5.5	5
7	5.6	5	5.6	5
8	6.3	6	6.1	5
9	6.5	6	6.6	6
10	6.8	6	6.4	6
11	6.6	6	6.9	6
12	6.9	6	6.9	6
13	6.9	6	7.2	7
14	7.2	6	7.1	6
15	7.2	7	7.2	7
16	7.4	7	7.2	7
17	7.5	7	7.7	7

盖茨博士(Dr. Gates)报告 163 个大学学生视听方面的记忆广度。(他的结

---

① 斯蒂尔(Stiles, C. W. 1867—1941),美国寄生学专家,心理学家。——编校者

果已化成百分比,例如关于用视觉记忆的,大学里边没有一个人的记忆广度等于 4;有一个人等于 5;有 9 个人等于 6;余类推)。

数目	4	5	6	7	8	9	10	11	12
用视觉	0	1	9	18	39	21	8	2	2
用听觉	0	7	14	18	35	18	6	1	1

看了上面四种结果和你自己的成绩,你想记忆广度和年龄、智慧、种族有什么关系?

(4) 倘使一个十二岁小孩的记忆广度等于 5,一个同年龄的小孩,记忆广度等于 7,你想哪一个学业成绩好些?说明理由。

(5) 知道了各个人的记忆广度以后,你能否帮助人家选择一种职业,如做伙计、书记、教师等等?

写两种实验的报告,不要忘掉"应用"一层。

参考书目

西文:
1. Strong, E. K, Introductory Psychology for Teachers, Chap. 15.

中文:
1. 陈鹤琴、廖世承,《智力测验法》(第十一章),商务印书馆,1921。
2. 钱希乃、裘翌勋,《记忆与试验》,载《教育汇刊(南京 1921)》1923(5):20—23。

第十五课 记忆

在上面一课内我们曾提出一个问题:"试验记忆广度和试验保存,有什么关系?"本课继续讨论保存的实验。所谓保存,就是指点保存学习的影响。我们知道学习是指在一种动境和反应中造成一种新感应结。此刻我们所要研究的,究竟这个新感应结,能保存他原有的力量,到几多时候。现在不妨先举艾宾豪斯(Ebbinghaus)和斯特朗(Strong)所做的两个实验来说明:

表 4 学习后各时间保存的百分比

学习后过去时日	艾宾豪斯的结果(保存百分比)	斯特朗的结果(保存百分比)
15 秒钟	—	84.6
5 分钟	—	72.7

时间		
15 分钟	—	62.7
20 分钟	58.2	—
30 分钟	—	55.5
1 小时	44.2	57.3
2 小时	—	47.2
4 小时	—	50.6
8 小时	—	40.6
8.8 小时	35.8	—
12 小时	—	41.1
1 天	33.7	28.8
2 天	27.8	22.9
4 天	—	19.3
6 天	25.4	—
7 天	—	9.6
31 天	21.1	—
42 天	—	6.3

照艾宾豪斯的实验结果,过了 20 分钟后,保存三分之二;一小时后,保存二分之一;9 小时后,保存三分之一;2 天后只保存四分之一。照斯特朗实验的结果,过十几秒钟后,遗忘尚不多,到后来便所存无几了。两种结果的曲线如下图:

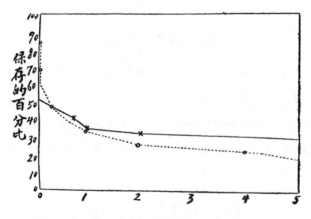

图 16 表示学习后过去时间的长短,对于保存的影响

✳✳✳ 试验忆起(艾宾豪斯)
-ο-ο-ο- 试验认识(斯特朗)

艾宾豪斯所用的方法,叫做"省时法"(The saving method)。他用 7 段无意义的字(Nonsense syllables),每一段包含三个字,例如(neb、pid、raq、tud、cor,等等),他把这 7 段字念到刚能背得出,就不念了。过了 20 分钟、1 小时、8.8 小时、1 天、9 天、31 天后再念。把每次复习的遍数纪下来,看和原来的遍数,成什么比例。例如第一次记熟一段字,须读 10 遍,过了两天,只须 7 遍,便念熟了,表示省去了 3 遍(10－7),或两天后忘掉 70%。所以用原来的遍数(10),除省掉的遍数(3),再乘 100,就是保存的百分数(30)。上面表内的百分数,就是这样得来的。

斯特朗所用的方法,是一种"认识法"(The recognition method)。他用 20 个无意义的字,叫被试读一遍。过了 15 秒钟,再叫被试看 40 个无意义的字,这 40 个字中,包括他上次所看过的 20 个字。他要把上次看见过的字,用笔圈出来,看有百分之几圈对的。过了 8 小时、7 天……再用同样的方法来试验。

两种实验的结果,略有不同。艾宾豪斯注重在忆起,斯特朗注重在认识。不过认识和忆起,都靠托感应结力量的大小怎样。

除了上面所举的两个实验以外,我们再可以用倒背字母的实验,来解释保存,现在只拿一个人的结果做例子:

练习次数	第一次时数	第二次时数
1	26.0 秒	17.2 秒
2	22.0 秒	16.2 秒
3	18.0 秒	17.3 秒
4	17.8 秒	15.4 秒
5	19.8 秒	11.1 秒
6	19.0 秒	12.0 秒
7	18.8 秒	10.0 秒
8	16.0 秒	14.4 秒
9	16.4 秒	9.0 秒
10	12.4 秒	10.0 秒

第一次和第二次练习中间,共相隔 4 星期。看上面结果,第一次末次试验,费时 12.4 秒,第二次首次试验,费时 17.2 秒,因此知道他忘记了一部分,多费 4.8 秒时间(17.2－12.4),但决不能说他全部忘掉。要是全部忘掉,他第二次首次试验时,也须费 26 秒了。所以我们知道学习后隔了几时,只忘掉一部分。

再看第二次末次试验,只须 10 秒,比较第一次试验中任何一次都要来得快些。第二次开始时,一部分已经忘掉,但是试验过 6 次以后,原有的损失,差不多已经完全恢复。

总结起来,第二次首次试验,速度比第一次首次试验加增 8.8 秒(26.0—17.2),比第一次末次减少 4.8 秒(17.2—12.4)。至于保存多少,就像上次说的,须看学习时候练习了多少次。要是学习时候,练习次数愈多,感应结愈牢固,保存便愈容易。

一、复习

上面说得很明白,停止学习的时候,就是开始忘记的时候。并且初步忘记很快,以后便渐渐地慢了。因此我们知道无论做什么功课(做一篇文,或写一段字,或弹一曲音调),开始时成绩总要差些。起初几分钟所以慢的缘故,可以说大半因为复习的关系。这种时间,有时叫做"准备时间"(Warming up period)。个人处此时间,态度要十分安详,切不可心慌气馁。过了数分钟以后,自能恢复原状,百尺竿头,再进一步。比方打字极快的人,开始打字时,速度总不能像平时一样。要是他愈想打得快,错误便愈多,愈不能进行敏捷。倘使他能按步就班的打字,过几分钟后,当然就能打得很快了。

二、初步保存与二步保存

保存二字的意义,诸位大致已能明了,但是其中还有初步和二步两种分别。何谓初步保存?譬如我打电话时,看了电话号数说,"东局 217 号",接电话的人回答,"等一刻",遂将听筒挂起来。过了几分钟,再去打,哪知那个号数已经完全忘掉了。从看号数起到总局接话为止,就是初步的保存。初步保存,印象留得很浅,所以过后便忘。至于二步保存,决不会像初步保存那样容易忘却。例如我们想家里门牌的号数,因为练习的机会,不知有若干次,所以一想,就能脱口而出。

我们前次请诸位做的那一种记忆广度实验,就看各人初步保存的能力怎样。从历届试验的结果看来,儿童和成人的相差很大。普通成人能记忆七八个数目。两三岁的儿童,只能背述两个数目,再大些的,可以背述三个数目。年岁愈大,背数目的能力,也愈发达。低能儿关于这个能力,很是缺乏。十二三岁的儿童,要是只能背三四个数目,他的神经上一定可以说是有缺陷的。有许多职业,很需要初步保存的能力。譬如打电报、打字、速写、书记等等,没有这种能力,就做不来。其他如同时须注意许多琐碎事情的大事业,更不必说了。

三、练习的影响

记忆能否因练习而增进？我们的经验是继续加增的，换一句说，我们对于保存，有继续练习的机会。有了这许多次的练习，脑子方面是否发生一种影响，可以促进记忆的能力？詹姆斯（James）[①]在三十年前，曾经说过一句话："记忆的增进，在乎加增联念，至于普通的记忆能力，是变换不来的。"后来的实验，都赞成詹姆斯的说素。觉得特殊的练习，有时可以增进记忆的能力。不过这个进步，是因为方法的关系，并不是脑子上面发生重大变迁。

温奇（Winch）[②]先用视官练习记忆，再用听官练习记忆，觉得视官方面的练习，可以增进听官方面。鲍尔顿（Bolton）[③]的记忆数目实验，也觉练习可以发生进步的效果。派尔用社会学教材，做试验材料。他念一页书给学生听，念过后，叫学生把重要意思说出来。说得不详尽，他再念一遍，念过叫学生再说。直到后来，一个观念都不漏落了，才算完事。这样练习了三个月，学生可以在 15 分钟内，把一页大意，记得清清楚楚。起初要费 1 小时，才能记熟。进步的原因，大致不外几层：（1）知道组织的方法；（2）熟谙内容。要说在这样极短的时间内，练习这样少的材料，可以影响脑子方面的保存能力，似乎太不近情了。

但是我们不要忘记，记忆的能力，虽然不可以增进，使得我们记忆的方法，却大可以改良。怎样改良呢？就是**有良好的注意，适当的练习，适当的联念**。有了这几层，保存的时期，就要长些。记忆不好的人，大致因为没有良好的注意，缺乏练习的机会，和缺乏组织的能力。增进这几个要素，间接就是增进保存。理解的记忆，通常比较机械的记忆，容易进步，就为富有意义，可以多造成联念的缘故。

课外研究和讨论问题

1. 解释下列名词：

（1）省时法

（2）认识法

（3）初步保存

[①] 威廉·詹姆斯（William James，1842—1910），美国心理学之父。美国本土第一位哲学家和心理学家，也是教育家，实用主义倡导者。——编校者

[②] 温奇（W. H. Winch），美国心理学家，美国教育领域引入实验方法创始人之一。——编校者

[③] 据查未详。——编校者

(4) 二步保存

(5) 准备时间

2. 记忆能否因操练而发生影响？说出能或不能的理由来。

3. 做一个实验：

(1) 问题　试验理解的记忆。

(2) 工具　密码一纸（附后），有秒针的表一只。

(3) 手续　主试先说明问题，"我要用10个数目字代10个干支字，就是1、2、3、4…9、10代甲、乙、丙、丁……壬、癸。每个数目字代一个干支字。我将甲、乙、丙、丁……顺序的说下去。我说甲你就用数字来猜。猜不中我不作声；你再猜。猜中了，我就说乙。乙猜中了，就说丙。其余类推。猜到癸一遍猜完。一遍猜中之后，再猜第二遍，直至连续两遍全无错误为止。你的成绩，须看下列3项计算：

　　a. 时间多少

　　b. 遍数多少

　　c. 猜错的回数多少

主试说明后，即出时计计时，同时呼"甲"，被试猜中后，即呼其次干支字，不可间断，不可多言。被试每猜一数，无论中与不中，主试应立即记下。记录方法详下表。（记录表不能让被试看见）。

(4) 报告

　　a. 共猜次数若干（连最后二次完全无误者计算）；

　　b. 共费时若干。

　　c. 记错误法

(a) 普通错误　每次试验被试所猜数目不中者若干，总若干。（参见下表）

(b) 矛盾错误　在同一试验之内，被试有时将已猜中的数目，再猜他干支字，例如9只可代甲，已代甲，不能再代乙丙等字，倘被试以9数猜中甲字后。再用以猜乙丙等字，即犯矛盾错误。主试须记每次试验矛盾错误若干，总若干。

(c) 叠见错误　有时同一行内同一错误的发现，不止一次。例如甲只可以9代，倘被试用以下数目8、2、3、10、8、9，则第二8数即为叠见错误。主试记每次若干，总若干。

报告时无论制表或画曲线，不嫌其详，总以明显为主。

附 I. 密码

甲	乙	丙	丁	戊	己	庚	辛	壬	癸
9	6	2	10	4	1	8	3	7	5

附 II. 记录法

甲	乙	丙	丁	戊	己	庚	辛	壬	癸
1	5	4	⑨	7	1	3	7	⑨	①
2	⑥	⑨	⑧	4	3	⑦	⑧	④	
5		7	⑦		②	③	1	⑧	
7		1	⑥		7			⑧	
3		2	10		⑩			5	
4					3				
2					④				
9					5				
					8				

普通	7	1	4	4	1	0	8	2	2	4
矛盾	0	0	1	2	0	0	3	1	2	4
叠见	1	0	0	0	0	0	2	0	0	0

※他种错误也在内。

(5) 解释　根据上面的实验解释下列问题：

a. 每次试验错误怎样减少？

b. 此种记忆与他种学力有什么关系？

c. 潘得森(Joseph Peterson)曾试验 113 个大学学生，得到下列的标准：

百分比	时数(以分计)	遍数	普通错误	矛盾错误	叠见错误	错误总数
100	6	6	34	2	0	36
90	10.3	7.1	65	15	0.8	81
80	11.6	8.8	81	22	2.0	105
75	12.3	9.5	90	26	2.7	119
70	13.0	10.2	95	30	3.4	128
65	14.3	10.8	103	34	4.5	142
60	14.9	11.3	117	41	7.3	165
55	15.5	11.8	131	43	8.5	183
50	16.1	12.4	146	51	9.4	206

续　表

百分比	时数(以分计)	遍数	普通错误	矛盾错误	叠见错误	错误总数
45	17.7	13.0	160	55	10.2	225
40	19.5	13.5	170	60	11.0	244
35	20.5	14.3	194	67	12.5	274
30	21.8	15.4	210	82	14.8	307
25	23.4	17.1	225	95	17.9	338
20	26.5	17.8	256	102	20.7	379
10	34.7	20.7	356	148	30.9	535
0	60.0	33.0	780	335	61.0	1 176

陆志韦[①]曾试验 121 个东大南高学生，所得的标准如下：

百分比	时数(以秒计)	遍数	普通错误	矛盾错误	叠见错误	错误总数
100	191	3.00	22.0	1.0	0	22.1
95	338	3.58	35.1	4.0	0	39.0
90	428	4.62	45.3	9.0	0	54.3
85	514	5.42	57.2	12.5	0.6	70.3
80	543	6.02	63.9	19.2	1.7	84.8
75	577	6.48	70.9	22.3	2.7	95.9
70	638	6.95	75.3	24.4	3.8	103.5
65	725	7.45	82.9	26.5	4.4	113.8
60	780	7.95	86.9	29.9	4.9	121.7
55	840	8.34	91.0	33.5	5.7	130.2
50	950	8.72	105.4	36.6	7.0	149.0
45	973	9.16	112.0	39.5	7.8	159.3
40	1021	9.76	119.6	42.3	8.8	170.7
35	1081	10.28	130.6	49.0	10.1	189.6
30	1259	10.77	138.5	54.7	11.6	204.8
25	1319	11.69	165.8	61.5	14.1	241.4

---

① 陆志韦(1894—1970)，语言学家、心理学家。别名陆保琦，浙江省吴兴县人。1913 年毕业于东吴大学，后赴美国芝加哥大学生物系读书，获哲学博士学位。1920 年回国后历任南京高等师范、东南大学、燕京大学教授、系主任、校长等职务。——编校者

续　表

百分比	时数(以秒计)	遍数	普通错误	矛盾错误	叠见错误	错误总数
20	1408	12.69	173.2	70.1	16.8	260.1
15	1492	13.55	193.3	75.2	19.6	288.1
10	1727	14.48	226.4	88.7	25.0	340.1
5	2038	17.95	261.9	120.8	36.5	419.2
0	2691	29.00	481.0	167.0	102.0	750.0
平均	944	9.37	123.5	44.1		

根据上面两个表,定夺你自己的成绩处于什么地位。倘使你的时数为280秒,照中国大学生的百分比等第,应在90以上,100以下。倘使你的遍数为6,你的百分比等第,应在80左右。余可类推。再用下列的公式,就可求出你的百分比等第。

$$百分比等第 = \frac{时数百分比 + 遍数百分比 + 总错误百分比}{3}$$

参考书目

1. Pyte, Wm. H, The Psychology of Learning. Chap. Ⅶ.
2. Strong, E. K, Introductory Psychology for Teachers, Lessen. 16.
3. Woodworth, R. S, Psychology, Chap. ⅩⅣ.

第十六课　记忆(续)

一、学习和保存的关系

学习快的人,是否保存也好? 照近人的实验看来,觉得是这个样子,学习快的人,保存的能力也高些。关于记忆理解的材料,这一点格外显明。

派尔曾经做一个实验,他叫每个被试的人,学习21段诗中大意。诗的长短,是相等的,每段里边,包括10个观念。试验时,他把各段诗念给被试听,俟被试对于诗中所包含的观念,完全记得为止。每人所需的遍数,就是每人的成绩。隔了24小时,叫各人默写诗中大意。有几个观念答对的,就是最后的分数。结果如下:

| 被试 | 听人家读的遍数 | 平均差 | 保存的观念 | 平均差 |

甲	4.7	2.24	37.5	2.0
乙	2.9	0.78	38.5	1.7
丙	5.2	1.40	34.2	4.6
丁	3.6	1.90	36.7	3.2

乙学习最快，丙最慢。被试乙所听的遍数，只抵丙所听的遍数55.7％，但是比较丙多保存11％的观念。关于保存方面的差异，没有学习方面的大。各种实验，都表示这一点。

对于这一个问题，研究最详尽的，要推里昂（Lyon）[①]了。他用3种实验方法试验保存。(1) 忆起的分量，有多少。(2) 听了几遍才能记得。记得后，隔几时能保存多少。(3) 第二次复习要几多时间。用第一种方法做标准，不论记忆诗、文、无意义的字和数目，学习快的人，保存也好。用第二种方法做标准，除了记忆数目以外，都是学习快的人好。但是用第三种做标准，只有记忆理解的材料，学习快的人，保存也好。里昂在他的结论里边说："3种方法概括说来，凡是理解的材料，学习快的人，记得长久些。关于数目一项，学习快的人，遗忘也快。因此我们觉得运动方面的联念，宜于学习慢的人，理解方面的材料，宜于快的人。"

因此我们知道学习和保存有绝对的关系。不过我们要晓得保存的问题很复杂。倘使学习慢，不是因为能力不好，是因为小心的缘故，那么保存方面，不生问题。倘使学习快的人，粗心浮气，那么保存也不会好。要知道学习所需的要素，和保存所需的一样。那几种要素就是：**集中注意，快而正确的了解能力，善于钩元摘要，组织有用的联念**。所以比较各个人的学习快慢，应该知道他们学习的性质和方法怎样。方法不好，就是快，也没有用处。

二、记忆的材料

记忆实物或图形，比较记忆名称容易些。喀根斯（Galkins）[②]对于这个问题，有一个报告。下表所载"过后的保存"，是隔了三天以后的结果。

表5　记忆的材料

	听见的字	看见的字	实物的图形
立刻的保存	84.2	89.8	93.5

[①] 里昂（D. O. Lyon, 1887—?），美国心理学家。——编校者
[②] 据查未详。——编校者

过后的保存	34.9	48.2	74.5
比例(立刻)	1	1.066	1.110
比例(过后)	1	1.208	2.135

从上面的表里面,可以看出实物的图形,比较无论看的或听的名称容易记得。过后的记忆,相差不止两倍。

推论到教育方面,我们可以说实物和图形的引证,用处非常大。两种比较起来,实物的功用,还要显著些。

除了上面说的两种以外,数目比无音字母容易记;有意义的字比无意义的字容易记;连贯的字比不连贯的字容易记;具体的名词比抽象的名词容易记。派尔曾经试过 2 654 个男孩,2 744 个女孩。照他的结果,具体的名词比较抽象的,男孩多记 7.3%,女孩多记 5.7%。

三、记忆的方法

用什么方法记最经济,这一个问题,尚未有满意的解决。有一派人主张用视官记忆,有一派人主张用听官记忆。实则记忆的材料,学习的人的年龄、习惯、训练都有关系。所以巴孟(Publmann)①说:"无意义的文字,用听官好些;有意义的文字,用视官好些。"

陆志韦曾试验视听读三种反应,何者影响于学力最大。他的试验,共分 6 组:

1. 视 主试将数目纸陈示,每张历时 2 秒,被试以舌尖抵腭盘,陈示毕,即在表格上默写,位置不能颠倒。

2. 听 主试将另一组数目字朗诵一遍,每数 2 秒,共 20 秒,被试人舌尖位置仍旧,听后默写。

3. 视读 用第三种数目纸,每张看 2 秒,被试同时可低声诵读,以后默写。

4. 听读 第四种由主试诵读如前,同时被试低声随和,历时 20 秒,以后默写。

5. 视听 第五纸由主试陈示诵读,每数 2 秒,共 20 秒,被试以舌尖抵腭盘,过后默写。

6. 视听读 如前,被试随和,过后默写。

---

① 据查未详。——编校者

试验时 6 组次序须杂乱,全部试验 2 次。第 2 次 6 组的次序,不可与第一次相同。

记分以每数完全准确为 2 分;数目正而位置不正者,得 1 分;数目有一半正或 2 字颠倒而位置正者,亦得 1 分。23 人之总分如下:

1922 年元月试

视读	视	视听读	听读	视听	听
242.5	237	235	230	228	207

上边的结果,视读最好,视次之,听的影响比较的最小。后来两年所试的结果,和这一次相差不多。

四、记忆材料的多寡

在一个时候,能够记忆几多材料?照斯特朗的实验,倘使 5 种广告同时给被试看,他可以记得 86%。要是一时看 150 种过后只有 47% 可以认识。换一句话说,一时的材料,记得愈多,过后认识的百分比愈小。斯特朗的实验,表示保存和同时受几多印象的关系。艾宾豪斯的实验,表示记忆材料和记忆时所需几多时间的关系。艾宾豪斯一次可以记忆 7 个无意义的字,但是记忆 12 个字,平均要有 16.6 次。记 16,24,36 个字,要有 30,44,55 次。字数加长一倍,次数不止加多一倍。所以记忆材料,超出一个人的记忆广度以外,起初时间须加长好多,后来略短些。两个人的实验结果如下表:

表 6 表示广告数目的保存和隔了不多时所认识的广告数目的关系

第一行表示看见的广告数目,第二行表示过后认识的百分比。(斯特朗)

看见的数目	5	10	25	50	100	150
认识的百分比	86	85	78	64	63	47

表 7 表示学习无意义字的遍数和材料长短的关系

上面一行表示字数,下面一行表示学习的遍数。(艾宾豪斯)

字数	7	12	16	24	36
学习遍数	1	16.6	30	44	55

细心研究这几个表的结果,我们可以看出材料愈长,记忆愈困难。比例怎样呢?大概时间和遍数的加增,不止如材料加长的比例。但是用分布的方法,每天读一次或几次,要比集中的经济些。

这一个问题，和教育实施方面的关系很大。要节省时间和精力，同时所受的印象，不能过多。所以一课里边所包含的观念，不能太丰富，太丰富，就要有混乱的现象，不能好好保存了。在任何时候，教师只须提示几个重要的事实，再详加引证，审慎组织。这样学习的人便容易记得些。

五、全部学习与分段学习

记忆长篇的诗文，究竟采用全部的学习法好，还是分段的学习法好？普通的实验都赞成全部学习法，不过学习的问题很复杂，也不能一概而论。据武德沃斯（Woodworth）①迷津试验的报告一时期的分段学习，最为经济；一时期的全部学习，最不经济。结果如下：

	分期练习	一次练习
全部学习	641 分钟	1 250 分钟
分段学习	1 220 分钟	538 分钟

其故甚显明。分段又分期，各段的联念，不易造成，所以总时间费得多。分段不分期，每段的收效速，学习的人注意强些，所以总时间来得经济。

课外研究和讨论问题

1. 做本课的纲要。
2. 据心理学者的试验，学习的速度与保存的久暂成什么比例？
3. 从心理的实验方面，说明"客观的教授"（Objective teaching）的价值。所谓客观的教授，就是用事物证明课室中所讨论的事实。
4. 用三组数目字，试验视，听，读三种反应的影响。
5. 选择 4 篇同样长短的诗文：甲、乙、丙、丁。甲、丙用全部学习法；乙、丁用分段学习法；甲、乙，分期练习；丙、丁，一次练习。比较哪一种方法最好？

---

① 武德沃斯（Robert S. Woodworth, 1869—1962），美国著名心理学家。在第一次世界大战期间，武德沃斯创建了个人数据调查（WPDS），它被称为第一次人格测验。——编校者

参考书目

西文：
1. Pyle, Wm. H, Psychology of Learning, Chap. Ⅶ.
2. Woodworth, R. S, Psychology, Chap. ⅩⅣ.

中文：
1. Colvin. S. S. 著，廖世承译，《教育心理学大意》（第十七章），中华书局，1932。

第十七课　记忆(续)

一、遗忘

凡经验能保存的，叫做记忆；不能保存的，叫做遗忘。记忆和遗忘相加，等于原有的经验或习惯。遗忘的率，先快后慢，可用艾宾豪斯的曲线来表示。

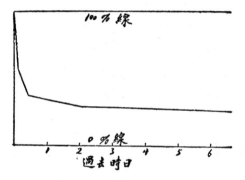

图 17　艾宾豪斯的遗忘曲线

艾宾豪斯的试验用无意义的字母，用"省时法"来度量。陆志韦曾仿照英人(Ballard)①所用的手续，用韵文(白居易的《长安多大宅》)及"默写法"来试验。共试 24 个教育科学生，读 10 分钟，每次默写，也定 10 分钟。结果如下：

	年龄	第一次	过两日	忘	复忆
平均	22.71	135.87	123.08	25.58	12.79

注：上一次记不起来，下一次记起来的，叫做"复忆"。

解释遗忘的曲线，有 5 点须留意。

（1）遗忘的速率，靠托记忆时怎样纯熟。愈熟习，遗忘便愈慢。

（2）遗忘的速率，靠托记忆的方法怎样。分布的学习，遗忘慢些；集中的学

---

① 据查未详。——编校者

习,遗忘快些。

(3) 遗忘的速率,视学习的性质和材料而变迁。例如有意义的文字,遗忘慢些。

(4) 遗忘的速率,靠托度量遗忘的方法怎样。据皮姆(Bean)①的意思,用忆起分量法,遗忘来得快,用复习省时法,遗忘来得慢。

(5) 遗忘的速率,靠托各人的个性怎样。

另外还有两点,应该知道。第一遗忘的速率和同时学习多少有关系。材料学得少,初步遗忘快些;材料学得多,初步遗忘慢些。这个道理,和第(2)点相发明。倘使学习24个字,时间要比学习12个字分布开些。第二学习快的人,遗忘反来得慢。

二、长时期的保存

桑戴克主张运动方面所造成的感应结,比较精神方面的保存永久些。照别人实验的结果,觉得也不尽然。运动方面的感应结,所以能保存长久,因为练习次数特别多的关系。例如濮克(Book)②练习打字,每天打一小时。机上共有46个键。每个键的练习,一天约有270次。60天计算下来,每个键不知练习了几千次。至于理解的学习,便不是这样,听了人家讲演,至多把大意温习一次,便不去理会了;看了一章书,至多再复习几遍,便不看了。这样当然不会永久的保存。倘使我们念一首诗,诗里边只有46个字,每天念一小时,念60天。过了一年或半年以后,试验起来,保存的数量,也可以同练习打字所得的结果一样。

因此我们知道理解的学习,大可以增进。增进的方法,在造成联念,注意组织,加增练习次数。有人以为一件事情,学了一次以后,便可终身受用了。其实不然。感应结的保存,没有别的方法,只有反复练习。在旧书塾里出身的人,小时所读的四书五经,到老不忘记,这也是复习次数多的缘故。

三、记忆和智慧的关系

这个问题,也有许多人调查过。有人调查理解的记忆,和学业成绩的关系,觉得保存能力好的人,学业成绩也好。两种的相关(correlation)有0.76那么高。

派尔调查理解的记忆和各种智力测验的相关。结果如下:

---

① 据查未详。——编校者
② 濮克(Jelly Book),美国心理学家。——编校者

表 8　理解的记忆和 6 种智力测验的相关

和	r（相关）	P. E.
机械的记忆	0.44	0.049
形数交替	0.26	0.026
同异	0.77	0.033
自由联念	0.41	0.069
造句	0.53	0.059
填字	0.77	0.034
六种平均	0.64	0.049

注：P. E. (Probable error)译为"机误"；凡 3 个±P. E. 大于 r 的数目。那个相关系数便靠不住。

表上可以看出理解的记忆，和各种智力测验的相关都很高。不过其中最高的，是和填字测验一项。我们知道填字是智力测验里很有价值的一种测验。

倘使有许多同年龄的儿童，试验他们理解的能力，大概成绩高的，在学校里的班次也高。图 18 证明这一点。

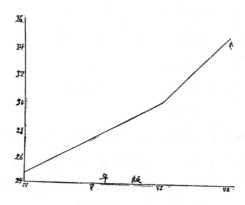

图 18　表示在小学四、五、六、七年级里同年龄的
儿童，对于理解的记忆的效率

上边所说的几点，凡是做过这种实验的心理学家，大致都赞同。里昂关于这个问题，研究了好几年，他说："凡是学业成绩最高的学生，测验里最聪明的学生，记忆的能力，也是最好。他们不单是学得快，并且保存长久。"

不过有一点要声明，此刻我们所说的记忆，是理解的记忆。智力低的人，对于机械的记忆，也许很好，但是理解的记忆，不会高明。因为智力低的人，不能了解大意、分别要点。这是理解的记忆所不可少的条件。有的教师太轻视记忆，重视理解，以为儿童只须运用思想，不必记忆材料。不知思想固然要紧，但是没有事实做根据，叫儿童何从去想呢？

四、保存方面的个别差异

各个人在记忆方面的差异很大。派尔试验 100 个中等学生理解的记忆能力，觉得好的比坏的，相差有四倍。图 19 表示 1 032 个大学学生的成绩分配。

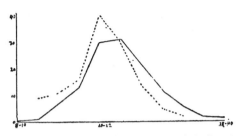

图 19　表示 516 个大学男生和 516 个大学女生的成绩分配　实线代表女生理解的记忆效率，虚线代表男生理解的记忆效率。

五、记忆的要素

记忆分析起来，大概可以说有两部分：（1）保存；（2）组织。所谓保存，是指神经兴奋过后的影响，留存在大脑上边。所谓组织，是指各种印象的联合。联念是忆起的根据。从实用方面说，印象不单是要保存，并且还要忆起。所以理解的记忆，在生活上比较有用些。这种能力，大部分靠托组织和意义。组织旧经验，适应新动境的能力，和保存的关系很少。有的人有了一次经验，就得到一次的益处。有的人不然。所以保存好的人，组织的能力不一定好。总之组织缺少不了保存，但是保存却不一定有很好的组织能力。普通人里边，尽有像牛顿一样的富有经验，一样好的保存能力，但是不能和牛顿齐名，就因为他们造成的联念不同，组织不同。

六、试验保存的方法

用什么方法记忆，是定性的问题。用什么方法试验保存，是定量的问题。试验的方法，大概有三种：（1）"复述法"（the Reproduction method）。这种方法，试验我们学习一种材料后，能够忆起几多分量。在日常生活里边，这种方法，用得最普通，因为平素经历的事情，要是不能随时忆起，就失掉效用。

（2）"复习法"（the Relearning method）。这是试验学习一种材料至方能记忆为止,过几时忘掉了一部分,须再费几多时候复习,才能记得,从复习的时间方面,可以定夺忘掉几分之几。反转来说,可以知道保存几多。就试验保存而言,这一种方法,或者比较上一种可靠些。因为有时一种材料学习以后,过了几时,丝毫不能忆起,但是用复习法来度量,仍可以知道保存几多。艾宾豪斯曾用下列公式定保存的数量:

$$\frac{第一次时间 - 第二次时间}{第一次时间} \times 100 = 保存百分比$$

例如第一次读熟一种材料,费时 120 秒,过一天再去读熟费时 72 秒,省去了 48 秒。算式如下:

$$\frac{120 - 72}{120} \times 100 = 40\% (保存 40\%;遗忘 60\%)。$$这种度量方法,有时叫做"省时法"(the Saving method)。

(3) "认识法"(the Recognition method)。采用这种方法,不要被试忆起,也不要他复习,只须看他能否认识过去经验里的刺激。用认识法定夺记忆量的公式如下:

$$\frac{认识总数}{原来材料} \times 100 = 保存百分比$$

有时"复述法"分为"背诵法"和"默写法"两种,认识法外另加一种排列法。关于这 5 种方法,陆志韦曾有一个试验结果。

表 9　用 5 种方法度量遗忘的结果

统计方法 \ 记忆量(以百分计) \ 相隔时间	二十分	一小时	四小时	一天	二天
背诵	67.8	50.2	39.0	17.8	10.0
省时	75.0	65.9	54.9	52.1	47.7
默写	88.1	82.1	60.5	39.2	26.7
排列	91.5	89.7	75.4	50.9	38.6
认识	92.8	94.6	93.3	74.6	71.5

我们知道认识比较忆起容易,所以用认识法,遗忘来得慢。排列近于认识,不过要记得原来的次序,所以记忆量比较认识小些。默写、省时、背诵都和忆起有关,但默不出背不出的,如用省时法度量,未必悉数遗忘,故省时法在两天后,犹得保存 47.7%。默写的态度,比较背诵为从容,且每次练习的影响,也要强盛些。

七、随时忆起

未曾记熟的材料,随时忆起,容易发生障碍。记熟的材料随时忆起,效用很大。我们学习的时候,最好先把材料细细研究一下;过几小时后,再温习一遍;再过几时,可以试用忆起;以后无论忆起或复习都可。

八、强记

这是指在极短时间内,预备记忆很多的材料。在两个时候,强记可以用得。(1)有特别需要,在最短时间内,须组织极复杂的材料。(2)有时须总结以前各时期所学习的材料,作有系统的研究。例如在几小时内,读完一大本书籍。要是以前已经用分析的态度,对于各部分材料,详细研究过的,此刻不妨再用"鸟瞰的方法",提纲挈领,整理一下。除了这两个时候以外,强记法就不应该多用了。

课外研究和讨论问题

1. 你记得在 8 岁以前什么有趣味的事实吗?冥想那时候的境况,看有什么琐碎情节,可以忆起?为什么忆起一件事情,要追溯那件事情发现时的境况?

2. 举一个例子说明认识比较忆起来得容易。

3. 分别指定上两课和本课所举的各种实验,某种实验属于某种度量记忆法。

4. 现时通行的常识测验属于哪一种方法?读法测验?

5. 倘使某青年告诉你,说他的记忆近来很坏,你用什么问题考查他,有什么意见贡献他?

6. 做一个实验

(1) 问题　试验遗忘的速率。

(2) 工具　"长安多大宅"诗一首,或他首古风。

(3) 手续　一主试,一被试。读十分钟,读后默写,时间也限十分钟。过二日,十日,再分别默写一次,时间同前。

(4) 报告　画遗忘曲线,并注意"复忆"。

材料①附下:

---

① 系白居易《凶宅》诗。——编校者

长安多大宅，列在街西东。往往朱门内，房廊相对空。
枭鸣松桂枝，狐藏兰菊丛。苍苔黄叶地，日暮多旋风。
前主为将相，得罪窜巴庸。后主为公卿，寝疾殁其中。
连延四五主，殃祸继相踵。自从十年来，不利主人翁。
风雨坏檐隙，蛇鼠穿墙墉。人疑不敢买，日毁土木功。
嗟嗟俗人心，甚矣其愚蒙。但恐灾将至，不思祸所从。
我今题此诗，欲悟迷者胸。凡为大官人，年禄多高崇。
权重持难久，位高势易穷。骄者物之盈，老者数之终。
四者如寇盗，日夜来相攻。假使居吉土，孰能保其躬？
因小以明大，借家可喻邦。周秦宅崤函，其宅非不同。
一兴八百年，一死望夷宫。寄语家与国，人凶非宅凶。

参考书目

西文：

1. Colvin, S. S, The Learning Process, Chaps. Ⅸ、Ⅹ、Ⅺ.
2. Pyle, W. H, The Psychology of Learning, Chap. Ⅶ.
3. Woodworly, R. S, Psychology, Chap. ⅩⅣ.

中文：

1. Colvin. S. S. 著，廖世承译，《教育心理学大意》（第十五章），中华书局，1932。

第十八课　习惯动作

一、定义

习惯是后获的调节反射。习惯和本能及反射的差异，就在来源这一点。譬如写字是一种习惯动作，写字里边包括好几种手腕和手臂的反射。这几种反射的调节作用，不经过学习，不会发达。所以写字是一种习惯，不是本能。中间的成分——就是所包括的反射——是遗传的，但是大体的反应，是后获的；比较本能，便有分别。本能也包括各种的反射；中间有一部分反射动作，也可受经验的影响，成为习惯；但是大体的反应，总是遗传的。例如恐怖和发怒，虽可为经验所变更，然本能的色彩，总很浓厚。对于本能和习惯两种反应，只能从动作方面，不能从意识方面来分别。在意识方面，两种反应引起同样的感觉。倘使喷嚏成为一种习惯，所引起的意识现象，如同喷嚏为一种反射或本能一样。不过有时先天的和后获的动作，在意识方面也发生不同的影响：（1）本能的冲动，大致很激烈,很强盛。习惯的动作,总不如愤怒或恐怖到极点时的有声色。(2) 有时胃脏方面的调节反射,可以引起一种情绪(激动),使意识感受这种情绪的表示。习惯有时虽能变换这种反应,但是习惯总不能成为情绪的特质。

二、从生理方面来解释习惯

所谓习惯,我们此刻承认为神经联合的一种化学作用。因此阻力减少,兴奋不传达经过别的路,专经过这一条路。

诸位要是不十分明白,我们可以用一个浅近的譬喻。比方在旷野地方,大雪之后,找不出路径来。走路时,脚下阻力很大,非常吃力。这种情形,就仿佛神经兴奋经过一条新的路,因为以前没有传达过,所以阻力很大。雪路经人走了好几次,路也好走了,阻力也减少了。这又像传达兴奋经过一条通路几次以后,阻力逐渐减少。在初步的时候,我们不问那条雪路怎样走法,往东往西,往南往北,都是一样困难。不过走了一次以后,再走第二次,要比开始走一条新路容易些。有如一种新刺激,可以引起各种的反应,例如下图:

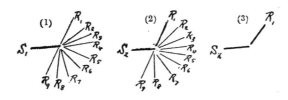

图 20 表示神经通路成立的过程

上边刺激二字用"S"来替代,反应二字用"R"来替代,图(1)表示同一刺激,可以引起许多反应。对于这几种反应,传达的阻力,都是一样。倘使 S，此刻所发生的反应是 R_1,第二次再逢到那个刺激的时候,R_1 要比 R_2、R_3 等的阻力少些(如图 2),几次以后,便成了通路,习惯就养成了(如图 3)。

总结起来,新习惯的养成,就凭神经通路(指联合刺激和反应的路)的阻力怎样。要是阻力比任何通路(指联合刺激和别的反应的路)来得少,那么习惯便成立了。"所以习惯是指一种特殊刺激,发生一种特殊反应。"倘使特殊刺激所引起的反应,不止一种,便不成其为习惯。

三、习惯的问题

关于习惯有两个问题可以研究:(1)怎样造成习惯,和什么是习惯律?(2)习惯的性质,和习惯造成后的功用怎样?对于这两个问题,我们以前已经大概说过,因为造成习惯,就是学习;学习就是记忆。此刻再分别说一下。

四、养成习惯的程序

　　安吉尔(Angell)①对于习惯的造成,分四种程序:(1)刺激的实现;(2)无关系的动作;(3)偶然的成功;(4)淘汰无关系的动作。例如我初学打字的时候,看见一个打字机,就想练习。打的时候,手指搬动很迟拙,并且全身姿势,极不自然。后来我渐渐会打了,有了适当的举动。姿势也好看了,无关系的举动,也淘汰了,速度也加增了。再用语言的习惯做一个例子:(1)面前放了一张英文生字和中文的解释;(2)我读了几遍,读的时候,浑身摇动,并且掺杂许多不相干的音;(3)逐渐间有一部分我读熟了。(4)错误逐渐减少,习惯就成立了。有好几种习惯,不知不觉的造成,例如走路、讲话、穿衣,我们知道有这种习惯,但是怎样造成的,我们自己说不出来。凡是需要意识造成的习惯,到成熟时期意识便不起来了。所以打字打得纯熟,可以无须意识。

五、习惯成立的原因

　　但是此刻有一个问题:无关系的动作,怎样能够淘汰的?有三个心理学大家,对答过这个问题。他们以为习惯所以能够成立,有几个要素。依照桑戴克,这几个要素,叫做多因(Frequency〈The law of exercise 练习律〉)和快乐(Pleasure〈The law of effect〉〈效果律〉)。所谓多因,就是某种刺激时常与某种反应相联合,容易解脱动作的困难。所谓快乐,就是满意的反应,能加深动作的印象,使后次这种反应起来便利些。通常心理学家所称显因(Vividness),也有这个意思。卡尔(Carr)分作三种:多因、近因(Recency)和强度(Intensity)。近因是指最近的动作,印象留得最深,最容易重现。强度也能加深动作的印象,所以重现的机会也多些。华生(Watson)只分两种:多因和近因。

　　我们想起来,多因、近因和快感,都是造成习惯的要素。对于多因,大家都赞同。练习次数愈多,联念便愈固。新近的神经结合,阻力尚不多,所以容易养成习惯。至于快乐的影响怎样,大家颇多争论。小孩一次尝到了很难吃的药味,下次就不喜欢再吃。我说错了一个字以后,心里觉得很难受,下次就不再犯这个错误。但是快和不快,都属于意识的现象,怎样可以影响神经关键方面的

---

① 安吉尔(James Rowland Angell, 1869—1949),美国心理学家和教育家,曾在1921—1937年任耶鲁大学校长。——编校者

化学和电气作用？这是一个疑点。这个疑点不解决，我们就很难断定感情为造成习惯的因。不过我们可以确实知道这种意识现象，可以影响学习。所以我们一方面赞同桑戴克的主张，一方面不承认意识可以影响身体。

六、习惯的效用

习惯的功用，简单说来，有下列四种。（1）可以省时。例如做算术演习题，起初做得很慢，后来在同样时间内，可以多做几个题目。（2）可以省力。初学写字的时候，执笔几分钟，就觉吃力。后来紧接写几小时，也不觉得什么。（3）减少错误。初学打球的人，浑身乱动，所以打不过网。打惯以后，错误逐渐减少，便能应手自如，百发百中。（4）从琐碎的反应到大体的反应。初学英文的人，要逐个字拼出来念，到后来语言的习惯已成，便能一目数行，不必要有许多琐碎的反应。

七、结论

怎样造成习惯和习惯的功用，上边已经说得明白。习惯成立的最要条件是集中注意，继续练习和不间断。此刻我们可引用詹姆士的话，来做我们养成习惯的座右铭。他的三句话是：

1. 养成有用的习惯愈多愈好。
2. 养成时不可偶一失足。
3. 立定主见就立刻去做。

课外研究和讨论问题

1. 做本课的纲要。
2. 解释习惯，并说明习惯和本能的分别。
3. 养成习惯的程序怎样？
4. 解释下列名词，并每种举一个例子：

（1）多因

（2）近因

（3）显因

（4）强度

（5）练习律

(6) 效果律

（参考廖译《教育心理学大意》第十六章）。

5. 上列各种名词,可归纳成几种?

6. 养成一种简易的习惯,如每天早操 5 分钟,继续 30 天。注意习惯养成时的状况。养成后,间断 1 天,看有什么影响?

7. 做一个实验:

(1) 问题　试验养成运用"观念"的习惯。

(2) 工具　密码一纸(附后),英文一页。

(3) 手续　主试先解释密码的用法,如 A 为 ⌐ 形,B 为 ⌐ 形,C 为 ⌐ 形。被试如已明了,即将密码纸取去,以后不得再看。再用英文一页给被试看,叫他将英文译为密码。每译至 60 秒,喊"停",即计算此 60 秒内被试译了字母若干,其中错误若干。记录后,再叫被试翻译,又至 60 秒停止。这样共做 20 次。

(4) 报告　将每次所译字母总数,制表画曲线。此曲线下另画一曲线表明每 60 秒中所犯的错误数。

附密码式(此式美国南北战争时曾用过)

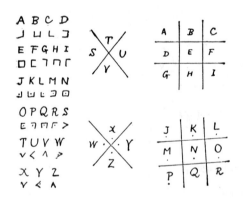

参考书目

西文:

1. Hunter, W. S.: General Psychology Chap. IX.
2. Warren, H. C.: Human Peychology, Chap. VII.
3. Woodworth, R. S.: Psychology, Chap. XIII.

中文:

1. Colvin. S. S 著,廖世承译,《教育心理学大意》(第十五章),中华书局,1932。
2. Colvin. S. S 著,廖世承译,《学习心理》(第四章),商务印书馆,1938。

第十九课　习惯的类化——学力的迁移①

习惯方面,还有一个重要的问题,就是一种习惯造成后,别一种造成时容易些,还是艰难些？用惯一种打字机以后,用别一种时有什么影响？学习一种文字以后,学别一种时怎样？

上面几个问题,于理论方面和实施方面,都有很大的影响。就理论方面说,我们的心究竟是个什么东西？是否也同肌肉一样,可以操练的？就实施方面说,倘使学习的影响是普通的,我们不必问什么教材,凡是可以训练身心的,都有同等的价值。

近代的心理学家,都不主张心是可以操练的。所谓"心",就是各种感觉、知觉、观念、感情的总和。所以"普通的习惯"一层,已经不承认了。但是一种特殊的习惯,能否影响他种特殊的习惯,尚不敢用主观的论断,须用实验来证明。

实验的方法怎样呢？先叫一组被试的人造成一种习惯叫做"x",随后再造成一种习惯叫做"Y",看"x"成立后,造成"Y"是否比较容易些？不过我们怎样晓得容易不容易呢？最好我们有两组被试的人,一组造成"x",一组没有造成,然后两组造成"Y",再比较结果。这样,"x"的影响,可以看出来了。倘使两种习惯的难易相等,我们有一组被试的人也够了。先造成第一种,再造成第二种,看第二种是否比第一种容易造成些。

有许多实验,没有用"比较的方法"(control method),所以不可靠。此刻举几种"比较的实验"做例子。有 60 只卡片箱,分置两旁。一旁有三十只,分列 6 行,每行的数目不等。有一人在一旁练习分发卡片,每天练习一行,觉得天天有进步。过了两星期,在另外一旁练习。卡片箱的总数相等,不过数目的排列,完全更动。两旁分发卡片每分钟的结果如下：

(一) 53　60　64　67　75　79

(二) 78　80　80　84　91　90

看上边结果,在一旁第一天练习第一行时,每分钟只分发 53 张卡片。第二天练习第二行时,每分钟可分发 60 张,以后逐天有进步。在另一旁练习时,每天进步格外多了。

派尔自做了上面那个实验以后,对于结果,尚有些怀疑。后来试验别人,都得到同样的结果。有 4 个大学学生分发 30 只卡片箱,共练习了 15 天。以后把

---

① 学力的迁移(The "Transfer" of Training)。——编校者

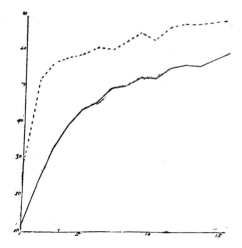

图 21　学习曲线　分发卡片实验。下边曲线表示首 15 天分发的结果；上边曲线表示后 15 天的结果；两次卡片箱数目的排列不同。

30 只卡片箱的数目颠乱了，又练习了 15 天。两次练习的结果如下边曲线。

分发卡片的实验，证实一种习惯造成后，可以影响另一种习惯。这个影响为什么发生？大概说来，有几种缘由：(1) 手腕纯熟，分发卡片时日就敏捷。(2) 认识卡片数目的能力，也一天增进一天。(3) 知道怎样记忆地位和造成联念。姿势也日渐进步。

南高教育科以前曾做过一个试验。被试分为甲、乙、丙 3 组。第一次 3 组做同样试验。被试的坐位，适对镜画器，器上方镜与桌边平行。主试置甲种画纸于器上，令正对被试。习画时，被试必须注视镜中的图形，不可看黑布所蒙的机器。被试自第一点画至第二点，次至第三四五六点，再回至第一点。做毕，主试立刻计时，换画纸。这样做 30 次。第二次乙组用原画纸，将方镜移至左侧，与前成 90°角。如此，只变刺激，不变反应。也试验 30 次，丙组用丙种画纸，镜子方向不动。刺激仍旧，唯反应和前相反。也试 30 次。结果如下图：

从下图观察起来，可知动作反应改变而刺激不变，学力的迁移，较为迟缓。图上的实线，就代表这种现象。倘刺激改变而反应不变，学力的迁移，就迅速一些。图上的虚线，表明这种境况。两两比较，学力迁移的情状，可以知道大概了。

关于这种实验的例子，也举不胜举。现时我们只就各人实验的结论，提示一下。

一、相同分子(Identical elements)

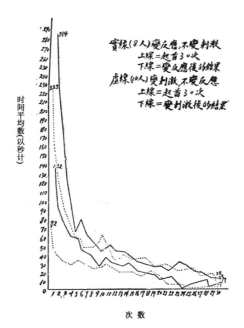

图 22　用镜画试验学力的迁移

(a) 造成习惯。倘使甲习惯造成后,再造成乙习惯。乙习惯,比较甲习惯来得复杂。并且可以包括甲习惯,那么甲习惯的造成,可以影响乙习惯。例如加法是乘法的一部分,所以演算加法纯熟后,演算乘法要比较容易些。(b) 知识方面。有了一种知识,得到别一种知识,也容易些。例如学过动物学的人,学植物学时要便利许多。因为两种科学的内容,研究的方面,实验的工具,有许多相同的地方。例如研究植物学,要用显微镜,研究动物学,也要用显微镜。知道了植物方面的细胞状况,遗传原则,于动物方面,也易了解。推而言之,英文学好了,法文自易进步;数学有了根底,理化也易学习。

二、态度和入手方法(Attitudes and methods of attack)

大凡一个人学一件事情,不单是能造成一种习惯,或得到一种知识,并且知道怎样入手,能把他的方法应用到别的动境方面去。例如练习分发卡片,一个人除造成对于这一行卡片箱的感应结外,可以得到辅助记忆的方法,那个方法就可应用到别一行卡片箱去。又如做机巧板的试验,鲁格(Ruger)[①]觉得一个人

[①] 鲁格(Henry Alford Ruger, 1872—1947),美国心理学家。

学会了几条原则、几种普通的方法以后，做新样的机巧板时，就要容易些。在科学方面，一个人知道由果求因，因此他养成了一种态度，觉得宇宙间的现象，都有一个因的。这个求因的态度，使得科学家解决了许多新问题。数学家的态度，便不是这样。他觉得任何事实，都可用数量来表现，有的用图表，有的用曲线。律师、医生、教师的态度，又各各不同。所以在各种学习里边，不单是养成一种特殊习惯或得到一种相当的知识，间接还养成了一种态度，得到一种特殊的方法。

三、理想（Ideal）

和态度相连的就是各种的理想，例如正确的理想，诚实的理想，有恒的理想，爱好的理想。这种理想，很可迁移到新经验方面。裴葛兰（Bagley）①曾经做过一次实验。他在数学讲堂上，切实叮嘱儿童对于数学练习簿，当注意整洁。儿童遵照他的言语，各人的练习簿，都写得清清楚楚，但是翻阅他们别种功课的练习簿，依然不整洁如故。后来路迭克（Rudieger）②继续他的试验，他在上课时先对儿童说明整洁的重要，养成他们整洁的理想，果然数学课上造成的整洁习惯，迁移到别的方面去了。所以路迭克说，裴葛兰没有引起学生整洁的理想，因此无成效。

四、自信力（Confidence）

解决一个问题满意以后，往往对于同类的问题，发生一种自信力。这个自信力的影响很大。人有了自信力，就肯尽力去干，不达成功不止。所以自信力为教育方面一个很重要的要素。例如儿童年幼的时候，对于数学一门功课，做得很得意，因此就欢喜那门功课。欢喜那门功课，就格外肯研究，格外不会失败。反转来说，初步失败了，就丧失自信力，因此愈不注意，愈弄愈糟。所以成功和失败，与我们后来的生活很有关系。成功的人，自己深信他的能力，因此逢到困难，丝毫不肯放松，便继续的成功。失败的人，志气已馁，一遇困难，便无奋斗精神，结果当然要失败了。

五、注意（Attention）

一部分的注意是可以训练的。例如对于未了的事情，不肯轻易放过。研究

---

① 据查未详。——编校者
② 据查未详。——编校者

英文时，每天提出一部分时间，潜心阅读，中间丝毫不许间断，并且使得学习的环境很相宜。这种注意状态，可以应用到任何学习方面去。又如儿童练习心算，也可增进思想。

其他还有各种迁移的要素，大致都可归纳在上面5种以内。这5种又可概括为1种，例如桑戴克所提出的"相同分子"。旧经验里边的习惯、知识、理想和态度，所以能够迁移于新经验方面，就为相同分子的关系。但是我们不要误会，凡是旧经验都可以迁移应用，要知道"形式的训练"(Formal discipline)已不成一种学说。我们只能养活一种特殊习惯，得到一种特殊知识。要是这个习惯、这个知识，和新经验中的分子有相同地方，就得到一种援助。否则就不生效力。

因此我们觉得学校的课程方面，有一种很大的弊病，就是各科教材不相连属，各种事实，都成为抽象的、隔离的。因此逢到需要这种知识的时候，却无从唤起那个观念。所以我们不赞成灌输书本上的死知识，主张在自然的环境里边，使儿童得到学习的机会。这样，知识和实际生活打成一起，逢到生活方面新动境，就容易唤起了。

从上面的原理看来，我们应具两种见解：（一）化学、物理、地质、历史以及其他各种科目，本身的价值都很少。他们的功用，就在和生活发生关系。我们对于各科目中任何一部分教材，应该问，这是什么？与我的生活有什么关系？这个事实的效果怎样？哪几种事实是有连带关系的？这个功用怎样？（二）任何科目，须对于生活有一种特殊的贡献。以前我们承认有几种科目，可以训练"心能"，此刻知道不确了。所以现时学习一种科目，应该问，这门科目对于我的生活有特殊贡献吗？我需要这个工具吗？是的，就学；否则也可不必问津了。

课外研究和讨论问题

1. 做本课的纲要。
2. 什么叫做"习惯的类化"？
3. 学力的迁移，靠托那几种条件？
4. 类化问题与教材有什么关系？
5. 解释下列几个名词：

（1）"比较的实验"(Control experiment)

（2）相同分子(Identical elements)

（3）"入手方法"(methods of attack)

（4）理想（Ideal）

（5）自信力（confidence）

6. 读了本课以后，你对于学校的科目有什么感想？

参考书目

西文：
1. Cameron, E. H. Psychology and the School. Chap. XIII. Century, 1922.
2. Colvin, S. S. the Learning Process. Chap. XIV-XVI. Macmillan, 1915.
3. Pyle, Wm. H. The Psychology of Learning. Chap. XI. Wauwick and York, 1921.
4. Starch, D. Educational Psychology Chap. XI-XIV. Macmillan, 1919.
5. Thorndike, E. L. Educational Psychology Briefer Course Chaps. X - XVIII. Tearhers College 1914.

中文：
1. Colvin. S. S 著，廖世承译，《教育心理学大意》（第十五章），中华书局，1932。

第二十课　疲劳与学习

一、疲劳的性质

自来生理学家心理学家对于疲劳的研究很多，不过各人的主张不一。本课只就与教学有关系的几点，提出来说一说。

所谓疲劳，就是工作效率的减少。减少的原因，由于作业时，体中发生一种"毒素"（或称"疲劳素"）（Toxic Substances），能妨碍神经的传达。这句话是否可靠，不敢断定。不过毒素可以减少器官活动的效率，已确实证明。德国某生理学家曾用一种"抗毒素"（Antitoxins）注入豚鼠（guinea-pig）的体内，见鼠能抵抗暂时的疲劳。

二、疲劳的种类

因精神作业而发生的疲劳，叫做精神疲劳（Mental fatigue）；因身体作业而发生的疲劳叫做身体疲劳（Physical fatigue）。二者性质无甚相异：身体疲劳能引起精神疲劳，精神疲劳也能引起身体疲劳。有时身体局部中所发生的疲劳物质，由血管以混入血液，而传播于全体。所以局部的疲劳，可影响及于全体。

测定疲劳的影响，有一种困难，就是兴趣与疲劳有密切关系。有数种实验，证明精神疲劳后，尚能做身体的工作。又有人说，某种精神作业疲劳后，尚能做另一种精神作业。其故或须兴趣来解释。一个人做一件事情过久以后，渐觉乏味,因此不能继续再做。如另换一种,兴趣便油然而生,精神便可重行提起。不过逢到真的疲劳时候,全部的神经系,受着毒素的影响,任何工作,都不能进行。

三、疲劳的实验

试验疲劳的方法,有间接直接两种。间接的方法,就是用握力计、触觉计等试验一个人的脉搏、筋力、感觉等变动。从这种变动方面,计量精神疲劳的影响。但是可以影响内部变迁的事实,不止疲劳一种。例如情绪的起来,也可使脉搏方面发生变化。所以用间接法试验,很不可靠。并且在学校里边,儿童的疲劳,大半由于精神作业。试验精神疲劳最好的方法,莫如用精神作业来度量工作的效率。这就是直接的方法。直接法又可分为两种:一种是先定最大限度,再试验疲劳的影响。例如练习记忆数目,先定夺一个人的记忆广度——效率最高的地少。以后试验他疲劳时,看他记忆数目的能力,是否减少? 减少若干,就可凭以测定疲劳的程序如何,这种方法的好处,在除去练习的影响。因为照常情论,练习的曲线,是继续向上的;工作的曲线,因疲劳的关系,是继续垂下的。两种相合,疲劳的程度,就看不出来。(如图甲)现在先定夺了某种作业的最大限度,再用某种作业来度量,就不生流弊了。

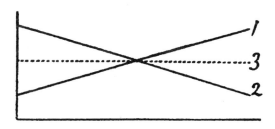

图甲　1＝练习的曲线,效率逐次加增。
　　　2＝工作的曲线,效率逐次减少。
　　　3＝两种相消,为混合之象。

另一种方法是叫被试继续做　种工作,如练习心算之类,看各时间的效率怎样。

四、实验的成绩

各人的试验成绩,颇不一致。鲍尔顿(Balton)用加法做实验,每日做 1 小时。1 小时内每 15 分钟的工作比例如下:

第一刻	第二刻	第三刻	第四刻
100	86	82	75

鲍尔顿的实验，证明疲劳的影响很大，并且发生很快。但也有觉得长时期的工作，不发生多大影响。

试验最长时间的精神作业，当推桑戴克实验室里边所做的几种。第一个工作疲劳的重要试验为一日本女子（Arai）所做。她先练习心算约一个月，至能闭目用4位数相乘，例如5763×4982。乃从事实验，每日早11时起至晚11时止，毫无休息。她的成绩，每日能做问题17组，每组有4题。倘使将每日开始时两组（8题）和最后两组相比，其成绩如下：

	第一日	第二日	第三日	第四日
首二组所费时间	46.9分	45.2	35.8	46.1
末二组所费时间	101.1	96.4	99.1	78.5

末二组平均时间的增加为119％，表示效率减少，不止一半。但细思问题的困难，练习时间的长久，尚能保存尔许效率，实非意料所及。

后来彭推（Painter）①做过一个同样的实验。他先做各种的工作，自己觉得疲劳后，乃继续做四位乘法的心算，自晚11时至早3时零7分。不能继续工作的趋势，似骤然间起来。他说："精神的工作，有一定时限，过了那个时限，继续工作是不可能的。"他觉得时限到后，不单是四位乘法的心算做不来，就是其他精神作业，也不能进行。他的话当然尚待别的实验来证明。依照别种实验的成绩，不能继续工作的趋势，是逐渐间起来的。例如做记忆数目的实验，不会从通常的记忆广度，一跃而变为零。

精神作业的效率所以能够保持很久，大致因为习惯的缘故。常做的工作，不大容易疲劳。不常做的工作，疲劳快些。例如初学唱歌的人，看五线谱非常吃力。待熟谙以后，便歌唱自如，毫无困难。所以学习一种新知识或新技能，中间休息的次数应该多些。

继续的精神作业，效率不一定十分减少的理由，或者还有一种解释。据斯密斯女士（Miss Smith）的意见，我人体内自能发生一种疲劳抗毒素，与疲劳物质相消。唯经几次相消以后，或致最后的精力困惫。她曾不睡数昼夜，继续工作。觉得第一夜不睡，工作的效率反而提高，唯至后数夜，效率大行减低。日女子（Arai）和彭推所以能维持效率至很长时间，这或者也是一个原因。

---

① 据查未详。——编校者

五、学校儿童的疲劳

现在有一个实际的问题,就是各校通常的作业,是否易引起儿童疲劳的影响?有许多心理学家如温奇(Winch)、盖茨(Gates)、桑戴克、海克①(Heck)等,都做过很细密的实验。他们的结论,都以为学校通常的作业不易引起疲劳的影响。温奇觉得6、7岁的儿童在下午工作,比较11岁的容易疲劳些;11岁的又不如13岁的。海克说:"精神疲劳与学校日常课程的关系,不如常人所猜想的大。在学校中所发生的些微的疲劳现象,大都由于通气、采光等不适宜所致,并不因工作而起。"所以注重工作卫生与儿童身体上的缺陷,可以免去疲劳的发生。

派尔也做过一个费时的实验,他曾调查三州学校儿童的学习概况。调查的结果,儿童每日散学时工作效率和早上初上课时相较,相差只有2%。可见上了一天课以后,精神上并没有多大影响。

六、每日工作时间的效率

还有一个实际问题,就是一天的工作时间以内,究竟什么时间的效率最大?盖茨曾做一个很复杂的试验。他用加法、乘法听觉记忆、视觉记忆、认识、填字、划字、准确与敏捷的动作等测验,度量小学五六年级儿童各时间的效率,结果如下边的图。愈纯粹的精神作业,早上效率继续加高约至十二点钟,至午后一点钟略行低落,嗣又继续加高至三点钟止。接近运动方面的试验,全天的效率继续加高。午后的工作,关于筋肉的支配和速度方面,格外好些。

后来盖茨又做了一个同样的实验,共试验165个大学学生。所用的试材,为听觉记忆、视觉记忆、形数交替、认识和理解的记忆。各种测验的总成绩,如图24。这个成绩和试验儿童的成绩相彷彿。早上工作效率,继续有进步,至近中午时止。午后一时左右,效率陡降。嗣后继续增高,至四时又渐低下,五时后低下更甚。

从上边几种实验里边,得到几个要点:在早上开始工作的时候,无论儿童或成人,效率总不会十分高。逐渐间他们能顺遂地进行,到了将近午时,差不多工作效率,已达最高限度。方过午后,精神作业的能力,又降落到最低限度;嗣后又逐渐升高,至散学时为止。所以支配功课表的时候,最难的功课,应排在早上第三或第四时,最易的功课,应排在午后第一时。运用筋肉的功课,如图画习

---

① 据查未详。——编校者

字,可放在午后第一时。因为身体作业的效率,在午后反比午前为高。大致精神作业最好的时间,在早上10:30至11:30;身体作业最好的时间,在午后3至4时。不过排列功课表时,别种状况,也应顾及。

七、睡眠与疲劳

消除疲劳最好的方法是睡眠。睡眠时除保持生命的机体活动外,无他工作。日间因心身活动而产生的废物质(Waste products),睡眠时可以除掉;神经细胞的活动力,可以恢复;心身的均衡,可以保持。所以睡眠为不可缺的要素。我人继续工作数小时以后,所费的精力,总须恃睡眠来补足。关于各年龄所需睡眠的时间,近人多所论载,现可摘录特曼(Terman)和霍根(Hocking)的调查成绩,作为参考:

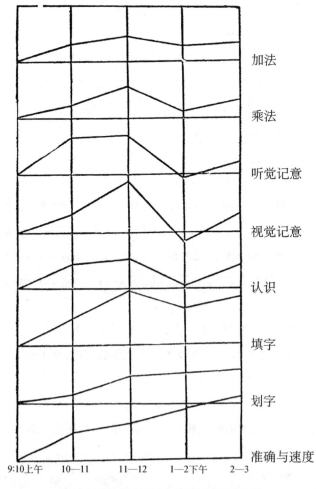

图23 盖茨试验每日儿童工作时间的效率

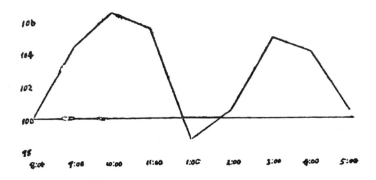

图 24　盖茨试验每日大学学生工作的效率　横线表示早上八点钟的效率。其他钟点的效率百分比，都以八点的效率为准则。（八点钟的工作效率，假定为 100％）

表 10　表示各年龄睡眠的平均时间

年龄	6—7	7—8	8—9	9—10	10—11	11—12	12—13
睡眠时数	11:14	10:41	10:42	10:13	9:56	10:00	9:36
年龄	13—14	14—15	15—16	16—17	17—18	18—19	大学学生
睡眠时数	9:31	9:06	8:54	8:30	8:46	8:46	7:47

上边的钟点分数，系代表美国西部各年龄实际的睡眠时间，只能算理想标准的最低限度。

儿童及成人睡眠时间的多寡，还须参看各个人工作的性质。工作劳苦些，睡眠时间就应该多些。

特曼和霍根觉得睡眠时间和智力或学业成绩无甚关系。这不是说睡眠不重要。这是说智愚的差异很大，些小的睡眠时间的增减，不能十分影响学业成绩。愚笨的儿童，无论他一天睡多少时候，总敌不过聪明的儿童。不过聪明和愚笨的儿童，要保持他们作业的最高效率，必须有充分的睡眠时间。

有许多实验证实每晚开始睡眠的两三小时，功用最大。所以经过了两三小时的睡眠，一个人仍旧可以做有效率的工作。但是睡眠时间短，效率恐也不能长久的保持。倘使我们要保持固有的工作效率，白天应有相当的休息时间，晚上应有相当的睡眠时间。否则休养的精力，抵不过消耗的精力，总有后悔的一日。人在病时，身体和疾病交战，因之神经组织受到损伤，身体的重量也减轻。所以病后的人，易于疲劳。病后的儿童，校中应减轻他作业的分量。

八、主观的疲劳

我们上面所讨论的,大都系指客观的疲劳。客观的疲劳,为工作效率减退的表示。主观的疲劳(Feeling of fatigue),纯为感情作用,非真正的疲劳,所以我们做事觉得疲倦以后,振起精神,继续做去,仍可得到很高的效率。

九、练习与疲劳

习惯的工作,可以减轻疲劳的影响,这一点在上边已声明过。因此我们知道未成习惯的工作,儿童练习的时间,不应该长久。成了习惯以后,神经作用,变成反射的性质,顺应的力量既强大,所以时间长些,不至于吃力。

与这个原因相同的,还有一个事实。就是工作做得慢的人比较做得快的人容易疲劳些。做得快的人,错误也少些。工作所以做得慢,就因为运用不能自如;一部分的精力,因之浪费。照数种实验的结果,速度与准确成正比例;进步与疲劳成反比例。做得最快的人,也是最准确的人。进步最快的人,也是最不容易疲劳的人。这就是顺应的关系。

课外研究和讨论问题

1. 做本课的纲要。
2. 疲劳是什么?
3. 测定疲劳的影响,有什么困难?
4. 自来试验疲劳的方法可分为几种?
5. 何以工作的曲线易与疲劳的曲线相冲突?
6. 从日本女子(Arai)和彭推(Painter)的实验方面,我们得到了哪几个要点?
7. 要免除学校儿童的疲劳,保持儿童工作的效率,我们应该注意哪几点?
8. 说疲劳与(1) 睡眠,(2) 工作卫生,(3) 顺应的关系。

参考书目

西文:

1. Arai, T: Mental Fatigue, Contribution to Education, No. 54, 1912.
2. Edwards, A. S: The Fundamental Principles of Learning and Study Chap. 15.
3. Painter, W. S.: "Efficiency in mental multiplication and extreme fatigue", J. E. P., vol. 1916, 271.
4. Pyle, W. H: the Psychology of Learning, Chap. XII.

中文：

1. 松本亦太郎、崎浅次郎著，朱兆萃、邱陵译，《教育心理学》（第一章第三、四节），商务印书馆，1924。

第二十一课　本编总温习

做本编的纲要，同时填补各问题的空白。

Ⅰ．绪论

A. 心理学是研究＿＿＿＿科学。所谓＿＿＿＿，是指＿＿＿＿＿＿。例如＿＿＿＿。

B. 研究心理学的途径，大概有两种：

1. 一种是＿＿＿＿＿＿，叫做＿＿＿＿＿。

2. 一种是＿＿＿＿＿＿，叫做＿＿＿＿。

C. 教育心理学是一种＿＿＿＿。它的问题可分作三层：

1.

2.

3.

Ⅱ．用读法书法做例子，说明学习：

A. "认字法"（sight spelling）的步骤：

1.

2.

3.

4.

B. 这种步骤所包含的事实，可分作两部分：

1.

2.

C. 两种事实（　　）合起来，就成为个人的＿＿＿＿。

D. 学话的程序：

1.

2.

3.

E. 彻底说起来，看见了＿＿＿＿的＿＿＿＿能说出＿＿＿＿就是

_____的能力。教师的责任，就在使学生对于一种_____，发生一种适当的_____。_____和_____发生的关系，叫做_____。_____是感官方面的_____和筋肉方面的_____的结合。

Ⅲ．关于读法书法的实验：

A．从顺背倒背英文字母的实验结果里边，我们得到几个要点：

1．顺背的曲线垂下甚_____，倒背的曲线垂下甚_____。

解释：

2．两线都有_____的表示；都有_____现象。

解释：

3．实验时的动境和反应都有_____。

B．从镜画实验的结果里边，我们也得到几个要点：

1．速度的曲线比正确的曲线进步_____，因为_____。

2．学习程序里边，往往呈现一种"高原期"（Plateau）。这种现象叫做_____限度。_____限度，和_____限度有别。

3．不用镜子画的成绩非常好，因为_____方面_____牢固成立的关系。

4．从实验得来的原理，可以应用到教授方面；例如_____。

Ⅳ．学习曲线的解释：

A．造曲线有几个普通要点：

1．曲线须根据_____成绩。

2．用横轴表明_____，用纵轴表明_____。

3．两线均须注明表示什么。

4．水平线的读法，应当自_____而右；垂直线自_____而_____。

5．标题应写在图_____，或_____。

6．点可用"✕"符号。

7．图上_____地位，应当保存。

8．标题的命意应非常_____。

B．造曲线的方法，也不一致：

1．有的以_____做单位；例如下图：

2．有的以_____做单位；例如下图：

C. 修匀曲线的公式如下：

Ⅴ．经济的学习法：

A. 练习时间的长短和时期分配：

1. 用"记忆无意义文字"做实验的有

(1)

(2)

(3)

2. 他们的结论,赞成_____。

3. 用"形数交替"做实验的有

(1)

(2)

(3)

4. 他们的结论,赞成_____。

5. 做"加法实验"的都不赞成_____。

6. 对于时期的分配,各种实验都赞成_____天练习_____次。

7. 大致困难在_____那一类的习惯,利于短时间_____,长时期_____。_____很便利的那一类习惯,_____练习似乎有效。

B. 普通的要素：

1. 注意的界说：

(1) 从意识方面说,注意是_____。

(2) 从生理方面说,注意是_____。

2. 注意和学习的关系,用分发卡片的实验来比喻：

(1) 学习快的人_____。

(2) 学习慢的人_____。

3. 扰乱注意的现象：

(1)　　　　　　　　　　(2)

4. 态度和学习的关系：

(1) 适当的态度可_____学习。

(2) 不好的态度可_____学习。

5. 鼓励实习的方法：

(1)

(2)

(3)

(4)

6. 任何学习，须有确定的_____。

7. 感情和实习的关系，可以从两方面看：

(1) 感情可以引起_____，因为_____。

(2) 感情可以使_____有效，因为_____。

8. 情绪_____学会，因为_____。

C. 特殊的要素：

1. 课室训练有两种：(1)_____(2)_____。这两种训练，学校不应当偏废。近来教育家虽主张在自然的环境里边使儿童得到_____的机会，但有许多实验结果证明_____训练，有相当的价值。

2. 获得知识和技能的唯一妙诀，就是_____。_____的方法，也须注意。照克伯屈(Kirpatrick)的结论，先注重_____，后讲求_____，是很不经济的。

3. 推论到教育方面，任何功课都须根据儿童_____和_____需要。最切用的，应_____学习。

Ⅵ. 经验的保存：

1. 学习是_____的意思，记忆就是保存_____。从试验保存的结果里边，我们知道_____是逐年有进步，至体质发达_____时才_____；女孩的保存能力，比男孩_____，因为_____的缘故。

2. 从我们所做的两种实验看来，保存可分(1)_____和(2)_____二种。初步的保存，就如我们所做的_____试验；二步的保存，就如艾宾豪斯(Ebbinghaus)所做的_____。

3. 第二次的顺背和倒背英文字母试验，证明学习停止后，一部分便_____，但重习数次以后，便可完全_____。

4. 我们开始工作时，效率所以不十分高，还有一个原因，就是_____的关系。

5. 有人研究练习的影响，觉得练习后，记忆有进步，是因为_____改良，并不是记忆的_____可以增进。学习_____的人，保存也_____，也是这个道理。因此我们知道_____和_____有绝对的关系。_____所需的要素，就是_____所需的_____这几种要素是：(1)_____

(2)_____(3)_____(4)_____。

6. 有人研究记忆的材料，觉得_____比较无论看的或听的_____容易记得。关于记忆的方法，照陆志韦先生所得的结果，觉得_____最好，_____次之，_____的影响比较的最小。

7. 至于一时间能记忆多少材料，也有人研究过，觉得材料加长一倍，时间和遍数的加增_____加长_____。再如_____试验全部学习与分段学习的结果，证明一时期的_____最为经济，一时期的_____最不经济。

8. 讨论遗忘的问题，通常用_____的曲线来表示。曲线的形状如下：

9. _____的试验结果，与_____的曲线不符合，因为两人所用的_____不同。

10. 解释遗忘的曲线，有5点须留意：

(1)

(2)

(3)

(4)

(5)

11. 精神方面的感应结，所以不如运动方面的保存永久，是因为_____的关系。

12. 据_____的调查，记忆和各种智力测验的相关等于_____。记忆和学业成绩的相关，也是_____。（指理解的记忆）

13. 记忆彻底分析起来，可以说有两种要素：(1)_____(2)_____。_____好的人，_____不一定好；不过_____一定要有_____。

14. 试验保存的方法有三种：

(1)

公式：

(2)

公式：

(3)

公式：

Ⅶ. 习惯动作：

A. 习惯的定义：

1. 习惯是_____。

2. 习惯和本能的差异，就在_____这一点。

3. 说得切实些，习惯是指一种_____，发生的_____。

B. 习惯的问题：

1. 养成习惯的程序，依照_____可分四种：

(1)

(2)

(3)

(4)

2. 习惯成立的原因：

(a) 桑戴克主张有_____。

(b) 卡尔（Carr）主张有_____。

(c) 华生（Watson）主张有_____。

C. 习惯的效用：

1.

2.

3.

4.

D. 习惯的座右铭：

1.

2.

3.

E. 习惯的类化：

1. _____和_____的实验结果，都证明学习有迁移的可能，不过要有几种条件。这数种条件是：

(1)

(2)

(3)

(4)

(5)

2. 此五种可以归纳为一种：_____。因此我们觉得对于学习功课应具两种见解：

(1)

（2）

Ⅷ．疲劳与学习：

A. 疲劳的性质：

1. 疲劳是_____表示。

2. 减少的原因，由于体中发生一种_____。

B. 疲劳的种类可分：

1.

2.

C. 疲劳的实验，也可分：

1.

2.

D. 试验长时间的精神作业，当推：

1.

2.

E. 从他们俩的成绩，我们知道精神作业的效率能保持_____。其故因：

1.

2.

F. 据心理学家的调查研究，学校内所发生的疲劳现象，多半因为_____的缘故。

G. 每天精神作业最好的时间为_____，身体作业最好的时间为_____。

H. 消除疲劳最好的方法为_____。

第二编　儿童心理

第二十二课　反射动作

以前我们说学习是造成感应结,不过有许多感应结是生出来就造成的。如同人的牙齿、头发、消化器等,都是自然而然生长的,不必经过学习。所谓自然发达的感应结,就是指点反射和本能的那一类动作。

一、简单的反动[①]

和反射相类似的,就是简单的反动(Simple reaction)。试验反动时间,为心理实验里边最早的一种。试验的方法,通常叫被试感受一种刺激后,立即发生一种反动;例如听见一种响声,或看见一种亮光,或肤上受到些微的针刺,把食指轻轻地移动一下子。在刺激呈现前两三秒钟,主试喊:"预备!"这种实验,非常简单。从历来实验的结果来看,听觉和触觉的反动时间,约 0.15 秒钟,视觉的反动时间,约 0.18 秒钟(时间用精密的时计〈chronoscope〉度量。可以计算百分或千分之一秒)。

这种反动虽简单,个别的差异也很大,训练也能发生影响。比较简单的反动复杂些的,有"选择的反动"(Choice Reaction),例如被试看见红色的光,须动右手,看见绿色的光,须动左手。这种反动时间,当然要长些——大概要长十分之一秒钟的时间。再复杂些的,有"联念的反应"(Associative reaction)。例如被试看见了一种颜色,须说出颜色的名称,或看见了一个字,须说出相反的字。这种反动时间,当然更要长些。

二、反射动作

反射可以说是有神经系的生物的基本动作——感官有了刺激,运动方面立刻发生一种反应。反射与简单的反动有好多相同的点。最常见的反射为闪目;"目弦的反射"(Lid reflex),比较任何简单的反应来得快,约需 0.05 秒钟。膝震(Knee jerk)比较闪目还要快,约需 0.03 秒钟。(有许多心理学家,不承认膝震

[①] 这里"反动",今多译为"反应"。——编校者

是一种反射)

反射与简单的反动的异点也很多：(1)反射在生物机体中占一很牢固的位置；(2)反射的时间,大致比较简单的反动快些；(3)反射动作起来的时候,无须准备；(4)反动是暂时的,反射是永久的；(5)反射是不随意的,无须意识支配。

三、反射弧

反射弧是什么？就是接受机关与运动机关间最简单的联合。例如用针刺手背,臂上的筋肉即收缩。收缩的缘由,因为神经联合的关系。但是感官的神经,并不直接通到筋肉。神经通路,必须经过神经的中央,如下图：

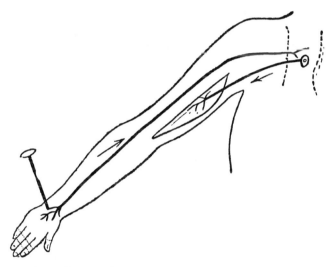

图25　表示反射弧　手背受到刺激,手臂发生反应。虚线表明神经中央。

一个反射,至少须有两个神经原(Neurone)。神经原是神经系的单位,并不是动作的单位。神经原为神经细胞(Nerve cell)和线状物所组织而成。一端的线状物叫做"轴索状突起"(Axon),一端叫做"树枝状突起"(Dendrites)。两个神经原之间有神经关键(Synapse)。神经关键,不过是两种神经原的接触处。有了神经关键,神经兴奋可以从一个神经原传达到别一个神经原。神经关键的形状如下图：

图26　表示神经关键　箭形上即为两神经原的关键。

神经兴奋的传达,如上图箭形所射,有一定方向;从轴索状突起的末梢神经,传达至他神经原的树枝状突起。从来没有树枝状突起传达至轴索状突起之末梢神经(End brush)的。

两个神经原的反射弧,实际上很少。通常简单的反射,总有三个神经原。神经兴奋从感觉神经方面,传达到感觉中部(Sensory Center);再直接到运动中部(Motor Center);从运动中部传达到肌肉或腺(Gland)。如图27:

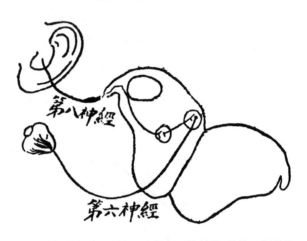

图27 简单的听觉反射 听官方面的刺激,从第八颅神经传达到中央,复由第六颅神经传达到眼球的筋肉,发生旋动眼部的动作。(Herrick)

较复杂的反射动作,兴奋从下边的感觉中部,传达到上边的感觉中部,然后再传达到运动方面。最接近感觉器官和运动器官的中部,叫做第一中部(Primary Center),再高些的,叫做第二中部(Secondary Center)。下部的反射,兴奋只经过第一中部。脊髓方面的第一中部,在神经初经脊髓的地方。大脑方面的第一中部,在大脑的下边。膝震是脊髓反射的例子;闪眼是大脑反射的例子。其他如喷嚏、咳嗽,都是不随意的反射。不过自己能控制的咳嗽和闪眼,不是纯粹的反射动作。

特殊的响声可以引起心跳。心跳也是一种较为简单的反射。不过这种反射,已属于第二中部。兴奋传达到中央较高的一部,再从运动方面,传达到心脏的肌肉。

四、复杂的反射

复杂的反射是指一种动作包括几种兴奋,或一种兴奋引起各部分的反应。

(图 28)这种反射,都和神经中央较高的一部发生关系。或者里边有一部分,只引起一个神经弧。例如膝震可以成为复杂的反射里边一部分;兴奋一部分直接从中央下部传达到运动方面,发生膝震的动作,一部分传达到中央较高的一部,发生另一种动作。

倘使全部的兴奋,传达上去,我们就有一种分布的反射动作。如下图:

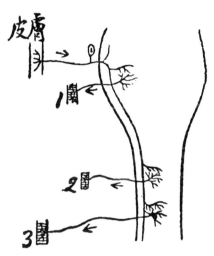

图 28　表示分布的反射　皮肤感官受了刺激,可以引起许多筋肉收缩的动作。
1、2、3,表示各筋肉。(Herrick)

反射起来的时候,神经弧里感觉一部分所受的兴奋,大致也不很简单。例如闪目是因为视野全部或大部分受到兴奋的关系。缩手的反射是因为温觉器官受到兴奋的关系。兴奋的复杂,可以增进刺激的强度,于反射的形式,不生关系。

五、连锁反射(Chain reflex)

要是一种反射动作,引起另一种反射动作,例如握物时,五指连贯的屈曲,这种反射作用,叫做连锁反射。连锁反射和本能动作,很不容易分别。

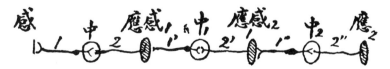

图 29　连锁反射　表示一种感官(感)所受的刺激,发生一种反应(应),那个反应,又激动了另一种感官(感$_1$),发生另一种反应(应$_1$)。中,中$_1$=中央神经。(Herrick)

六、交替反射

什么叫做交替反射？例如有甲乙两种刺激，甲刺激可以引起甲反射，乙刺激本和甲反射没有什么关系，不过因为两种刺激同时起来了几次，所以乙刺激也能引起甲反射了。再用一个具体的例子来证明。小孩怕特殊响声，听见了很大的响声，就要发惊。对于黑暗，他本不怕。后来响声和黑暗经过几次连带关系，他就怕起黑暗来了。总之：交替反射，就是原来不发生影响的和原来发生影响的东西发生了关系而得的结果。

七、反射的性质

纯粹的反射，是指一种天赋的神经通路，有特殊刺激，发生特殊反应。所以反应的形式，全凭刺激的性质怎样，和保存兴奋的影响，不生关系。换一句说，经验不能变更反射的神经弧。像交替反射一类，本不能算为纯粹的反射动作。

反射动作里刺激和反应的关系，有下列几点：

（1）通常反应视刺激强度而变迁。很强的刺激，不单是可引起极强的反应，有时还可扩张他的"影响范围"。例如震惊的反射，刺激强盛时，可以使全身战栗。

（2）反应的性质大致视刺激的状态而定。我们知道呵痒的刺激，比较通常触觉的刺激，还要来得微弱，但是可以引起很强盛的反应。还有一类动物，看见红的颜色就发生一种特殊动作。对于这种动物，"红"是一种很特别的刺激。

（3）反应视生物的营养状态而变迁。有时运动器官方面的神经关键因为用得太多了，发生疲劳的影响，反应的强度，就逐渐丧失。不过这是暂时的，休息以后，就能恢复原状。

（4）纯粹的反射和保存的影响，不生关系。对于交替反射，保存的影响，就有很大关系了。

反射是动作的单位。本能和习惯，都可说是反射动作的集合。不过本能的神经弧，是先天造成的，习惯的神经弧，是从后天经验里边造成或变更的。

八、人类的反射动作

到了成人时代，纯粹的反射动作，简直不容易找到。大部分的反射动作，都已经变更过了。即如闪眼，是一种简单的反射，但是神经中央，也可控制一部分的动作。

下面表 11 所列的,可以说是较为重要的人类反射动作。(参考华伦〈Warren〉)

表 11　人类的反射动作

1. 比较的纯粹的

瞳孔反射	缩手(逢到热或痛)
摇耳朵(有人能控制)	胃脏反射
发鼾声	寒颤
震惊(听见特殊响声)	调节的收缩(如发羊痫疯之类)
战栗	

2. 略可抑制或助长的

闪眼	手上筋抽缩
凝视	脚掌反射
斗眼	大脚趾反射
喷嚏	脸红
打嚏	呼吸变迁(如睡着以后)
膝震	出汗反射
头晕	呻吟
呵欠	笑
呕吐	抽筋
面部反射(吃辣味)	呵痒反射
流涎	

3. 大部分可变更的

吮食	咬,磨食
唾吐	牵拉(手腕反射)
饥渴反射	怀抱(手臂反射)
口唇和舌的反射	伸手(肩反射)
发音器官的反射	踢(膝反射)
旋动头部	开步(腿反射)
昂首	跳(脚踝反射)
握物(手指反射)	坐起或前俯

4. 姿势反射

头部端正　　　　　　　　立
坐　　　　　　　　　　　均衡

课外研究和讨论问题

1. 做本课的纲要。
2. 从日常生活里边各举一个例子,说明"简单的反动","选择的反动",和"联念的反动"。
3. 画几个简单的图:(1)神经原,(2)神经关键,(3)反射弧,(4)连锁反射。愈简单愈好,唯重要部分,不可漏掉。
4. 读两行中国书,看需几多时间。再倒读,记时间。比较两种结果,看哪一种动作,近乎反射,与反射有何不同的地方?
5. (1)骤然间用手移近他人的眼睑,看有无反射?(2)能否得到"斗眼"的反射("Crossed" pupillary reflex)?(3)看被试能否抑制他眼弦的反射?(4)叫被试自己骤然间用手移近眼睑,看有反射动作否?(5)用他种刺激,可得到同样反应否?
6. 交替反射与儿童教育有什么关系?

参考书目

西文:
1. Warren, H. C. Human, Psychology, Chap. XI.
2. Woodworth, R. S. Psychology, Chap. II.

中文:
1. Colvin, S. S. 著,廖世承译,《教育心理学大意》(第七章),中华书局,1932。

第二十三课　儿童的天性

一、先天的与后获的

人类的动作,那一种属于先天的,那一种属于后获的,很难分别。所以本能的学说,成了心理学的一个大争点。不过我们也有几条标准,助我们定夺动作的性质。

1. 儿童初生时的反应一定是先天的　我们知道儿童在母体的几个月,得不到学习的机会;所以初生时的反应,如呼吸、啼哭、手足的伸展、握物、吮乳、咽食、听见响声惊惧等，都可说是先天的。因为接受机关与运动机关的联络，神经系的组织（指对于上述的几种反应而言），都是自然而然发达的。

2. 不学而能的反应一定是先天的　要知先天的反应，不必在儿童初生时，就悉数呈现。有许多天赋的特质，如身体的高矮、鼻子的大小、容貌的妍媸，必须俟生理方面完全发达后，才看得出来。即如一个人的"智力"、"天才"和"性情"也是逐渐发达的。

不过生后几个月或几年所呈现的特质，很难断定他没有受过环境的影响。除非我们能控制环境，才可决定某种特质是先天的或后获的。例如初生的小鸟，羽毛未丰，不能高飞。一旦毛羽丰满，它就随着母鸟习习而飞。但是我们要问，小鸟所以能飞，是模仿母鸟的动作的结果，还是先天的关系？斯伯丁（Spalding, 1873）①曾做过一个试验。他捉了一只初生的小鸟，放在笼里，使它没有鼓翅练习的机会，也不使它看见他鸟的翱翔。等到它长大能飞的时期，放它出笼，它就张翼飞去。所以鸟飞可以说是一种本能。

除了上述两点定夺天生的反应以外，**普遍性（Universality）也可当作一种标准**。例如男女相悦，究竟是一种先天的倾向，还是后获的？要是后获的，何以儿童在幼年时候，对于异性不发生很强烈的反应？并且两性的吸引，不单是在人类很普遍，就是在哺乳类、鸟类以及其他兽类，都有这种现象。

争竞也是一个例子。争竞虽不如两性本能的普遍，但也为哺乳类鸟类所同能的事。

不过以普遍性为标准，有两点须留意：（1）社会的遗传不可与生理的遗传相混。例如马来人（Malay peoples）都吸烟，吸烟成为马来人普遍的特质。但是吸烟不是本能，是沿习的习惯。又如迷信为一般居民的普遍性，但是迷信的因，为故老相传的说素所构成。（2）普遍的特质大致为遗传的；但遗传的特质，未必都是普遍的。例如同父母生的人，高矮不一，智愚不齐，秉赋至不一致。

怎样定夺先天的反应，上边已说过。关于后获的反应，也有几层意思要说。第一后获的特质，大都不如先天的普遍。各个人的秉赋不同，所处的环境不同，后获特质，也随之而异。第二后获的特质，较为专门。例如发音是先天的、普遍的，讲京话便为后获的、专门的；又如四肢的行动是先天的、普遍的，跳舞便为后获的、专门的。第三后获的特质，都以先天的为根据，并不是除了先天的，完全产生一种新的动作。所以人类的动作，可归纳成下表：

---

① 斯伯丁（Douglas Alexander Spalding, 1841—1877），英国生物学家。——编校者

$$\text{反射 (Reflex)} \begin{cases} \text{先天有组织的：} \\ \quad 1.\ \text{本能(Instincts)：多横纹肌的反应，善于适应。} \\ \quad 2.\ \text{情绪(Emotions)：多平滑肌的反应，不善适应。} \\ \text{先天无组织的：} \\ \quad 1.\ \text{无定向动(Random movements)} \end{cases} \Big\} \text{习惯(Habits)}$$

二、本能和反射动作的关系

本能的名词，各人解释不一。以前的著作家，都以为本能是一种神秘的天赋能力，只有动物有的。有了这种神秘能力以后，动物就是没有意识和思想，也能得到适当的生存。现在大家都知道这个观念错了。本能是神经兴奋相互活动的结果，感觉和运动神经中间的结合，是遗传的。彻底说起来，反射动作，也不是很简单的。复杂的反射，和简单的本能，两种实在没有多大分别。

这儿所讲的本能，指点一种复杂的动作，包括各种反射作用：（1）一种反射的结果，变成别种反射的刺激；（2）各种神经结合，是天生的，不靠托个人经验的影响。以走路做例子，每一步路，即为后一步路的刺激。左足方才着地，触觉的刺激和在足上筋肉感觉的刺激合起来，化成提起右足的兴奋，以次迭为因果。

有许多本能，包括的反射动作，并不一样。以婴孩的吮乳本能来说，中间包括好几种不同类的反射。第一就是俯向乳母胸前的反射，这个反射的起来，是因为触动了婴孩的视官或嗅官，或因为肚子饿的关系。第二是唇的反射；第三是吮食的反射；最后为咽食的反射。这许多反射动作，都是连贯而起的，前一种反射的结果，变成后一种反射的来源。例如唇的动作，是受了唇部触觉的影响；吮的动作，是唇部的刺激所引起的；咽食的动作，是"乳在口中"的兴奋引起的。本能的表示，大概都是这样：刺激和反应相间而来。

反射弧是几个神经原联合起来所造成。反射所以能够起来，就因为神经兴奋传达的阻力很少。本能的组织，可以说是几个反射弧所合成。本能所以能够发生动作，也就因为兴奋传达的阻力很少。

倘使婴孩俯向乳母胸前的时候，不让他嘴唇碰到目的物，唇的反射，就抑制住了。暂时本能的动作，就不能完全表示，在适当的时期内，本能受了抑制，有时就不能充分发达。普通说来，各种基本本能的发达时期，各人没有多大先后，因为各人遗传下来的神经组织相仿佛，所处的环境，也相仿佛。

三、本能的分类

在成人时代,纯粹的本能动作,也不多见。他的举止行动,大致已受了个人经验的影响,不属于本能范围以内。就是几种基础的本能,也多少受了一些变更。成人的本能,大概可分为两种:(1) 改换的本能;(2) 本能的倾向。

（一）改换的本能（Modified instincts）

这中间包括两大类:(1) 受过抑制的本能,如发怒、恐怖等等;(2) 受过训练的本能,如走路、饮食、父母性和男女性本能,忧愁和快乐的表示。这种种原来都在本能范围以内,但是个人的经验以及社会的好尚,把他们表示的形式,大大的变更了一下。

讲到本能有几多,心理学家辩论得最烈。詹姆士及许多人主张人类的本能,比较各种下等动物,还要多些。有的人以为人类的本能极少。这两种说法,都有些对的。纯粹的本能,在成人时候,固然很少,但是改换的本能,却是很多。这种改换的本能,不能说他在非本能范围以内,但是绝对说他们是本能,却也有点不妥。

本能的分类,依照沃伦（Warren）[①],不能按照本能的来源,因为有时一种本能,是从几种要素里边产生的。所以我们只好从"生命的机能"来分类;不过也须略行变更,因为生长、恢复原状、支配,这三种只和营养有关系,不直接靠托特殊的本能。(1) 营养和(2) 生殖两种机能,为好几种深根固蒂的本能的基础。人和环境的关系,又引起了几种不同类的本能,归纳在(3) 自卫和(4) 侵略两种本能以内。另外人群的生活里边,又引起几种本能,称为社会的本能。

表 12　人类的本能

1. 营养的

脏腑的激动（情绪）

走路

饮食

游牧（佃猎）

获得（贮藏）

清洁

---

① 沃伦（Howard Crosby Warren，1867—1934），美国心理学家,普林斯顿大学心理学系第一任系主任,曾于 1913 年任美国心理协会主席。——编校者

2. 生殖的

匹偶(男女相悦,求婚)

母性的

爱亲的(婴孩)

3. 自卫的

逃避

降服

藏匿

躲避

谦让(怕羞)

衣服(遮盖)

建设(造屋,成家)

4. 侵略的

争斗

忿恨

擅权或压制

竞争

5. 社会的组织

家庭(父母性和子女性)

部落(群居)

"求情的"(apopathetic)

同情的

厌恶的

互助的

(二) **本能的倾向**(Instinctive tendencies)

这是指一种动作的形式,中间包括几种确定的行动。这种种行动,虽由个人的经验得来,但是大体的形式相同。那个形式,不是学习的,是遗传下来的。

表 13 所列的,为人类的本能倾向。里边最重要的,为仿效、游戏和好奇 3 种。

表 13　人类的本能倾向

仿效

游戏

好奇

左右手（如多用右手）

美术的表示

交际

本能的倾向里边哪一部分是遗传的，哪一部分是后获的，可以用仿效来说明。仿效的举动，是各个人从经验里边学来的，但是神经组织方面，有一种遗传的通路，使得仿效的反应，容易发生。例如鹦鹉善于仿效人家的言语，猴子善于仿效人家的手势。要叫鹦鹉学手势，猴子学话，就做不来了。

小孩和成人，不单是能仿效人家的言语和手势，并且能够仿效一切动作。所仿效的事情，完全是学来的，但是所以能够这样仿效，是根据一种遗传的倾向。好奇也是这样。好奇的表示，各各不同，有喜欢探险的；有喜欢研究自然界现象的；有喜听街谈巷说的。但是好奇的倾向，是一致的。

游戏的一部分，属于仿效作用。在儿童的游戏里边有许多种类，完全是摹仿成人的生活，但是游戏的本能自有一种特立性质。一个人好游戏，不是因为要增进生命或精神方面的幸福，是因为有一种冲动。这个冲动，就是游戏的倾向。无论哪种游戏，仿效的或自然的，社会的或个人的，都有同样的冲动。有的人喜欢踢足球；有的人喜欢看小说；有的人喜欢谈天；有的人喜欢散步。但是大家都想抛开一天干枯的生活，寻一点娱乐。

所谓"左右手"的倾向，是指一个人喜欢用右手或用左手做工。以常情论，用右手的人多。这个倾向，怎样发生的呢？或者是因为一个脑半球的运动中部特别发达的缘故（右边的脑半球，支配身体左边的运动；左边的脑半球，支配右边）。

美术的表示，在人类的动作里边，也时常看得出来，不过至今尚没有满意的解释。表示"交际的倾向"的形式也很多，例如手势、言语等等。另外有几种号称本能的，也可列在本能的倾向以内。例如获得的本能、建设的本能、伴侣的本能和压制的本能。

四、试验本能的成绩

究竟人类有几多本能，须凭客观的试验。近人如华生（Watson）等都曾以试

验法施之婴孩。陈鹤琴仿其意,对于他的小孩,也曾有详细的纪录。此刻且摘录几条:

哭　生后两秒钟

呵欠　生后 45 分钟

大小便　生殖器的兴奋　12 小时内

喷嚏　12 小时内(据 Mrs. Blanton 的纪录,堕地即能)

四肢能动　12 小时内

吮乳　生后 1 日

微笑　第 8 天

华生曾试验初生时至 1 月以内之各种情绪,结果如下:

1. 惊怕(Fear)　引起惊怕的刺激为:

(1) 失所凭依;

(2) 响声;

(3) 临睡时突受震动;

(4) 临睡时移动其被褥。

惊怕的反应为闭气,手张握无定状,闭眼,唇突出欲哭。

2. 愤怒(Rage)　引起愤怒的刺激为:

(1) 头部或全身受束缚。

反应为哭叫,全身发僵,手臂作抵御状。两腿上下不定,闭气直至面部发红。

3. 亲爱(Love)　引起亲爱的刺激为:

(1) 用手轻摇;

(2) 用手轻拍或轻抚。

反应为哭时止哭,有时变笑。稍长能伸出两臂作搂抱状。

华生觉得初生 5、6 月的婴孩,对于禽兽、火焰、黑物、暗室,无一定的反应。

五、本能的原始

讨论"本能的原始"的人,都设法把本能成立的程序,复演出来。当一种本能发生以后,怎样保存到现在,是一个遗传的问题。倘使一个人生来只有 1 只眼睛(并不是指偶然的,是指生殖方面自然的变化)和通常有两只眼睛的人结婚,结果也同眼睛颜色的遗传一样。倘使父母的眼睛颜色是不同的,他们第一代的子女,只有一种颜色,叫做"显色"(dominant color)。其实是显隐的混合(hybrids)。倘使这一代的子女,互相结婚,后一代的子女,便有各种颜色,有纯粹显现的性质,有混合的性质,有纯粹隐伏的性质。这种式子的遗传,叫做孟德尔的遗传律(Mendel law):

  公式一   公式二

  第一代 第二代 第二代 第三代

  显×隐＝显隐 显隐×显隐＝显＋2显隐＋隐

  关于本能的原始,有三种较为重要的学说。(1)"隐智说"(the lapsed-intelligence theory)。照柯柏(Cope)①和冯特(Wundt)②的说法,本能的动作,原来为意识所支配的。练习好多次以后,成为习惯,一直遗传下来,变成本能。意识就消灭掉。这种学说,假定后获的习惯,也可遗传,和近今生物学家的主张相出入。并且使得我们误会,以为下等动物,都有理智的表示,叫以支配他们初起的本能。(2)"反射说"(the reflex theory)。据斯宾塞(Spence)③的学说,本能里所包括的反射动作,是逐一发现的,发现的原因,由于偶然的变化。各种反射都发现后,本能就成立。这许多反射,是经过自然淘汰而保存的。他们的本身,无甚效用。这种说法,也不完全妥当,因为有许多反射动作,和这个本能有关系的,也许可以引起别的动作,不能说他们毫无价值。(3)"有机选择说"(the organic selection theory)。主张这种学说的,有奥斯庞④(Osborne)、鲍德温⑤(Baldwin)和摩根⑥(Morgan)一班人。他们想调和上面两种说法,以为本能没有完备的时候,生物确用一些理智来解决问题,因此可以生存。用理智来变更的部分,不能遗传,下一代的生物,还须重行学习。所以习惯的造成,为各种生物竞存的要素。这三种学说,都可以供我们研究"本能的原始"的参考。

---

① 据查未详。——编校者
② 冯特(Wilhelm Wundt,1832—1920),德国心理学家,哲学家,第一个心理学实验室的创立者。——编校者
③ 斯宾塞(Kenneth Spence,1907—1967),美国新行为主义心理学家,由于对条件作用和学习的理论和实验研究而著名。——编校者
④ 据查未详。——编校者
⑤ 鲍德温(James Baldwin,1861—1934),美国心理学家。——编校者
⑥ 据查未详。——编校者

课外研究和讨论问题

1. 做本课的纲要。

2. 一个人的个性,怎样产生的?个人在什么时候,开始有后获的经验?发展他先天的特质,继续到什么时候为止?获得后天的经验,继续到什么时候?

3. 下边哪几种反应是先天的,哪几种是后获的?

刺激	反应
(1) 骤然间响声	惊怕
(2) 极亮的光	霎眼
(3) 极亮的光	掩目
(4) 冷	穿衣
(5) 冷	战栗
(6) 看见球	伸手去取
(7) 球在手内	抛掷
(8) 一堆食物	用手去取
(9) 揶揄	发怒

4. 解释(1) 本能、(2) 习惯、(3) 反射三种动作的相同相异点。

5. 为什么近今心理学家反对滥用"本能"的名词?

6. "本能的倾向"与"本能"有什么分别?

7. 何以"有机选择说"较其他两种学说为折衷?

参考书目

西文:
1. Norsworthy and Whitley, Psychology of Childhood, Chaps. Ⅰ and Ⅱ Macmillan, 1920.
2. Thorndike, E. L. Educational Psychology, Vol. Ⅰ.
3. Warren, H. C, Human Psychology, Chap. Ⅵ.
4. Watson, J. B, Psychology From the Standpoint of A Behaviorist, Chaps. Ⅵ. and Ⅶ J. B. Lippincott Co. , 1919.
5. Woodworth, R. S, Psychology, Chaps. Ⅴ, Ⅵ, Ⅶ, Ⅷ.

中文:
1. 关宽之著,朱孟迁、邵人模、范尧深译,《儿童学》(第四篇,第二章),商务印书馆,1931。
2. Colvin. S. S. 著,廖世承译,《教育心理学大意》(第八、九章),中华书局,1932。
3. 陆志韦,《交代的激动反应》,载《心理》(一卷三号),中华书局,1922。

第二十四课　天性在教育上的位置

人类的动作,既以先天的反射为根据,那么天性在教育上,当然占一个很重要的位置了。

一、天性的发达和改换

在上面一课中,我们说各种本能和本能的倾向,同反射动作一样,都是遗传的。各个人初生出来的时候,神经系里边已有这种组织。神经组织,胚胎于生殖细胞。不过我们不要误会,以为一个人初生出来,各种本能都已完备。就神经的组织而言,有许多本能,初生时确已准备好,有的在生前已组织完备。但是本能的发现,须看有没有适当的刺激。

有几种本能,所包括的连锁反射,尚未组织完备,所以一时不易发现。例如初生时不会走路,一两岁后这种能力,才完全发达。生殖的机能,也须在青年时代,才行发达。

总之各种本能的发现,都有一定时期。时期的迟早,多半靠托有完备的组织,和适当的刺激。倘使时期已到,没有相当的刺激,本能的发现,就要延缓。以后的发达,或者就不能十分完满了。这是一种进化原理;有用的本能,总逢得到需要的时期和相当的刺激,所以永远不会淘汰。

纯粹的本能,也非绝对不可改换。本能的表示,固然和初步的刺激很有关系,不过当动作起来时,其他的刺激,也能发生影响。例如婴孩吮乳的本能,逢到十分饥饿的时候,反应非常强烈。成人的走路,也受了其他刺激的影响而发生变迁。所以我们走高高低低的路,或避去路上石子,都能随意适应。有几种变更,源于脚底上受了阻力的刺激;有几种源于路上障碍物所引起视觉的刺激。这种适应,并不完全受意识支配。我们走路时,尽管同人家谈话,脚下自能留神,不致倾跌。

本能的改换,大致说来,有三种方法:(1)变换刺激;(2)变换反应;(3)变换刺激和反应。变换刺激的事实,可以举一个例子。比方小儿看见糖,就有咽的反应。后来有糖的时候,用毛刷在小儿臂上刷几下。儿童有了这番经验,不必有糖,只要看见毛刷,也可发生咽的反应。如下图:

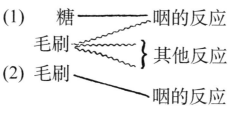

上边毛刷的刺激,已替代了糖的刺激。变换反应的事实,也可举一个例子。比方肚子饿了(原有刺激),看见桌上有食物,照例就吃(原有反应),但在大庭广众间,饿了也不敢伸手去取食物。又如打字时候,初看见"And"一个字,要逐个字母分开来去找键,后来便不必这样。如下图:

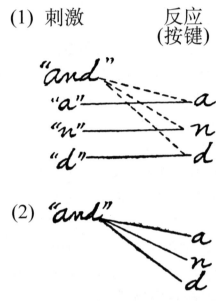

上边刺激仍旧,而反应的方法已变更了。刺激和反应都变的例子,如原来的饮食本能,现在见了有趣的事鼓唇作声,表示满足的意思,有时且以手加腹。又如一个少年人见了一朵花,闻了它的香气,写了一首情诗,谁还承认这是男女性的本能。如下图:

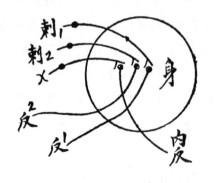

身 = 身体或中央神经系
刺^1 = 原有的刺激
刺^2 = 变的刺激
反^1 = 原有的反应
反^2 = 变的反应
X = 刺^1 发生时引起内部动作的部分
内反 = 内部脏腑的反应

上面所说的,和社会的习尚很有关系。有的人对于一种刺激,发生一种反应,有的人不发生反应。我们不能假定不发生反应的人,就缺乏这种能力。野蛮的人种,身上不穿衣服,不觉得羞耻,我们不能就断定他们没有羞耻的天性。

有一种新的习俗起来,新的刺激可以引起旧的反应。里沃特(Ribot)①和麦克道格尔(McDougall)②早已说过,引起一般人的称许或爱好的,可引起另一般人的厌恶。所以我们教育儿童,要注重社会化。变换引起儿童本能的刺激,以适合社会情势。因此受教育愈深,引起本能的刺激,愈成为抽象的(这句话可和上边所讲的交替反射相发明)。一个人不一定有了身体上的侵犯,才行发怒。他受了人家的揶揄,为了他朋友的冤抑,为了他的主张受人家的攻击,也可以发怒。人和人的分别,人和禽兽的分别,可以说这是重要的一点。禽兽只能对于感觉方面的刺激,发生自卫或愤怒的反应;人类对于抽象的刺激,也能发生同样的反应。霍尔特(Holt)③所说的"刺激的隐伏"(Recession of the Stimulus)就是指点这一种。在"德谟克拉西"的群众生活里边,我们希望各个人发怒的表示,偏向于个人的,或社会的,或国家的正当主张受了打击,不要专偏向于个人的权利受了侵犯。当得起领袖人物的人,大概都能使他手下的人,对于一种"高深的"刺激,发生本能上的反应。

二、天性与教育的关系

有几种本能或本能的倾向,如"仿效"、"游戏"、"好奇"和"社会的本能",格外有教育的价值。现在且分别说一下:

(一) 仿效(Imitation)

研究儿童学的人,都承认仿效的潜势力,非常之大。儿童既无善恶的标准,一切仿效人家的动作。举凡言语举止、风俗礼教,多半自仿效得来。例如善于经商的父亲,处处以欺骗胜人,他的子女当然也相率效尤,不肯说真话了。

1. 仿效的分类

依照克伯屈(Kirkpatrick),儿童的仿效,可分为五类:(1) 反射的(Reflex Imitation)。这种仿效,并不自主。例如看见别人哭泣,自己也哭泣;看见别人笑,自己也笑;因别人打呵欠,自己也打呵欠。反射的仿效,在婴儿的时期,最为发达。(2) 自发的(Spontaneous Imitation)。这种仿效,与反射的相类似。所不同的,此种仿效,尚有意识的作用。不过仿效的动机,就为仿效,并无其他目的。例如儿童仿效僧侣的诵经和猫犬的动作。大凡儿童到了两岁,这种仿效的能

---

① 里沃特(T. A. Ribot, 1839—1916),法国心理学家。——编校者
② 麦克道格尔(William, McDougall, 1871—1938),美国心理学家。——编校者
③ 霍尔特(Edwin Holt, 1873—1946),美国心理学家。——编校者

力,已很强盛。(3)戏剧的(Dramatic Imitation)。由自然的仿效再进一步,则为戏剧的。这种仿效,大约从三四岁时候开始,那时儿童已有些须经验,想像力也正在发达,所以能把四围的情形,缩小形式,实地表现出来。(4)有意的(Voluntary Imitation)。上面所说的三种仿效,并无一定目的。到了此刻,儿童的仿效,有一种主旨。例如从前看见他人描画,不过以游戏的形式来仿效,现在却怀抱一个目的描画了。有意的仿效,在两三岁时候,已有端绪可寻。小儿的学语,就是一个例子。(5)理想的(Idealistic Imition)。起了有意的仿效,儿童就有"爱好"和"爱美"的观念,因此就发生一种理想的仿效——仿效他信仰的伴侣和爱敬的家长。以后渐渐地知道仿效世上一切人物了。

2. 对于仿效应注意的几点

仿效为个体发达的原动力,其重要自无待言。关于教育方面,有几点应注意:

(1)仿效的动作,仅能类似原来的动作。例如儿童看见他人写字,自己也学写。但是执笔的姿势,手腕的用力,都不能恰当。所以成人对于儿童的仿效,当随时加以纠正。否则习非成是,待错误的习惯养成后再行更正就难了。

(2)仿效的动作,在开始时间最显著。例如儿童听见鸟鸣,自己也学作鸟鸣的声音。这是纯粹的仿效动作。待学过一次以后,继续的练习,已成为一种快感的作用。如初次仿效得不到快感,他就不肯继续的做。由此可见他人的称许,和社会的赞美,也为鼓励学习的一种方法。

(3)仿效他人的动作,自己须有相当的能力。五六个月的小孩,不会仿效他人说话,因为那种仿效能力,还没有完全发达。所以教育儿童,第一须审察他固有的能力如何。勉强施教,总无补于事。

(4)儿童的仿效,毫无选择。因为他不明利害,不知是非。所以看见他人的行动举止,自己就不知不觉的仿效。赌钱、吐痰、骂人、吸烟,都是仿效的结果。所以儿童教育,最须注意环境的善良。无论在家庭,在社会,都应示以良善的模范。

(5)仿效是了解社会文化的一种手段。任何事情,不去实际的仿效实行,不能说是真正的了解。所以没有仿效,社会的遗传,便要受到很大的打击。

(二)游戏

前人非特不提倡游戏,并且反对游戏。到了近代,才知游戏的价值。儿童教育与游戏,实有深切的关系。

1. 游戏的功用

游戏的价值,可从多方面来说:

(1) 体育方面　游戏为一种自然的、有兴趣的运动。正当的游戏,不但是运动一部分,其影响实及于全体。儿童遇新样游戏时,动作姿势,千变万化。待要领既得,渐臻纯熟,如臂之使指,无不遂意。我们看见善于泅水的人,出没浮沉,状如平淡无奇,然使未经历者处之,必致手足无措。于此可知得心应手之技,皆经几许实习而后达。人世许多才干,半由游戏得来。良医的奏刀,工师的技巧,演说家的举止,都是明显的例子。他若因游戏而锻炼筋骨,增加消化,发达肺部,减轻疲劳影响,更和体育有关。

(2) 智育方面　游戏能使脑筋锐敏。俗所谓"眼观四处,耳听八方",平时无此境界,唯游戏时方能如是。无论儿童青年,游戏时,常能明察善度,机变善断。有时旧样翻新,有时舍近取远。反应很快,仿效极速。凡此在在足以发达心志,增长识度才力。影响之大,难以言语形容。

(3) 德育方面　游戏可以增进强制的功夫,及决断的能力。团体游戏的效用,犹不止此。按次行动,循序渐进,有争先攘夺的,每受群众的呵责。没有法律的规定,而规模自具;没有师长的督责,而谴罚自在。其自治的能力,至为可惊。如儿童游戏时,也只知自私自利,不知公正为何物,终必为他童所摈弃。

我们知道忠实、信义、英武、勇敢等等,都为人世的美德。这种种都可在游戏时渐渐养成。克雷教授(Professor Cooley)①说:"道德是社会的基础。"道德的观念,大都萌芽于家族,而其传布发达,要以团体游戏的影响为多。

2. 游戏的学说

(1) "势力过剩说"(Surplus Energy Theory)②主张这种学说的为德人西尔来(Schiller)③和英人斯宾塞(Spencer)。他们以为物有余力,必思排泄。所以旷野的狮吼,深林的鸟鸣,都是放散过剩精力的方法。人类也有这种表示。例如儿童终日无所事,常思游散以活泼他的肌体,吾人事后余勇可贾,常思外出以舒展心志。所以游戏,就是发舒我们体中余力的一种作用。有人批评他的说法,

---

① 克雷(Charles Cooley, 1864—1929),美国社会学家。——编校者
② 又叫"剩余精力说",亦称"精力过剩论"。早在 18 世纪德国思想家席勒的作品中就有了剩余精力说的萌芽。到了 19 世纪,英国的哲学家和心理学家斯宾塞发展了这一思想并形成学说。它的基本理论观点是:游戏是有机体生存需要得到满足之后,仍有富余的精力的产物,游戏的动力来自机体的剩余精力。——编校者
③ 据查未详。——编校者

说儿童游戏的时候,虽至声嘶力竭,有时尚不肯停止。势力过剩之说,未能十分恰当。

(2) "生活预备说"(Practice Theory) 提倡这种学说的为格罗斯(Groos)①。他著有"动物的游戏"(Play of Animals)和"人的游戏"(Play of Man)两部书。他以为过剩的势力,固然为游戏的要素,但不能解释游戏的种类。并且游戏与生物进化有深切的关系,凡未曾发达完备的本能,都可从游戏方面养成,以适应后来的生活。例如小猫玩物,状若游戏,实为捕鼠的练习。男孩喜欢分队比赛,所以养成后日奋斗的精神;女孩喜欢玩洋囝囝,所以为教养子女的准备。这种学说,太嫌呆板。霍尔(Hall)批评他"太偏狭,太皮相,太拘泥"。

(3) "复演说"(Recapitulatory Theory) 霍尔②和他的门徒主张这种学说。他说:"游戏并不是练习有益于将来的事情,实在是反复他的种族的历史。"游戏中所有的态度和动作,都是遗传的。所以儿童的游戏,不过复演过去人类的动作罢了。譬如"捉迷藏"时的蹑足潜踪、东避西藏,好像草昧时候的人,畏毒蛇猛兽转相避徙的样子。又如缘木为戏、拾瓦成屋,都与穴居野处时候的状态相合。推敲起来,都含有复演的意义。这个学说,也鲜证据,并且对于成人的游戏,无从解释。

(4) "休养说"(Recreation Theory) 首倡这个学说的为暮志(Muths)③和拉扎勒斯(Lazarus)④。他们以为游戏可以恢复身体和精神上的各种损失,所以又称"疲劳说"。此说的弱点,在承认身心交互的使用,可以消除疲劳。其实疲劳的发生,因细胞当中生了一种疲劳毒素。物的精力的放散,不能恢复心的精力的疲劳。游戏只能调剂疲劳,不能消灭疲劳。消除疲劳的方法,只有睡眠和饮食。

(5) "放弛说"(Relaxation theory) 此说是新近帕特里克(Patrick)⑤创立的。他说:

a. 游戏是自由发展的动作。游戏的自身,可给人快感。差不多儿童全体的动作和成人大部分的动作,能符合上边所说的,都可说是游戏。

---

① 格罗斯(Karl Groos,1861—1946),德国哲学家、心理学家。——编校者
② 霍尔(G. Stanley Hall,1844—1924),美国心理学家、教育家,美国第一位心理学哲学博士,是美国心理学会的创立者,将精神分析引入到新大陆的第一人,也是冯特的第一个美国弟子。——编校者
③ 据查未详。——编校者
④ 拉扎勒斯(Moritz Lazarus,1824—1903),德国哲学家、心理学家。——编校者
⑤ 据查未详。——编校者

b. 儿童的游戏和成人的游戏应有密切的关系,并可用同样的原则来解释。

c. 无论儿童或成人的游戏,都和原始的动作相仿佛,所包含的神经通路,比较的早发达些,阻力少些。

他以为工作的要素为注意,有组织的联念、专心、分析、抽象等等。这种能力,于文化的发达,很有关系,但发展较迟。不特儿童时期缺乏这种能力,就是在成人时代,也只发展得一部分。并且使用此种能力,极易疲劳,不若游戏的动作,较为粗浅。这就是"放弛"或"修养"的意思。所以我们的游戏动作,在历史上的地位愈久长,修养的价值愈大——愈使我们解除近代生活的烦苦。这个学说,也有弱点。例如弈棋绘画等类,虽可当作游戏,其用心正不减于工作。

总之上述各种学说,都含有一部分真理,不过偏而不全。我们苟能折衷采取,游戏的意义,大概可以明了。

3. 游戏与年龄

年龄对于游戏的影响很大,所以一时期有一时期的游戏。依照华特尔(Waddle)①,儿童的游戏,可分为下列几个时期。

(1)幼稚期(初生后至3岁)　这时期的游戏,完全属于感觉与运动方面的体验。他随时随地要操练他的视觉、听觉、嗅觉、味觉、触觉和其他感官。拿到小的东西,就要放进口里去吃,碰到大的物件,就要推推摇摇。他在这时候,很爱听声音。所以各种会响的玩物,如摇冬鼓、口笛之类,很可供他玩弄。

(2)儿童初期(4岁至7岁)　这时期的游戏,和上期相彷佛,纯系天真烂漫的性质。唯想像与仿效的能力,渐形活动。好游伴的倾向,也逐渐显著。三五儿童,常喜聚在一起,做各种仿效的游戏。骑了一根棒,就当作乘马;抬了一只凳子,就当作花轿。类似戏曲的游戏,也在这个时期发展。对于这时期的儿童,应注意环境的良善,使之潜移默化,身心方面,俱有正当的享用。

(3)儿童末期(8岁至12岁)　儿童到了这个时期,身心更形发达。所有的游戏,比较从前的为复杂难能,如放风筝、踢毽子、拍皮球等。从这些游戏里边,儿童可以强健他的筋骨,练习他的技能,活泼他的精神,增进他的意志。有兴趣的、有规则的团体游戏,在这个时期,很可以引进。

(4)青春期(13岁至16岁)　儿童在这个时期,心身方面的变化很大。社会心和团体的精神,也因之而发达。各种竞技,成为主要的游戏。服从团体和领袖的精神,也为这时期的特色。

---

① 据查未详。——编校者

克罗斯韦尔(Croswell)[①]曾研究 2 000 个儿童所喜欢的游戏,觉得好弄玩具,与年龄成反比例——年龄愈大,弄玩具的热诚愈减少。男孩玩球戏,与年龄成正比例;女孩对于各种球戏,年龄的影响不大。对于追逐游戏,男女儿童从六岁到九岁,兴趣增进很快,以后增进慢些,过了十四岁,兴趣便渐渐减少了。下图就表示上述的几点:

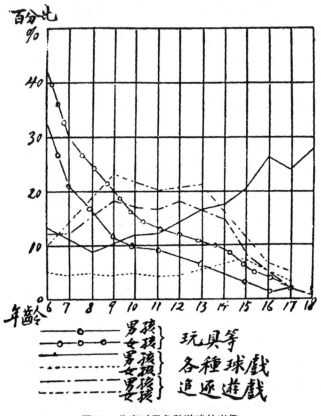

图 30　儿童对于各种游戏的兴趣

(三) 好奇

儿童对于各种新异的事物,都有一种天然的冲动去注意它,凝视它,或观察它。这种冲动,为高等的动物所同具,不过在猴子和人类方面,格外强盛些。所以玩弄一样新异而不甚了解的东西,西方有句俗语,叫做"monkey with",就是同猴子样的玩的解释。

---

① 克罗斯韦尔(T. R. Croswell),美国心理学家。——编校者

1. 好奇与年龄

好奇心的强弱,各个人不同。有人以为好奇与智力的相关很大,这句话是否可靠,尚难决定。不过好奇与年龄,确有密切关系。依照克伯屈(Kirkpatrick),儿童好奇心的发展,有一定程序。儿童初生的时候,只知经历新的感觉,并注意感觉的关系。如看见肥皂,也思放进口里边去吃,待咬了一口以后,便不再尝试了。生后一两岁能讲话了,他就要问各种东西的名词:"这是什么?""那是什么?"你回答了他一个名词,他就觉得满足不再问了。到年岁渐大,各种事物的名词,差不多已熟悉,他的问题便再进一步:"这个做什么用的?""怎样做的?""为什么做这个?"这样寻根究底的问,最易使人不耐烦。因此儿童常受到成人的责备,说:"小孩子不要多问。"

斯密斯(Smith)[①]和霍尔(Hall)的研究　他们用间接问答法(Questionaire)研究儿童的好奇心与兴趣。所得的答案,共有 1 247 件。结果如下:

表 14　斯密斯、霍尔调查儿童好奇的结果

	次数	百分比
1. 属于凝视的观察 　 属于自动的观察	163 108	21.7
2. 试验	78	6.2
3. 问句	477	38.2
4. 访寻	69	5.6
5. 破坏的好奇心	352	28.3
总数	1 247	100

所谓"凝视的观察",例如看见灯光,就能凝眸熟视。所谓"自动的观察",例如看见书中有图画,自己就翻开来看。下了种子,掘起来看它怎样生长,是"试验"的例子。问太阳怎么会发光,是"好问"的例子。捉蟋蟀、探鸟巢,是"访寻"的例子。其他如破裂玩具、斩割生物,都是"破坏的好奇心"的例子。

2. 关于好奇的注意点

(1) 儿童好奇心的发展,有一定程序。所以从儿童的问句方面,可以看出他的程度。问:"那人在河边上做什么事情?"不如问:"鱼是怎样钓的?"问:"怎样钓鱼?"不如问:"钓鱼为什么要用饵?"

[①] 据查未详。——编校者

（2）从儿童的问句方面，可以看出他的兴趣。喜欢制造机器一类的事情，看见汽车、电话、电车，就要寻根究底的问。喜欢美术一类的事情，对于图画、音乐，就特别注意。

（3）好奇为获得知识和技能的手段。儿童因为有了好奇的冲动，所以"不耻下问"，处处虚心探讨。有时成人尽呵责他，他还是要问。从好奇方面，他获得的知识技能，确不在少数。

（4）有数种不良好的举动，可用好奇来解释。我们常见儿童斩割生物、破坏用具，以为天性残暴，不知爱惜物件，其实也不过一种好奇的冲动。对于破坏的好奇，应加以相当的限制。

社会的本能（Social Instincts）群居（Gregariousness）、互助（Cooperativeness）和竞争（Rivalry）等，都是人类的天性。这种天性，在教育上更是重要。要养成儿童高尚的人格，利他的观念，为社会服务的精神，就不得不利用这种天性。推而言之，人类所有的组织及机关，都靠托这种天性来维系。我们的习惯、兴趣和理想，受他们支配的地方也很多。

课外研究和讨论问题

1. 教师怎样可以利用本能或本能的倾向？
2. 观察一个 5 岁或 9 岁的儿童在一小时内或一天的动作，看有几多是本能的？
3. 除本课所举改换本能的例子以外，另举三个例子说明：（1）改换刺激；（2）改换反应；（3）改换刺激和反应。
4. 仿效对于教育最大的贡献在什么地方？
5. 你觉得那一种游戏的学说最有理由？为什么缘故？
6. 观察并纪录你邻近小儿的游戏动作。注意他们的年龄、性别；节候的关系；社会的成分；仿效和自动的例子；兴趣、注意和努力的表示。
7. 儿童何以好问？成人何以不好问？

参考书目

1. Hall, G. S.：aspects of Child Life and Education Ginn, 1907。
2. Kirkpatrick, E. A.：Fundamentals of Child Study。
3. Patrick, G. T. W.：Psychology of Relaxation, Chap. Ⅱ。
4. Waddle, C. W.：An Introduction to child Psychology, Chaps Ⅴ & Ⅵ. Houghton Mifflin Co, 1918。

中文：
1. 陈鹤琴，《儿童心理及教育儿童之方法》，载自《新教育》（三卷二期），商务印书馆，1922：6—17。
2. 关宽之著，朱孟迁、邵人模、范尧深译，《儿童学》（第四篇，第二章），商务印书馆，1931。
3. 陈鹤琴，《儿童之好问心与教育》，载自《教育汇刊（南京 1921）》（第一集），中华书局，1921。
4. Colvin. S. S·著，廖世承译，《教育心理学大意》（第十章），中华书局，1932。
5. 陆志韦，《本能的社会化》，载自《教育汇刊（南京 1921）》（第一集），中华书局，1932。

第二十五课　儿童语言发达的程序

一、语言的定义

从广义方面说，语言是表示一己思想，使人了解的一种行为。所以讲话、文字、符号、手势、图画、雕刻、建筑以及其他指事会意的行为，能传达一己意旨、思想和情感的，都可当作语言。从狭义方面说，语言就是口里说的话和用笔发表的文字。

广义的语言，不限于人类，小而至于虫蚁，大而至于鸟兽，都有彼此交接的行为。但狭义的语言——有组织有系统的言文——为人类所独创。人类所以能超出禽兽，这是一个大分别。我们有了言文的工具，一切思想情感，都可用具体的符号表现出来。

二、学话的条件

曲莱西(Tracy, 1893)曾提出一个问题："婴儿为什么不能说话？"照他的意思，说话至少有两个条件：(1) 生理的和(2) 心理的。生理方面的构造，可分为三部分：(a) 接音部（听觉神经）；(b) 联音部脑中的听觉区(Auditory Center)、言语动觉区(Motor speech center)；(c) 发音部（喉头、气管、腭、舌、唇、齿）。三部的关系，用图表明如下：

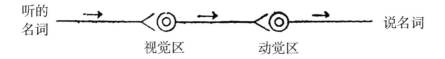

心理方面包含情感、思想、经验等等。婴孩既没有什么经验，又没有思想要发表。换一句说，他无话可说，就是要说，也无从说起。因为婴儿的呼吸器，未曾发达完备；声带柔弱；牙齿尚未生长；联合神经，也未好好的组织。

总之学话的能力是天生的；使用这种能力，达到学话的目的，和儿童的环境，有很密切的关系。"生而能言"的婴儿，我们没有看见过。所以英国的小孩子，生长在中国人家里，讲中国话，同中国小孩一样容易。因此讲话是一种习惯，不是本能。

三、学话的步骤

儿童言语的发达，依照潘尔司马（Pelsma）可分为下列数时期：

1. 反射（Reflex）　婴儿初生的时期所发出的声音，和言语中枢不发生关系，不过自然地把声带振动一下，发为各种反射的声响。

2. 哭和手势　儿童生后七八个星期，就能面作笑容。初次的微笑，就表示他和四围的人发生一些关系，他的哭声，也和初生时不同。在这个时期，语言的能力尚未发达，他只能用最粗浅的方法——哭、手势、面色的表示——传达他的思想和情感。

3. 发音　儿童生后数月，就能发音。母音（Vowels）比子音（Consonants）发生得早。子音方面，唇音（如 b—p—m）发生较早。唇音"m"和母音"a"联合起来，成为"ma"（妈）的声音；唇音"p"和母音"a"相联，成为"pa"（爸）的声音。逐渐间"ma"变成"mama"（妈妈），"pa"变成"papa"（爸爸）。

4. 模仿　儿童生后八九个月，了解力渐发达，模仿声音的倾向，也渐强盛。无论鸡啼声、狗叫声、汽笛呜呜声，他都要模仿，这是学习语言的基础。所以能筑成这个基础，一半靠托生理的遗传，一半靠托社会的遗传。

5. 高原（Palteau）　儿童一岁以后，学语的进行暂行停顿。这时期儿童正在学走，他的注意和精力，不用在语言方面。高原期的发现，这或者也是一个原因。

6. 发表（Expression）　严格说来，儿童正式的讲话，在了解字的意义和用字的能力发达以后。达到了这个时期，只须增加字汇，练习发表，便可日臻美善。

各时期从什么年龄起，至什么年龄止，很难确定，因为有个别的差异。大概说来，第一期在初生以后即开始；第二期在生后数天或数星期即开始；第三期通常为生后 6 个月至 8 个月；第四期的时间延长最久，在第三期时已呈端倪；第五期视儿童学走的年龄而定，约在生后 9 个月至 18 个月；第六期约自生后 1 岁至两足岁。

四、儿童的字汇

研究这个问题的,以前有多伦(Doran,1907)①、潘尔司马(Pelsma)②和格兰特(Grant,1915)③多人。研究的方法,也有多种。通常的手续,观察的人,先备一本纪录字汇的册子,以便分类纪载。在儿童苏醒的时候,须时刻不离的接近他,引起他说话的动机。这样的观察,至少须有两三星期之久。所观察的儿童,生日时期愈近愈好。纪录的方法,可参考潘尔司马的计划:(1)儿童与人谈话时所用的字句,这些字的意义,他能确实了解的;(2)儿童对答他人询问时所用的字句,唯问句须避去儿童不常用的生字;(3)儿童因注意偶然的或特设的事物所说的字句;(4)儿童和别的儿童——真实的或想像的——谈话时所用的字句。华特尔(Waddle)曾把各人的研究综合起来,列成下面的表:

表15 各年龄儿童的平均字汇

年龄	儿童的数目	每个儿童的平均字汇	字汇限度	
			最小	最大
1岁	10	8.9	3	24
2岁	20	528	115	1 127
3岁	8	1 407	681	2 282
4岁	6	2 171	1 020	3 915
5岁	1	6 837		
6岁	1	3 950		

表中可以看出语言的进步,先迟后速,和普通学习的变速率不同。唯试验成绩不多,尚不能据为定论。表16表明儿童字汇的分配:

表16 儿童字汇的分配
(以百分比计算)

试验人数	年岁	字数总平均	名词	动词	形容词	状词	代名词	介词	连合词	咏叹词
10	1	8.8	65.3	6.9	5.1	12.8	0	0	0	9.8
20	2	528	8.9	20.8	9.79	4.88	1.9	1.44	0.21	1.87

---

① 据查未详。——编校者
② 据查未详。——编校者
③ 据查未详。——编校者

续　表

试验人数	年岁	字数总平均	名词	动词	形容词	状词	代名词	介词	连合词	咏叹词
8	3	1 407	55.59	23.1	10.8	5.1	2.2	1.4	0.6	0.9
6	4	2 171	53.6	25.0	12.0	5.1	1.45	1.0	0.66	0.9
1	5	6 837	56.8	19.3	21.8	21.8	2.17	2.17	2.17	2.17
1	6	3 950	48.0	24.0	10.0	3.4	0.9	0.6	0.2	0.5

上表显出儿童所用的字句，名词最多，动词次之，形容词又次之。文法上的误用，最为普通。有时动词用作名词，有时形容词用作动词。例如儿童不说："Why you want to make it dead?"他说："to dead that fly?"——"to die that fly?"

关于儿童一天以内所用的字数与总字数的比较如下表：

表 17　8 个儿童在一天内所用的字数

研究者	儿童年岁	总字数	不同样的字	一天所说的字数	占儿童总字汇的百分比
Gale	2	729	635	5 194	87
Gale	2	741	396	4 275	53.4
Gale	2	（约 1 400）	805	10 407	…
Gale	$2\frac{1}{2}$	1 432	751	9 290	52.5
Gale	$2\frac{1}{2}$	1 509	629	8 992	41.6
Brandenburg	3	2 282	859	11 623	37.6
Bell	$3\frac{1}{2}$	…	…	15 230	…
Bell	$3\frac{3}{4}$	…	…	14 996	…

上表"总字数"代表儿童的字汇总数，"不同样的字"代表一天以内所说的字，重复的不算。用"总字数"除"不同样的字"，再乘100，得最后一行的百分比。于此可见儿童对于所有的字汇，每天操练的机会很大。

五、字义的解释

儿童初学话的时候，名字的意义，大都不甚了解，所以概念也不清楚。例如看见"糕"就叫做"饼"，看见"牛"就叫做"马"。后来概念逐渐发达，字义也逐渐明了。照比奈(Binet)①和其他心理学者的研究,儿童解释各种字义,先从用处着想,如"马可以骑的","球可以拍的","刀可割物的"。待语言的能力渐发达,他的解释便进一层:从(1)式样、大小、形状、颜色;(2)性质方面;(3)类别方面,如筷子为饮食的用具等立论。

六、语言与智慧

学话的迟早,与儿童的智慧究有几多关系?米德(Mead)②曾研究过这个问题。他用 25 个男孩,25 个女孩,56 个低能男生,36 个低能女生,比较他们学话年龄的迟早,结果如下表:

表 18　儿童开始说话的年龄

智慧程度	开始说话的平均年龄(以月计)	常态儿优于低能儿(以月计)
常态儿	15.8	18.6
低能儿	34.44	
常态的男孩	16.5	19.26
常态的女孩	15.5	14.50
低能的男孩	35.76	
低能的女孩	30.0	

从言语方面,很可度量儿童的智慧。度量时应注意的点如下:(1)初学话的年龄;(2)和同年龄儿童比较的字汇总数;(3)用字的方法;(4)对于各种字义的解释;(5)造句措辞的能力:(a)填字;(b)词句重组;(c)了解(读法测验);(d)说相反字,如"大——小";其他。

七、语言与思想

近代心理学家对于"思想"不另列一门,归入语言的习惯以内,如华森(Watson)教授,即是一个代表。照他们的意思,思想是一种隐动(Implicit behavior)或"不则声的语言"(Silent speech)。大部分的动作,在喉头嗓子内。所以认思想印象等纯为中央神经系的动作殊有疑问。我们所有的各官体,都有思维的功用。不过这种推想,是否可靠,事实上尚不能证明。

---

① 比奈(Alfred Binet,1857—1911),法国实验心理学家,智力测验的创始人。代表作有《智力的实验研究》、《推理心理学》等。——编校者

② 据查未详。——编校者

八、结论

1. 学习语言的能力是天赋的,学习时最重要的方法为练习音声、发表和模仿。

2. 增加字汇和多得经验,为学习语言的重要条件。

3. 儿童初学话时,只知发表思想,字义误用的处所很多。

4. 训练语言最好的方法,在造成一良好的语言的环境,使儿童随时随地有增加字汇练习造句的机会。

5. 讲话的能力,在儿童时代占一个重要位置,并为将来学习文字的先导。

6. 儿童多和成人交接,造成语言的习惯,比较多和其他儿童交接来得快。

7. 儿童喜用俗字俗语,因字汇缺乏的关系。多阅读,多体验,多受成人指导,弊病便可减少。

8. 文字测验为智力测验中最好的方法。测验的主旨,重在了解意义和应用字汇的能力。

9. 依近人的主张,思想也为肌肉的动作,唯是否尚待证明。

课外研究和讨论问题

1. 禽兽能说话吗?
2. 语言有什么本能做依据?
3. 语言中哪一部分是遗传的,哪一部分是后获的?
4. 怎样儿童开始了解字的意义?举一个具体的例子。
5. 试问数个年龄不同的儿童,"野兽"作什么解释?
6. 为什么文字测验与智慧有密切的关系?举一两种测验智力的文字测验。
7. 要使儿童的字汇丰富,语言流利,家庭教育应注意哪几点?

参考书目

西文:

1. Chambers, W. G.: "How Words Get Meaning" in Ped. Sem. Vol. 11, pp 30 - 50.
2. Mead, C. D.: "The age of Walking and Talking in Relation to General Intelligence;" In Ped. Sem., Vol. 20 pp. 460 - 484.
3. Waddle, C. W.: "An Introduction to Child Psychology", Chap. Ⅶ.

中文:

1. 关宽之著,朱孟迁、邵人模、范尧深译,《儿童学》(第四篇,第五章),商务印书馆,1931。
2. 松本亦太郎、崎浅次郎著,朱兆萃、邱陵译,《教育心理学》(第五篇,第四节),商务印书馆,1924。

第二十六课　儿童图画的研究

图画的动作,差不多和语言及游戏一样地普遍,虽重要不如后两种的动作。游戏能把儿童内在的性情反射出来。图画也有这种作用。儿童描画时,能把所受的印象从动作中表演出来。审美的表演,有时传达创造的印象,比较语言还要容易。

一、本能的根据

图画既为儿童普遍的动作,又能引起自然的快感,因此有人觉得图画一定有强盛的本能做根据。并且我们知道图画的表示,受外界的影响小;语言和游戏的动作,受训练的影响大。儿童在一岁左右,就喜欢描画。通常使用物件的初步,就是图画的开端。建设"自己发表"(Self-expression)和其他本能的倾向联合起来,就引起这种创造的努力。待后来记忆、想像、观察和模仿的能力逐渐增进,描画便不若初步的简陋,能略具形似。嗣后经验愈增,审美和欣赏的程度,也愈增进。所以各种本能和本能的倾向综合起来,儿童就有一种审美的情感。有时对于图画、雕刻、色彩等,有很浓厚的兴趣,随时找到机会,就要把他热烈的情感发表出来。

二、图画的进化观

图画的来源,究竟怎样的,很难断定。有的说,图画是古人闲暇时间的偶然成功,例如偶睹实物和面容的形态相同,即引起绘画的动机。有的说,绘画是前人努力的结晶,所以补文字语言的不足。无论如何,我们可以说,艺术的冲动是普遍的、实用的、有快感的、自表的。除人类外,没有哪种禽兽,有这种能力,所以能运用这种能力,达到美善的地步,社会的遗传,当然有一部分力量。

个人方面艺术的增进和民族方面艺术的发达比较起来,有好多相同的点。说这句话,不一定赞成霍尔氏"复演"的学说。就华特尔的研究,半开化人民的艺术,有几个特点：

1. 半开化的艺术,大都用以装饰身体。文身(tattooing)(如臂上刺纹)、穿耳、束腰以及鼻圈、手镯、臂钏、项饰、发髻、衣服等等,半为美观半为实用起见;

总之都为爱好艺术的表现。其他如男子的弓矛，女子的筐篮，都有艺术的意思。

2. 粗浅的艺术，如绘画、雕刻、模型、织造等，并不专为消遣，确有实在的效用。例如庙宇的建筑，偶像的雕刻，为取悦神道起见。个人的装饰，也都含有意义，例如金锁可以镇邪，鼻圈可以保持寿命，身上刺纹可以做徒党的标识。

3. 绘画的发达，在文言之前。任何民族，先有图画，后有象形，然后有现今的文字。所以许多粗浅的图画，都有文字的作用。

总之，半开化的艺术是一种愉快的动作、吸引男女的媒介、引人赞赏的方法、传布思想的工具。并可借以表示宗教的信仰、增加普通的知识、发展审美的本性。知道了半开化的艺术有什么特点以后，再回顾儿童的艺术，觉有许多相像点。

三、儿童的图画的研究

开始研究儿童图画的，为意人力赛（Ricci，1887）。自兹以后，研究的人，不下数十，研究最完美者，为德人凯兴斯泰纳（Kerschensteiner）①。他费了7年时间，调查了五万八千个儿童，其中对于一万五千个常态儿，二千三百个高能儿，研究得格外精细。搜集的图画成绩，共有30万纸。后来做了一本508页的报告，书中举了1 000个图画的例子。关于儿童图画的研究，这本书的价值算最大。霍尔曾综合各家的研究，自己另外搜集了好几千图画纸，详细审查。从他所研究的结果，有几句话说得很动人。他说：“任何儿童研究，任何世界上的艺术就我所目见的，都没有感动我这样深，如这许多自发的创造的人性的表演。”从各种研究报告里边，我们得到许多有趣味的事实，对于儿童的天性，也能格外明了。

四、儿童图画能力发达的程序

图画能力的发达，同语言一样，也可分期说明。下边的分段，大致是参照路根斯（Lukens）②的。

1. 涂鸦期（The Scribble Stage）　儿童初作图画时，纯任自然的冲动，所谓信手涂鸦，毫无目的。这个时期，大概从2岁起，延长至5岁。依照梅乔

---

① 凯兴斯泰纳（1854—1932），德国教育家。1905年，他发表了《绘画才能的发展》一书，他是采用科学统计的方法进行儿童画研究的首创者。——编校者

② 据查未详。——编校者

(Major)①,中间又可以分作几个阶段。初期的运笔,纯为一种无定向动。唯有一点可注意,即运笔自右而左。从无定向的动作进一步,即为有意的描画。儿童此时对于所描画的成绩,开始发生一种兴趣。如所画的笔迹,偶能与常见的实物有些须类似,儿童即能辨认。由此再进一步,儿童能描画各种图形,凭一己的幻想,称之为"牛"为"马"为"人"。画的形神,不求确肖;画时也不必临摹实物。所以鲍德温(Baldwin)和路根斯(Lukins)②觉得儿童这时期的模仿,不在模型方面,在观察教师运笔的动作。

当儿童开始注意细密的地方,象征的能力暂形退化。在这时期,他愿意请人家画,不愿意自己画。所画的东西,大都为局部的、片段的;对于全部的关系,不甚注意。

2. 艺术的错觉(Artistic Illusion) 儿童在这个时期,略知绘画的用意。他的画,差不多就是一种语言。在6岁到8岁的时期,这个倾向,格外显明。他所描画的事物,很能代表他的思想、观念以及所经历的风景事实。画的形状,虽很简陋,但是事物的背景,事物的动作,实际上的位置,都能用笔表示出来。有时还加以点缀,对于美观、对称、比例及远近的关系,也略知注意。装饰也能顾到,如画人,知道画头发、帽子、钮扣等等。

这时期的绘画为想像的,不加研究的,只好算作艺术的准备。他对于艺术上因袭的观念,一概冲破,毫无成法可言。他只晓得画他所了解的实物,不管实际上所看见的形式怎样。引用张伯伦(Chamberlain)③的话:"这时期的儿童,真如一个天才的艺术家。他的使命,在创造自然,并不在临摹自然。"路根斯以为教师在这个时期,切不可用成人的眼光对付儿童,同他说:"睁开眼睛来细细地看,究竟这棵树这只苹果是什么样子的。照他们的样子画。儿童的眼睛可是睁开了,但是儿童所看见的是他本身的弱点,使他愧悔。他天赋的至可宝贵的能力——艺术的错觉——可是失去了。他知道不能绘画。'黄金时代'被教师轻轻几句话葬送了。"

3. 自觉的时代(The Self-conscious Period) 无论教师暗示与否,儿童总有自觉的时期。自觉的原因,大半因心身发达的关系。儿童在这时期,观察和欣赏的能力,都有绝大进步。他自己知道他的图画,非常简陋,因此艺术的兴趣便

---

① 据查未详。——编校者
② 据查未详。——编校者
③ 据查未详。——编校者

锐减。以前天真烂漫的信心，都消灭净尽。因此这时期又叫做"高原期"，儿童努力的效果，总不能符合他的理想。通常儿童达到这个时期在12岁至14岁；有多数人终身不能超出这个时期。教师此时很应设法鼓励，唤起已经丧失的兴趣。或使儿童尽力于较为易学的艺术，如用器画等，也为救济困难的一种方法。

4. 艺术能力复生的时期（The Period of Rebirth of Artistic Ability） 对于艺术有天才的儿童在15、16岁时，往往兴趣重生，艺术的能力，也飞跃的进步。此时儿童心身方面，都渐臻成熟时期。手腕的运用，动作的支配，都非幼时所可比拟。即观察、注意、判断、欣赏等等，也视前进步。情感方面，如博社会赞许的热望，也较前强烈。图画到了这个时期，已成为专门的艺术，不仅为有快感的动作，或发表一时情感的工具。图画既为专门的艺术，绘画的方法，当然须研求。所以学校中讲求画理，这时期最相宜。

五、儿童画的内容

儿童所画的事物，种类非常丰富。不可捉摸的风云雷雨、鬼怪神佛，他有时也要尝试一下。从图画的内容，可以看出儿童的兴趣。大致年龄较幼的儿童，喜画人物鸟兽；稍长，喜画花草树木房屋；最后才画各种图案花样。6岁的儿童所有的成绩，画人的约占四分之三。至14岁以后，兴趣便和前大不相同。画图案花样的最多，植物次之，动物又次之，人及房屋最少。

再有一点很可注意的，就是儿童所画的事物，不必近在目前。他喜欢画他所想像而得的事物，不喜欢画他所眼见的事物。

六、儿童画的特质

上边说过儿童最喜画的是人，所以"画人的进化"，也成了一个重要研究。儿童开始作画的时候，就不肯用直线。他只画一个轮廓，不着色彩。初画的人形，很不完备。过了涂鸦期以后，他就能画一似圆非圆的图形，加上两只眼，一张嘴，头形就有三分相似了。后来再添上几根线，作为四肢，人的形状，就粗粗完备。其他部分，所以不画在上边，因他对于形式的观念，不甚发达，因此遗漏了。身体、头颈、手、足、手指、头发、耳朵以及衣服等等，都是后来看到，才陆续添上去。

大概说来，儿童画有几种普通的缺点：不完备，没有比例，不相称，各部关系不清楚，矛盾处很多，远近的关系不明了。有人说，从图画的缺点方面，可以推测儿童的观察和思想方面的缺点。这句话也许是武断。儿童的中心观念,大致不会像他的图画那样子简陋。引用路根斯的例子,如下。

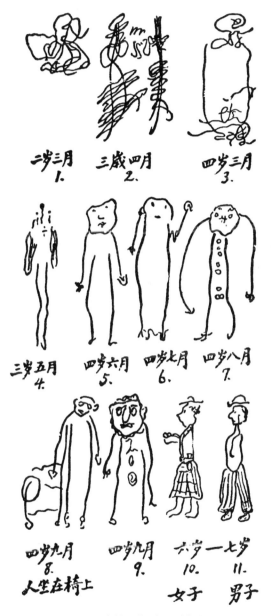

图 31　画人的进化(参照路根斯)

七、个别与两性的差异

霍尔曾综合各家的研究,觉得男孩喜欢描写战争的图画,女孩对于色彩的兴趣,较为浓厚。远近的观念,男孩早发达;装饰的能力,女孩早成熟些。就课业方面说,女孩的成绩来得好,就创造方面说,男孩用艺术发表的能力来得高。

在8岁以后,个别的差异,逐渐显著。据盘亨(Burnham)[①]的调查研究,有10个著名的艺术家,在7岁和13岁之间,已崭然露头角。所画的事物,也各个儿童不同。据莱氏(Lay)[②]的报告,在2小时半以内,51个儿童共画了230样事物。因此觉得学校中艺术的科目应丰富,使各个儿童都得随其所好,发展他的本性。

八、图画的功用

图画与其他艺术,在教育上都占很重要地位。印象、概念、形状的辨别、长短广狭、色彩,都可借图画而得到更完美的发达。图画可以训练视觉和手的动作;可以练习准确,陶冶性情;和卫生方面,也很有关系。

其他如用器画,在科学方面的应用也很大。曲线、图表,在任何科学,统计、艺术、工业上,都须用到。即阅读各种书报,也须能了解此种图画的意义。

所以教授艺术有一个明了的主旨。基本的目的,在发展儿童的天性,不在培养一个艺术家。自发的和创造的能力,应充分鼓励。所定的标准,应就儿童所能达到的范围,不应过高。如能发现天才的儿童,当加以特殊的指导。为大多数的儿童,应从训练手眼方面,培养他们欣赏艺术的能力。因为艺术只限于少数人,而赏鉴艺术的人,能愈多愈好。

九、结论

1. 有数种艺术的表示,非常普遍。他们所根据的本能倾向为"手作"、建设、"自表"、交际、审美、模仿等。

2. 艺术的发达,也可分作阶段,中间也须经过高原期。

3. 美术的欣赏和手工的能力,不一定平均发达,但彼此可以促进。

4. 儿童画有几种特质。

(1) 只画轮廓,不重色彩。

(2) 不完备,没有比例,不相称,各部关系不清楚。

(3) 不因袭,胆大,有创造的精神。

---

① 据查未详。——编校者
② 据查未详。——编校者

(4) 多图形的画,少装饰的画。
  5. 学校中如剪贴、沙土等艺术科目,如能用得其当,可收很大效用。

课外研究和讨论问题

1. 关于图画一类的艺术,根据哪几种本能的倾向。
2. 怎样说儿童的图画和半开化人民的图画,有好多相同的点?
3. 试述各时期儿童兴趣的变迁,并说明变迁的理由。
4. 艺术家是天生的,还是人为的? 说出理由来。
5. 艺术的表示与艺术的欣赏有什么关系?
6. 艺术科与其他科目的相关怎样?
7. 详述儿童画的特质。

参考书目

西文:
1. Hall, G. S.: Educational Problems, Vol. 2, pp 493 – 534. General Books, 2009.
2. Waddle, C. W.: An Introduction to Child Psychology Chap. Ⅷ.

中文:
1. 松本亦太郎、崎浅次郎著,朱兆萃、邱陵译,《教育心理学》(第五章,第五节),商务印书馆,1924。

第二十七课　儿童身体和精神方面的发达

一、身长和体重

　　就体质方面说,儿童和成人最不同的点,就是身长和体重。儿童各时期的生长率,至不一致。有时呈超进的现象,有时呈缓进的现象。生后第一年,生长最快。据路贝得(Roberts)和鲍斯(Boas)的调查研究,一岁的婴孩比较初生时,体高增进33%,体重增进200%。这种生长率,在一岁后任何期内,都不会发生。从6岁到8岁,生长也不算迟。8岁以后,速率渐减少。女孩到了10岁,男孩到了12岁,生长又复加速。看下页的图表便可明白。

　　曲线中可以看出在青春期内身长加速比体重加速来得早;女孩发育比男孩来得早。所以从11.5岁至14.5岁,女孩比男孩高;从12.5岁至15.5岁,女孩比男孩重。

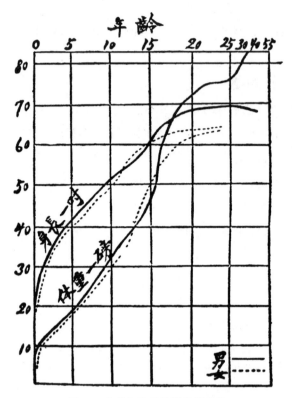

图 32　身长与体重的增进的曲线

表 19(1)　各年龄身长的比较

（依照鲍斯的统计，他共调查了 45 151 个男孩,43 298 个女孩。）

平均年龄	儿童数目	男孩			儿童数目	女孩		
		每年平均长度(时)	每年增长的实数(时)	每年增长的百分比(时)		每年平均长度(时)	每年增长的实数(时)	每年增长的百分比(时)
5.5	1 535	41.7			1 260	41.3		
6.5	3 975	43.9	2.2	5.3	3 618	43.3	2.0	4.8
7.5	5 379	46.0	2.1	4.8	4 913	45.7	2.4	5.5
8.5	5 633	48.8	2.8	6.1	5 289	47.7	2.0	4.4
9.5	5 531	50.0	1.2	2.5	5 132	49.7	2.0	4.2
10.5	5 151	51.9	1.9	3.8	4 827	51.7	2.0	4.0
11.5	4 759	53.6	1.7	3.3	4 507	53.8	2.1	4.1
12.5	4 205	55.4	1.8	3.4	4 187	56.1	2.3	4.3
13.5	3 573	57.5	2.1	3.8	3 411	58.5	2.4	4.3

续 表

平均年龄	儿童数目	男孩			儿童数目	女孩		
		每年平均长度(时)	每年增长的实数(时)	每年增长的百分比(时)		每年平均长度(时)	每年增长的实数(时)	每年增长的百分比(时)
14.5	2 518	60.0	2.5	4.3	2 537	60.4	1.9	3.2
15.5	1 481	62.9	2.9	4.8	1 656	61.6	1.2	2.0
16.5	753	64.9	2.0	3.2	1 171	62.2	0.6	1.0
17.5	429	66.5	1.6	2.5	790	62.7	0.5	0.8
18.5	229	67.4	0.9	1.4				

表 19(2)　各年龄体重的比较(依照鲍斯)

年龄	男孩			女孩		
	每年平均重量(磅)	每年增长的实数(磅)	每年增长的百分比	每年平均重量(磅)	每年增长的实数(磅)	每年增长的百分比
$6\frac{1}{2}$	45.2			43.4		
$7\frac{1}{2}$	49.5	4.3	9.5	47.7	4.3	9.9
$8\frac{1}{2}$	54.5	5.0	10.1	52.5	4.8	10.0
$9\frac{1}{2}$	59.6	5.1	9.3	57.4	4.9	9.3
$10\frac{1}{2}$	65.4	5.8	9.7	62.9	5.5	9.6
$11\frac{1}{2}$	70.7	5.3	8.1	69.5	6.6	10.5
$12\frac{1}{2}$	76.9	6.2	8.7	78.7	9.2	13.2
$13\frac{1}{2}$	84.8	7.9	10.3	88.7	10.0	12.7
$14\frac{1}{2}$	95.2	10.4	12.3	98.3	9.6	11.9
$15\frac{1}{2}$	107.4	12.2	12.8	106.7	8.4	8.5
$16\frac{1}{2}$	121.0	13.6	12.7	112.3	5.6	5.2
$17\frac{1}{2}$				115.4	3.1	2.8

续 表

年龄	男孩			女孩		
	每年平均重量(磅)	每年增长的实数(磅)	每年增长的百分比	每年平均重量(磅)	每年增长的实数(磅)	每年增长的百分比
$18\frac{1}{2}$				114.9		

新近鲍德温(Baldwin)曾有一个很详细的调查。他共调查了 18 770 个男孩,18 188 个女孩,总共有 36 958 个儿童。调查的年龄,自生后起至 6 岁止。下面的表摘录他结果中的一部分。

表 20 鲍德温所调查的儿童的身长体重表

年龄	身长	体重
初生时	53.87	4.25
一个月	56.21	4.63
二个月	58.88	5.39
三个月	61.23	6.04
四个月	63.30	6.08
五个月	64.39	7.00
六个月	67.12	7.54
七个月	68.58	7.97
八个月	69.35	8.19
九个月	70.23	8.34
十个月	71.40	8.61
十一个月	72.03	8.77
十二个月	73.15	9.17
二岁	84.94	11.41
三岁	92.35	13.34
四岁	99.89	15.00
五岁	105.31	16.54
六岁	109.73	18.14

二、各部发达的比较

各部器官的大小,儿童和成人的相差很大。克伯屈曾得到下列的比例:

	成人和儿童的比例
头部的长短	2∶1
躯体的长短	3∶1
臂长	4∶1
腿长	5∶1

三、脑部的发达

下图(33图)表示各年龄脑部的增进。脑重量加增的曲线,与体重的曲线相似。至5、6岁以后,增长力渐减少。

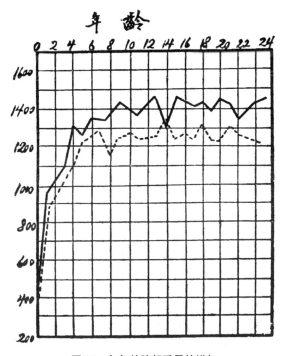

图33 各年龄脑部重量的增加

四、智力的增进

关于儿童智力的增进,最近鲍德温和斯特克(Stecher)[①]曾做过一个很费时的实验。他们从1917年起用斯坦福大学修正的比奈测验,试验数百儿童的智

---

① 据查未详。——编校者

力。这许多儿童,在 5、6 年中,有被试过 4 次的,有被试过 5 次的。下面两个图是他们调查研究的一部分结果。

从下面几个图看来,有几点应该注意：

1. 智力的发达和体质的发达相同,也是逐年增进的。
2. 在青春期内,男女的智力,都有超进的现象。
3. 超进的现象,女孩较男孩早些;高能儿较中材生早些。
4. 各儿童历年所得的智力商数 IQ,并不十分一致;女孩的曲线,更形参差。所以只凭一次的测验成绩,尚不甚可靠。

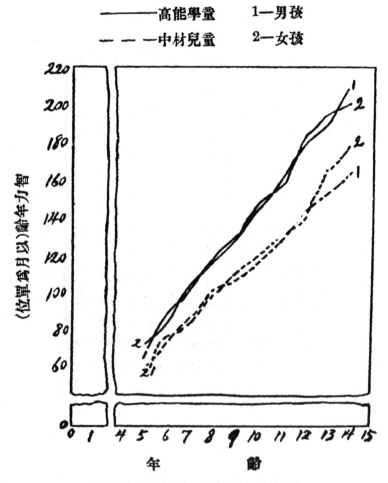

图 34　中材儿童和高能儿童智力增进的曲线

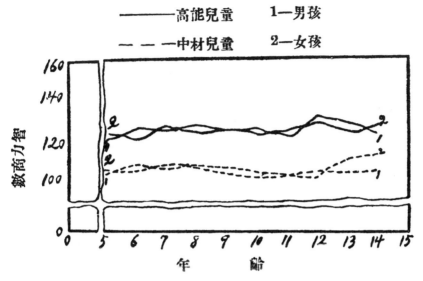

图 35 中材儿童和高能儿童的智力商数 IQ 曲线

五、体质发达和精神发达的关系

从儿童的生理和心理研究方面,引起了一个问题,究竟体质的发达和精神的发达有几多关系?伯特[①](Porter)根据他调查的结果(他共调查了 34 500 儿童的体高、体重和学业状况),说:"同年的儿童,体格重的,大概比较轻的来得聪明。"韦斯特[②](West)否认他的说法,说伯特的调查有两种弊病。第一伯特是以学级高低为智愚标准,以为同年的儿童,在高级的总比低级的聪明,其实尽有聪明的儿童,因为入学迟,所以留在低级的。第二核算年龄的方法,不甚可靠。

不过从上边几个图看来,体质的发达和智力的增进,确似有连带关系。在青春期内,无论男女,体重、身长与智力的曲线均有向上的趋势。所以鲍德温说:"要是我们以学级年龄(Pedagogical age)为智力发达的代表,那么身长、体重和肺量早发达的儿童,因为生理和心理方面成熟早的关系,所处的年级,当然要比较高些。"

依照鲍德温研究的结果,生理方面超进的女孩(Physiologically Accelerated Girls)(男孩也是这样),智力方面也呈超进的现象。所以我们以后创造智力测验,当兼顾体质的发达。单独的体格检查,调查体质发达的状况,没有什么大贡

---

① 据查未详。——编校者
② 据查未详。——编校者

献。单独的用智力测验,也不能解决学级编制的问题。我们以后必须做一个大规模的试验,选定了几多儿童,继续试验他们的体质和智力,然后可以定夺两者的关系。

课外研究和讨论问题

1. 在什么时候,儿童体质的发达最快?
2. 任择 50 个同年而不同级的儿童,比较他们的体质发达概况(如身长体重等)。
3. 体质的发达何以同智力的增进有密切关系?
4. 选择任何小学校一百个男生或一百个女生,按照他们的学业成绩排列等第;按照他们的年龄排列等第;按照他们的身长和体重排列等第。三种等第的比较怎样?
5. 按照生理年龄分班有什么利益?有什么困难之处?

参考书目

1. Baldwin, B. T.: The Physical Growth of children from Birth to Maturity. The university, 1921.
2. Baldwin, B. T.: The Relation Between Mental and Physical Growth, the Journal of Educational Psychology, April, 1912.
3. Gordon, K.: Educational Psychology Chap. Ⅱ.
4. O'shea, M. R.: Mental Development and Education, Chaps. Ⅷ, Ⅸ.

第二十八课　本编总温习

做本编的纲要,同时填补各问题的空白。

Ⅰ. 反射动作

A. 人类的反应,大致可分作三种:

1. 简单的反动,例如＿＿＿＿＿＿＿＿＿＿＿＿＿＿;
2. 选择的反动,例如＿＿＿＿＿＿＿＿＿＿＿＿＿＿;
3. 联念的反动,例如＿＿＿＿＿＿＿＿＿＿＿＿＿＿。

B. 和＿＿＿＿＿＿反动相类似的为反射动作。反射为动作的＿＿＿＿＿＿简单的反射如下图:

通常简单的反射,总有三个神经原;所谓神经原是神经系的_____,为_____和_____所组织而成。

C. 复杂的反射是指_____。所谓连锁的反射动作,就是一个例子;如下图：

D. 交替反射是_____。例如_____。

E. 人类的反射动作大概可分为下列数类：

1. 比较的纯粹的,例如
2. 略可抑制或助长的,例如
3. 大部分可变更的,例如
4. 姿势反射,例如

Ⅱ．儿童的天性

A. 定夺先天的动作,可用下列几条标准：

1.

（例子）

2.

（例子）

3.

（例子）

B. 人类的动作,可归纳成下表：

C. 本能的组织,可以说是几个反射弧所合成：

1.

2.

D. 成人的本能,大概可分为两种：

1. 改换的本能

（1） （例子）

（2） （例子）

（3） （例子）

（4） （例子）

（5） （例子）

2. 本能的倾向

(例子)

E. 华森(Watson)曾试验初生时至一月以内之各种情绪,结果如下:

1.

2.

3.

F. 解释本能的来源有三种学说:

1. "隐智说"　　　　（说明）

2. "反射说"　　　　（说明）

3. "有机选择说"　　（说明）

Ⅲ. 天性在教育上的位置

A. 各种本能的发现,都有一定时期,时期的迟早,多半靠托_____ _____。

B. 变更本能的方法,粗分起来,有下列三种:

1.　　　　（例子）

2.　　　　（例子）

3.　　　　（例子）

C. 有几种本能或本能的倾向,格外有教育的价值:

1. 模仿　依照_____儿童的模仿可分为五个时期:

(1)

(2)

(3)

(4)

(5)

对于模仿有几点可注意:

(1)

(2)

(3)

(4)

(5)

2. 游戏　游戏的价值可从多方面来说:

(1)

(2)

(3)

自来对于游戏的学说,也有好多种:

(1)

(2)

(3)

(4)

(5)

依照华特尔儿童的游戏,可分为下列几个时期:

(1)

(2)

(3)

(4)

3. 好奇　关于好奇的注意点:

(1)

(2)

(3)

(4)

4. 社会的本能　例如

Ⅳ. 儿童语言发达的程序

A. 语言是_____。

B. 说话至少有两个条件:

1. 生理的

(1)

(2)

(3)

用图表示如下:

2. 心理的　包含_____。

C. 学话的步骤,可分为下列数时期:

1.

2.

3.

4.

5.

6.

D. 儿童语言的进步,大致先_____后_____。儿童所用的字汇,_____最多,_____次之,_____又次之。

E. 儿童对于字义的解释,也可分作三个阶段:

1.

2.

3.

F. 从言语方面度量儿童的智慧,可注意下列数点。

1.

2.

3.

4.

G. 近人以为思想是一种_____。

Ⅴ. 儿童图画的研究

A. 图画所根据的本能为_____。

B. 艺术的冲动是_____。

关于艺术的进化有几点可注意:

1.

2.

3.

C. 儿童图画能力发达的程序如下:

1.

2.

3.

4.

D. 大致年龄较幼的儿童,喜画_____;稍长,喜画_____;最后,才画各种_____。_____岁以后,兴趣适和前相反。

E. 儿童画有几种特质:

1.

2.

3.

4.

F. 图画可以训练_____和_____,并可_____,_____。

G. 教授艺术的主旨,在培养少数_____,养成多数_____。

Ⅵ. 儿童身体和精神方面的发达

A. 就体格方面说,儿童和成人最不同的点,就是_____。

B. 在青春期内,_____加速比_____加速来得早;_____发育比_____来得早。

C. 从鲍德温所研究的智力曲线方面,我们得到下列数点:

1.

2.

3.

4.

D. 同年龄的儿童所处的年级所以不相等,大致有两种原因(入学迟早不同的影响除外):

1.

2.

第三编　个别差异

第二十九课　个别差异的概论

个别差异，在任何方面，看得出来。倘使我们比较一般人的身长、体重、臂力、肺量、眼力、听觉、肤色、书法的能力、音乐的能力、创造的能力以及其他物质上精神上的特质，各个人都不一样。我们初发现这种差异的时候，觉得人类的个性，错综复杂，难于言语形容。身体最高的人，身量未必最重；眼力极好的人，听觉不一定最灵；长于音乐的，或不长于语言文字。

仔细研究起来，觉得差异方面，自有一种规律。现时科学幼稚，虽不能把那种规律完全定夺出来，但是已经有了头绪，可以帮助我们了解各个人的特殊点。

教师对于心理学方面，没有再比个性差异的问题来得重要了。倘使我们没有差异，教授就变成一件极容易的事情。我们只须有了一个标准，拟定了一种方法，随处可以适用。但是人类不是一样的，因此没有一种方法，可以适应各个人。有时一种教学法，对于一班儿童，收到很大的效果；应用到别一班学生，就收不到同样的结果。在每学期结束时，各班总有几个学生不及格；不及格的学生里边，也总有几个因为教法不良的关系。倘使换了一种教法，原来不及格的学生，或者有几个可以及格；原来及格的学生，或者有几个要不及格。所以此刻做教师的，先须研求各个人的特性，再选择一种适当的方法来应用。将来的趋势，教师必须懂得诊断的方法。仿佛医生治病，先须研究病状，诊断病情，然后再着手疗治，俟病人克复为止。教师也须这样，先了解各个儿童特点，诊断特点的来源，然后再施以适当的训练，俟有成效为止。现时低能院的设施，就仿佛如此。对于低能儿，我们知道采用这种方法，对于通常儿童，难道就应该忽略个性教育吗？

此刻我们可先讨论几种个别差异的事实和原理。

一、学习镜画的个别差异

从本学程开讲以来，我们已经看过做过许多学习曲线。对于学习的进行程序，也发现了几个普通原则。但是还没有细细研究各个人学习的概况，究竟是不是一致的。

我们知道各人的学习概况是不一样的。各人学习的方法不同,学习时间的长短不同,回答问题的答案,也不相同。所以同在一班念书,有人分数很高,有人分数很低。为什么有这种差异?差异的缘由在什么地方?

回答这个问题之前,让我们先研究 10 个人学习镜画的成绩,看他们的同异在什么地方。下边是 10 个人在镜画实验时做的结果,成绩是时间和错误两种合起来的。(10 人中有 2 人的成绩和表 3 所载不同)

表 21　十个人镜画测验的成绩

练习次数 \ 人	甲	乙	丙	丁	戊	己	庚	辛	壬	癸
1	191	288	357	189	318	181	147	913	334	184
2	156	201	242	127	220	168	98	635	264	182
3	126	135	226	129	231	147	120	563	165	79
4	115	116	187	131	185	159	92	281	146	68
5	94	130	183	130	152	97	100	317	104	81
6	92	110	168	140	146	89	77	233	108	74
7	84	83	147	150	160	79	80	198	100	72
8	81	98	143	102	138	66	89	182	91	65
9	65	83	117	111	154	58	61	187	79	47
10	65	75	138	107	116	53	54	176	78	61

研究上边的成绩,我们觉得有几点是共同的:

1. 他们都表示练习后有进步。
2. 开始的进步都比较后来快。
3. 进步的状况不一致,有时后一次的成绩,反不如前一次的成绩。

关于下列各点,各个人便有差异:

1. 初步的效率。
2. 最后的效率。
3. 进步的分量。

照 10 个人初步的成绩排列起来,我们得到下列的次序:庚(147)、己(181)、癸(184)、丁(189)、甲(191)、乙(288)、戊(318)、壬(334)、丙(357)、辛(913)。10 个人初步的平均分数为 310。平均数是代表全体成绩的大概情形。不过 10 人中没有一个人,第一次练习镜画的成绩是 310(时间和错误合起来算),恰和平均数符合。戊的成绩最近似,他的成绩为 318 和平均数相差仅 8。庚(10 人中最好)胜过平均数163,辛(10人中最坏)比平均数低603。因此可见平均数虽可代表全体成绩,但是对于各个人的差异,丝毫显不出来。

第10次的成绩,各个人的参差也很大。大致初步的成绩好的,后来的成绩也好,但不少例外。例如丁初步列在第四,最后列在第七,壬初步列在第八,最后列在第六。

二、学习简易算术的个别差异

对于学习镜画的个别差异,已经约略讨论过了。现在再看各个人做简易的加法乘法,有几多差异。中间包含下列几个问题:对于应用乘法表,我和成人比较起来,有几多差异?我是否比较普通的成人做得快?是否比较普通的成人做得正确?这几点成人和儿童比较怎样?儿童自身方面比较起来,差异怎样?除了讨论这几个问题以外,我们还要提出一个问题——究竟差异的原因是什么?

第一先用测验甲的材料,把全班试验一下。测验甲包含80个简易的加法题目,例如 $+\frac{1}{3}$,$+\frac{4}{7}$,等等。时间限一分钟,看在一分钟内,各人能做多少问题。测验甲试好后,再做乘法,测验乙。核算两组材料的成绩,求每组的平均数。然后再同以前几次一样,两人合作一报告。

第一节 问题:成人学习简易的加法乘法有几多差异?

用具:测验甲和测验乙材料,表。

手续:各人已经准备好以后,发给测验甲材料,反面向上。主试说:"预备!做!"各人开始把试纸翻转来,尽一分钟的时间,做得愈多愈妙。等主试说:"停!"立刻就举起铅笔来,这样,可以免去补做的嫌疑(你们自己以后也要测验儿童,所以自己不妨先做做被试,看测验时所受的经验怎样)。

各人调换试纸。主试把每问加法的答数读出来。倘使一题的答数是错的,就在那个题目做一个"○"。在试纸上边,标明试做的题数,做错的题数,以及做对的题数。简便的方法像下边"65 - 3 = 62",或"60 - 0 = 60",第一个数目是表示试做的题数;第二个数目,表示做错的题数;第三个数目,表示做对的题数。

把试纸交回原人,看核算的分数有无错误。倘使意见有参商的时候,改削试纸的人,应下最后的断语。模棱两可的答数,作为错误。

同样做测验乙乘法的题目。

结果：主试把两种测验的成绩写在黑板上，和班上同学一起求平均数。班中有特殊的错误，也应该记下来。

解释和应用：把这次的成绩和下次的成绩，合起来做报告。

测验甲——加法

姓名_____ 年岁_____ 班次_____

3	0	3	11	12	9	7	6	4	2
11	8	2	7	4	0	8	5	8	1
8	5	8	12	6	9	2	11	12	0
12	1	0	5	10	5	10	3	1	7
1	10	4	9	6	7	12	1	7	6
8	7	12	1	6	3	9	4	12	1
7	6	4	9	10	2	1	10	8	5
2	11	7	6	3	6	9	6	3	10
3	8	4	5	9	3	7	10	8	0
3	4	10	11	3	2	5	3	5	6
11	7	0	9	11	4	8	5	8	6
4	7	11	10	11	0	8	4	9	7
3	10	3	0	12	1	9	1	4	5
12	1	7	2	8	5	9	0	9	0
12	5	2	11	2	0	2	4	10	2
11	9	2	8	5	12	11	4	11	9

测验乙——乘法

姓名_____ 年岁_____ 班次_____

3	0	3	11	12	9	7	6	4	2
11	8	2	7	4	0	8	5	8	1
8	5	8	12	6	9	2	11	12	0
12	1	0	5	10	5	10	3	1	7
1	10	4	9	6	7	12	1	7	6
8	7	12	1	6	3	9	4	12	1
7	6	4	9	10	2	1	10	8	5
2	11	7	6	3	6	9	6	3	10
0	8	10	7	3	6	5	4	8	3
3	4	10	11	3	2	5	3	5	6
11	7	0	9	11	4	8	5	8	6
4	7	11	10	11	0	8	4	9	7

3/12	10/1	3/7	0/2	12/8	1/5	9/9	1/0	4/9	5/0
12/11	5/9	2/2	11/8	2/5	0/12	2/1	4/4	10/11	2/9

第二节 问题：做简易的加法乘法，成人和小学四年级儿童比较起来，有几多差异？

用具："表22"的成绩。

表22 表示成人和四年级儿童每次做对加法乘法的平均题数

成人练习10天，儿童练习14天，都是每天一次。（参考斯特朗的结果）

练习次数	加法（测验甲）		乘法（测验乙）	
	成人	四年级儿童	成人	四年级儿童
1	59	19	40	11
2	67	21	50	15
3	69	22	52	16
4	69	23	55	17
5	71	25	58	19
6	72	26	61	20
7	14	27	61	21
8	75	28	62	21
9	75	29	64	23
10	76	30	64	24
11		31		25
12		32		26
13		32		27
14		33		28

注意：儿童做每种测验时，限两分钟。不过表中成绩，仍照一分计算，因为已经用2把原来成绩除过了。

手续和结果，根据成绩画曲线，垂直线上分成80个单位。加法曲线用实线，乘法曲线用虚线。

第三节 问题：做简易的加法题，普通小学四年级的儿童和迟钝的儿童比较起来，有几多差异？

用具："表22"的成绩和下面的说明：菲力柏斯女士(Miss M. Phillips)①曾经用测验甲的材料，试验一组二年级的儿童。这组儿童的平均实足年龄为9岁半，和四年级的相仿佛。他们在一二年级已经留班过几次，大家觉得他们坏得无法可想。(1)他们对于测验甲，试做了10天，每天一次；(2)对于另外一种加法测验，和测验甲相仿佛的，练习了10天；(3)每天用15分钟，练习测验甲上边一类的问题，共练习了15天；(4)再做测验甲，又继续试做了10天。(2)和(3)两部分合起来，对于简易的加法问题，共练习了170分钟，分布在25天以内。(1)和(4)两次测验的平均成绩如下：

练习次数	(1)	(4)
1	4	7
2	5	8
3	5	8
4	5	9
5	6	9
6	6	10
7	6	10
8	6	10
9	7	11
10	7	11

手续：处置成绩方法同第二节。通常小学各级的平均分数(标准分数)和成人的平均分数如下：

	各级加法标准分数 (测验甲)		乘法标准分数 (测验乙)	
	十月,1915	二月,1917	十月,1915	二月,1917
Ⅲ	—	15	—	6
Ⅳ	19	29	11	20
Ⅴ	26	37	17	26

---

① 据查未详。——编校者

Ⅵ	—	40	—	25
Ⅶ	18	44	27	27
Ⅷ	20	43	30	30
Ⅸ	—	49	—	30
成人	59	59	40	40

二月里边的比较十月里边的好,因为在校内多得三个月练习的关系。

手续和结果:把迟钝儿童的成绩曲线和别的曲线画在一起。

注意:在这个实验里边,每天试验所用的材料是一式的。有一部分的答数已经记熟,所以速率加增很快,倘使我们每天所用的材料,把次序颠乱了,进步就不会有这样快。

解释三节的问题:从这许多事实里边,你能否说出各组所以有这种差异的缘故来?练习10次以后,这几组的成绩,是否渐趋一致?这个事实,和现时的学校组织,有什么关系?

应用:下次把报告交来。

参考书目

1. Cameron, E. H.: Psychology and the School, Chap. ⅩⅣ.
2. Starch, D.: Educational Psychology, Chaps. Ⅲ. Ⅳ. Ⅴ Ⅵ.
3. Strong, E. K.: Introductory Psychology for Teachers, Lessons 21, 22, and 23.

第三十课 个别差异的三大原因
——环境、遗传和训练

我们知道各个人有几点是相同的,例如练习时都能得到益处;开始的进步,大概比终了时快些;进步的速率并不一致,有几次进步很多,有几次反形退步。我们也知道各个人有不相同的地方,例如(1)初步的成绩(2)最后的成绩和(3)进步的数量都不一样。此刻我们要讨论的,为什么有这种差异?

一、环境、遗传和训练

一个人是两种势力的结晶,这两种势力,就是遗传(Heredity)和环境(Environment)。人同别的生物一样,遇到任何动境,就发生一种反应。不过动境只能做反应的近因,却不能影响反应的性质。换一句话说,动境(环境)可以唤起反应,惟是反应的性质,完全定夺于生物机体的组织。所以一个人每天的生活,都受遗传环境两种势力所支配。例如冬天在校里,看见人家踢足球,有的人见了心喜,即行加入,有的人虽表同情,却立在旁边看。又如普通人看见颜色,能分别红黄蓝绿,患色盲的人,就不能辨别了。由此看来,在同一的环境里边,可以得到不同样的反应。反应所以不同,就因为生物机体的组织有不同的关系。我们敢再说一句话,动境只能当作反应的近因,至于反应的究竟如何,要全凭遗传作主了。

即就我们前次所讨论的镜画实验结果来说,10个人的动境是完全相同的,但是他们的反应,却大不相同。有的人反应很快,又很准确;有的人很准确,但反应很慢;有的人反应很快,但不准确;有的人反应既不快,又不准确。看了这种差异状况,我们总以为是遗传的作用,因为各人所处的环境,是一样的。但是也不尽然。倘使10人中有一个人,在未做镜画实验以前,先练习了若干次,他做的结果,当然要比人家好,这样我们可以说是遗传的关系吗？当然不能承认。所以我们说个别差异,除了上述两种原因外,还有一种原因,就是训练(Training)。所谓训练,可以说是个人从以前经验里边所造成的习惯。这个习惯,也可说是一部分的遗传和一部分的环境所造成的。所以人们的动作,是遗传和环境两种势力相加的结晶,不过分析起来,可以说有环境、遗传、训练3项。

诸位试想此刻有一个初讲话的小孩子,知道"鸡"和"毛"两个字。有一天他立在门外,看见一只鸭子掉落了一根羽毛,他就拾了起来,对他母亲说:"鸡鸡,毛!"这"鸡鸡毛"3个字,可以说是"鸭子掉落羽毛"的动境唤起的;至于拾鸭毛起来,以及对他母亲说,是受天赋的影响;说"鸡鸡毛",不说"鸭毛",是后天经验的关系。这3种合起来,就成了小孩子们的反应。那时我天天的生活,日常的动作,都要受这3种的影响:(一)碰到的动境;(二)从祖宗遗传下来的天赋能力;(三)后天的经验。

二、从遗传和训练解释个别差异

用上边的算术测验做例子。做算术测验时,大家都在规定时间内,做80个问题,动境可以说是一致的。但是各人的结果,并不一样。这是因为天赋有不同、训练有深浅的关系。先说训练的影响,再讲遗传的关系。

（一）训练的影响

我们以前讲过各人开始的进步,大概比较后来快。这句话是很对的。所以

未经练习的事情,曲线初步向上很快,到后来逐渐慢些;已经练习的事情,曲线向上的趋势,便不十分显著。看下图便明白了:

下图曲线甲表示已经练习过的,曲线乙表示未经练习过的。所以曲线乙初步向上很快,进步也很多,曲线甲向上并不多。我们可以说曲线甲的成绩不完全。开始 15 次,已在别处练习过。此处所表示的成绩,是从第 16 次起到 41 次止。因为不是这样猜想,甲乙所代表的能力(除训练外)不能完全相同了。但看曲线乙从第 16 次到第 26 次的进步,和曲线甲从第 1 次和第 11 次的进步,恰巧一样,可以证明我们的猜想不差。倘使继续练习下去,曲线乙从第 26 次到第 41 次的进步,要和曲线甲从第 11 次到 26 次的进步一样。因此可见过去训练的影响,就在提高初步的成绩,免除初步骤然向上的趋势。

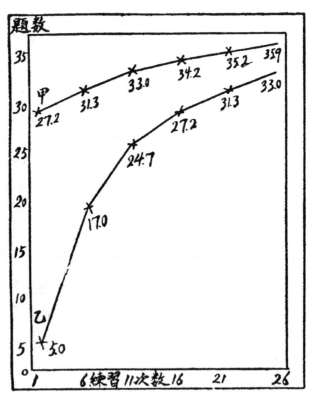

图 36　表示两人关于算术训练方面的影响除 训练以外,两人其他方面的能力都相等。

上面说过初看起来,好像曲线乙的进步,比较曲线甲来得快(例如乙从 5 个问题进步到 33.0 个问题,甲从 29.2 个问题进步到 35.9 个问题)。但是从练习次数方面着想,乙不比甲进步快,乙在开始时少练习 15 次;在终了时,依旧少练习15次。倘使乙继续练习15次,乙也可以达到甲在第41次所达到的地方。所以要比较两个人的进步,非常困难,一方面要看他们现时的成绩,一方面又要知道他们以前所费的时间和精力。倘使一个人的进步将近限度,多加一分力,成绩上看不出什么来。

(二)遗传的影响

究竟各人天赋能力不同,对于学习曲线方面,发生什么影响?下图可以证明这一点:

个人的天赋能力愈高,练习的进步数量便愈大;天赋能力愈低,练习的进步数量也愈小。曲线乙、丙、丁,表示3个人的学习结果。曲线乙表示天赋能力最高的成绩,曲线丙表示天赋能力较次的成绩,曲线丁表示天赋能力最低的成绩,这3个人所受的训练,完全相同,不过天赋能力有高低,所以开始第一次练习,成绩就分出高下来了。

不过有一点要声明的。所谓天赋能力,是专指一种特殊能力而言。例如大音乐家(音乐方面有极高的天赋能力)对于镜画的天赋能力未必一定好。大音乐家学习镜画时,曲线向上多不多,不靠托普通的天赋能力,只看他关于镜画方

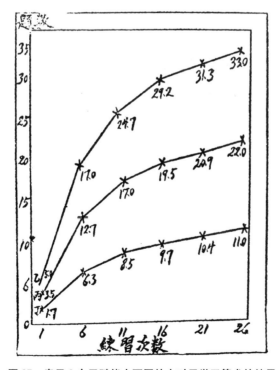

图37 表示3个天赋能力不同的人对于学习算术的结果

面的天赋能力好不好。

(三) 遗传和训练两种合并的影响

要明白遗传和训练合并的影响,我们不妨假定有甲、乙、丁、戊 4 个人:(1) 甲有良好的遗传和训练;(2) 乙有良好的遗传,但无训练;(3) 戊有训练,但无良好的遗传;(4) 丁既无良好的遗传,又无训练(此刻所谓良好的遗传,专指我们所讨论的一种特殊能力;所谓训练,专指在规定时间内,学一种特殊材料)。他们的学习曲线,仿佛如下图:

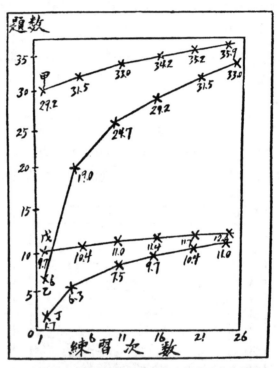

图 38 表示 4 人的学习曲线 甲有良好的遗传和训练;乙有良好的遗传,但无训练;戊有训练但无良好的遗传;丁既无良好的遗传,又无训练。

甲同戊可以说都已练习过 15 次,乙同丁都没有练习过。乙比丁的天赋能力好,所以开始成绩就好些,末后相差很远。受训练的机会愈多,两人的差异愈大(专就此刻所讨论的一种能力而言)。甲同戊比较起来,也是这样。两人以前都有过训练,不过练习次数愈多,差异格外显著。因此可知天赋能力不同的人,继续学习,可以使他们的差异格外显明。

甲和乙的曲线是相仿佛的。倘使乙多练习 15 次,从第 16 次到第 41 次,曲线便和甲的一样。戊丁也是这样。因为以前训练的关系,甲和戊,比较乙和丁,成绩各自好些。不过练习次数愈多,差异愈小。从做的题数方面着想,确是这样。但从实际用力的方面着想,甲比乙,戊比丁,始终多用 15 次力。

看了甲、乙和戊丁遗传方面的差异,似乎非常之大,其实任何教室里边,都可发现这种差异。普通小学四年级学生和愚钝的儿童比较起来,仿佛甲和戊的差异一样。图 39 就表示两个儿童的成绩,一是小学四年级的学生,一是愚钝的儿童,四年级的学生,在班中并不算最聪明(28 个学生里边列在第 11),愚钝的儿童在他一组中,也不算最笨。但是结果的差异很大。于此可见同一学算术,有的学了加减乘除,能进而学微积分,并能应用到工程方面去,有的虽基本的演算,都学不好。

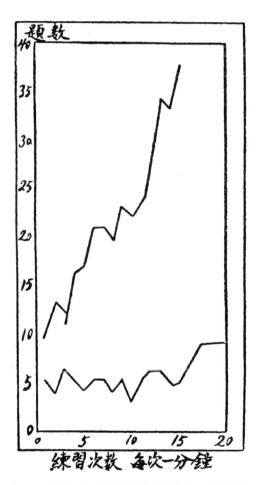

图 39 表示一个小学四年级的学生和一个愚笨儿童的练习加法测验 (测验甲)曲线 (愚笨儿童在第 10 次和第 11 次中间曾练习 170 分钟,分布在 25 天的加法演题。)

（四）练习简易算术题方面的个别差异

此刻我们可以用上面一课所载的成绩来讨论一下。成绩的曲线如图40。曲线的形式，虽不能和我们理想的曲线（如图36、37、38）相吻合，然大致相差尚不远。总结起来，可以归纳几条原则：

1. 练习次数愈多，初步成绩愈高

这一点不必细说。

2. 练习次数愈多，进步便愈慢

这句话却要分别而论。虽然这几组人对于这两个测验，以前都没有特地训练过，但是我们总以为成人的练习机会，比较小学四年级儿童来得多，所以进步要慢些。不过曲线上没有显明这一点。其故由于各组天赋能力的不同。成人的天赋能力，差不多已经完全发达，所以比较四年级的儿童强些；并且我们所指的成人，都是大学学生，遗传方面，本较一般四年级的儿童来得高。换一句说四年级的儿童就是到了成人时期，他们的天赋能力，恐怕也抵不上大学学生的能力。这一点可以解释为什么缘故多练习的并不比较少练习的进步来得慢。

3. 天赋能力愈高，练习后进步也愈多

这一点看上面几个图，和方才所讨论的，就明白了。

4. 训练影响愈大，个别差异也愈显著

初施特别训练的时候3组的成绩如下：
大学学生每分钟做对50题。
小学四年级儿童每分钟做对19题。
愚笨的儿童每分钟做对4题。

平均数　　27.3
平均差　　21.1

练习10次以后，他们的结果如下：

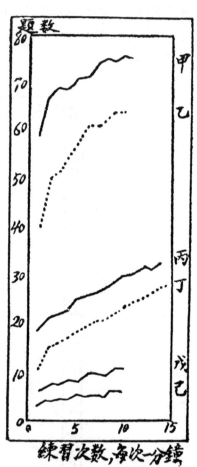

图40　表示各组做算术演习题的曲线　曲线甲（测验甲）和曲线乙（测验乙）表示成人的成绩；曲线丙（测验甲）和曲线丁（测验乙）表示四年级儿童的成绩；曲线戊（测验甲）和曲线己（测验乙）表示愚笨儿童的成绩。

大学学生每分钟做对 76 题。

小学四年级儿童每分钟做对 30 题。

愚笨的儿童每分钟做对 7 题。

平均数　　　37.7

平均差　　　25.6

我们知道平均差格外大,就表示各组的差异,也格外分明。(求平均差的方法,于下章讨论)我们再可以用下边的方法比较。

大学学生比较四年级儿童第一次多做 31 题。

大学学生比较四年级儿童第 10 次多做 46 题。

大学学生比较愚笨的儿童第一次多做 46 题。

大学学生比较愚笨的儿童第 10 次多做 69 题。

四年级儿童比较愚笨的儿童第一次多做 15 题。

四年级儿童比较愚笨的儿童第 10 次多做 23 题。

第四条原则,说训练可以加增差异,于教育上有极大的影响。一班学生经过一时期的学习以后,总有几个学生成绩非常好,进步非常快;也总有几个学生,成绩非常不好,进步非常迟缓。要使得好的、坏的、中庸的,都得到适当的学习,那么非有一种特殊升班的方法不可。各组学生,应该时常有调动的机会。要是用一种机械的方法,来办理升级留级事宜,没有不失败的。因此我们须牢记着,进步的状况,是没有两个人一致的,有的快些,有的慢些,有的适乎其中。

课外研究和讨论问题

1. 倘使两个人的天赋能力相等,唯以前所受的训练不同,使现时同受相当的训练,差异方面发生什么影响?说出理由来。
2. 倘使天赋能力不相等,继续受同等的训练,差异方面发生什么影响?说出理由来。
3. 读了本课以后,对于现时的班级制,有何感想?
4. 为什么通常成人练习的影响,要比儿童练习的影响小些?
5. 平均数何以显不出个人的差异?

参考书目

1. Starch, D.: Educational Psychology, Chaps. Ⅲ. Ⅳ. Ⅴ. Ⅵ.
    2. Strong, E. K.: Introductory Psychology for Teachr. sie Lssons 24.

3. Thorndike, E. L.: Educational Psychology (Er ef, ecouase) Chaps. XXI - XXVII.

第三十一课　个别差异的常态分配

我们知道人是生出来就有差异的。有的人长得高些,有的矮些;有的人长得胖些,有的瘦些;有的人生来聪明些,有的笨些。倘使我们把一班人分起高矮肥瘦、聪明愚笨来,大致尚不错误。但是究竟有没有一定标准?是不是从一寸起到五尺的身材,叫做矮的,五尺以上的身材,叫做高的?是不是体重在120磅以下的,叫做瘦的,在120磅以上的,叫做胖的?对于身长体重,即使我们假定有这种标准,对于一个人的智慧,究竟应该怎样分别?我们一般人算是笨的,还是聪明的?是不是我们可以分出三种特殊的组别:低能儿、中材生、高能儿,还是各组无绝对的界限,不过一种比较的分法?

次数

```
 6                           24
                             19
 4                           14
                18  22    8  17
 2             15   11    5  13   16       12
         21 25  1    6    4   2   10   7    3    20    9    23
        ─────────────────────────────────────────────────────
         4   6   8       10      12       14   16        18
                              点数
```

图41　表示用3粒骰子掷25次的"成绩分配面"(参考斯特朗)

要对答上边这一个问题,我们可举一个小小的"机遇实验"来证明。这个实验,就是用3粒骰子掷点数,共掷了25次,结果如上图。

看了上边的结果,我们知道全体的成绩,都有相互关系,不能划然分为两组。我们只能求出一平均数,看每次点数和平均数相差多少。

此刻我们只掷了25次,第一次掷8点,第二次掷11点,第三次掷14点,第四次掷10点,第五次又掷10点……。倘使我们掷216次,或者可以得到一种"常态分配"(Normal distribution)。因为3粒骰子掷出来的点数,共有16个不同的样子(最小的3点,最大的18点)。排列的变化,一共有216个。例如"3"只有一个变化(1-1-1);"4"有3个变化(1-1-2,1-2-1,2-1-1);"5"有6个变化(1-2-2,2-1-2,2-2-1,1-1-3,3-1-1,1-3-1);余可类推。216次中点数和次数的分配如下:

点数	次数	点数	次数
3	1	11	27
4	3	12	25
5	6	13	21
6	10	14	15
7	15	15	10
8	21	16	6
9	25	17	3
10	27	18	1

照上边的分配,10 点和 11 点的变化,各有 27 次;3 点和 18 点的变化,只有 1 次。所以掷 10 点和 11 点的机遇,要比较掷 3 点和 18 点的机遇大 27 倍。把上边的结果,画成图形,就得到一个常态分配曲线:

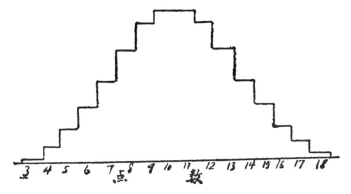

图 42 用 3 粒骰子掷 216 次,依照理论应得的常态分配曲线

一、理想的分配

细细研究人类的个别差异和理想的分配(Ideal distribution),很能符合。现在可举两个实在的例子来证明:

1. 体质方面的差异

有人调查 1 171 个 16 岁女孩的身长,结果如下:

表 23　1 171 个 16 岁女孩的身长分配

身长(以 Cm. 计算)	人数	百分比
136—139	2	0.2
140—143	12	1.0
144—147	54	4.6
148—151	159	13.6
152—155	280	23.9
156—159	310	26.5
160—163	218	18.6
164—167	102	8.7
168—171	31	2.6
172—175	2	0.2
176—179	1	0.1

表中成绩的分配，非常均匀。现只调查了 1 171 个女孩；要是调查的人数，增加好几倍，再用一种很精密的标准，做度量的单位，那末所得的成绩分配，可仿佛如下图：

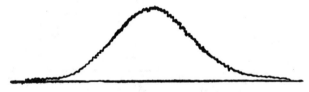

图 43　常态分配曲线　倘使表 23 的人数增加好几倍，再采用一种很精密的度量单位，那末所得的成绩分配便可与比曲线符合。

细察这个曲线，有几点可注意：(1) 中等身材的人占大多数；(2) 在平均数上下的人数，大致相等；(3) 与平均数差异愈大，人数愈少；(4) 从最低身材到最高身材，中间无显然划分的界限。

2. 智力方面的差异

各个人的智力，度量起来，也同体质一样。特曼(Terman)曾用斯坦福大学修正的比奈测验①，试验 112 个幼稚园的儿童，得到下列的成绩分配面：

所谓智力商数(Intelligence quotients)。我们知道就是用实足年龄除智力

---

① 斯坦福修正方案中，智商 100 被视为正常水平，130 左右或 130 以上为天才，70 以下为智能低下或迟钝者。人的全部智商分数呈正态分布曲线，100 分上下的人数大致相等。——编校者

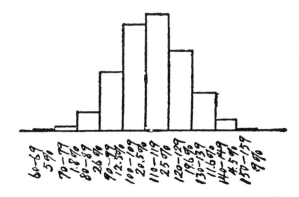

图44 用斯坦福大学修正的比奈测验,试验112个幼稚园儿童所得的智力商数 IQ 分配

年龄再乘 100 得出来的分数。倘使试验的人数,大大的增加,我们也可得到一个常态分配面如下图:

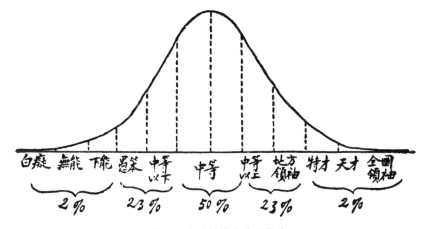

图45 智力的常态分配曲线

照上图的分配,约可分为 5 组:(1) 中等智力的人民,约占 50%;(2) 智力较优的人民及(3) 智力较差的人民,约占 23%;(4) 特殊聪明的及(5) 特殊愚笨的,约各占 2%。

特殊愚笨的人一组,又可分出 3 小组:(a) 下能(Moron)大概抵通常儿童 8 岁至 10 岁的智力;(b) 无能(Imbecie)大概抵通常儿童 2 岁至 8 岁的智力;(c) 白痴(Idiot)大概抵初生的婴孩至 2 岁的智力。

照这个比例,我国四百兆户口中,特殊愚笨的约有八百万,此八百万中,至少有五千以上的白痴。特殊聪明的,约数也有八百万,其中至少有五千以上可造成全国伟大的领袖人物。对于这一千数百万的低能儿及天才生怎样处置,却是我国教育上一个大问题。

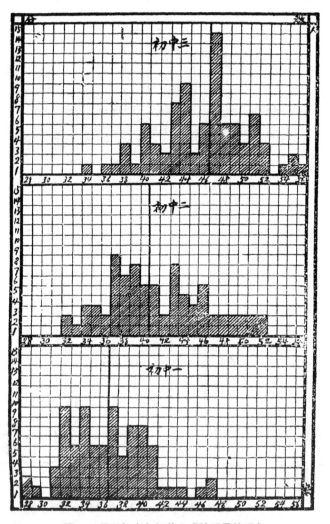

图46 显示初中各级英文成绩重叠的现象

白痴及当得起全国领袖人物的比例所以这样小,也如用3粒骰子掷点数的原则一样。216次中,掷3点的机遇只有一次,掷18点的机遇,也只有一次。其余各次的点数,都在10点与11点左右。智力的遗传,更是千变万化,不可捉摸。有时聪明的父母,生的子女非常愚笨,也有愚笨的父母,生的子女,非常聪明。不过大多数儿童的智力,总在中等上下。所谓白痴及绝顶聪明的,一万人中只有一两人。至若孔子、释迦牟尼、耶稣、拿破仑、莎士比亚、太史公一流人,更是旷代希有的了。

二、实际的分配

通常施行测验时,总得不到理想的常态分配,这是因为人数太少的关系。测验时,还有一点很可注意的,就是各级的成绩,有重叠(Overlapping)的现象,无论调查学生的年龄、体质、智力和学业成绩,这种重叠的现象,非常普遍。且举一个例子如上图。

上图系根据东大①附中英文测验的成绩。所用的测验为(1)甘士(Keys)②的英文填字及文法测验(English Mastery Tests, form F),(伊文思出版)及(2)甘士的相反字测验(Vocabulary Opposites Tests, A)(伊文思)。平均说起来,初一的成绩不如初二的好。初二的成绩不如初三的好。但以各个人的成绩论,初一里边,尽有一部分人同初二一样好。初二中也尽有一部分人同初三一样好。这种重叠的现象,也可为我们编制学级的一种参考。

课外研究和讨论问题

1. 做一个实验:

甲、问题　用3粒骰子掷216次,看所得的结果,是否与常态分配面相类似?

乙、用具　统计纸一张,及骰子3粒。

丙、手续　先在纸上画一底线,分成16格(3—18)。然后用3粒骰子掷点,每掷1次,将点数记入相当格内。例如第一次掷8点,即在第8格底线上边做1点,第二次掷10点,即在第十格底线上边做1点。掷毕216次后,看各点的次数怎样。

丁、报告　做一点数次数表,并绘一成绩分配面。

戊、解释　说明实际的分配与理想的分配的同异点。

2. 何以图43的曲线有波纹的形状?这个形状表示什么?

3. 依照图45的分配,计算四百兆人口的比例(共分11组)。看了你所得的实际比例数,发生什么感想?

4. 民治的国家,筑在大多数人的身上。这句话是否证实我们可不必十分注意少数特殊天才的儿童?高能儿对于一国文化的发展,社会的进步,究竟有多大关系?

5. 对于各级智力及学业成绩重叠的现象,有什么意见?

---

① 东大,指东南大学。——编校者
② 据查未详。——编校者

参考书目

1. Cameron, E. H.：Psychology and the School, Chap. XIV.
2. Freeman, F. N.：How children Learn, Chap. III. Houghton Mifflin, 1917
3. Starch, D.：Educational Psychology, Chaps. III-IV.
4. Strong, E. K.：Iutroductory Psychology for Teachers, Lessons 25 and 26.
5. Thorndike, E. L.：Educational Psychology, vol. I.

第三十二课　度量个别差异的方法

所谓个别差异,大都是量的问题,不是纯粹质的问题,所以我们应该有一种定量的方法,来测定各个人差异的大小。现时盛行的各种测验,就根据这个需要而产生的。

一、智力测验

这是测验遗传的能力。大致人类除疾病死亡、兵凶天灾外,在同一时间处同一环境下,其间成功与失败,大部分系于天赋的能力。所以照近人的研究,遗传的影响,要占到60%—90%,环境的差异,只有10%—40%。

不过直接度量天赋的能力,事实上很难做到。因为各种能力都受到些须环境的影响。我们编造测验时,只能选择几种受环境影响最少而于人生最重要的能力,作为度量的根据。要是这种能力好,日后成功的机会就大些;这种能力不甚好,将来发展的希望就少些。至于智力是什么东西,是一个理论的问题,我们暂时可不必讨论。

开始施行智力测验时,只有个别测验(Individual test)。这种测验,比较的精密;但一时只能试验一个人,在学校中施行,时间及精力方面,都不经济。因此又有团体测验(Group test)的编制,同时可试验七八十人。现可分别解释一下。

(一) 个别智力测验

首创此种测验的,为法人比奈(Binet)、西蒙(Simon)。他们费了十余年时间,求得了一个年龄标准,替测验界开辟一个新纪元。后来美人特曼(Terman)把它修正了一下,去适应美国的状况。上届麦柯尔(McCall)[①]来华,与中华教育改进社同人编制测验,推陆志韦主持修改比奈测验的统计,现已求得标准。兹

---

① 麦柯尔(W. A. McCall),美国教育心理测验专家。1922年来华讲学并主持编制多种测验。——编校者

举几个例子如下:

第一类

1. 说出自己的年龄

试法 问"你几岁?"

3. 说出自己的姓

试法 "你姓什么?"单说名,不算通过。倘不肯说,可假设一个姓问他,"你是否姓王?"倘回答"不是",再问他,"你姓什么?"

4. 说出常见的物名

试法 把钥匙、铜元、剪刀、表、毛笔放在桌子上,逐件指点问儿童,"这是什么东西?"

13. 对答问句 (答对2题及格)

试法 1."你疲倦的时候,怎么样?"倘使他不回答,不妨再问他。

2."你觉得冷的时候,怎么样?"

3."你肚子饿的时候,怎么样?"

第二类

12. 迷津测验 (1分钟)

试法 先把图的下半张盖住,指了上半张说:"这里有一个图,你看左边有一只小老鼠(指老鼠),右边有一块吃的饼放在盘里(指饼),老鼠和饼的中间,有一条黑线,表明老鼠跑去吃饼所经过的路。老鼠只能走那条路(指路)。要是走别条路就要碰到隔板(指迷路),走不通了。"此后把下半张图给他看,说:"此刻又有一只老鼠,又有一块饼,在另外一个盆里(指着图的下面)。倘使老鼠要吃这一块饼,他应当怎样走法,才能吃到。请你用铅笔画一条线,表明他走的路。画的时候要小心,不要碰到隔板。现在你画。"

13. 数学巧术(甲) (答对2题及格)

试法 "此刻我们看这两个算式(先只把试纸上所举的两个例子指给儿童看),在这一个里边(指第一个),从左到右,一排一排数目加起来,总数都是9;从上到下,一行一行的加起来,总数也是9。在这个里边(指第二个),右边一行,缺了一个数目,有了一点(·)。现在我们要填一个数目进去,使它从左到右,或是从上到下,每一排每一行的数目,加起来都是一样。譬如我们把"1"字填进去(填"1"),每排加起来都是6,每行加起来也是6,所以"1"字是对的。你懂么?此刻做下边的几个算式,每一个算式,缺少一个数目字,缺的地方,有一点子。请你填一个数目字,在有一点的地方,使这几个算式的每排或每行加起来,总数

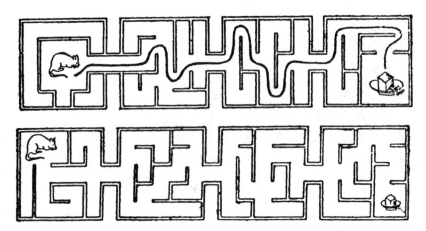

都是一样。做得愈快愈好。现在你做。"试验的时候,把一二三个算式一个一个地分开了给他看,每一个要计时间,至多用一分钟。

     (例一)   (例二)

     621 9 204 6

     225 9 321 6

     <u>153 9</u> <u>14 · 6</u>

     999   666

     (一)   (二)   (三)

     322   294   74 ·

     151   · 53   686

     <u>· 04</u>   <u>618</u>   <u>785</u>

14. 正确答案试验 (答对 2 题及格)

  试法 "我此刻讲几个小小的故事你听,还要问你几个问题,你回答我的时候,不用讲话,只要在图上照我所说的去画。让我先读一个你听,看这个图"(指着试纸上举例的图):

  "有一天我从树林里经过,我看见有 5 样活的东西,其中有一个会飞来飞去的。现在我要你在那个会飞的东西周围画一个圆圈。我知道你一定要说画在这只小鸟的周围,因为只有这只小鸟会飞的。你就在这儿画一个圈子(指着小鸟的周围)。"等儿童画好了,再说:"现在不要画旁的了,你静静地听我讲故事,我叫你怎么样画,你就怎么样画。听第一个故事:

  (1)张家的小孩子从学堂回家的时候,袋里掉了 7 个铜子。这 7 个铜子都在这里(指着图上的黑点子),一个点子,就是一个铜子。他刚要拾铜元的时候,忽然叫起来说:'看呀!此地有 3 个铜子,刚巧落在一条线上的样子。'好,你现

在画一条线把那3个铜子一个一个的联起来。(主试的人记时,最多用1分钟。)现在听我讲第二个故事:

(2) 这里一只桌子,桌子边上有一个皮球,地板上有好几个木块。倘使皮球从桌上滚下来,你想它要碰到哪一个木块,你在要碰到的那块木块上画一个'+'字。(记时最多1分钟)现在听第三个故事:

(3) 图里姓黄的小孩子,刚才起身上学。从他家里到学堂一共有4条路可以走。但是现在快要上课了,要走最短的一条路才能赶到。你想他应当走哪一条路? 你在那一路上画一根线。"(记时最多1分钟)

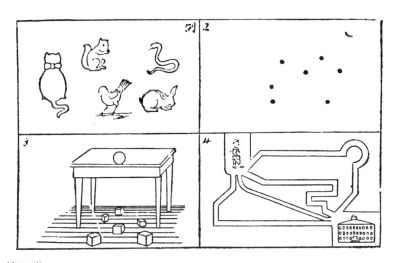

第四类

8. 一笔画 (最多3分钟)

试法 "你看这个图,我能把它一笔画成,无论那一条线,不许画过两次,你看。"(从中画起)

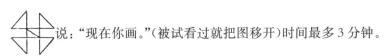……"现在我再给你一个图,也要一笔画成,无论哪一条线,不许画过两次。"此后把图放在被试的人面前,地位如下。

说:"现在你画。"(被试看过就把图移开)时间最多3分钟。

第五类

7. 理解问题 (答对4题及格)(最多5分钟)

试法 "此刻我们看这一个理解问题(指着试纸上边的问题)。你看这结论里边,有几个空白的地方,请你把字填进去。填的时候要准确,不要随随便便地填。"

譬如：	理解问题 所以——
张儿比李儿聪明些	孙儿比赵儿…………
孙儿比黄儿聪明些	黄儿比李儿…………
赵儿和张儿一样聪明	钱儿比赵儿…………
李儿比钱儿聪明些	张儿比孙儿…………
赵儿比黄儿愚笨些	黄儿比钱儿…………

8. 指使测验 （最多3分钟）

试法　先把图给儿童看,说:"我要你在这个图里填几个数目字。我现在再给你看几句句子,里边会指导你填什么数目字,应当怎样填法。"此后把句子给他看,说:"你做。"

(1) 在圆形方形和三角形当中同一个地方,写一个"5"字。

(2) 在圆形和方形当中同一个地方,写一个"7"字。

(3) 在三角形里边,圆形外边,写一个"9"字。

(4) 在圆形里边,三角形外边,写一个"3"字。

（二）团体智力测验

我国现已编有标准的、有作者的团体智力测验,共有两个量表。编制此种测验时,曾参考美国的"国家智力测验"（National Intelligence Test）。每个量表,有5种测验。量表甲包含:（1）算术理解题;（2）填字;（3）理解的选择;（4）同——异;（5）形——数。量表乙包含:（1）算术演习题;（2）常识;（3）字汇;（4）比喻;（5）校对。这十种测验,依据历来的经验和研究结果,为许多心理学专家所认为最有价值的。

这个测验,自初小三年级起至初中三年级,都可应用。每种量表的试验时间,大致在40分钟左右。无论举行学务调查,或高小中学入学考试,或各级能力分组,量表甲和量表乙都可单独用。现就量表甲5种测验的练习题,写出来作为例子:

廖氏团体智力测验

（量表甲）

练习一　算术理解题

说明　主试说:"各人看练习一。等我说做,你们把各问题赶快的做,答案写在虚线上边。底下和旁边空白的地方,可以演草。演草不必揩去。举起铅笔来！预备——做！"

过了1分钟,说:"停！铅笔放下来！"

1. 6个铜元加5个铜元等于几个铜元?　　　　　　　　　答11

2. 1个铜元能值几个小钱?　　　　　　　　　　　　　　答____

3. 有一个孩子得95个钱,用去40个钱问还有多少钱?　　答____

4. 有一块板,7寸长,6寸阔,问有几方寸?　　　　　　　答____

5. 某甲一点钟内能走4里路现在走19里路,中途停了3次,每次停15分钟,问他走了几点钟才走19里路?　　　　　　　　　　　　答____

6. 当12月21日那一天,日出在早晨7点22分,日落在下午4点48分,问那一天的白日比黑夜要短多少时候?　　　　　　　　　　答____

练习二　填字

说明　"看底下第一句:我有两____笔。空白上边应该填什么字,才成一句有意思的句子?(停一会,等准确的答案)是的,大家在虚线上写一个枝字,铅笔放下来！"

"看第二句:他_____枝笔? 空白上边应该填两个什么字? 是的,大家在虚线上写'有几'两个字。(停一会)铅笔放下来！"

"等我说做,你们就赶快做下边的句子。记得,每一条虚线上,只须填写一个字,使得那句句子,成为一句有意思的句子,举起铅笔来！预备——做！"

过了$\frac{1}{2}$分钟说:"停！铅笔放下来！"

1. 我有两____笔。

2. 他_____枝笔?

3. 皮球的形状是____的。

4. ____是热的,冰是____的。

5. 我能看见____,你能_____我吗?

6. 许多人的_____不健全,因为不_____卫生的缘故。

练习三　理解的选择

说明　"看底下第一行:人(身体、手杖、头、鞋子、牙齿)。括弧里边5样东西,表明一个人都可以有的。里边有两样东西,一个人一定要有的。一个人可以没有手杖,也不一定有鞋子,也不一定有牙齿,但是他一定要有头和身体,所以在身体底下画一画,头字底下画一画。

"看第二行：狗（毯子、绳索、颈圈、皮、鼻）。里边有两种东西是狗一定要有的。那两种？（停一会，等准确的答案）。是的，皮和鼻子。各人在皮字底下画一画，鼻子底下画一画。铅笔放下来！

"看第三行：房子：（地毯、油漆、房间、仆役、墙壁）。各人在房子所不可少的两样东西的底下画一画（等一会）。你们画的是什么？是的，在房间和墙壁底下画一画。铅笔放下来！

"等我说做，做这一个练习下边的各行。大家记得，在每个括弧里边选择最要紧的两个名词。举起铅笔来！预备——做！"

1 人　（身体　手杖　头　鞋子　牙齿）

2 犬　（毯子　绳索　颈圈　皮　鼻）

3 房子　（地毯　油漆　房间　仆役　墙壁）

4 桌子　（书　布　碟子　脚　面）

5 苹果　（蓝　红　子　皮　甜）

6 旅行　（自动车　路程　火车　行动　参观）

7 痴呆　（犯法　贫苦　无知　肺痨　愚笨）

练习四　同——异

说明　"看底下左边第一行，冷＿＿＿热。它们的意义是不是相同的？（停一会，等准确的答案）。不是，它们是绝对不同的，所以我们在虚线上做一个'×'，表示不同的意思。

"看第二行：巨＿＿＿大。他们的意义是不是相同的？（停一会）是的，他们的意义是相同的。大家在虚线上做一个'○'。铅笔放下来！

"看第三行：内＿＿＿外。我们应当怎样做法？是的，大家做一个'×'在中间虚线上。铅笔放下来！

"等我说做，就做下边的各问题。记得，倘使两个名词的意义相同的，在中间虚线上做一个'○'，倘使它们是绝对不相同的，在中间做一个'×'。举起铅笔来！预备——做！"

过了 $\frac{1}{2}$ 分钟说："停！铅笔放下来！"

1	冷＿×＿热	7	惊愕＿＿＿骇异
2	巨＿＿＿大	8	修＿＿＿短
3	内＿＿＿外	9	虚＿＿＿实
4	子＿＿＿女	10	公正＿＿＿偏私

5　光线＿＿＿明亮　│　11　盼望＿＿＿企想

6　湿＿＿＿燥　│　12　灵通＿＿＿锢塞

练习五　形——数

说明　"看样式里边的图形和数目。每一个图形,有一个数目。在样式底下另外有两行图形。看第一行内第一个图形。你们在样式内可以找到同样的图形吗？两个图形底下都有个3字。再看第二个图形,有个1字在它底下和样式里边的一样。

"看下面一个图形。这一个是不是和样式里边有个4字的图形一样的？(停一会,等准确的答案)。是的,这个图形底下,应该有个4字。

"看下面一个图形：再在样式里边找应该写什么数目字。究竟应该写什么？是的,6。大家在图形底下写个6字。（停一会）

"下边方形底下应该写什么数目？（停一会）是的。2。大家在方形底下写个2字（停一会）。铅笔放下来！

"等我说做,就在下边照样的做。两行里边都要做。记得,在每个图形底下,写一个在样式中找到的数目。从左到右一直做下去。举起铅笔来！预备——做！（主试留意各人有没有做完第一行,就停止不做的。）"

过了 $\frac{1}{2}$ 分钟说："停！铅笔放下来！"

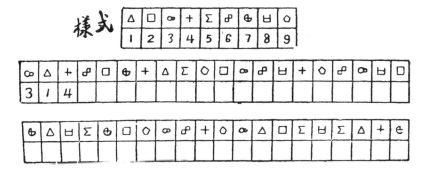

上边所举的,都是练习的材料。练习题与测验的内容相仿佛。所以要练习题的缘故,怕测验的做法复杂,儿童听说明时,不易了解,测不到他真实的智力。所以用同性质的试题,先给他练习一下。主试也可借以知道究竟儿童了解没有。

(三) 非文字的智力测验(Non-verbal Intelligence Test)

因为要避去环境的影响,所以有人主张用非文字的智力测验。现可就德尔满①在北京编制用作各省调查测验的材料中举几个例子！

德尔满非文字的智力测验

在每一格中，都有一个和其余不相同无关系的东西。在这个不相同无关系的东西上画一个×。

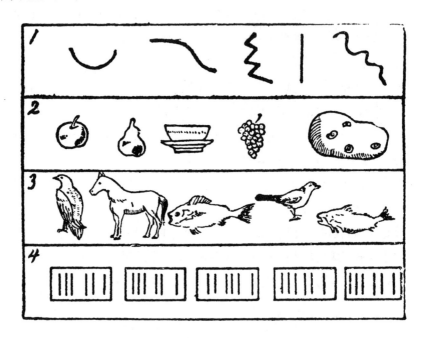

第一格应划去4，因为其余的都是曲线，只有4是直线。第二格应划去3，因为其余4样东西都可以吃，只有碗不能吃。第三格应划去马，剩两尾鱼，两只鸟。第四格应划去3，因只有这个方块里的线是二三一的次序。第68格应划去1，因只有这盏灯是用电气的。第78格应划去5，剩一目一书，一耳一电话机。第86格应划去2，剩鸟和羽毛，人和衣。第89格应划去1，因其余4个图内每对黑三角都是指向同一个方向的，唯第一图内的一对黑三角是相对的。

彻底说起来，非文字的智力测验，也不能完全除掉环境的影响，受过教育的人，推理总要比较没有受过学校教育的人明白些；常识也比较的丰富些，并且这种测验，不易编制；稍一不慎，就有弊病。例如第86格应画一完全的人，不应只画半身，聪明的儿童，也许划去1，不划去2。

照功用方面说，非文字的测验，偏于机械，所测到的能力，或不如用文字的

---

① 据查未详。——编校者

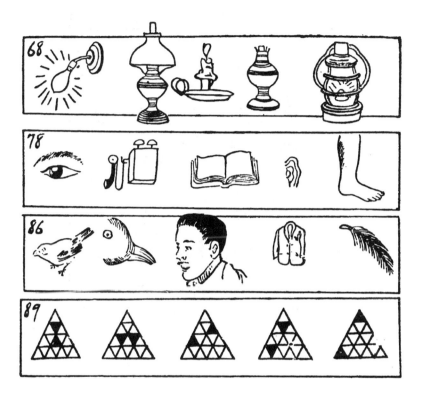

可靠。

二、教育测验

教育测验较智力测验为后起,其应用范围也较广。唯就理论上言,教育测验之量表,似有问题,因现时各校课程既不一致,教材内容,又时有变更,因之测验标准也不能历久不变。

我国教育测验,已编有标准的,有改进社所编的默读测验、算术测验、识字测验、常识测验、书法量表等。作者在东大附中又编有中学应用的测验 10 种。现且选择两三种,各举几个例子。

陈氏初小默读测验

测验一　试验儿童识字的能力。

这个测验,每行有 5 个字,其中只有一个是字,其余四个都不是字,叫儿童在一个是字的上边圈一圈。

1	氐	仝	木	十	介
2	戈	大	冃	少	仝
3	去	囙	巠	乚	勹
4	巨	兩	白	弖	向
37	美	乇	呆	耂	田
38	父	探	攷	民	平
39	窜	縮	蒼	埊	荒
40	羿	冈	叨	刪	乩

测验二　试验儿童用字的能力。

3	本小女儿
4	看得于见
5	你喜欢接骑马吗？
6	你说话太走快。
28	象营是一个高大四足的动物。
29	她只是忍痛流狡眼泪

在这个测验里边，每句多一个字，叫儿童在多的一个字上边圈一圈。例如第三句多一个"本"字，第二九句多一个"狡"字。

测验三　试验儿童解字的能力。

1	手				
2	石				
22	有一跛子向前奔走，真正好看.				
23	渔翁坐在池畔钓鱼，预备下酒				

这个测验的右边有四个图,左边有一个字或一句话,解释四个图中间的一个图,其余三个图和那个字或那句话,不甚有关系。叫儿童把那个对的图圈出来。

测验四 试验儿童造句的能力

1	说(　　)	话,各,未,只
2	做(　　)	里,事,四,可
3	走(　　)	其,八,必,开
24	你战(　　)了他	增,良,备,胜
30	的(　　)不归来	按,确,蒙,阿。

这个测验的每行左边有一句话,里面缺少一个字,右边有四个字,其中只有一个可以填补左边的句子。叫儿童把那个字圈出来。

陈氏小学默读测验

(一)

有一个8岁的小孩子,名字叫做"王儿"。他最喜欢玩皮球跳绳子。

1. 这个小孩子的名字是:(1) 球 (2) 绳子 (3) 王儿 (4) 张儿

2. 他今年:(1) 5岁 (2) 8岁 (3) 10岁 (4) 18岁

(二)

春夏秋冬,叫做四季。每季三月,十二月便成一岁。在元旦那一天,红黄蓝白黑的五色国旗,在校门上随风飘扬,何等好看!

3. 一年分:(1) 元旦 (2) 每季 (3) 三月 (4) 四季

4. 国旗的颜色是:(1) 春夏秋冬 (2) 校门 (3) 红黄蓝白黑 (4) 红黄蓝白

(五)

傍晚时,清凉的微风,吹得衣裳作波纹式的摇动,天空中又飞过归巢的鸟,喳喳的叫个不住,好像互相应答,说这天时很好表示欢喜的态度。渐渐天色暗起来了。我爱这清风和新鲜的空气,仍在院子里散步。我一个人很无聊的徘徊不已,想招一个伴侣,谈谈这可爱的天气,解解我胸中的忧闷。

11. 飞鸟:(1) 可解我闷 (2) 很爱我 (3) 飞过天空 (4) 寂寞无声

12. 清风吹过:(1) 天空 (2) 水波摇动 (3) 天时变好 (4) 衣服飘摇

13. 招一个伴来:(1) 解我的无聊 (2) 散步 (3) 动摇我的衣裳 (4) 互相应答

施行这个测验时,先叫儿童读每段文章,读后回答各个问题。每个问题,有4个答案,要儿童在4个答案中选择一个准确的答案。

这个测验有一个特点,就是答案不必写在试验纸上,只须把准确答案的数目写在另外一张纸条上。这样,试卷可以不止用一次,校对又非常便利。纸条一部分的式样如下:

1 (3)		小　　学	
2 (2)		默读测验	
3 ( )		（甲种第一类）	
4 ( )			
5 ( )		你的姓名是＿＿＿＿＿。	
6 ( )		你是男的还是女的?＿＿＿＿＿。	
7 ( )		你今年几岁?＿＿＿＿＿。	
8 ( )			
9 ( )		在＿＿＿月＿＿＿日生的。	
10 ( )		你在＿＿＿＿＿学校。	
11 ( )			
12 ( )		＿＿＿＿年级＿＿＿＿学期	
13 ( )			
14 ( )		今天是民国＿＿＿＿年	
15 ( )		＿＿＿月＿＿＿日。	
16 ( )			
17 ( )			
18 ( )			
19 ( )			
20 ( )			
21 ( )			
22 ( )			

例如第一个问题的答案是3,所以在纸条上与1相对的括弧内写个3字。第二个问题的答案是2,所以在纸条上与2相对的括弧内写个2字。第五篇文章内第11个答案是3,所以应该在纸条上与11相对的括弧内写3。余可类推。

俞氏小学算术应用题测验

(1) 四月30天,五月31天,六月30天。这三个月共有几天?　　答＿＿＿＿＿

(3) 妈妈38岁,姊姊16岁。妈妈比姊姊大几岁?　　答＿＿＿＿＿

(15) 32本书值银83元2角。一本书平均值银多少?　　答＿＿＿＿＿

(25) 猪肉 $8\frac{3}{7}$ 斤值钱2 360文。买 $6\frac{1}{2}$ 斤应付钱多少?　　答＿＿＿＿＿

(29) 有操场两处,一处长21.5丈,阔18.2丈。又一处长16.8丈,阔10.9丈。两处相差几亩?　　答＿＿＿＿＿

(32) 地形像图： 若每分地要种大豆1.5升。这地要豆几升？

答_____

三、品性量表

关于品性的测验，尚不十分发达。作者以前曾做过一种"道德意识测验"在美国中国都曾试用过，惟尚未求得准确的标准。兹举几个中文的例子，作为参考。

廖氏道德意识测验

说明　下边有大纲若干条，每条大纲底下，有5个缘由。这5个缘由，都是好的。但是其中有一个最好的缘由。请你在那个最好的缘由左旁做一个记号如下式√。

注意　每条大纲底下只须选择一个缘由。

大纲一　我们应当练习自治

缘由(一) 能够自治，才可以不受人家压制。

(二) 人家都看得起你。

(三) 古来贤人哲士都赞成自治的。

(四) 自治是公民的一种极好练习。

(五) 不能自治的人便做不成事业。

大纲二　梅兰芳是一个有名的演剧员。

缘由(一) 他的相貌很好。

(二) 他每月的包银很大。

(三) 他的做工非常周到。

(四) 报纸上时常见他的字名。

(五) 他的艺术，能娱乐好多人的身心。

大纲八　各人在年富力强的时候，应当做事。

缘由(一) 你不做事，人家叫你游民。

(二) 游荡是最乏味的一件事。

(三) 孔子说，"饱食终日，无所用心，难矣哉"。

(四) 你不做事，能力便要空耗。

(五) 无职业的人，是分利的。

大纲九　偷东西的人应当受谴罚。

缘由(一) 谴罚可以惩戒他后来。

(二) 偷窃为法律所不容。

(三) 如偷儿逍遥法外,良民便受他累了。

(四) 偷东西的人,不是好人。

(五) 偷儿不知自重。

大纲十　男女应当有平等的教育。

缘由(一) 因为要增高女子程度。

(二) 因为要发达各种事业。

(三) 女子智慧并不弱于男子。

(四) 各国舆论都赞成男女有同等的教育。

(五) 教育不平等,女子终是不甘心的。

编制这种测验时,有一条基本的原则;凡道德的观念,都从个人和群众的关系方面发生。所以5个缘由中,有3个专从个人的利害方面着想;有一个从名人言论、法律或其他势力方面着想;只有一个从社会或群众的关系方面着想。例如大纲九,(一)(四)(五)都就偷儿本身说,(二)就法律方面说,(三)从道德方面认为最重要的理由。

课外研究和讨论问题

1. 什么叫做量表(Scale)？量表和测验(Test)有什么分别？
2. 什么叫做智力测验？教育测验？两种最大的分别何在？
3. 环境的影响既不能完全除掉,何以智力测验尚有存在的理由？
4. 各个人的品性何以不易度量？
5. 你对于用测验方法度量个别差异有什么意见？

参考书目

西文:

1. Colvin S. S.: "Principles underlying the Contruction and Use of Intelligence Tests", the Twenty-First yearbook.

中文:

1. 《学校应用各种测验及说明书》,商务印书馆,年代不详。
2. 陈鹤琴、廖世承,《智力测验法》,商务印书馆,1921。
3. 《中等教育测验号》,载自《中等教育》(第一卷第二期),中华书局。

第三十三课　测验实习

施行测验时有几个普通点须注意：

1. 始终保持和悦的态度，使得学生愿意你下次再试他们。不要擅自加入不相干的话，迎合学生心理。

2. 学生坐位须适宜，务避去外来的扰乱。试验时更须预防各种纷乱情状。最好不要有人参观，主试和教师也不要交谈。

3. 倘使迟钝的学生，没有填写卷面上的空白，主试不要开始说明测验做法。说明做法时，务引起各学生集中的注意。喊"做"以后，有必要时，可在室中迅速巡行一周，看各学生有没有翻错页数，或找不到测验开始的地方。

4. 试验时须绝对依照测验的说明。最好看了说明书读，不要专靠托记忆，因为记忆有时错误，容易加入不相干的话，或漏掉重要的话。倘使因为方言的关系，怕学生不能了解，可将原来说明上的话，译成方言，但不可失却本意。各种说明，都是几费斟酌，才预备起来的，用得适当，可以不生弊病。倘使有少数学生需要特殊的指导，可在举例或练习时行之；有必要时，在测验时也可通融。特殊指导的目的，在使各学生都了解进行的方法，并不是帮助他去找正确的答案。要是学生对于测验的内容有什么问题，可回答"尽你的力去做"。

5. 主试讲话须清楚，不宜过慢，也不宜过快，声音可以使全室的人听得见。对于说明中应注意之点，语气须格外加重，使听者容易明了。讲话的态度须镇静，能使学生立刻都遵照他的话做。关于服从主试命令这一点，开始时就应该注意。

6. 禁止偷看或抄袭。最好不要两人并坐，开始就注意可疑的学生。主试可立在试验室前面的一隅，监视全班学生的行动。倘使监视或口头轻轻的报告不生效力，可将作弊的试卷做一记号，预备以后撕毁。但不可当面用言语谴责，以免妨碍他人。做每种测验时，注意各个人是否都能了解做法。

7 计时最好用码表（Stop watch）或有秒针通用的表也可。一种测验开始以后，立刻把开始的时间和停止的时间写在黑板或纸上，否则主试顾了时间，就无心监视学生行动了。

8. 桌上不要有什么东西。各人预备削好的铅笔一枝，毛笔不可用来替代。另外预备铅笔数枝，以便更换。要防止学生抢先做，可叫各人铅笔不用的时候，都放在桌子上。

9. 按每行人数发给试卷于每行第一人，由每行第一人向后分发。发卷时，务数清人数与试卷，以免被试多得试卷，致在课外练习，有妨测验的效用。

实习一

用上边一课内团体智力测验的5种练习材料，在班上轮流实习。除一人做临时主试外，其余都做被试。实习后共同批评测验的手续。批评时有几点可注意：

1. 主试的态度是否和悦，举动是否敏捷？
2. 主试的声音是否沉着，说明是否清楚？
3. 是否能顾及全体的行动？
4. 临时发生的问题，是否能应付？
5. 时间是否准确？

实习二

用下边的测验材料，试验小学初三以上的学生。

手续　先叫儿童把课桌清理好，再叫各人预备一枝削好的铅笔（能备橡皮一块最好），另外再预备几枝笔。主试对儿童说：

"今天我们要做一种测验，你们必须用心做，因为我们要看这个学校里边学生的成绩，是否和别的学校一样好。我想你们对于这个测验，一定觉得很有趣味。

"现在我要发给你们每人同样的试纸一份。你们拿到后，反面向上，不可把它翻开来看。等到我叫你们翻的时候，才可把它翻开来。请你们每行第一人分发卷子。"

试卷分发后，说："在试卷面上'我姓＿＿名＿＿'线上填写你的姓名，写好了把铅笔放在桌子上。（停一会）倘使你是男孩，在'我是（男或女）'底下写个'男'字；倘使你是女孩，写个女字；写好了把铅笔放在桌子上。（停一会）填写你的岁数（用中国年龄）和生日，填好后把铅笔放在桌子上。（停一会）填写你在哪一个学校，在哪一个年级（主试说出年级），在哪一学期（主试说出学期）和测验日期（主试说出日期）。各人写好后，把铅笔放在桌子上。

"现在看纸上的例子（一）：坐立请。中间划去一个字，可以做成一句有意思的句子。哪一个字应该划去？（等一会）是的，划去'立'字，可以做成'请坐'一句句子。懂得吗？再看例子（二）运远西动会东。应该划去哪一个字？（等一会）是的。划去'西'我们可以做成'远东运动会'一句句子。

"记得，每句内只要划去一个无关系的字，句子不必重行写出来。停会等我说做,你们就翻开来做。等到了限定时间,我说停,你们立刻就停,把铅笔放在桌子上。开始做测验以后,你们就不能再问什么事情。"

3分钟后说:"停!铅笔放下来!"

试纸反面

我的姓名是____,我是(男或女)____学生。

我今年____岁,在____月____日生的。

我在____学校____年级____学期。

今天是中华民国____年____月____日。

例子(一)　坐立请

例子(二)　运远西动会东

试纸正面

词句重组

(1) 话狗能说人

(2) 三哉美色旗五

(3) 西山省东有山泰

(4) 事人无应当做人

(5) 中早华最开迟化

(6) 他今城早下去乡

(7) 十吃钟中点茶二饭

(8) 用很大小游戏的处

(9) 行能使快你乐恶善

(10) 有个五六洋大地上球

(11) 我不要们轻劳重工看

(12) 补己自妨有学业课旷

(13) 国的法林柏是德城京

(14) 日是纪庆念九月五耻国

(15) 信无的用人是群的害利

(16) 荡游是最有的味乏事件一

(17) 无书读便精有神体康身强

(18) 近一天来活低天高生程一度

(19) 看好得开天春时候很难花百

(20) 天去昨功的课也没一点有备预

第三十四课 个别差异与学级编制和教学法的关系

关于个别差异的原理及度量方法,我们大概已经知道,但是对于学校的实际问题,尚没有详细讨论。通常学校制度,受个别差异的影响最大的,大致要算学级编制和教学法两个问题。现在且分开来说。

一、个别差异和学级编制

(一) 学级的成因

以前的私塾,本不分什么年级,随各人的程度进行,从来没有升级降级的事宜。就是在单级制的学校,也有这种现象。后来人数逐渐加多,科目渐形复杂,为时间经济及划一程度起见,于是不得不分班教授。所以班级的起来,一方面是因为经济的关系,一方面是因为群育的关系。学生在课室里边,可以得到正当的竞争,相互的暗示,比较各个人分开来教授,容易养成一种良好的空气。

(二) 学年制的缺点

可是天下事有一利必有一弊,学级的办法,不易适应个别的差异。并且升班以时间为单位,很有许多弊病。此地可引用贾德(Judd)①的话:

"有时低年级的人数过多。教师为便于后来的人起见,成绩不良好的学生,也就勉强让他过班了。

"有时教师对于天资愚钝或不安静的学生,急于脱卸教授的责任,因此让他升到高级里去,听别位教师的指导。

"有时升级的事情,完全听学历的支配。学校快要放假了,学生的作业,不问完备了没有,只好告一结束,升上一班去。

"有时人家以为班中优秀的学生,年龄轻些;身材大些。所以应该让懒惰的学生过班,坐大一些的椅桌。

"有时学生的家长,在学校颇有势力;为顾全家长颜面起见,成绩不甚好的学生,也就随随便便的听他过去。"

上边这种现象,我想在中国也很普通。

(三) 编制学级的方法

为免除上述的弊病,有人提议用几种较为客观的标准,做编制学级的根据。

---

① 贾德(Judd. C. H, 1873—1946),美国教育心理学家,对于教育心理学科的建立发挥了重大作用。——编校者

这几种标准是：1. 智力测验；2. 教育测验；3. 教师的判断。

1. 智力测验

为什么智力测验可以做分班的根据？因为智力与学力的关系很大。据推孟的报告，初小一年级的智力年龄和学业成绩的相关系数为 0.725。麦柯尔在小学六年级求得的相关数为 0.78。俞子夷[①]在东大附小用廖氏团体智力测验与各科成绩的平均分数相较，求得相关数 0.669。我们知道相关系数在 0.6 以上，可算是很大的了。因此我们可以推想凡是智力高的学生，各科学业成绩，大致也好；凡是智力低的学生，各科学业成绩，大致也坏。但是不少例外。因学业成绩的高下，不仅限于智力，举凡体质的健否，注意的强弱，性情的勤惰，教材教法的是否适宜，都有关系。所以我们参考智力分级时，应该郑重。对于下列三条原则，宜加考虑。

（1）任何学生不应留级或降级，除非他的智力分数，在所留降的级内 75% 以下。

（2）任何学生不应超升一级，除非他的智力分数，在所超升的级内 25% 以上。

（3）倘使学生的智力商数在全校的中数以下，不应超升一级或数级，除非他的智力年龄，在所超升级内的中数以上。

2. 教育测验

以教育测验为分级的工具，其可靠与智力测验相等。倘使以学科为升级单位，那末可以拿该科的测验成绩定之。倘使各科总升级，可以各科测验的平均成绩定之。如有特殊升降事宜，可参照上边三条原则。应用原则时，可以智力分数，改为学科测验分数；智力年龄，改为学科年龄。

3. 教师的评判

教师的评判，总有主观的色彩，但自有他相当的价值。现时的测验，对于学生的意志兴趣方面，尚少顾及。教师与学生接触多，有时可补救测验所不及。并且教师熟悉了测验方法以后，判断时也能采用客观的标准。不过分班参用教师的批评，应以什么为标准？麦柯尔曾提议一种意见，兹简单的介绍如下：

（1）先用一种智力测验或"汇选教育测验"（battery of educational test）试验各班学生。

（2）计算各个人的智力分数或教育分数。

（3）依照分数排列各班学生的等第。

（4）请教师依据平日观察或学业成绩排列各班等第。如评定一班等第之教

[①] 俞子夷(1886—1970)，中国教育家。名旨一，字逷秉，祖籍江苏苏州。——编校者

师不止一人,可核算平均等第。

(5) 某班学生教师评列第一的,即得该班最高之智力分数或教育分数;评列第二的,即得第二之智力分数或教育分数。这样,各个人差异的大小,可以定夺;各班并可有一比较的标准。例如讨论某小学五年级升级事宜,我们知道分数有了几多,就可抵得上六年级的25%以上。举一个具体的例子:

学生	智力分数	智力等第	教师所评等第	年级分数
张	67	1	3	59
王	63	2	2	63
赵	59	3	4	57
李	57	4	1	67

假定该班学生的最高智力分数为67,第二为63,第三为59,第四为57。但教师从智力学力及品性等各方面观察,觉李生应列第一,所以给他该班第一的智力分数(67);王生应列第二,所以给他第二的智力分数(63);余类推。这种分数,就称为年级分数,作为编制年级的标准。倘使各班都有了年级分数,我们定各个人升降时,就可应用上边所说的三条原则。

不过只凭智力测验,或教育测验,或教师的判断,总觉不甚可靠。最好用智力、学力和年级三种分数的平均分数,较为妥当些。

二、个别差异和教学法

为解决个别差异的问题,近今对于个别教学法,提倡甚力,道尔顿制也就是个别教学的一种。我此刻所要介绍的,为一种较为具体的个别教学法。这就是中华教育改进社修改的算术练习测验。

三、算术练习测验

(一) 练习测验的要点

这个练习测验,根据柯蒂斯(Courtis)的练习测验(Präctice tests)材料,参用许道盘格(Studebaker)的练习片格式。共有58课,包括整数四则,小数四则,各项必须练习的材料。练习片的优点,概括说来,有10种:

(1) 节省教员选择练习材料和批改学生成绩的时间。

(2) 节省学生抄写题目时间。

(3) 使各学生得到适宜的练习材料。

(4) 使各学生练习的分量,恰如他的程度。

(5) 使学生按步就班,练习各种技能。

(6) 使各学生有自由练习的机会。

(7) 使各学生按照自己的速度进步。

(8) 有确定的合理的标准。

(9) 教员可以在学生需要帮助时帮助学生。

(10) 使教员自己度量教授的效率。

（二）练习测验说明

58课的排列是先易后难。每习熟一课,就得到一种技能。例如加法第1课是练九九的,第2课是练十进位的,第3课是练注意域的。末了四课(第55、56、57、58 片)专备九九不熟的学生学习用的,还有四课(第13、30、41、54 片)是测验用的。例如第13课是一种测验,包括第1课至12课所具的各种技能。任何学生,这个测验及格以后,就可免习第1课至12课。第30课也是一种测验;这个测验及格后,第14课至29课,就不必再练习。换一句话说,这练习课全体可以分做四段：(1) 第1课到第12课；(2) 第14课到29课；(3) 第31课到40课；(4) 第42课到53课。每段有一测验,教师可用以诊断学生的需要。

练习课全体共分甲乙两类,各类的题目虽是不同,但是他的分量和难易是相等的。学生先用甲或先用乙,没有什么关系。他可以先用甲学习,再用乙练习；或先用乙学习,再用甲练习。各片练习的时间,在同一年级里不能有长短,但各级稍有不同。

（三）时限的标准

规定各级的时间如下：

年级	四上	四下	五上	五下	六上	六下	七上	七下	八上	八下
各课	7′	6′15″	5′45″	5′15″	5′	4′30″	4′15″	4′	3′45″	3′30″
测验甲	7′	6′15″	5′45″	5′15″	5′	4′30″	4′15″	4′	3′45″	3′30″
测验乙	9′30″	8′45″	8′	7′15″	6′45″	6′15″	5′45″	5′40″	5′15″	5′
测验丙	4′	4′	4′	4′	4′	4′	4′	4′	4′	4′
测验丁	6′30″	6′30″	6′30″	6′30″	6′30″	6′30″	6′30″	6′30″	6′30″	6′30″

上面所定的时间,都是从实地研究得来的。测验甲乙丙丁,就是第13、30、41、54 四课。

（四）施行手续

在未做练习课之前,各人应先做第13课。第13课也分甲乙两类。测验时可令学生一半做甲，一半做乙。做好后，叫各人交换算纸，教师把测验的答数读出来（先读甲，后读乙），做错的令学生在答数上打个"✕"。把算纸还给原人，叫各人在成绩折子上记载自己做正的题数。只有各题都做而全正的算纸，可以交给教师校阅。第二天仍旧做第13课，不过上次做甲的，和乙对调。各人的成绩，仍记在折子上。两次测验有一次全对的，即作为及格，免去第12课以下的练习。不及格的学生，下次开始练习第1课。练习时候，先拿平时用的空白纸，放在片子的下面。学生算时，把答数写在片子洞下面的空白纸上。练习时间到后，把练习片翻转来，背后有答数，令学生自行校对。做对的题数，记在成绩折上。这练习课是用厚纸做成，很坚固的，可以常久使用。举例如下：

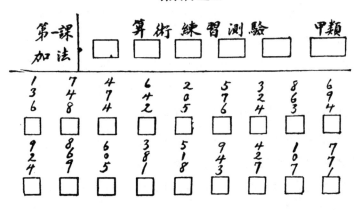

片子上共有27题，各题难易相同，方格是代表空洞的。

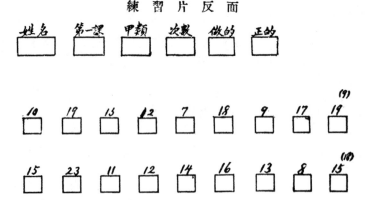

片子翻过来后，在左边第一个洞里填写姓名；第二个洞里写"1"，第三个洞里写"甲"，第四个洞里写做的次数，第五个洞里写做的题数，末了一个洞里写做正的题数。再依次校对答案，在错的答数上做个"✕"。

(五)记载成绩

教师每天要在教员记载成绩折里,把及格的学生记出,记法要记每课的练习次数。这样,教师对于全级和个人的进步情形,都可一目了然。譬如下表,一看就可以知道某人进步最快,某人进步最慢,并且再可以看出各人作业的情形。例如某生第一课练习15次及格,第5课练习8次及格,第8课练习2次及格。因为第1、5、8课都是加法,所以就能知道这学生的加法进步很快。倘然这1、5、8三课都是练习5次及格的,那就可以知道他的加法,是没有进步了。

姓名	成绩		各课及格次数												成绩	
	甲$_1$	甲$_2$	1	2	3	4	5	6	7	8	9	10	11	12	甲$_1$	甲$_2$
1. 王善政	24	25	3	2	2	3	3	1	2	1	2	2	1	1	29	29
2. 李克智	10	9	15	6	7	5	8	6	4	2	5	2	3	2	24	24
3. 徐淑娟	12	12	5	4	5	5	3	5	5	4	5	5	3	3	12	12

上表王善政做第13课2次,1次正24个,1次正25个。各课的练习次数逐渐减少,末两次的测验,也完全及格。李克智初步的成绩很低,末了的测验也未能及格,但是他的进步,总算很快。徐淑娟初步的成绩既不好,练习的次数,也没有减少。她所以没有进步,或者因为她暗记答数的关系。

教师的记载,专为便利调查学生成绩用的。他可以知道学生是否及格,并且帮助学生时也有根据。

关于学生自行记载的成绩折,也可举两个例子:

学生甲

第几天	第几课	做的	正的
1	13	26	24
2	13	25	25
3	1	72	72
4	2	65	60
5	2	学	
6	2	70	70
7	2	学	
8	2	70	70
9	3	67	67
10	4	70	70

学生乙

第几天	第几课	做的	正的
1	13	10	9
2	13	11	10
3	1	32	25
4	1	学	
5	1	32	30
6	1	学	
7	1	43	43
8	1	学	
9	1	51	50
10	1	学	

"学"是代表学习。学生甲第三天做第1课,只做1次就及格。第四天做第

2课,没有及格,直到第八天,方才及格。

总之练习片的方法,很能适合个别需要,随各人的量自由进行。并且测验和练习都有一具体的标准,班中无论怎样差异,教师很易应付。所选择的材料,也合人生的需要。倘使其他各科目,都能在团体组织中,有这种个别教学的具体方法,那对于教育方法上,就有一很大贡献了。至于详细的做法及防弊手续,都载在说明书中。此地不多引了。

课外研究和讨论问题

1. 为什么有学级的编制？通常的学级编制有什么缺点？
2. 根据客观的标准编制,可以除掉什么弊病？
3. 为什么专凭智力测验,或教育测验,或教师的判断,不甚可靠？详细说明不可靠的理由。
4. 算术练习测验何以与个别教学有关。
5. 简单地说明施行练习测验的手续。

参考书目

西文：
1. McCall, W. A.：How to Measure in Education, Chap. Ⅱ. MacMillan Co., 1922.
2. Monroe, De Voss and Kelly：Educational Tests and Measurements, Chap. Ⅱ. H (Houghton Miffilin co, 1917)
3. Washburne, C. W.："Educational Measurements As A Key To Individual Instrction and Promotions," Journal of Educational Research, March, 1922.

中文：
1. 中华教育改进社,《算术练习测验及说明书》,商务印书馆,1922。

第三十五课　科学的诊断法与新法考试

个别教学的方法,可以使各个人自由进行。但个别教学的能事,尚不止此。我们应该考查为什么某生进步快,某生进步慢。快慢的原因是什么？知道了原因以后,能否设法补救？这就是诊断的作用。

一、诊断的功用

诊断的主要目的,在探求作业缺陷的根本原因,然后施以相当的补救。例如学生做不出理解题,是因为不明白题旨的缘故;所以不明白题旨,是因为缺乏字汇的关系。这样推求下去,我们可以知道他根本的受病在什么地方。倘使没有这种指导的方法,势必采用一种"尝试错误"的手续,结果必致劳而无功。所以诊断可节省教师和学生的时间精力,并可收到个别教学的实效。

二、诊断的方法

1. 学生反省　这是一种最普通的方法。有时学生不特知道自己的缺点,并且知道有这种缺点的原因。对于这种学生,教师不必费许多心神去诊断他。所以与学生个别谈话,很可发现许多事实,供教师的参考。

2. 观察通常的作业　留意学生作业时的概况,有时可发现各个人的特殊困难。语云"月晕而风,础润而雨"。有经验的教师,往往能见微知著。例如某学生读书有困难,教师留意他阅读的时候,眼珠跳跃,不依常规。下边几个字未曾看清楚,眼珠又转回看上边几个字。又有一个学生,历史的功课总是做不完。教师在做功课时候留意他,忽而摇头嗫唇,忽而以手挥发。读书的状态,至不安定。又有一个学生,记数非常迟钝。他做加法的时候,一面用手指或足趾记数,一面口里念:"7加6等于13,13加8等于21。"又有一个学生做分数除法,总是错的。他的困难在不明白颠倒相乘的方法。教师苟能时时留意,根据他专门的经验,正确的观察,诊断方面,一定可收到实效。

用算术练习片以后,柯蒂斯(Courtis)曾发现学习算术的各种缺点。他并且曾探求这种缺点的基本原因和补救方法。我们可转述他一部分的意见。

(1) 儿童的行动很迟缓小心,但很稳妥。

(2) 儿童的行动很快,但不一致。做练习题时呈露心神不安定的样子,如叹息、皱眉或其他神经紧张的现象。

(3) 做练习片的各行时间不一致。有时进行很快,有时停顿不前。最普通的,一行的题数没有做完,就做他行的演题。

(4) 儿童停顿时,用指记数,或用铅笔在纸上做点,或低头心算。

(5) 儿童做单位加法时,尚能正确;做连加法时,往往有错误跳落处。

(6) 儿童练习二三分钟后,每题演算时间,往往逐渐加长。例如做首五题时,每题平均15秒钟;做下面五题,每题平均为17秒钟;做下面各题,每题加长至23秒,45秒……不等。

(7) 儿童作业的习惯很好,但答数错误。

诊断和补救的意见：

（1）迟缓的行动，因为作业的习惯不好，或者因为神经反动太慢。逢到这种儿童，可令其专演习第一题，由教师喊"做"，学生自行喊"停"。看练习几次后，时间是否有进步。再教师示范做第一题，令学生记时。比较教师和学生所用的时间。这样练习好几题，俟儿童达到标准时间后，给他一个测验。

（2）倘使儿童有神经紧张的现象，不要让他做快，叫他安定心神，从容不迫。先养成良好的作业习惯，再逐渐加增速度。神经不安静，四围的环境，个人的体健，天时的变迁，都有关系。这种儿童，易于疲劳，须注意。

（3）进行速度不一致，大概有两个原因：不能控制注意，九九不熟谙。关于第二层原因，下面再谈，先讲第一层。

大凡各人做精神工作，继续的注意时间，有一定限度。这个限度，就叫做"注意广狭"(attention span)。通常的儿童，做6个加法，可继续的注意。有的可多做些，有的少做些，做前几个加法题时，精神集中，进行很顺利。将到限度时（例如做第六题），儿童便不能持久注意，外界的见闻，都来扰乱他的心神。很简易的加法如

$$\begin{array}{r}9\\8\\6\\+2\\\hline\end{array}$$

儿童知道 $9+8+6$ 等于23，但是再加2的时候，23的数目，已模糊不能记得，甚且误记为13、33、22或别的数目。逢到这种境界，最好叫儿童不要做下去，自己暗暗背诵23、23、23，等到注意恢复原状后再进行。

（4）除了注意散漫的原因外，儿童停顿不前，一定是九九不熟谙的关系。这个原因，很易察出，因为儿童碰到那种困难，就要停顿。补救这种困难，在使儿童熟谙九九。但是仅仅读熟，是没有用的。尽有儿童知道的 $6+9$ 等于15，但是逢到 $26+9$，他就要用手指来记了。以练习九九唯一的方法在熟练，不在熟读。先发现儿童的困难在那一点，专叫他反复练习那一类的题目，俟达到标准时间为止。

（5）儿童进位的方法不纯熟，所以就各行的数目论，没有加错，但是进位的数目忘掉了。补救这种困难，也惟有施行特殊的练习。

（6）每题演算时间加长，就表示工作的效率减少。这是一种疲劳的现象。要加增儿童的练习时间，当以渐来，例如开始只练习5分钟，以后加增至15分钟。

3. 从口问入手　第三种的诊断法，从口问入手。有时儿童的反省及教师的观察，都得不到真实的原因，可采用此法。例如某生演算非常迟缓，教师叫他口

答 9 + 7 + 5 = ? 他回答以前，自己默念"9 + 2 + 2 + 2 + 1 = 16 = 21"，他对于 16 + 5，知道得很清楚，所以能脱口而出。但是对于 9 + 7，非分析开来加不可。又有一个小学生做 8 + 6 + 0 的题目，他先把 6 分成 4，2；8 + 4 = 12，再加 2 等于 14。

口答做减法的题目，格外奇妙。有一个五年级的学生口答 37 - 8 的问题。他先把 8 变成 10，从 37 减去 10 等于 27。然后在 27 上再加 2，赔偿多减去 2 的损失。

4. 分析测验的结果　大致各种标准测验，都有诊断的价值。测验里边的材料，包含各种问题。每一个问题，代表一种技能或常识。看了儿童的答案，就可知道他的需要。所以算术练习片里，每隔十余课，总有一种测验，来诊断儿童的缺憾。此刻举一种文言默读测验的例子：

隰斯弥见田成子。田成子与登台四望，二面皆畅。南望，隰子家树蔽之。田成子亦不言，隰子归，使人伐之。斧离数创，隰子止之。其相室曰："何变之数也。"隰子曰："古者有谚曰，'知渊中之鱼者不祥。'夫田子将有事，事大而我示之知微，我必危矣。不伐树，未有罪也；知人之所不言，其罪大矣。"乃不伐也。①

隰子忽又不伐树，因（1）立志不坚　（2）不忍见树木被创　（3）思及渊中之鱼　（4）虑启成子之忌。

要是被试的人以为(3)（思及渊中之鱼）是对的，可见他只读了浮面的文字，不曾懂得全篇的意思。他的了解程度，也就可见一斑了。

5. 从历史方面观察　例如医生看病，先要详询病人过去的概况，所以研究儿童的缺憾，也须知道他过去的历史。有数种教育上的缺憾，是渐积而成的，非目前环境的关系。要诊断有效，有时直须推论到远祖方面。

6. 用相反的比较　有的教师不善诊断，因为他不知道什么方法是满意的，什么是不满意的。对于缺乏经验的教师，很可利用比较的方法。例如选择两种学生一种是成绩优异的，一种是成绩低下的，叫他们做同样的工作，看他们所用的方法，有什么差异。或用口试及测验，比较他们的成绩也可。这种比较，于解决实际问题，很多参考。

7. 详细的分析一种能力　对于某种能力有关系的感官、精神及运动方面，

---

① 本段材料选自《韩非子·说林上》。——编校者

都须顾到。施行这种诊断时,上述的各种方法,或都须包括在内。这种方法,只能于不得已时行之,因费时太多。如此种方法亦失败,将无以为继。

三、诊断的先决问题

要诊断有效,教师须适合下列条件:(1)知道各种学习的缺点及其成因;(2)有锐敏的眼光,专门的经验,俾能见微知著;(3)有专门的技能和方法,发现各种隐微的事实;(4)有补救各种缺点的知识。各种学习的缺点的成因,大致可归纳如下:

1. 缺乏练习　这个原因虽很普通,但补救很容易。

2. 作业的方法不适当　任何作业,都有一最经济的方法。不过个性不同,各人所采用的方法,不能绝对一致。但许多儿童的学习,效率所以不能高,是因为方法的关系。

凡速度和性质都须兼顾的学习,方法格外不易得当。儿童不失之太快,即失之太慢。

3. 缺乏基本的能力　学问是从底下做起的。基础没有打好,技能没有纯熟,对于高深的文学作品,当然不能欣赏;对于史地、科学、算学的重要原则,当然不易领会。救济的方法,在先培养基本的能力。

4. 缺乏兴趣　兴趣与能力的发展,有深切关系。"学习失败"里边,至少有一部分是兴趣失败,并非能力不足。

5. 体质有缺憾　诊断任何能力,都须注意到体质方面。有时脑中的营养,不如胃中的营养来得重要。考查体质时,首应留意视听两感官。倘使儿童注视或听话时,只能看到或听到50%,无论教授怎样认真,所得效率,总不能超过50%以上了。

儿童的反应方面,也须顾及。我们知道只有感,没有应,是不成为动作的。如手工、图画、写字、游戏等课,关于筋肉的调节作用,如有缺憾,必须校正。

6. 智力太低　这是一种根本的原因。例如历史功课做得不好,是因为了解的能力薄弱。了解的能力何以薄弱,彻底说起来,还是智力低的缘故。所以逢到一个儿童,各科成绩都坏,就可用智力测验诊断他。

四、新法考试

与教学及诊断都有关系的,还有一个问题,就是应用测验的方法,来度量平时的学业成绩。我们知道标准测验,不能常用,至多每学期用一次或二次。并且测验的内容,与实际的教材,不尽符合,所以除测验外,仍须有一种经济的合理的考试法。现时所提倡的新法考试,归纳起来,不外三种:

(一)认识法(Recognition tests)

每个题目,有四五条答案,叫被试的人,选择一个正确的答案。

(例子)1. 甘蔗可以做:(1)酒(2)糖(3)酱(4)醋……………( )

2. 寒暑表里边的流质是:(1)汽水(2)火油(3)水银(4)高粱酒……( )

3. 耳朵最长的是:(1)马(2)狗(3)驴子(4)羊……………………( )

4. 鱼呼吸用:(1)肺(2)气袋(3)鳃(4)鼻……………………………( )

5. 种小麦是在阴历的:(1)正、二月(2)四、五月(3)七、八月(4)九、十月………………………………………………………………( )

这种方法的好处有几层:

(1)学生做这种题目时,比较的有兴趣。

(2)答案简单,只须在括弧内写一数目字。例如甘蔗可以做糖,只要在下面括弧内写一"2"字。

(3)20分钟内,学生可以做五六十个题目。教材的要点,可以包括在试题内,不似现行的考试制,一小时内,只能做三四个题目。这三四个题目,仅能代表一部分的教材。

(4)改削便利,四五十本试卷。不消一小时,就可看完。

(5)计分有客观的标准,不至受主观的影响。学生争论分数等事,永远不会发生。

(6)可以发现学生缺点,使他设法补救。

不过认识法有一种弊病,四个或五个答案中选择一个,多少有些机遇。倘使四个中选择一个,那末对的机遇有四分之一,错的机遇有四分之三。换一句说,做四个题目,平均有一个对的,三个错的。每错三个,表示一个侥幸对的。所以我们应该用下列的公式,减去认识的机遇:对的题数 $-\frac{1}{3}$ 错的题数 = 分数。例如有20个题目,一个人只知道8个,其余12题,完全不知道。但是给他尝试做做看,做对了3个,做错了9个。总算起来,他做对了11题,做错了9题。代入公式:

$$对的 - \frac{1}{3}错的 = 实对题数$$

$$11 - \frac{1}{3} 9 = 8$$

倘使他只做8题,其余12题不做,当然不去减他分数,要是答案有5个,我们的公式应如下列:

$$对的 - \frac{1}{4} 错的 = 实对题数$$

(二) 是非法(True or false tests)

每句答案,就是问题。问被试的人,究竟那个答案是对的还是错的。

(例子)1. (　　)石灰的用处是粉墙。

2. (　　)蚂蚁能采取花粉。

3. (　　)烟是烟草的梗做的。

4. (　　)鱼呼吸用鳃。

5. (　　)火车每小时可行九十里。

施行这个方法的时候,只要叫被试的人,在括弧内做正号或负号。这个方法的特点,和上边一种差不多。不过另外有几层须注意:

(1) 正负号的数目,不要上落太多。最好100个题目中有50个正的,50个负的。

(2) 因为没有知识的人,胡乱猜度,也能得到一半分数,所以正的一定要减去负的,才能结果准确。公式如下。

$$对的 - 错的 = 实对题数$$

(三) 填字法(Completion test)

这是包含许多不完全的句子,或不完全的答案,叫被试的人填写出来。通常所谓问答法,也属于这一类。

(填字法例子)1. 肺叶共有_____。

2. 马克是_____货币。

3. 泰山是在_____省。

(问答法例子)1. 何数的 $\frac{3}{4}$ 是18? 答_____

2. 五大洲最大的是哪一洲? 答_____

3. 在民国哪一年,日本向我提出二十一条要求? 答_____

三种方法比较起来,认识法和填字法或问答法最可靠,是非法稍次。究竟宜于用哪一种,可看教材的性质,临时酌定。

不过上边那种题目,不可"咄嗟立办",最好由教师平日留心,将教材中要义,随时摘出,做成试验题目。这样,积少成多,就不致有"临渴掘井"的弊病了。过了一年后,已有好几百题目,只须略事增减,便可继续应用。(用了上述三种方法后,口问、作文、笔记等,当然仍不能废去。)

课外研究和讨论问题

1. 诊断的目的是什么?
2. 通常的诊断方法有几种?每种加以简单的说明。
3. 诊断学生有什么先决问题?
4. 沿习的考试方法有什么弊病?那种弊病新法考试是否能救济?
5. 对于(1)认识法,(2)是非法,(3)填字法或问答法,每种拟5个试题。

参考书目

西文:
1. McCall, W. A.: How to Measure in Education, Chap. Ⅲ.
2. Monroe, De Voss and Kelly: Educational Tests and Measurements, Chap. Ⅱ.

中文:
1. 廖世承,《常识测验报告》,载《中等教育》(第一卷,第二期),1922(2)。
2. 陈鹤琴、廖世承,《智力测验法》,商务印书馆,1921。

第三十六课　T、B、C、F分数的解释

度量个别差异的方法为测验。测验的功用,上边已讨论过。本课再把编造测验的方法及测验单位,简单的介绍一下。

一、编造测验的参照点(Reference point)

任何度量方法,都须有一出发点(Starting point),或参照点。如量高以海面为出发点;量温度,摄氏以冰点为出发点,华氏以冰点下32度为出发点。但科学家每以出发点不一致,阻碍科学的发展,力求相同。

历来编造的心理测验,非特出发点各不相同,即求此出发点之方法,也不一致。(1)以零分为出发点;(2)编造者任定一点,作为零分;(3)以中数为出发点(如判断量表);(4)以低年级不得分数者之百分比为参照点;(5)以中数下三个均方差(Standard deviation,简称 S. D.)为参照点;(6)以最低分数为参照点。

T 量表不以零点为参照点,而以 12 岁儿童的平均成绩为参照点。零点在中数下 5 个均方差。每个均方差分为 10 分,全距共有 100 分,50 分为中数。如下图:

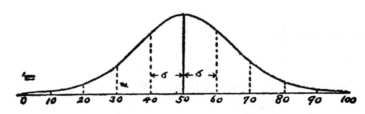

图 47　常态分配曲线,分全距为 10S. D.　以 12 岁中数定为参照点,零点定在中数下 5. S. D.

采用这个参照点的理由有四:

1. 除去正负号的烦累。如零点定在中数,我们就要有 -3S. D. 或 +2.5S. D. 的符号。

2. 全距分为 100 分,参照点为 50,容易记忆。

3. 全距甚大,可供实际的应用。

4. 假设的零点与绝对的零点相近。

二、编造量表的单位

各种度量,有了参照点,还须有单位。量山高的参照点为海面,单位为尺。量西历的参照点为耶稣生日,单位为年月日时。自来心理测验的单位,如参照点一样,颇不一致。有以一级的变化率为单位,有以各级混合的变化率为单位,其他复不一而足。T 量表的单位,在高小以 12 岁的变化率为根据,即 12 岁均方差的十分之一。倘使编造中学用的测验,可以 16 岁为根据;初小以 8 岁为根据。

这种编造量表的方法,并非为麦柯尔所特创。他参用特曼(Terman)与桑戴克(Thorndike)的方法。我们知道比奈—西蒙对于心理学的大贡献,在创造一种年龄量表(Age scale)。他们以婴儿初生时为出发点,以实足一岁为单位。但只有智力年龄,应用时尚不方便。例如有两个年龄不相同的学生,一个是 10 岁,一个是 15 岁。他们的智力年龄,都是 12 岁。倘使我们只听到智力年龄,不问他们的实足岁数,我们不知道究竟哪一个聪明些,哪一个愚笨些。所以特曼修改比奈测验时,用实足年龄除智力年龄,求出一个智力商数 I. Q. 看了商数,我们就立刻知道各个人的聪明程度了。这是特曼对于心理测验进一步的贡献。

不过以年岁为单位，尚有不妥，因为各年岁的进度不一致。例如8岁至9岁中间智力的相差，要比较13岁至14岁中间智力的相差大些。桑戴克用变化率做单位，免掉这个弊病。麦柯尔参用特曼和桑戴克的方法，根据年龄为参照点，以变化率为单位。这样求来的量表，就叫做T量表，所以纪念特曼和桑戴克的意思。

三、T量表的编造法

编造测验的手续，大致如下：

1. 预备初试材料，难易之度必较正式测验为大，内容约比正式测验多 $\frac{1}{4}$。

2. 排列难易，自最易至最难。

3. 预备做法说明。

4. 试验约120儿童，包含所需测验的最低年级至最高年级学生。测验时间不限定，但须记录各个儿童所需时间。

5. 检查儿童的答案，删去模棱两可或不易评阅的问题。

6. 核算每题答正数的百分比。

7. 化百分比为S.D.价值（做法详后）。价值愈小者，题目愈易；愈大者，题目愈难。

8. 将各问题按照难易，重行排列。倘排列的位置，与原来相差太远，可把那个问题删去。

9. 根据测验的平均时间，拟一测验时间，使做得最快的儿童，也不易做毕。

10. 改进测验的形式，将测验付印。

11. 试验约2 000儿童，其中12岁至13岁的儿童，约有500之数。

12. 求12岁儿童的T分数（凡12岁至12岁11月的儿童，均作为12岁）。举例如下：

下表第一行为原来分数，第二行为12岁的儿童数，第三行为"超过数 + $\frac{1}{2}$ 达到数"。例如零分的有1人（达到数），在零分以上的有11人（超过数）；$11 + \frac{1}{2} = 11.5$。再看第二列得1分的没有人，达到数为零，超过数为11；$11 + \frac{0}{2} = 11$。最后一列得7分的只1人，达到数为1，超过数为零（没有人超过此成绩）；$0 + \frac{1}{2} = 0.5$。所以要加 $\frac{1}{2}$ 达到数，因为要知道在这个成绩中点以上的有几多人。

表 24　表示求 T 分数的方法

原来分数	儿童数(12—13)	超过数 $+\frac{1}{2}$ 达到数	超过数 $+\frac{1}{2}$ 达到数的百分比	T 分数(12 岁)
0	1	11.5	95.8	33
1	0	11.0	91.7	36
2	2	10.0	83.3	40
3	2	8.0	66.6	46
4	2	6.0	50.0	50
5	3	3.5	29.2	55
6	1	1.5	12.5	62
7	1	0.5	4.2	67

将总人数 12 除第三行各数,即求得第四行的百分比。例如 $\frac{11.5}{112} \times 100 = 95.8$。再将百分比化成均方差价值(参考 McCall: How To Measure on Education,第 274 页第 23 表,此表转载在附录内),得第五行各数,就是所求的 T 量表。因此原来得 1 分的,T 分数为 36;原来得 2 分的,T 分数为 40;其余类推。任何儿童,得到 T50,就表示他的能力,等于 12 岁的平均能力;有百分之五十的 12 岁儿童超过他的能力,不如他的,也有百分之五十。得 T67 的,只有百分之 4.2 的 12 岁儿童,超过他的能力。所以用 12 岁为 T 量表的根据,因为自小学三年级起至八年级止,12—13 岁的儿童,最占多数。

编造 T 量表的方法,再可用下图来说明:

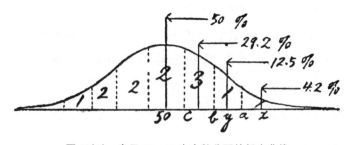

图 48(1)　表示 12—13 岁人数分配的假定曲线

上图各段的数目字,表示每段分布的人数。得到 4 分的有 2 人(参考表 24),T 分数为 50,在这个成绩上下的,各有半数,所以垂线恰巧在中间。得到 7 分的,占据 a 点以上的面积。倘使从 a 点计算 S.D. 价值,则嫌太低,因超过此成绩的人数不到 1 人。倘使从曲线的上端计算,又嫌太高。所以取一中点,从 X

计算 S. D. 价值。此面积所代表的人数为 1，$\frac{1}{2}$ 达到数的百分比为 4.2。又如得 6 分的，占 a、b 间的面积。从 b 点计算 S. D. 价值，则嫌过低；从 a 点计算，又嫌太高；所以取一 y 中点。此面积所代表的人数为 1，即达到数；其下还有一人，即超过数。超过数加 $\frac{1}{2}$ 达到数 = $1 + \frac{1}{2} = 1.5$，即 y 点以上的面积。其对全体的百分比为 12.5。从这个百分比求 y 点所在的 S. D. 价值，即为 T62。余类推。

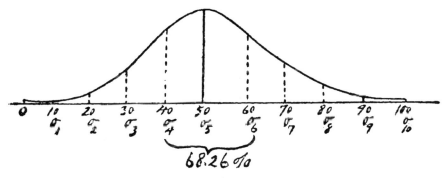

图 48(2)　表示常态分配曲线内的各段人数

倘使我们试验的人数非常多，得到一个理想的常态分配曲线，分底线为 10 个均方差，每个均方差又分为 10 分。今以直线各垂直于均方差的分点，则任何两线间的面积，有一定的百分比。中间一部分（σ_4—σ_6）应占全体面积的 68.26%。换一句说，倘使有一万个人，应有 6 826 人的成绩，包含在内。所以 T40 以上的人数有 84.13%（$50 + \frac{68.26}{2} = 84.13$）；T60 以上的人数有 15.87%（$50 - \frac{60.26}{2} = 15.87$）；T90 以上的人数为 0.003 2%；0 以上人数为 99.999 971%。可见此零点与绝对的零点相近（参考附录的 S. D. 表）。S. D. 表的编制，就根据这个理想的曲线推算的。

四、编造 B 量表的方法

T 分数代表一个人的总能力。年龄愈大，能力愈增进，所以在 20 岁内，T 分数随年龄而增加。B 分数代表一个人的年龄分数。譬如用算术测验试验一班学生，倘使我们要比较各个人的算术能力，应该看 T 分数；倘使我们要除去年龄的影响，再比较各个人成绩，应该看 B 分数。求 B 分数的方法如下表。

先作一各年龄分数次数分配表，并在表右面写明 12 岁的 T 分数。求各年龄的总人数，再求人数的半数。例如 10—11 岁的总数为 7，总数的半数为 3.5；11—12 岁的总数为 9，总数的半数为 4.5。

表 25　表示求 B 分数的方法

年龄＼分数	10—11	11—12	13—14	T_{12}
0	1			33
1	0	1		36
2	3	2	1	40
3	2	2	2	46
4	1	3	2	50
5		1	3	55
6			1	62
7			1	67
学生总数	7	9	10	
	$7 \div 2 = 3.5$ $1 + 2 + (3 \div 2) = 4.5$ $\frac{4.5}{12} \times 100 = 37.5$ $T_{10} = 53$ $53 - 40 = 13 B.C.$	$9 \div 2 = 4.5$ $1 + 3 + (2 \div 2) = 5$ $\frac{5}{12} \times 100 = 41.6$ $T_{11} = 52$ $52 - 46 = 6 B.C.$	$10 \div 2 = 5$ $1 + 1 + 3 + (2 \div 2) = 6$ $\frac{6}{10} \times 100 = 60$ $T_{13} = 47$ $47 - 50 = -3 B.C.$	

自 10—11 岁的下方将各数加上直至超过半数的一数而止，再将此数折半加上。例如 10—11 岁行：$1 + 2 + (3 \div 2) = 4.5$。11—12 岁行：$1 + 3 + (2 \div 2) = 5$。此即与上边所述求某分数的超过数加 $\frac{1}{2}$ 达到数的意思一样。复将所得数用 12—13 岁的总数除之，算出百分比。例如 12—13 岁的总数为 12（参考表 24），$\frac{4.5}{12} \times 100 = 37.5$，$\frac{5}{12} \times 100 = 41.6$。化百分比为 T 分数：$T_{10} = 53$；$T_{11} = 52$。

10—11 岁得 T53 的原来分数为 2；12—13 岁得 2 分的 T 分数为 40（参考表 25）。$53 - 40 = 13$，即 10 岁的 B 校正数。同理，11—12 岁得 T52 的原来分数为 3；12—13 岁得 3 分的 T 分数为 46。$52 - 46 = 6$ 即 11 岁的 B 校正数。

为什么用 12 岁的总人数去除，不用本年龄的总人数去除？因依照学校调查，12—13 岁的年龄最普通。测验时，可得到代表 12 岁的儿童数，其他年龄，因人数较少，不易得到代表数。从理论上推想起来，在 12 岁以前，留在小学高年

级读书的,大都为优秀部分。至特殊愚笨的儿童,尚留在未曾测验到之低年级。举例如下图:

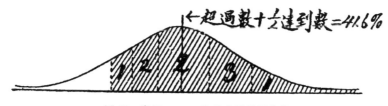

图 49　表示 11—15 岁的次数分配曲线

上图超过数为 4(1+3),达到数为 2。超过数 + $\frac{1}{2}$ 达到数为 5。如以本年龄人数去除,则一部分愚笨的儿童,未得列入,百分比嫌过大,所以用 12 岁的总数去除,补足假定的代表数,因此 $\frac{5}{12} \times 100 = 41.6\%$。化成 T 分数为 52,此 T 分数以 11—12 岁为标准,至以 12—13 岁为标准,则得 3 分的 T 分数为 46。52 - 46 = 6(B 校正数)。

12 岁以上的儿童,聪明与愚笨的,大致都能测验到。所以用本年龄的人数去除(超过数 + $\frac{1}{2}$ 达到数)。如 13—14 岁的总人数为 10,折半得 5。从下边数上去:1 + 1 + 3 + (2÷2) = 6。$\frac{6}{10} \times 100 = 60\%$。化成 T 分数为 47。12—13 岁得 4 分的 T 分数为 50,47 - 50 = -3(B 校正数)。

所以要有 B 校正数的缘由,可用下图说明。

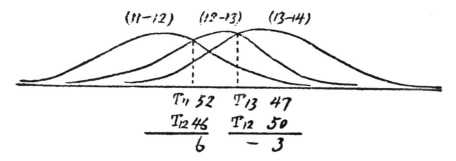

图 50　11、12、13 各年龄的曲线相关图

如上图,中线代表 12 岁儿童的次数分配,左线代表 11 岁儿童的次数分配,右线代表 13 岁儿童的次数分配。假定 12 岁与 13 岁曲线的相交处为同得 4 分的儿童,11 岁与 12 岁曲线的相交处为同得 3 分的儿童(参考表 25)。同得 4 分

的以 13 岁为标准，T 为 47；以 12 岁为标准，T 为 50。同得 3 分的，以 11 岁为标准，T 为 52；以 12 岁为标准，T 为 46。换一句说，13 岁的 T47 等于 12 岁的 T50；11 岁的 T52 等于 12 岁的 T46。现在的 T 量表既以 12 岁为根据，所以凡 13 岁的儿童得到任何 T 分数，应减去 3，凡 11 岁的儿童得到任何 T 分数，应加上 6，方可与年龄不相同的儿童比较。

再说得明白些，各年龄的 B 分数，犹之 12 岁儿童的 T 分数。本可造一各年龄的 T 量表，因为要省手续，并且便于比较起见，所以用 B 校正数，除去年龄的影响。

既得各年龄的 B 校正数，可推求每月的 B 校正数，如下表：(26 表)

下表从 10 岁 6 月起，因我们所称 10 岁，实则为 10—11 岁，其中点为 10 岁 6 个月。T 量表以 12 岁为根据，所以 12 岁 6 月的，B 校正数为零。12 岁 4 月的，B 校正数为 1；11 岁 6 月的，B 校正数为 6；13 岁 6 月的，B 校正数为 -3。有了这个对照表，试验任何儿童，都可得到一校正数。

表 26　年龄与 B 校正数对照表

年龄	B 校正数
10 - 6	13
10 - 8	12
10 - 10	11
11 - 0	10
11 - 2	8
11 - 4	7
11 - 6	6
11 - 8	5
11 - 10	4
12 - 0	3
12 - 2	2
12 - 4	1
12 - 6	0
12 - 8	-1
12 - 10	-1

续 表

年龄	B校正数
13 - 0	-2
13 - 2	-2
13 - 4	-3
13 - 6	-3

五、编造C量表的方法

C量表也从T量表中求出来，为学级编制的用处。求C分数的方法如下表：

先将各年级的次数乘T分数。例如五年级的零分有2人，1分有1人（核算C分数时，只问年级，不问年龄）。对照T量表，零分为T33，1分为T36。33×2=66；1×36=36；2×40=80；余类推。

将各级T分数加起来，用人数去除，所得到的平均数，即为该级的"常模"（Norm）。如第五年级为40.5，第六年级为45.7，第七年级为50.2。

表27 年级次数分配表

年级 分数	V		VI		VII		T_{12}
	次数	T分数	次数	T分数	次数	T分数	
0	2	66	1	33			33
1	1	36	1	36			36
2	2	80	0		1	40	40
3	2	92	4	184	1	46	46
4	1	50	5	250	2	100	50
5					1	55	55
6					1	62	62
7							67
总数	8	324	11	503	6	303	
平均		40.5		45.7		50.2	

假定秋季始业，举行测验的时间在阳历一月左右，则40.5为五年级中间的程度，45.7为六年级中间的程度。两级相差数为3.2，分成月数如下表：

表 28 年级 T 分数对照表

T 分数	年级 G
40.5	5.6
41.0	5.7
41.5	5.8
42.0	5.9
42.5	6.0
43.0	6.1
43.5	6.2
44.0	6.3
44.5	6.4
45.0	6.5
45.7	6.6
46.1	6.7
46.6	6.8
47.0	6.9
47.5	7.0
47.9	7.1
48.3	7.2
48.8	7.3
49.2	7.4
49.7	7.5
50.2	7.6

看上表我们可以知道，凡是一个学生得到 40.5 的，就等于第五年级 6 个月的程度；得到 41.0 的，就等于第五年级 7 个月的程度；得到 45.7 的，就等于第六年级 6 个月的程度。不过年级分数是以学年的中点为根据，所以应对照下列的 C 校正数。

表 29 C 校正数与距开校月对照表

月底	1	2	3	4	5	6	7	8	9	10
C 校正数	0.4	0.3	0.2	0.1	0	−0.1	−0.2	−0.3	−0.4	−0.5

化 G 为 C 的方法，即从 G 分数上加上或减去上列的校正数。假定秋季始业，测验是在阳历 9 月底施行的，试期在开学后一个月。看上表第一月的校正

数(0.4),把那个校正数加在 G 分数上。要是在开学后 6 个月施行的,应减去 1。余类推。

现在再举一个计算全班 T、B、C 分数的例子:

表30　计算全班 T、B、C 分数的方法

第二高小	高二上	十二年十二月五日测验		
实足年龄	姓名	T 分数	B 分数	C 分数
13岁2月	张生	46	44	6.8
12岁6月	王生	50	50	7.7
10岁7月	赵生	55	68	…
11岁4月	李生	40	47	5.6
13岁5月	孙生	62	59	…
平均……12岁2月		50.6	52.6	…

看上表,张生 13 岁 2 月,T 分数为 46。查表26,13 岁 2 月的 B 校正数为 -2,所以 B 分数应得 44($46-2=44$)再查表28,T 分数 46 的,应得 G 分数 6.7。因为试期在开学后三个月,所以加上 C 校正数 0.1,即得 C 分数 6.8。

各个人的 T、B、C 分数得到后,求全班学生的平均实足年龄及平均 T 分数;再从全班的平均 T 分数,加上或减去 B 校正数,即得该班的平均 B 分数。

六、计算 F 分数的方法

F 为一种努力分数。以算术一科做例子,如算术测验分数减智力测验分数,余数为负数,即表示该生或该班,对于算术一科不甚努力。如系正数,即表示该生或该班对于算术,尚能努力。要除掉正负数的烦累,所以采用下列公式:

教育 T 分数 − 智力 T 分数 + 50 = 努力分数,如努力分数恰巧为 50,即表示智力与学力相称。如在 50 以上,即为特殊努力;50 以下,即为不甚努力。

结论

T 是什么? T 为量学生某种特性的单位。T 分数表示各个人对于某种特性的总数量,或称为总能力分(Total ability)。所以要将测验分数化成 T 分数的缘故,至少有两种原因:(1)除掉题目难易的影响;(2)有一普遍的标准可以比较各个人的总能力。

B(Brightness)是一种年龄分数,各年龄的B,犹之12岁的T(指以12岁为根据的T量表而言)。年幼的学生,T分数大概都不甚高,但是B分数,却可以很高;年长的学生,T分数大概都不甚低,但是B分数,却可以很低。因为个人的T分数是逐年逐月加大的,但是B分数变更很少。所以看了一个人的B,就可以知道他在同年龄学生中所处的地位了。

C(Classification)是一种年级分数。有了C分数对照表,可以知道一个人的年级地位,供学校行政人员分班时的参考,并可与全国同等学校比较程度的高下。

F(Effort)是一种努力分数,比较各个人或全班智力与学力的上下,可借以度量教育效率。

课外研究和讨论问题

1. 编造测验何以要先有参照点及单位?T量表的参照点及单位是什么?
2. T是什么?B是什么?T、B的用处怎样?
3. G分数与C分数有什么差别?
4. 解释努力分数。倘使某生的算术测验T分数为63,读法测验T分数为56,英文测验T分数为50,智力测验T分数为57,求他的努力分数。
5. 依照下列各年龄次数分配表,求T、B、C分数(以〈12—13〉岁为根据):

各年龄次数分配表

分数＼次数＼年龄	10—11	11—12	12—13	13—14
0	1	1	1	
1	0	2	1	
2	1	2	2	1
3	2	3	3	2
4	3	5	4	2
5	2	2	2	2
6	1	0	1	1
7	1	1	0	1
8			1	

参考书目

西文：
1. McCall, W. A：How to Measure in Education, Chaps. Ⅸ, Ⅹ.
2. McCall, W. A：Scientific Measurement and Related Studies in Chinese Education.

中文：
1. 《各种标准测验说明书》，商务印书馆。
2. 廖世承，《应用科学原理改良入学考试的方法——一个入学标准》，载《教育杂志》(第十五卷，第十期)1923。
3. 钱希乃，《麦柯编造的 TBCF 制》，载《教育杂志》(第十五卷，第九期)，1923 年。

第三十七课　T、B、C、F 分数的应用

上课讲求 T、B、C、F 分数的方法，本课讲 T、B、C、F 的应用。就应用方面说，有两个问题可提出讨论：(1) 计分制；(2) 度量教育的效率。

一、计分问题

怎样计分，为近代教育上一个很困难的问题。以前大家对于这个问题，不大注意，以为一个人当了教师，自然知道评定他班中的甲乙，就是到了此刻，也有许多教师，不愿意别人干涉他的记分法。但是依据近来各方的调查结果，觉得各教师的计分法，太不一致，老实说一句话，简直没有明定的方法。因此采用选科的学校，有的学生，不问他对于一门功课，有没有需要，倘使教师给分数宽的，他就选那门功课。弄到后来，分数果然很多了，但是所得的知识，完全不能满足一己的需要。

计分法

兹就现行的各种记分法，逐一讨论，以便择尤采用。

1. **百分计分法**(Percentage system)

这种计分法，在东西各国，用得最普遍，沿习也最久。可是理论上边，说来很不圆满。例如有一个学生，算学考了 60 分，缀法 75 分，理科 80 分。此刻我们就要问，60 分代表什么？算学教员也许这样回答："算学试题一共有十个，每对一题，作为 10 分，那个学生做对了六题，应得 60％的分数。"我们再问，75 分代表什么？缀法教员说："那个学生的缀法程度，应得 75％的分数。"但是我们要问，哪样子的程度，可以作为 100 分？怎样教师可以知道那一篇文的程度，刚巧

抵我们理想标准的75％？这两个问题，缀法教员恐怕就对答不来了。

不单是缀法一类的分数，茫无标准，就是有答数可凭像算学一类的分数，也不可靠。例如同一学生，上次考算学，得到80分，这次考算学，得到60分，就分数论，这个学生的算学成绩退步了。要不是这个缘由，一定教师所评的分数不确当。其实学生的成绩，并没有退步，教师的计分，也很确当，所以前一次分数多，后一次分数少，是因为两次试题难易有不同。只看分数，不能知道成绩的究竟，真意既失，分数的作用，也就有若无了。

因为最高分数的标准，没有确定，所以同一教师，教同样学程，每次分数的多寡，也有大出入。下面便是一个例子：

表31　一个教师在每次试验所定的分数
各人最后的成绩应该怎样？（参考斯曲朗）

学生＼分数	第一次考试	第二次考试	第三次考试	最后的成绩
1	60	100	70	
2	55	90	55	
3	50	80	80	
4	45	95	55	
5	45	85	70	
6	40	95	50	
7	40	80	50	
8	35	70	65	
9	35	85	45	
10	30	75	60	
11	30	80	50	
12	30	90	75	
13	25	95	30	
14	25	90	60	
15	20	90	55	
16	20	85	55	
17	20	80	35	
18	15	110	50	
19	15	65	40	
20	10	80	45	

续 表

学生＼分数	第一次考试	第二次考试	第三次考试	最后的成绩
21	10	85	35	
22	5	85	45	
23	5	60	30	
24	0	75	25	

综观上表，我们有三个疑问：

（1）为什么缘故第一次分数这样低，第二次又那样高？是不是因为学生第一次不用心，第二次用心学习的关系？还是因为第一次题目太难或太长，第二次题目太容易或太简单？还是因为这门功课，开始时没有组织好，所以成绩坏，后来教师竭力改良他的教材和方法，所以成绩又好了？

（2）哪个分数表示成绩好些，第一次的 60 分？还是第二次的 80 分？起初看来，60 分当然比 80 分差 20 分。但是在第一次成绩中，只有一个人得到 60 分，没有人比他分数再高的了；在第二次成绩中，有 5 个人得到 80 分，在 80 分以上的，另外有 14 个人。

（3）倘使我们依照各学生三次的成绩排列起来，我们可以知道：

　　最好的学生得到 60 分、100 分、70 分；
　　第十二的学生得到 30 分、80 分、50 分；
　　最坏的学生得到 0 分、60 分、25 分。

但是 60 分、100 分和 70 分是否相等的？30 分、80 分和 50 分怎样？0 分、60 分和 25 分怎样？

看了上边几个问题，我们可以说百分记分法，实有改良的必要。

2. 等第计分法（Group system）

研究教育的人，都知道百分记分法的不可靠，同时并知道 65 分与 70 分，或 75 分与 80 分之间，成绩的高下，很难分别。因此提倡用五项等第来替代百分法。所用的符号，各各不同。有的用 1、2、3、4、5；有的用超、上、中、下、劣；有的用 E、S、M、I、F；有的用 A、B、C、D、E。无论用哪 5 个符号，总之第一个代表最优等，第二个代表优等，第三个代表中等，第四个代表下等，第五个代表不及格。

五项等第记分的最大优点，在破除办学的人的迷信，以为教师能够精密地评定各个人分数。其实教师只能甄别一个大概，如某某数学生，成绩在班中比较的最优；某某数学生，成绩稍次；某某数学生的成绩，仅能列在中等。所以用五等记分法,要比较的妥当些。

不过用了等第记分法,教师主观的色彩,依然不能除掉。碰到一个定分很宽的教员,大部分的学生,都得 A、B 或超、上的等第。反之,碰到一个定分很严的教员,大多数的学生,都列在 C、D 或中、下的等第内。只就分数论,A、B 的成绩,当然比 C、D 强,但是实际上,也许 C 反比 B 难得些。

彻底说起来,学校、家庭和学生所要知道的,是一种比较的等第。我们要晓得这个学生的国文,在班中处于什么地位,他的数学处于什么地位,其他各科比较起来怎样。所谓百分法,所谓等第记分法,都不能明示各学生在班中的位置。倘使我们看见某生的英文成绩为"B",我们总以为他的英文程度,在一班中等以上,要是那班的学生,有大多数得到"B",我们的猜想,就有错误了。

3. 比较的计分法(Relative rating system)

由等第计分再进一步,即为比较的计分法。这个方法,仍采用五项等第,不过应用个别差异原理,把各等第所占的百分比,定一大概范围。例如某班有 34 个学生,试验的成绩分配,大致如下:

符号	比较的等第	学生数
1	超(比中等的成绩特别好)	3
2	上	5
3	中	18
4	下	5
5	不及格(比中等的成绩特别坏)	3
		总数 34

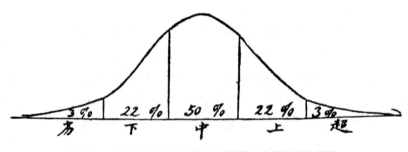

图 51　依照常态分配曲线,五项等第所占的百分比面积

比较的计分法,以全班的中等成绩为出发点。无论中等成绩为 30 分,或 50 分,或 70 分,我们都算他中等。这个方法的好处,可分作几层来说:

(1) 合乎统计原理。一班的人数少,每次考试成绩,虽不能恰与理想符合,

但是大致不甚相远。例如一班 34 个学生,不一定每次最好的或最坏的,总是 3 个人,也许这一次多些,下一次少些。不过统算起来,可无大出入。

(2) 教师对于学生的程度,可以有一明确的观念,要是教材太深,或题目太难,学生考时,大都不甚出色,列入中等的,分数计有三四十分,教师就应该留意放低程度,或减轻作业。不用这种方法的时候,倘使不及格的人多,教师只怪学生不肯用功,却不去考查不及格的真实缘由。反之,试验时列入下等的,也有七八十分,教师就应该提高程度,或加重作业。所以比较的计分法,教师可奉为教授的南针,借以考查和适应学生的程度。

(3) 学生对于一己在班中的位置,也有一个明确的观念。所谓百分法、等第计分法,都是一种绝对的标准,学生知道后,没有多人的价值。换了比较的等第,他就知道得很清楚,自己所处的地位怎样。

(4) 家庭接受学校报告时,也觉得比前有意义些。看了报告单上的等第,家庭就晓得他们的子弟各科的程度怎样。他们并且知道各科等第的价值是一致的。

(5) 各种意外的影响,可以除掉。例如某次小考,全班学生因为参与足球比赛,未曾好好预备,以致考试的成绩,极不满意。但是用比较的计分,毫无关系。下边再举一个例子,证明这种方法有怎样活动的好处:

下图中的号数,代表被试的姓名。倘使 60 分为及格标准,以百分法计算,第一次考试,只有 1 人有及格的希望。第二次考试,各人都及格;第三次有 17 人,或 71% 不及格。三次成绩平均起来,有 14 人,或 58% 不能及格。换了比较的计分数,每次不及格的人,就很少了。

有人反对比较的计分法,谓万一一班之中,确有大多数人不及格,我们强要将他们列入中等或下等,殊非公允的办法。不知一班之中,除了教材太深,或试题太难,或定分太严,决不会有多数人不及格的道理,要是有这种事情,教师应负大部分责任。

又有人深怕行了这种方法以后,学生相率不肯用功,以为只要大多数人考得不好,不好的人,也就有及格的希望了。理论上确不得不有这种顾虑,但是实际上绝无此种情事。少数学生怕读书,设法偷懒,学校中容或有之,至于全体学生,相约为自欺欺人之举,稍有常识者,谅不至此。并且每学期终了时,仍可用标准测验试验全体学生各科的程度,和他校学生相比较。所以这层顾虑,尽可不必。

比较的计分法,在近今实施上,要算较为完美的一种方法。东西各国的实验学校,采用这种方法的很多。前年作者也想采用他,改革东大附中的计分制。后来和麦柯尔商议,他以为与其彻底改革,不如采用一种比较的更为精密的科

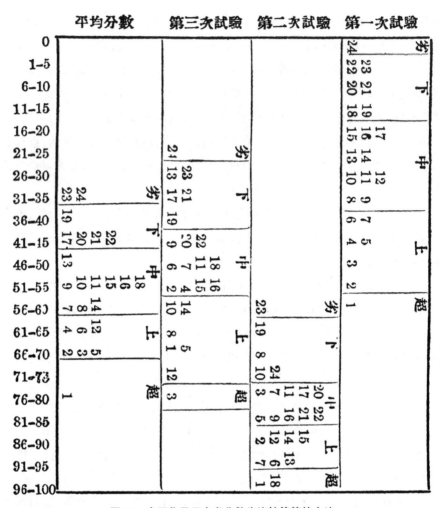

图 52 表示化平日小考分数为比较等第的方法

学方法。他的意思,就是应用标准测验的 T 分数,来评阅平日学校各科试验的成绩,可是说这句话的时候,并没有一定的具体计划,并且我国中小学用的标准测验,那时尚没有产生,因此这件事,就暂时延搁了。到了去年,各种标准测验已编就。我们又可重行讨论那个问题。

4. 应用测验单位计分法

现时所编的各种测验引进了四种教育上的新单位:T、B、C、F。不过求 T、B、C、F 的手续,非常麻烦,学校里边平时的小考,怎样可以应用这种单位呢?作者对于这个问题,曾经费了几番思索。后来想到一种办法:

(1) 先用一种有标准的智力测验,测验学校内全体学生。

(2) 求各个人的 B 分数。

(3) 各种小考分数，均化为 T 分数（考试不拘用旧法或新法。化 T 分数的方法，见上面一课）。

(4) 这样得来的 T 分数，就称之为 B 分数。因为在标准测验里边，T、B，绝然为两个单位，T 分数是随年龄增加的，B 分数是不大变动的。但现在以班为根据，班中年龄的大小，不去管他，所得的 T 分数，也不会随年龄而变迁，所以直可称为 B 分数。

(5) 用公式求各个人（或全班）各科目（或各科总成绩）的 F 分数。公式如下：（用 B 替代 T）

$$B 教育 + 50 - B 智力 = F$$

用这个方法，只要在学年开始时，施行一种标准测验，就可应用教育上的新单位，知道各学生对于各科努力不努力了。

去年暑假作者又碰到麦柯尔，把这个方法与他商酌。他觉得这个法子想得非常聪明。谓二年来，他对于学校计分问题，亦曾精思研索。现时也想到了一种方法，与作者所提的，大同小异，不过法子还要简便些。他的方法如下：

(1) 用任何一种标准测验，试验全体学生。

(2) 求各个人的 B 分数。

(3) 按照分数的多少，排列各班的名次。

(4) 举行平时考试，按照分数排列名次（考试与记分用任何方法都可）。

(5) 名次最高的，给以最高的 B 分数，称之为 B 历史、B 缀法等等。例如下：

智力测验分数（标准测验）		缀法分数（用旧法记分）	
学生	B智	学生	B缀
张	80	孙	80
王	75	赵	75
赵	72	王	72
李	69	李	69
孙	64	张	64

依据标准测验，那一班学生的第一名是 B80 分，第二名是 B75 分，第三名是 B72 分，余类推。所以那一班学生的缀法第一名，不管他原来的分数多少，也给他 80 分，第二名也给他 75 分，余类推。

(6) 求各个人的努力分数。例如张生智力的 B 分数为 80，缀法的 B 分数为 64，代入公式：

F＝B缀＋50－B智＝64＋50－80＝34。我们知道张生对于缀法,不甚努力。又如孙生的B智为64,B缀为80,代入公式：

F＝B缀＋50－B智＝80＋50－64＝66。就表示孙生对于缀法很努力了。

（7）求各个人的年级地位,C。这个表却没有现成的,要各校自己去创造一个。我且把创造的方法举一个例子：

表32　显示求年级地位的方法

B 年龄	47	48	49	50	51	52	53	54	55	56
11：0	40T 3；9G	41T 4；1G	42T 4；2G	43T 4；4G	44T 4；6G	45T 4；8G	46T 5；0G	47T 5；1G	48T 5；3G	49T 5；5G
11：2	41T 4；1G	42T 4；2G	43T 4；4G	44T 4；6G	45T 4；8G	46T 5；0G	47T 5；1G	48T 5；3G	49T 5；5G	50T 5；7G
11：4	42T 4；2G	43T 4；4G	44T 4；3G	45T 4；8G	44T 5；0G	47T 5；1G	48T 5；3G	49T 5；5G	50T 5；7G	51T 5；9G

制表时先列年龄,自学校中最低年龄起至最高年龄止。第二步列B分数。第三步查T分数与G分数。我们知道B分数是T分数加入B校正数所得到的,所以B分数上减去B校正数,即为T分数。例如按照廖氏团体智力测验说明书"表格2",11：0岁的B校正数为＋7。所以真实的T分数,应从B分数上减去7。（如47－7＝40T;48－7＝41T;余类推）得到T分数后,再查照"表格3",就得着相当的G分数。例如3；9G,4；1G等。3；9G代表小学三年级9个月的程度,4；1G代表四年级开始时的程度。倘使一个11：0岁的学生,得到B智47,就表示他的智力,应在小学三下肄业。不过有了G,还须用下表来校正（秋季始业用）。

阳历月终	九月	十月	十一月	十二月	一月	二月	三月	四月	五月	六月
加数	＋0.4	＋0.3	＋0.2	＋0.1	0	－0.1	－0.2	－0.3	－0.4	－0.5

倘使在九月中试验,G分数上应加0.4。例如3；9G＋0.4为4；3（小学四年级3个月程度。）

上述的计分法,虽很具体,但实际施行时,尚多困难问题。

（1）任何标准测验的B分数,是否即可替代智力测验的B分数？

（2）B分数在班中列第一的,F分数至高为50,与其他同学比较,是否公允？

（3）原来C分数是代表年级地位，不应与年龄发生关系，但以上法推算，C分数受B分数的影响，因此两个同样成绩的学生，因年龄不同，年级地位也有上落。

（4）如年级地位不可靠，及格分数应以何者为标准？

其他类此的问题甚多。东大附中半年来正在试验这个问题，并且创拟了许多表格，采集各种计分法的长处，融为一炉。现尚不能作详尽的报告，兹先简单的介绍两种表格。

第一种表示全班学生某种学程学业等第与努力分数的比较。一方绘等第曲线，使各人知道他的英文，或国文，或数学，或其他各科，在班中处于什么地位；一方绘努力曲线，使各人知道他一己的学业成绩与智力的比较率。表中名字下1、2、3、4系代表一学期内考试的次数。等第曲线用黑色，参看左边的等第数；努力曲线用红色参看右边的努力数。中间的波纹形，表示表格中间一部分已省去。

第二种表格专备学生自己记载各科成绩用的。例如某生国文第一次考列第六，第二次考列第三，第三次考列第五，第四次考列第四，曲线如上表。努力分数第一次为66分，第二次为74分，第三次为68分，第四次为71分，曲线如上表。每种学程的考试成绩宣布后，学生即在自己用的表格上画一段曲线。这样，各学生对于一学期内各科进行的概况，知道得很清楚了。

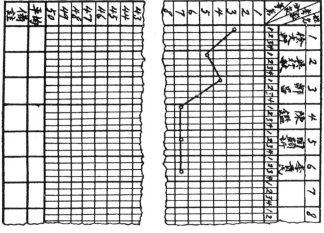

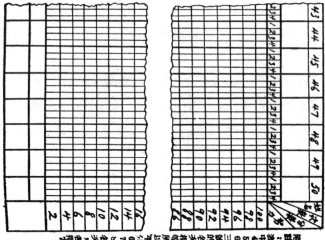

國立東南大學附屬中學校學生各科學業等第與努力分數之比較
————中——年級————學期第—組————( )

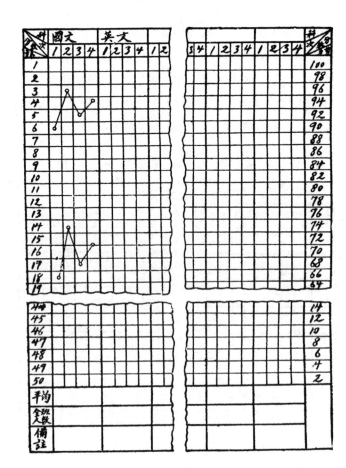

二、度量教育的效率

有了测验单位,度量教育效率时,就有依据。

(1)可借以知道各个人进步的数量。例如在开学时,用一种标准测验试验一个学生,到学期终了时,再用同性质的测验去试验他,看他进步了多少。

(2)可借以知道各个人努力的状况。

(3)可借以比较各个人的成绩。

(4)可以知道全班进步的数量。例如把各个人进步的数量,总加起来,再用人数去除,即得全班的进步数量。

(5)可借以比较各班的程度。例如同一小学六年级,所得的智力或教育分数,看有几多差异。在常模(Norm)之上,还是在常模之下?

(6)可借以知道全班的努力分数。例如下:

学校<u>第二高小</u>地址:城市<u>南京</u>街道门牌<u>洪武街</u>
年级<u>6</u>组数<u>甲</u>教员姓名<u>王某</u>
试期:教育测验<u>1月5日</u>智力测验<u>1月5日</u>

实足年龄		学生							
年	月	姓名	T教	T智	B教	B智	C教	C智	F
<u>12</u>	<u>3</u>	<u>张</u>	<u>54</u>	<u>53</u>	<u>55</u>	<u>55</u>	<u>6.3</u>	<u>6.5</u>	<u>51</u>
<u>13</u>	<u>1</u>	<u>王</u>	<u>56</u>	<u>54</u>	<u>56</u>	<u>59</u>	<u>6.4</u>	<u>6.7</u>	<u>52</u>
—			—	—					
总共 __		2			<u>111</u>	<u>114</u>	<u>12.7</u>	<u>13.2</u>	<u>103</u>
平均 __					<u>56</u>	<u>57</u>	<u>6.3</u>	<u>6.6</u>	<u>51.5</u>

本班分数

(7)从全班的努力分数及进步数量,可推知教师教授的效率。

(8)可借以知道全校的努力分数。例如下:

年级	组数	学生(被试)	B教总	B智总	C教总	C智总	F总
<u>6</u>	<u>甲</u>	<u>20</u>	<u>1 080</u>	<u>1 060</u>	<u>126.0</u>	<u>130</u>	<u>1 020</u>
<u>5</u>	<u>乙</u>	<u>22</u>	<u>1 100</u>	<u>1 094</u>	<u>118.4</u>	<u>122.</u>	<u>1 200</u>
<u>4</u>	<u>甲</u>	<u>24</u>	<u>988</u>	<u>990</u>	<u>116.0</u>	<u>110.</u>	<u>1 000</u>
总共	—	<u>66</u>	<u>3 168</u>	<u>3 144</u>	<u>360.4</u>	<u>362.</u>	<u>3 220</u>
平均	—	<u>22</u>	<u>48</u>	<u>47.4</u>	<u>5.4</u>	<u>5.4</u>	<u>48.7</u>

本班分数

（9）可借以知道学校经费的效率。照下列方程式求之：

$$学校经费的效率 = \frac{学校的效率}{每学生平均费} =$$

（10）可借以比较各校的程度。

（11）可借以调查城市经费的效率。例如下：

城市	南京	省	江苏	视学员姓名_____				
学校名称或数目	公立私立教会立	男女同校或分校	被试学生	B教	B智	C教	C智	F
第四	公立	同校	300	16 200	16 500	1 890	1 900	15 600
第十二	公立	男校	400	21 600	22 000	2 520	2 560	20 800
第三	公立	同校	200	10 800	11 000	1 260	1 280	10 400
总共	——	——	900	48 600	49 500	5 670	5 760	46 800
平均			300	54	55	6.3	6.4	52

$$学校制度经费的效率 = \frac{学校制度的效率\ 52}{每学生平均费\ 80} = 0.65$$

课外研究和讨论问题

1. 记分的目的是什么？废除记分制，于学生有什么影响？
2. 依照表31，画三次成绩的曲线。
3. 你想表31中24个学生的最后分数应该怎样？
4. 定夺分数时，应该用什么做标准：理想的试卷，最好的试卷，程度适中的试卷，最坏的试卷？教师用最普通的是那一种标准？
5. "比较的计分法"根据什么统计原理？
6. 东大附中的计分表格有什么特点？
7. 度量学校经费的效率，何以用每学生平均费除努力分数？

参考书目

西文：
1. McCall, W. A.：How to Measure in Education.
2. Strong E. K.：Introductory Peyhology for Teachers, Lessens, 27, 28.

中文：
1. 廖世承，《东大附中本学期议决的三个重要议案》，载《中等教育》（第二卷第四期）。
2. 《全国小学调查说明书》，商务印书馆。
3. 廖世承，《智力测验说明书》，商务印书馆。
4. 廖世承，《施行新学制后之东大附中》，中华书局，1924。

第三十八课　核算点量数的方法

要研究个性的问题，须略谙统计方法。例如什么叫做"点量数"（Point measures）、"差异量数"（Variability meaure）及相关系数（Co-efficient of correlation），都应该晓得。这种数学概念，不单是为近代心理学所根据，就是生物学、社会学、经济学、教育学以及其他一切日常问题，都可以用他们做应用科学原理的工具。

一、点量数

点量数的功用，在用一个数目表示全体成绩的大概情形。至于用哪一点，须看我们用什么统计方法而定。普通的方法为：

1. 众数 Mode
2. 平均数 Mean
3. 中数或中分数 Median or Midscore
4. 下二十五分点 Lower quartile point
5. 上二十五分点 Upper quartile point

1. 众数

通常所谓众数，就是次数最多的那个分数。如上边图41的众数为10；表23的众数为157；图46初中三的众数为47，初中二的众数为37，初中一有三个众数：32、34、37。逢到常态分配，众数与中数相吻合。所以图48的中数为50，众数亦为50。

2. 平均数

平均数就是用次数总数除分数总数的商数，要是数目简单，平均数很容易核算；倘使数目复杂，统计里边另外有一种简便的算法。举例如下：

表 33　表示求平均数的方法

未归类的分数	
学生	分数
1	2
2	3
3	4
4	4
5	5
6	5
7	5
8	5
9	6
10	6
11	6
12	6
13	7
14	7
15	7
16	7
17	7
18	8
19	8
20	8
21	9
22	9
23	10
24	12
总数 = 156	
人数 = 24	
平均数 = $\frac{156}{24}$ + 0.5 = 7.0	

已归类的分数，级距等于1			
分数	次数	假定平均数的离中差	次数×差数
2—3	1	−5	−5
3—4	1	−4	−4
4—5	2	−3	−6
5—6	4	−2	−8
6—7	4	−1	−4
7—8	5	0	−27
8—9	3	1	3
9—10	2	2	4
10—11	1	3	3
11—12	0	4	0
12—13	1	5	5
			15
人数 = 24		15	
假定平均数 = 7.5		−27	
平均数 = 7.5 + (−0.5)		$\frac{-12}{24}$ = −0.5	
= 7.0			

1. 未归类的分数

(1) 依照原来的分数排列顺序。（这一步可省去）

(2) 分数的总数为 156，人数的总数为 24。

(3) 平均数 = $\frac{156}{24}$ + 0.5 = 7.0。

所以要加 0.5，因为 2 分实际为 2—2.999 分，中点为 2.5。$\frac{156}{24}$ + 0.5 = $\frac{2.5 + 3.5 + 4.5\cdots\cdots}{24}$。倘使 2 为中点，就不必再加 0.5 了。

2. 已归类的分数

(1) 把上边的分数重行表列，求一次数分配。例如 2—3 分的有 1 人，3—4 分的有 1 人，4—5 分的有 2 人等。

(2) 人数的总数为 24。

(3) 在分配中间任取一级 Step，称为假定的平均数 Guessed mean。现用的假定平均数为 7.5。（为 7—8 一级之中点）

(4) 求假定平均数的离中差 Deviation，简称为差数。6—6.99 一级在假定的平均数下一位(1-1)，8—8.99 一级在假定的平均数上一位(+1)。余类推。

(5) 用差数乘次数。例如 -5、-4 的差数只有 1；-3 的差数有 2，总数为 6。余类推。

(6) 负差数的总数为 -27，正差数的总数为 +15。正负相消，余数为 -12，用人数 24 去除，得校正数 -15，表示正确的平均数应比假定的平均数少掉 0.5。

(7) 7.5 - 0.5 = 7.0 用简法易犯的错误为：(a) 不用一级的中点做假定的平均数；(b) 不用次数乘差数；(c) 分数与次数两列的观念混淆。

3. 下二十五分点，中数，上二十五分点

这三种都属于点量数，并且核算的方法也相同。下二十五分点（简写为 Q_1）为一种点数，在那个点数以下的有全体分数的 25%，在那个点数以上的有全体分数的 75%。中数实为一种中点数，在那个中点上下的各有全体分数的 50%。上二十五分点（简称为 Q_3）为一种点数。点数以上的有全体分数的 25%；点数以下的有全体分数的 75%。

核算的方法如下表：

1. 未归类的分数(Q_1)

(1) 依照原来的分数排列顺序。

(2) 人数 = 24。$\frac{24}{4} = 6$。从上边数下去，第 6 行的分数为 50。但 50 的级距为 45—55，因 50 为中点。在 45—55 中间的有 6 个人的分数。一个人的 50 分已经数在里边，所以校正数为 $\frac{1}{6}$ 乘级距 45—54.99，或 $\frac{1}{6} \times 10$ 把校正数加在 50 级距的起点上。$45 + \frac{1}{6} \times 10 = 46.67$。

2. 未归类的分数（中数）

(1) $\frac{人数}{2} = 12$。从上边数下来，数到第 12 的分数，就是中数。

(2) 第 12 的分数，数去了 1 个 60 分，60 分共有 5 个，所以中数为 $55 + \frac{1}{5} \times 10$。中数 = 57。

3. 未归类的分数（Q_3）

（1）人数的 $\frac{3}{4} = 18$。第 18 的分数就是 Q_3 第 18 的分数。数去了 2 个 70 分,所以 Q_3 为 $65 + \frac{2}{4} \times 10$。$Q_3 = 70$。

表 34　表示求下二十五分点、中数、上二十五分点的方法

未归类的分数			已归类的分数		
学生	分数	核算	分数	次数	核算
1	20		15—25	2	
2	20				$\frac{24}{4} = 6$
3	40	$\frac{24}{4} = 6$	25—35	0	$Q_1 = 45 + \frac{1}{6} \times 10$
4	40	$Q_1 = 45 + \frac{1}{6} \times 10$			$Q_1 = 46.67$
5	40	$Q_1 = 46.67$	35—45	3	
6	50				
7	50				
8	50				
9	50		45—55	6	
10	50				$\frac{24}{2} = 12$
11	50	$\frac{24}{4} = 12$			
12	60	中数 $= 55 + \frac{1}{5} \times 10$	55—65	5	中数 $= 55 + \frac{1}{5} \times 10$
13	60	中数 $= 57$			中数 $= 57$
14	60				
15	60				
16	60		65—75	4	
17	70				
18	70				
19	70	$\frac{3}{4} \times 24 = 18$	75—85	2	$\frac{3}{4} \times 24 = 18$
20	70	$Q_3 = 65 + \frac{2}{4} \times 10$			$Q_3 = 65 + \frac{2}{4} \times 10$
21	80	$Q_3 = 70$			$Q_3 = 70$
22	80		85—95	2	
23	90				
24	90				
人数 = 24			人数 = 24		

4. 已归类的分数（Q_1）

（1）把上边的分数,重行表列,求一次数分配。

（2）$\frac{24}{4} = 6$。第 6 个分数即为 Q_1。数第 6 个分数,从上边数下来:次数 2 + 0 + 3 再 + 45—55 一级里边的 $\frac{1}{6}$。所以 $Q_1 = 45 + \frac{1}{6} \times 10 = 46.67$。

核算的程序和未归类的一样算法。

5. 已归类的分数(中数)

核算程序同未归类的。

6. 已归类的分数(Q_3)

核算程序同未归类的。

核算中数及二十五分点时有几层须注意：(1)倘使原来分数为1,2,3,或10,20,30,那末 1 = 1—19.9, 10 = 10—19.99, 除非说明分数为中点。(2)倘使级距为1,校正数须乘1。(乘1。于答数虽无关系,然此习惯须养成)倘使级距为5,校正数须乘5。余类推。(3)倘使碰到级的次数为零,最好把那级的级距平分,例如下表：

表35　表示平分级距的方法(人数＝8)

分数	次数	核算
0—2	1	$\frac{8}{4} = 2$
2—4	1	$Q_1 = 5 + \frac{0}{2} \times 3$
4—6	0	$Q_1 = 5$
6—8	2	
8—10	0	$\frac{8}{2} = 4$
10—12	0	中数 = $10 + \frac{0}{2} \times 4$
12—14	2	中数 = 10
14—16	0	
16—18	0	$\frac{3}{4} \times 8 = 6$
18—20	0	$Q_3 = 17 + \frac{0}{2} \times 5$
20—22	2	$Q_3 = 17$

求 Q_1：1 + 1 = 2。Q_1 在2—4与6—8两级的中间。所以把4—6的级距分成两半,一半加在上,一半加在下,成为2—5与5—8。因此校正数乘3,不乘2。

4. 中分数

求中分数的方法很简单,例如有9个学生的分数如下：

3、9、8、7、11、12、6、3、13。

用上述的方法求中数等于8.5,中分数(midscore)为8。

(1) 先排列次序,如：

3、3、6、7、8、9、11、12、13。

(2) 把人数加1除2：

$(9 + 1) \div 2 = 5$

(3) 从 3 数起数到第 5 个分数就是中分数。

二、在什么时候应用什么点量数？

倘使要(1) 核算快，(2) 知道次数最多的分数，可用众数。

倘使定夺中点时要(1) 每个分数有相当的影响，(2) 比较的可靠，(3) 求相关系数或别种统计方法，可用平均数。

倘使要(1) 核算比较的简便，(2) 求一个比较的通行些的中点，(3) 除去特殊的分数的影响，可用中数。

倘使要(1) 用一种极简单的核算方法，(2) 度量一种分立的数目，不是接续的数目，可用中分数。

课外研究和讨论问题

1. 什么叫做点量数？
2. 解释众数、平均数、中数、中分数、下二十五分点、上二十五分点。
3. 什么叫做"归类"？
4. 表 33 的众数是什么？
5. 用表 34 的次数分配，求平均数。（归类的与不归类的）
6. 用表 33 的次数分配，求下二十五分点、中数及上二十五分点。

参考书目

西文：
1. McCall, W A.：How to Measure in Education, Chap. Ⅳ. (McMillam C, 1922)
2. Monroe, De Voss and Kelly：Educational Tests and measurements，Chap. Ⅷ. (Honghton Mifflin Co.，1917)
3. Rugg, H. O. Statistical Methods Applied to Education Honghton Mifflin Co, 1917.

中文：
1. 陈鹤琴、廖世承，《智力测验法》，商务印书馆，1921。
2. 薛鸿志，《教育统计学大纲》，北京高等师范编译部，1922。

第三十九课　核算差异量数的方法

只凭点量数，尚不能显出个别差异。例如有两组学生，他们的平均数或中数，可以相同，但是两组的差异量数，却绝对不同。

要知道点量数与差异量数的分别,我们可以默想假定有一班成绩表列成"次数面",班中的平均数或中数,就是次数面中靠近中央的一点。差异量数并不是一个"点",是一个"距"(distance),例如一寸是一个距。不过寸的长短固定,差异量数的长短,随次数分配的状况而变迁。所以我们只能说差异量数的距,在次数面的底线上,有一定的比例。这个距恰在"集中趋势"(Central tendency)的上下。

一、差异量数的种类

全部量数(Mass measures)如次数面(Frequency surface)、次数分配(Frequency distribution)、顺序分配(Order distribution),对于一班成绩的差异状况,都可以给我们一个清明的图形。但有时只须用一个数目,表示全班差异的概况,那末就不得不求下列各种差异量数了。

1. 全距离(Total Range)。全距离中包含全体的分数。

2. 二十五分差(Quarti le deviation 〈Q〉 orSemi-ln-terquartile range)。在"集中趋势"的上一个 Q 及下一个 Q,约包含全体分数的中间 50%。

3. 平均差(Mean deviation 〈mn. D. or A. D.〉)。在"集中趋势"的上下各一个平均差,约包含全体分数的 57.5%。

4. 均方差(Standard deviation 〈S. D.〉 or Mean square deviation or Sigma)。在"集中趋势"的上下各一个均方差,约占全体分数的 68%。

二、核算差异量数的方法

(一)全距离

所谓全距离,就是从最小分数到最大分数的距离。核算时,只须从最大分数内减去最小分数。

全距离核算的简易同众数一样,功用也仿佛,只能作为一种参考的量数。

(二)二十五分差

求二十五分差的方式,也很简便:

$$Q = \frac{Q_3 - Q_1}{2}$$

从下二十五分点至上二十五分点中间一半的距离,就是二十五分差 Q。依照表 34,$Q_3 = 70$,$Q_1 = 46.67$。列入公式:

$$Q = \frac{70 - 46.67}{2} = 11.66 +$$

依照表 35：

$$Q = \frac{17 - 5}{2} = 6$$

（三）平均差

平均差就是各个离中差的平均数，差数的正负号不计。核算的方法如下：

表 36　表示核算平均差的方法

未归类的分数			已归类的分数			
学生	分数	中数的差数	分数	次数	中数的差数	次数乘差数
1	20	−37				
2	20	−37	15—24.9	2	−37	−74
3	40	−17				
4	40	−17				
5	40	−17	25—34.9	0	−27	00
6	50	−7				
7	50	−7				
8	50	−7	35—44.9	3	−17	−51
9	50	−7				
10	50	−7				
11	50	−7	45—54.9	6	−7	−42
12	60	3				
13	60	3				
14	60	3	55—64.9	5	3	15
15	60	3				
16	60	3				
17	70	13	65—74.9	4	13	52
18	70	13				
19	70	13				
20	70	13	75—84.9	2	23	46
21	80	23				
22	80	23				
23	90	33	85—94.9	2	33	66
24	90	33				
人数 = 24　总数 = 346 中数 = 57 平均差 Mn. D. = $\frac{346}{24}$ = 14.416 +			人数 = 24　总数 = 346 中数 = 57 平均差 Mn. D. = $\frac{346}{24}$ = 14.416 +			

1. 未归类的分数

(1) 把原来的分数列成顺序分配。(这一步可省去)

(2) 人数 = 24,中数为 57。(参看表 34)

(3) 求各分数与中数的差数。第一个分数为 20(为 15—24.9 的中点),与中数相差 37,第三个分数相差 17,第六个分数相差 7,余类推。负号尽可不用,因与实际上无关系。

(4) 差数的总数为 346,正负号不计。

(5) 平均差 Mn. D. 等于人数除差数的总数。

Mn. D. $= \frac{346}{24} = 14.416+$。

2. 已归类的分数

(1) 把原来差数重行排列,求次数分配。

(2) 第一级 15—24.9 的离中差为 37,第二级为 27,余类推。这个差数并不是级的差数,是实际的差数。

(3) 次数乘差数。例如第一级的次数有 2,所以用 2 乘差数 37,总数为 74。第二级的次数为零,所以总数示为零。第三级的次数为 3,差数为 17,3 × 17 = 51,余类推。

(4) 差数的总数为 346,正负号不计。

(5) 平均差 $= \frac{346}{24} = 14.416+$。

上边说 ± Q 包含全体分数的 50%,± Mn. D. 包含全体分数的 57.5%。要是这句话确实的,那末 Mn. D. 应比 Q 来得大。上述的例子,证明这一点,Q = 11.66+,Mn. D. = 14.416+。

(四) 均方差

核算的方法如下页表 37:

1. 未归类的分数

(1) 把原来的分数,列成顺序分配。(这一步可省去)

(2) 人数 = 24,平均数为 70。(参看表 33)因为要免除差数的小数,所以用假定的平均数 7.5,替代平均数 7.0。如不用 7.5,用 9.5 或 2.5 均可。

(3) 求各分数与假定的平均数的差数。第一个分数为 2,实际为 2—2.99,中点为 2.5。与假定的平均数相差为 5。余类推。

(4) 各差数均自乘。

(5) 差数方的总数为 124。

(6) 均方差 S. D. 为人数除差数方的总数,减去校正数的方,的方根。校正数的平均数与假定的平均数的差数,在这个例子内为 0.5。

表37　表示核算均方差的方法

未归类的分数				已归类的分数,级距等于1			
学生	分数	假定平均数的差数	差数自乘	分数	次数	假定平均数的差数	次数乘差数方
1	2	-5	25				
2	3	-4	16	2—3	1	-5	25
3	4	-3	9				
4	4	-3	9	3—4	1	-4	16
5	5	-2	4				
6	5	-2	4				
7	5	-2	4	4—5	2	-3	18
8	5	-2	4				
9	6	-1	1	5—6	4	-2	16
10	6	-1	1				
11	6	-1	1				
12	6	-1	1	6—7	4	-1	4
13	7	0	0				
14	7	0	0				
15	7	0	0	7—8	5	0	0
16	7	0	0				
17	7	0	0				
18	8	1	1	8—9	3	1	3
19	8	1	1				
20	8	1	1	9—10	2	2	8
21	9	2	4				
22	9	2	4	10—11	1	3	9
23	10	3	9	11—12	0	4	0
24	12	5	25	12—1	1	5	25
人数 = 24　总数 = 124 平均数 = 7.0 假定的平均数 = 7.5 均方差 S.D. = $\sqrt{\frac{124}{24} - (7.5-7.0)^2}$ = 2.217+				人数 = 24　总数 = 124 平均数 = 7.0 假定的平均数 = 7.5 均方差 S.D. = $\sqrt{\frac{124}{24} - (7.5-7.0)^2}$ = 2.217+			

$$均方差\ S.D. = \sqrt{\frac{124}{24}(7.5-7.0)^2}$$

2. 已归类的分数

(1) 把原来分数,重行排列,求次数分配。

(2) 人数 = 24,平均数 = 7。

(3) 靠近分配中央任何一级的中点,用为参照点,凡用假定的平均数,都取一级的中点。假定的平均数为 7.5。

(4) 求各级与假定平均数的差数。

(5) 差数自乘,再乘次数。从上边做起：$(5)^2 \times 1 = 25, (4)^2 \times 1 = 16, (3)^2 \times 2 = 18$,余类推。

(6) 差数方的总数为 124。

(7) 均方差 S. D. $= \sqrt{\frac{124}{24} - (校正数)^2}$。校正数为假定的平均数与真实的平均数的差数,在这个例子内为 0.5。倘使没有差数,校正数为零。所以要用假定的平均数,再校正,就在核算便利,免除小数搀入。

求均方差时,不必定用平均数。用中数也可。不过不能用假定的中数。

上边说 ± 均方差包含全体分数的 68%,所以均方差应该最大,平均差次之,二十五分差最小。表 34 的 Mn. D. 及 Q 已经求得,如再求均方差,我们可有下边三个答数证明这一点：

Q = 11.66　　Mn. D. = 14.42　　S. D. = 18.085

倘使有常态的次数分配,求了一种差异量数,可用下列公式求得其他各种：

Q = 0.674 5S. D.

Mn. D. = 0.797 9S. D.

Q = 0.845 3Mn. D.

例如我们知道 S. D. = 18.085,就可化成 Mn. D. 及 Q。Mn. D = 18.085 × 0.797 9 = 14.43(原来为 14.42)　　Q = 18.085 × 0.674 5 = 11.20。(原来为 11.66)因为表 34 的次数分配并不是常态的,所以化出来的小数点有些须差异。

三、在什么时候用什么差异数量？

如我们要(1) 略知差异的大概情形,(2) 补充其他的差异量数,可用全距离。

如我们要(1) 得到一种比较的便于核算而且适用的差异量数,(2) 用 Q_1 及 Q_3 来补充其他量数,可用 Q。

如我们要(1) 使极端的分数,发生重大的影响,(2) 比较的可靠,(3) 求相关系数或别种统计方式,可用 S. D.

通常 Q. 及 S. D. 两种已敷用，平均差可用以度量可靠性（Reliability）。

课外研究和讨论问题

1. 何以点量数不能显出个别差异，须另求差异量数？
2. 举例解释下列名词：(1) 次数面，(2) 次数分配，(3) 顺序分配。
3. 什么叫做全距离？二十五分差？平均差？均方差？集中趋势？
4. 用表 37 的次数分配，求平均差及二十五分差。
5. 用表 36 的次数分配，求均方差。

参考书目

西文：
1. McCall, W. A.：How to Measure in Education, Chap. XVI.
2. Monroe, De Voss and Keley：Educational Tests and Measurements, Chap. VIII.
3. Rugg, H. O.：Statistical Methods Applied to Education. Honghton. Mifflin, 1917

中文：
1. 陈鹤琴、廖世承，《智力测验法》（第十二章），商务印书馆，1921。

第四十课　核算相关系数的方法

一、什么叫做相关

相关的意义知道的很多，董仲舒《天人三策》云"予之齿者去其角，傅之翼者两其足"，是负相关的意义。所谓"根之茂者其叶遂，膏之沃者其光烨"是正相关的意义。

相关是一种方法，定夺一组人，或一组学校，或其他团体，对于两种成绩的关系。倘使有绝对的关系，并且那个关系是正的，相关系数（r）为 +1.0；要是那个关系是负的，相关系数为 -1.0。要是没有关系，r 为 0。举例如下：

学生	测验1 分数	测验2 分数	测验1 分数	测验3 分数	测验1 分数	测验4 分数	测验1 分数	测验5 分数
张	2	6	2	12	2	6	2	12
王	3	8	3	10	3	10	3	8
赵	4	10	4	8	4	8	4	10
李	5	12	5	6	5	12	5	6
	r = +1.0		r = -1.0		r = +0.8		r = -0.8	

二、相关的用处

相关可以解答如下列一类的问题：这个智力测验或教育测验是否可靠？这两种测验是否度量同样的能力？通常说长于文学的人,不善科学,这句话是否确实？数学做得快的人,是否计算也正确？教师的评判与测验等第,是否符合？学业成绩与日后的成功有多大关系？这一类的问题,都可用相关方法求出关系的数量。

三、核算均方相关的方法

求相关的方法很多,最通行的为均方法(Product-moment method)。公式如下：

$$r = \frac{\Sigma XY}{N\sigma_X \sigma}$$

或列成下列的公式：

$$r = \frac{\Sigma xy}{\sqrt{\Sigma x^2 \cdot \Sigma y^2}}$$

这个公式可用下边的例子来说明。

(1) 依照各个人的号数,把两种测验的分数排列起来。比方第一号的分数在测验Ⅰ为2,在测验Ⅱ为50,就照表38的写法。

(2) 求两种分数的平均数。测验Ⅰ为7.0,测验Ⅱ为57.5。就理论上说,均方相关只用平均数,但实际上中数有时也可用。

(3) 求测验Ⅰ分数和平均数的差数x,测验Ⅱ分数和平均数的差数y。例如测验Ⅰ的平均数为7.0,第1号的分数为2,比较平均数少了5,所以在x行下写一负5。又如第24号的测验Ⅰ分数为12,比较平均数多了5,所以在x行下写一正5。

(4) 把x和y的数目自乘。如-5自乘为25,-7.5自乘为56.25。

表38 核算均方相关的方法

学生	分数		平均数的差数		差数自乘		xy
	Ⅰ	Ⅱ	Ⅰ x	Ⅱ y	x^2	y^2	
1	2	50	-5	-7.5	25	56.25	37.5
2	3	50	-4	-7.5	16	56.25	30.0
3	4	50	-3	-7.5	9	56.25	22.5
4	4	80	-3	22.5	9	506.25	-67.5

续 表

学生	分数		平均数的差数		差数自乘		xy
	Ⅰ	Ⅱ	Ⅰ x	Ⅱ y	x^2	y^2	
5	5	20	−2	−37.5	4	1 406.25	75.0
6	5	60	−2	2.5	4	6.25	−5.0
7	5	40	−2	−17.5	4	306.25	34.0
8	5	50	−2	−7.5	4	56.25	15.0
9	6	70	−1	12.5	1	156.25	−12.5
10	6	40	−1	−17.5	1	306.25	17.5
11	6	70	−1	12.5	1	156.25	−12.5
12	6	50	−1	−7.5	1	56.25	7.5
13	7	50	0	−7.5	0	56.25	0.0
14	7	70	0	12.5	0	156.25	0.0
15	7	40	0	−17.5	0	306.25	0.0
16	7	70	0	12.5	0	156.25	0.0
17	7	60	0	2.5	0	6.25	0.0
18	8	20	1	−37.5	1	1 406.25	−37.5
19	8	60	1	2.5	1	6.25	2.5
20	8	90	1	32.5	1	1 056.25	32.5
21	9	80	2	22.5	4	506.25	45.0
22	9	60	2	2.5	4	6.25	5.0
23	10	90	3	32.5	9	1 056.25	97.5
24	12	60	5	2.5	25	6.25	12.5
平均数	7	57.5	总数或∑		124	7850.00	434.0 −135.0 299.0

$$r = \frac{\sum xy}{\sqrt{\sum x^2 \sum y^2}} = \frac{299}{\sqrt{(124)(7850)}} = \frac{299}{986.61} = 0.303$$

(5) 求 x 和 y 的相乘数。如 −7.5 × −5 = 37.5,−4 × −7.5 = 30.0。

(6) 求 x^2 和 y^2 的总数。

$\sum x^2 = 124$

$\sum y^2 = 7\,850$

(7) 求 xy 的总数。正的 xy 数 = 434,负的 xy 数 = 135。两数的总数 $\sum xy = 299$。

(8) 把所得的数目代入公式,r = 0.303。

四、核算等级相关的方法

均方相关比较的最可靠,不过法子没有等级相关的便利。求等级相关,可用斯比亚门的公式(Spearman "Footrule" Formula)。

$$R = 1 - \frac{6\sum G}{N^2 - 1}$$

用上列公式得到 R 以后,尚须化成 r。潘阿生(Pearson)曾有一个对照表(表40)。举例如下:

(1) 先把各个人测验Ⅰ的分数,列成比较的等第。如 2 分列第一或 1;3 分列 2;4 分有两个,平分 3、4 等第,所以各列 3.5;5 分有四个,把 5、6、7、8 四个等第平均起来,各得 6.5;余类推。测验Ⅱ的分数也列成等第,最小的分数列在最前。如 20 分的两个,平均 1、2 两等第,各得 1.5;40 分的有三个,平均 3、4、5 等第,各得 4;余类推。倘使以最大的分数列在第一也可,不过两种测验的等第要一致。

表39　核算等级相关的方法

学生	分数		等第		超过第一次等第数 Gain(G)
	Ⅰ	Ⅱ	Ⅰ	Ⅱ	
1	2	50	1	8.5	7.5
2	3	50	2	8.5	6.5
3	4	50	3.5	8.5	5.0
4	4	80	3.5	21.5	18.0
5	5	20	6.5	1.5	
6	5	60	6.5	14	7.5
7	5	40	6.5	4	
8	5	50	6.5	8.5	2.0
9	6	70	10.5	18.5	8.0
10	6	40	10.5	4	
11	6	70	10.5	18.5	8.0
12	6	50	10.5	8.5	
13	7	50	15	8.5	
14	7	70	15	18.5	3.5
15	7	40	15	4	
16	7	70	15	18.5	3.5
17	7	60	15	14	
18	8	20	19	1.5	
19	8	60	19	14	
20	8	90	19	23.5	4.5
21	9	80	21.5	21.5	
22	9	60	21.5	14	
23	10	90	23	23.5	0.5
24	12	60	24	14	

人数 N = 24　　　　　　　　　　　　　　　　　$\sum G = 74.5$

$$R = 1 - \frac{6\sum G}{N^2 - 1} = 1 - \frac{6(74.5)}{(24)^2 - 1} = 0.224$$

参照表 40,r = 0.37

(2) 核算超过第一次的等第数。如 8.5 - 1 = 7.5；8.5 - 2 = 6.5，余类推。

(3) 求超过第一次等第数的总数。$\sum G = 74.5$。

(4) 代入公式，R = 0.224。参照表 40 化成 r，r = 0.37

表 40 化 R 为 r 的对数表

$$r = 2\cos\frac{\pi}{3}(1-R) - 1, \quad R = 1 - \frac{6\sum G}{N^2 - 1}$$

R	r	R	r	R	r	R	r
0.00	0.000	0.26	0.429	0.51	0.742	0.76	0.937
0.01	0.018	0.27	0.444	0.52	0.753	0.77	0.942
0.02	0.036	0.28	0.458	0.53	0.763	0.78	0.947
0.03	0.054	0.29	0.472	0.54	0.772	0.79	0.952
0.04	0.071	0.30	0.486	0.55	0.782	0.80	0.956
0.05	0.089	0.31	0.500	0.56	0.791	0.81	0.961
0.06	0.107	0.32	0.514	0.57	0.801	0.82	0.965
0.07	0.124	0.33	0.528	0.58	0.812	0.83	0.968
0.08	0.141	0.34	0.541	0.59	0.818	0.84	0.972
0.09	0.158	0.35	0.554	0.60	0.827	0.85	0.975
0.10	0.176	0.36	0.567	0.61	0.836	0.86	0.979
0.11	0.192	0.37	0.580	0.62	0.844	0.87	0.981
0.12	0.209	0.38	0.593	0.63	0.852	0.88	0.984
0.13	0.226	0.39	0.606	0.64	0.860	0.89	0.987
0.14	0.242	0.40	0.618	0.65	0.867	0.90	0.989
0.15	0.259	0.41	0.630	0.66	0.875	0.91	0.991
0.16	0.275	0.42	0.642	0.67	0.882	0.92	0.993
0.17	0.291	0.43	0.654	0.68	0.889	0.93	0.995
0.18	0.307	0.44	0.666	0.69	0.896	0.94	0.996
0.19	0.323	0.45	0.677	0.70	0.902	0.95	0.997
0.20	0.338	0.46	0.689	0.71	0.908	0.96	0.998
0.21	0.354	0.47	0.700	0.72	0.915	0.97	0.999
0.22	0.369	0.48	0.711	0.73	0.921	0.98	0.999 6
0.23	0.384	0.49	0.721	0.74	0.926	0.99	0.999 9
0.24	0.399	0.50	0.732	0.75	0.932	1.00	1.000 0
0.25	0.414						

上边得到的 r 为 0.30 或 0.37,究竟这个相关算是高的还是低的？据各人的经验,觉得

从 0 至 ±0.4 的相关算是低的,

从 ±0.4 至 ±0.7 的相关算很有关系,

从 ±0.7 至 ±1.0 的相关算是高的。

课外研究和讨论问题

1. 什么叫做"相关"？
2. 相关 ＋1.0 是什么意思？
3. 相关 －1.0 是什么意思？
4. 相关 0 是什么意思？
5. 相关能否大于 ＋1.0 或 －1.0。
6. 依照表 38,求学生 2、4、6、8、10、12、14、16、18、20、22、24 的均方相关。
7. 依照表 38,求学生 1、3、5、7、9、11、13、15、17、19、21、23 的等第相关。

参考书目

西文：
1. McCall, W. A.：How to Measure in Education. Chap. XVII.
2. Rugg, H. O.：Statistical Methods Applied to Education.
3. Strong, E. K.：Introductory Psychology, forTeachers, Lesson 31.

中文：
1. 陈鹤琴、廖世承,《智力测验法》(第十二章),商务印书馆,1921。
2. 朱斌魁,《统计与测验名词汉译》,商务印书馆,1923。

第四十一课　统计实习

问题一

依照下列成绩,求(1) 众数,(2) 平均数,(3) 中数,(4) 下二十五分点,(5) 上二十五分点。

测验 I

学生　　分数

2	88
3	80
4	80
5	68
6	68
7	24
8	16
9	36
10	24
11	24
12	40
13	36
14	52
15	44
16	60
17	56
18	52
19	56
20	60

问题二

依照下列成绩,求(1) 二十五分差,(2) 平均差,(3) 均方差,(4) 全距离。

测验 Ⅱ

学生	分数
1	25
2	87
3	30
4	80
5	74
6	31
7	73
8	32
9	40
10	64
11	63

12	41
13	43
14	58
15	57
16	46
17	52
18	56
19	55
20	53

问题三

依照下列成绩,求(1) 均方相关,(2) 等第相关。

学生	测验Ⅰ 分数	测验Ⅱ 分数
1	96	25
2	88	87
3	80	30
4	80	80
5	68	74
6	68	31
7	24	73
8	16	32
9	36	40
10	24	64
11	24	63
12	40	41
13	36	43
14	52	58
15	44	57
16	60	46
17	56	52
18	52	56
19	56	55
20	60	53

第四十二课　本编总温习

做本编的纲要，同时填补各问题的空白。

Ⅰ．个别差异的概论

A. 个别差异，在_____方面，看得出来。举两个实在的例子：

1. 学习镜画的个别差异，如

　　（1）

　　（2）

　　（3）

2. 学习简易算术的个别差异

　　（1）成人第一次做加法（测验 1）的分数为_____，四年级儿童为_____。

　　（2）成人第 10 次做乘法（测验 2）的分数为_____，四年级儿童为_____。

Ⅱ．个别差异的原因

A. 一个人是两种势力的结晶，这两种势力，就是_____和_____。细分起来，可以说有三种：

　　（1）

　　（2）

　　（3）

B. 从遗传和训练解释个别差异

　　1. 训练的影响　如两人的天赋能力相等，凡练习过的较未经练习的曲线初步向上_____。

　　2. 遗传的影响　如个人的天赋能力愈高，进步的数量便愈_____。

　　3. 遗传和训练两种合并的影响　如下图：（解释）

C. 总结练习简易算术题的个别差异，可归纳成几条原则：

　　1.

　　2.

　　3.

　　4.

Ⅲ．个别差异的常态分配

A. 用一个"机遇实验"来证明，如用三粒骰子掷216次，可得到下列的常态分配曲线，如下图：

B. 对于常态分配曲线有几点可注意：

    1.

    2.

    3.

    4.

C. 应用到实际问题，也可得到一个均匀的次数分配。

    1. 如1 171个女孩的身长分配曲线：

    2. 如112个幼稚园儿童的智力分配曲线：

D. 测验时，还有一点很可注意的，就是各级的成绩，有_____现象。

Ⅳ. 度量个别差异的方法

  A. 所谓个别差异，大都是_____问题，所以我们应该有一种_____方法，来测定各个人差异的大小。

  B. 现行的测验，暂分为三类：

  1. 智力测验　测验_____。

  （1）个别智力测验　首创此种测验的为_____。

  （2）团体智力测验　这里边又可分_____与_____两种。

  2. 教育测验　测验_____。例如现行的_____。

  3. 品性量表　测验_____。例如_____。

Ⅴ. 个别差异与学级编制和教学法的关系

  A. 与学级编制的关系

  1. 学级的起来，有两种原因：

    （1）

    （2）

  2. 学年制最大的弊病，在_____。

  3. 编制学级的标准，可参用：

    （1）

    （2）

(3)

4. 参用上列三种标准时,宜注意下边三条原则:

(1)

(2)

(3)

B. 与教学法的关系

1. 一个"个别教学法"的具体办法——算术练习测验

(1) 这个练习片,共有_____课,包括_____。

(2) _____课的排列是先_____后_____。每习熟一课,就得到一种技能。

(3) 中间有_____课是测验用的。例如_____。

(4) 施行时,先做_____。_____及格,学生就可免习_____。否则仍须自_____练习起。

(5) 练习片的格式如下:

(6) 练习测验的最大功用,在_____。

Ⅵ. 科学的诊断法与新法考试

A. 诊断的主要目的在_____。

B. 诊断的方法有下列数种:

1.

2.

3.

4.

5.

6.

7.

C. 要诊断有效,教师须适合下列条件:

1.

2.

3.

4.

D. 学习缺点的成因,可归纳如下:

1.

2.

3.

4.

5.

6.

E. 与教学及诊断都有关系的,就是新法考试问题。

1.

例如：

2.

例如：

3.

例如：

Ⅶ. T、B、C、F 分数的解释

A. T 量表的参照点是_____,单位是_____。

B. 编造 T 量表时,假定有一常态分配曲线,全距分为_____,如下图：

C. B 是_____。所以要用 B 校正数的缘由,可用下图来说明：

D. C 是_____。求 C 分数时,只须将各级的____乘____。将各级的_____加起来,用_____去除,即得该级的_____。

E. F 是_____。公式如下：

Ⅷ. T、B、C、F 分数的应用。

A. 计分制

1.

例如：

2.

例如：

3.

例如：

4.

用第四种方法的程序如下：

(a)

(b)

(c)

(d)

(e)

(f)

(g)

5. 东大附中的计分制，大略如下：

B. 度量教育的效率

1.

2.

3.

4.

5.

6.

7.

8.

9.

10.

公式：

11.

公式：

Ⅸ. 核算点量数的方法

A. 点量数的种类：

1. 众数是：

2. 平均数：

3. 中数是：

4. 下二十五分点是：

5. 上二十五分点是：

6. 中分数是：

Ⅹ. 核算差异量数的方法

A. 差异量数是_____。

B. 差异量数的种类：

1. 全距离是：

例如：

2. 二十五分差是：

例如：

3. 平均差是：

公式：

4. 均方差是：

公式：

C. 从 S. D. 求 Mn. D. 及 Q 的公式：

Q =

Mn. D. =

D. 从 Mn. D 求 Q 的公式：

Q =

Ⅺ. 核算相关系数的方法

A. 所谓相关是：

B. 相关的用处,在_____。

C. 核算的方法：

1.

公式：

2.

公式：

第四十三课　全部总温习

Ⅰ. 下面有 40 个问题。在每个问题里边,选择一个最确定的答案,把那个答案旁的数目字,写在左旁的括弧内。

（　）1. 第一课里边所引倭寇的笑话,是引证：

（1）青年心理

（2）群众心理

（3）比较心理

（4）变态心理

（　）2. 神经细胞的形状,像：

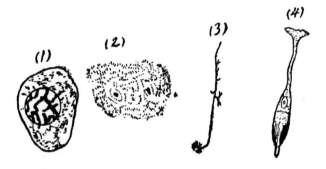

（　）3. 生命的机能里边有：

  (1) 习惯   (2) 行为

  (3) 呼吸   (4) 生殖

（　）4. 意识是：

  (1) 我观察一己的现象   (2) 观察他人的现象

  (3) 感觉的成分   (4) 神经分子的变化

（　）5. 下面4个问题里边，哪一个问题与教育心理的关系较少？

  (1) 人类应有何种变更？

  (2) 用什么方法促成那种变更？

  (3) 怎样人类可以容纳那种变更？

  (4) 容纳变更的程度是不是各个人一致的？

（　）6. 认字"sight spelling"的方法，第一步在：

  (1) 造成反应   (2) 练习认识

  (3) 练习忆起   (4) 引起动机

（　）7. 感应结是：

  (1) 动境的因   (2) 动境的果

  (3) 动境和反应所发生的关系 (4) 反应的状态

（　）8. 倒背英文字母时，越背越快是：

  (1) 反应变更   (2) 方法变更

  (3) 材料变更   (4) 动境变更

（　）9. 学习的曲线大概表示一点：

  (1) 进步先慢后快   (2) 先快后慢

  (3) 进步的数量先后相等   (4) 容易达到生理的限度

（　）10. 下图的垂轴表示（曲线向上表示进步）：

(1) 练习次数　　　　　　　(2) 练习时间
(3) 练习成绩　　　　　　　(4) 练习天数

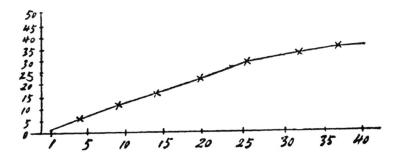

( )11. 第 10 问的曲线是：

(1) 以成绩做单位　　　　　(2) 以效率做单位
(3) 以时间做单位　　　　　(4) 以速度做单位

( )12. 关于学习的实验结论，大概最经济的学习是一天练习：

(1) 两次　　　　　　　　　(2) 四次
(3) 六次　　　　　　　　　(4) 八次

( )13. 下面有一句话是适合学习原理的：

(1) 年幼的儿童宜于长时间的练习
(2) 练习次数愈紧接愈好
(3) 分布练习不如集中练习好
(4) 每天练习次数有一定的限度

( )14. 各种功课里边所造成的感应结最确实的要推：

(1) 英文　　　　　　　　　(2) 国文
(3) 数学　　　　　　　　　(4) 图画

( )15. 主张伴动作起来的快感能增强感应结的是：

(1) 桑戴克　　　　　　　　(2) 克林
(3) 派尔　　　　　　　　　(4) 斯哪台①

( )16. 近代心理学家主张：

(1) 绝对废去形式的训练
(2) 反复练习
(3) 各种习惯都在自然的环境里边养成

---

① 据查未详——编校者

(4) 最切用的最慢学习

( )17. 下面有一个是初步保存的例子：

(1) 背诵诗文 　　　　　　　(2) 背述数目

(3) 练习外国语 　　　　　　(4) 记忆家里门牌的号数

( )18. 派尔调查理解的记忆和各种智力测验的相关，约在：

(1) 0.1 　　　(2) 0.3 　　　(3) 0.6 　　　(4) 0.9

( )19. 下面有一句话不大适合原理：

(1) 保存好的人，组织的能力一定也好。

(2) 组织是指各种印象的联合

(3) 印象不单是要保存，并且还要忆起

(4) 成人也需要机械的记忆

( )20. 依照桑戴克，造成习惯的原因为：

(1) 多因 　　　　　　　　　(2) 多因和近因

(3) 近因和快感 　　　　　　(4) 多因和快感

( )21. 打字是一种：

(1) 纯粹的反射 　　　　　　(2) 简单的反动

(3) 选择的反动 　　　　　　(4) 联念的反动

( )22. 五指连贯的屈曲是一种：

(1) 简单的反动 　　　　　　(2) 复杂的反动

(3) 连锁反射 　　　　　　　(4) 交替反射

( )23. 下面哪一种动作是简单的反动：

(1) 百码赛跑时，听见枪声立起来就跑

(2) 看见汽车向右边驰来，立即向左旁让路

(3) 他问我 3＋4 等于多少，我说"7"

(4) 在人丛中看见朋友，就招呼了一声

( )24. 下面哪一种是比较的纯粹的反射：

(1) 头晕 　　　　　　　　　(2) 寒颤

(3) 呕吐 　　　　　　　　　(4) 脸红

( )25. 据施北亭（Spalding）的研究，鸟飞是一种：

(1) 本能 　　　　　　　　　(2) 习惯

(3) 后获的反动 　　　　　　(4) 模仿的结果

( )26. 动作的个位是：

(1) 神经细胞　　　　　　(2) 感官

(3) 反射弧　　　　　　　(4) 神经原

(　)27. "敢怒而不敢言"是：

(1) 变更内部的反应

(2) 变更外部的反应

(3) 变更内部的刺激

(4) 变更外部的刺激

(　)28. 依照甘尔巴曲力克,第一期的模仿为：

(1) 自发的　　　　　　　(2) 反射的

(3) 戏剧的　　　　　　　(4) 有意的

(　)29. 创"势力过剩说"的为：

(1) 霍尔　　　　　　　　(2) 葛罗斯

(3) 斯宾塞尔　　　　　　(4) 拉扎勒斯

(　)30. 儿童学话的"高原期"大致发生在：

(1) 一岁后　　　　　　　(2) 两岁后

(3) 三岁后　　　　　　　(4) 四岁后

(　)31. 训练的影响在：

(1) 加增进步的速度　　　(2) 提高初步的成绩

(3) 减少个别的差异　　　(4) 免除曲线的起伏

(　)32. 下图中戊曲线表示：

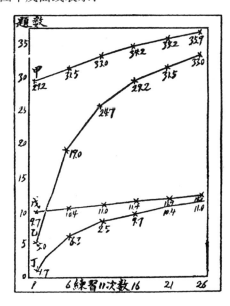

(1) 有良好的遗传和训练

(2) 有良好的遗传,但无训练

(3) 有训练,但无良好的遗传

(4) 既无良好的遗传,又无训练

( )33. 以常例论,练习次数愈多:

(1) 进步愈慢　　　　　　　(2) 差异愈小

(3) 最后成绩愈低　　　　　(4) 进步愈快

( )34. 用三粒骰子掷10点和11点的机遇,要比较掷3点和18点的机遇大:

(1) 3 倍　　　　　　　　　(2) 9 倍

(3) 27 倍　　　　　　　　(4) 81 倍

( )35. 求智力商数的公式是:

(1) $\dfrac{\text{智力年龄}}{\text{实足年龄}} \div 100 =$　　(2) $\dfrac{\text{实足年龄}}{\text{智力年龄}} \div 100 =$

(3) $\dfrac{\text{实足年龄}}{\text{智力年龄}} \times 100 =$　　(4) $\dfrac{\text{智力年龄}}{\text{实足年龄}} \times 100 =$

( )36. 如下面的智力常态分配曲线,第1组及第5组约各占全体面积:

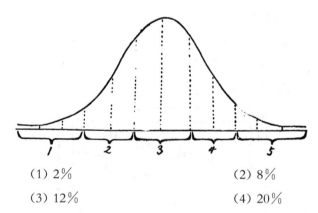

(1) 2%　　　　　　　　　　(2) 8%

(3) 12%　　　　　　　　　(4) 20%

( )37. 下面应划去哪一个:

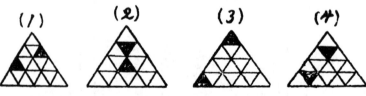

( )38. 倘使11—12岁的B校正数为6,11岁8月的B校正数为:

(1) 2　　　　　(2) 3　　　　　(3) 4　　　　　(4) 5

(　)39. 倘使算术测验的分数为61,智力分数为56,那末努力分数等于：

(1) 45　　　　(2) 55　　　　(3) 50　　　　(4) －5

(　)40. 求均方相关的公式为：

(1) $r = \dfrac{\sum xy}{\sigma x \sigma y}$　　　　　　(2) $r = \dfrac{\sum xy}{\sum x^2 \sum y^2}$

(3) $r = \sqrt{\dfrac{\sum xy}{\sum x^2 \sum y^2}}$　　　　(4) $r = \dfrac{\sum xy}{\sqrt{\sum x^2 \sum y^2}}$

Ⅱ. 下面有10句不完全的句子,在每句的空白上填补适当的字。

1. 定夺教材的问题,半和_____有关,半和_____有关。

2. 认识比较忆起_____。

3. 凡是生物受了环境的影响,发生各种_____,都是动作。

4. 学习系_____;动境系_____。

5. 做镜画实验后几次的成绩,错误减少并不多,是因为_____关系。

6. 关于心理学方面的曲线、平直线的读法应当自_____而_____。

7. 从生理上说起来,注意是_____。

8. 在扰乱的环境里边,有时工作成绩反而来得好,是因为_____。

9. 要鼓励儿童实习,须注意下列四点：

(1)　　　　　　　　(2)

(3)　　　　　　　　(4)

11. 实验的结果,表示有许多功课,先注重_____,后讲求_____,实在是浪费许多时间、精力和兴趣。

12. 生活所以有意义,就为_____的关系。

13. 女孩保存的能力,所以比男孩好,因为_____。

14. 无论做什么事情,开始的成绩总要差些,大半因为_____。

15. 解释遗忘的速率：

(1)

(2)

(3)

(4)

16. 核算"复习法"的百分比公式是：

17. 依照安吉尔(Angell),造成习惯的程序如下：

(1)

(2)

(3)

(4)

18. 习惯是指一种_____,发生一种_____。

19. 习惯的类化,概括说来,是因为_____。

20. 继续的精神作业,效率不一定十分减少,可以有两种解释:

(1)

(2)

21. 儿童学话时,_____音比_____音发生得早;子音方面,_____音发生最早。

22. 字汇的增进,大致先_____后_____。

23. 儿童图画能力的发达,可以分作四个时期:

(1)

(2)

(3)

(4)

24. 在_____,男女的智力,都有超进的现象。

25. 神经兴奋,总是从_____传达到_____。如下图:

26. 举一个交替反射的例子,并用图说明:

27. 定夺先天的动作,可用下列几条标准:

(1)

(2)

(3)

28. 先天的反应和后获的反应的最大区别为:

(1)

(2)

29. 反射弧是_____。

30. 鹦鹉学话是一种本能的倾向,因为_____。

31. 儿童学话时,生理方面的构造可分为三部分:

(1)

(2)

(3)

用图表示如下：

32. 何谓"复演说"？

33. 好奇的功用,在_____。

34. 大概从_____岁至_____岁,女孩比较男孩来得高,来得重。

35. 儿童解释字义时,先从_____。

36. 依照镜画实验的结果,我们觉得有几点是各个人相同的：

(1)

(2)

(3)

37. 在同一的环境里边,得不到同样的反应,是因为_____。

38. 训练影响愈大,个别差异_____。

39. 对于下面的常态分配曲线有几点可注意：

(1)

(2)

(3)

(4)

40. 常态分配曲线可应用于何种问题？

(1)

(2)

41. 什么叫做"重叠"(Overlapping)？重叠的现象在什么地方可以看到？

42. 智力测验究竟测验什么？

43. 举一个"理解的选择"的例子：

44. 举一个"道德意识测验"的例子：

45. 编制"道德意识测验"时，根据一条什么原则？

46. 为什么智力测验可以做分班的根据？

47. 怎样参用教师的评判，做编级的标准？
(1)
(2)
(3)
(4)
(5)

48. 简单地说明算术练习测验：
(1) 目的：
(2) 效用：
(3) 性质：

49. 诊断的主要目的是什么？任举两种诊断的方法：
目的：
诊断法(1)：
诊断法(2)：

50. 关于认识法、是非法、填字法，各举一个例子：
(1) 认识法：
(2) 是非法：
(3) 填字法：

51. T是什么？

52. B是什么？

53. 倘使全校的F总分数为9 700，F平均分数为48.5，每学生平均费为91元，求学校经费的效率：

54. 什么叫做"比较的计分法"?

55. 点量数与差异量数有什么分别?

56. 就下列的次数分配,求中数:

分数	次数
1	1
2	1
3	2
4	0
5	2
6	2
7	1
8	1

57. 用上边的次数分配,求二十五差 Q:

58. 核算均方差的程序:
(1)
(2)
(3)
(4)
(5)
(6)

59. 求全距离的方法:

60. 求均方相关的公式为:

求等第相关的公式为:

附录一

S. D. 值对数表

S. D. Value	百分比 Per Cent	S. D. Value	百分比 Per Cent	S. D. Value	百分比 Per Cent	S. D. Value	百分比 Per Cent
0	99.999 971	25	99.38	50	50.00	75	0.62
0.5	99.999 963	25.5	99.29	50.5	48.01	75.5	0.54
1	99.999 952	26	99.18	51	46.02	76	0.47
1.5	99.999 938	26.5	99.06	51.5	44.04	76.5	0.40
2	99.999 92	27	98.93	52	42.07	77	0.35
2.5	99.999 90	27.5	98.78	52.5	40.13	77.5	0.30
3	99.999 87	28	98.61	53	38.21	78	0.26
3.5	99.999 83	28.5	98.42	53.5	36.32	78.5	0.22
4	99.999 79	29	98.21	54	34.46	79	0.19
4.5	99.999 73	29.5	97.98	54.5	32.64	79.5	0.16
5	99.999 66	30	97.72	55	30.85	80	0.13
5.5	99.999 57	30.5	97.44	55.5	29.12	80.5	0.11
6	99.999 46	31	97.13	56	27.43	81	0.097
6.5	99.999 32	31.5	96.78	56.5	25.78	81.5	0.082
7	99.999 15	32	96.41	57	24.20	82	0.069
7.5	99.998 9	32.5	95.99	57.5	22.66	82.5	0.058
8	99.998 7	33	95.54	58	21.19	83	0.048
8.5	99.998 3	33.5	95.05	58.5	19.77	83.5	0.040
9	91.997 9	34	94.52	59	18.41	84	0.034
9.5	99.997 4	34.5	93.94	59.5	17.11	84.5	0.028
10	99.996 8	35	93.32	60	15.87	85	0.023
10.5	99.996 1	35.5	92.65	60.5	14.69	85.5	0.019
11	99.995 2	36	91.92	61	13.57	86	0.016
11.5	99.994 1	36.5	91.15	61.5	12.51	86.5	0.013
12	99.992 8	37	90.32	62	11.51	87	0.011
12.5	99.991 2	37.5	89.44	62.5	10.56	87.5	0.009
13	99.989	38	88.49	63	9.68	88	0.007
13.5	99.987	38.5	87.49	63.5	8.85	88.5	0.005 9
14	99.984	39	86.43	64	8.08	89	0.004 8
14.5	99.981	39.5	85.31	64.5	7.35	89.5	0.003 9
15	99.977	40	84.13	65	6.68	90	0.003 2
15.5	99.972	40.5	82.89	65.5	6.06	90.5	0.002 6
16	99.966	41	81.59	66	5.48	91	0.002 1

续 表

S. D. Value	百分比 Per Cent	S. D. Value	百分比 Per Cent	S. D. Value	百分比 Per Cent	S. D. Value	百分比 Per Cent
16.5	99.960	41.5	80.23	66.5	4.95	91.5	0.001 7
17	99.952	42	78.81	67	4.46	92	0.001 3
17.5	99.942	42.5	77.34	67.5	4.01	92.5	0.001 1
18	99.931	43	75.80	68	3.59	93	0.000 9
18.5	99.918	43.5	74.22	68.5	3.22	93.5	0.000 7
19	99.903	44	72.57	69	2.87	94	0.000 5
19.5	99.886	44.5	70.88	69.5	2.56	94.5	0.000 43
20	99.865	45	69.15	70	2.28	95	0.000 34
20.5	99.84	45.5	67.36	70.5	2.02	95.5	0.000 27
21	99.81	46	65.54	71	1.79	96	0.000 21
21.5	99.78	46.5	63.68	71.5	1.58	96.5	0.000 17
22	99.74	47	61.79	72	1.39	97	0.000 13
22.5	99.70	47.5	59.87	72.5	1.22	97.5	0.000 10
23	99.65	48	57.93	73	1.07	98	0.000 08
23.5	99.60	48.5	55.96	73.5	0.94	98.5	0.000 062
24	99.53	49	53.98	74	0.82	99	0.000 048
24.5	99.46	49.5	51.99	74.5	0.71	99.5	0.000 037
						100	0.000 029

附录二

形数交替(一)

形数交替(二)

试验时,叫被试在每个图内填一个数目,自左至右一直填下去。填的数目,参照样式,例如星形内填1,圆形内填2,余类推。每对一个,作为一分。练习不限时间,测验(一)、(二),各限一分钟。

廖世承著作、论文目录

一、著作

智力测验法（与陈鹤琴合编）　商务印书馆　1921

教育心理学大意（译）　中华书局　1922

教育心理学　中华书局　1924

施行新学制后之东大附中　中华书局　1924

中学教育　商务印书馆　1924

新学制中学的课程　商务印书馆　1925

测验概要（与陈鹤琴合编）　商务印书馆　1925

性教育与学校课程（廖等3人）　商务印书馆　1925

东大附中道尔顿制实验报告　商务印书馆　1925

测验与入学考试的改进　商务印书馆　1925

中国职业教育问题　商务印书馆　1929

教育测验与统计　中华书局　1932

二、论文

1919年

　　关于学生自治的几个问题（译）　《新教育》第2卷第3期

1921年

　　读法测验　《教育汇刊》第2集

1922年

　　常识测验报告　《中等教育》第1卷第2期

　　智力测验报告　《中等教育》第1卷第2期

　　测验与中学校　《中等教育》第1卷第2期

　　本校编制新学制课程的经过情况　《中等教育》第1卷第3期

　　中学校长度量自己成绩的标准（译）　《中等教育》第1卷第4期

　　参观江浙山东京津中等学校之概况　《教育汇刊》第3集

　　三三制问题　《教育汇刊》第4集

　　五项测验报告　《教育杂志》第14卷第2、3期

关于新学制草案中等教育课程之研究 《教育杂志》第14卷号外

中学校与职业教育 《教育与职业》第33期

新学制与中学教育 《新教育》第4卷第2期

对于学制改进方面之意见数则(译) 《新教育》第4卷第4期

美国最近编制课程的目标(译) 《新教育》第4卷第5期

五十年来中国之中等教育 《最近之五十年》申报信五十周年纪念

复贡君沛诚论中学级任制事 《新教育》第5卷第1、2期

关于新学制一个紧急的问题 《新教育》第5卷第4期

1923年

我国女子中等教育 《中等教育》第2卷第1期

从今后 《中等教育》第2卷第1期

教师自省和自强的标准(译) 《中等教育》第2卷第1期

中等学校的学级编制 《中等教育》第2卷第3期

中等学校的训育问题 《中等教育》第3卷第2期

改良入学考试的一种方法 《申报》教育与人生周刊第1期

"青年之友"发刊辞 《申报》教育与人生周刊第1期

青年救国的途径 《申报》教育与人生周刊第2期

办教育的三大规律 《申报》教育与人生周刊第5期

应用科学原理改良入学考试的方法"——一个入学标准 《教育杂志》第15卷第10期

性教育与中学校 《教育杂志》第15卷第11期

济南学务调查(廖等五人) 《新教育》第6卷第3期

师范教育科讲授纲要 《教育月报》第71期

1924年

东大附中实施道尔顿制概况 《教育汇刊》第2卷第1期

应用职业指导表所得来的几个意见 《申报》教育与人生周刊第24期

改良平日小考与学期考试办法 《申报》教育与人生周刊第29期

1925年

我国中等学校教师的概况 《教育杂志》第17卷第7期

1926年

中学实施军事训练问题 《中华教育界》第15卷第1期

中学实施道尔道顿制的批评 《中华教育界》第15卷第5期

今后中学教育的问题　《教育杂志》第 17 卷第 6 期

　　我国中等学校教师的概况　《教育杂志》第 17 卷第 7 期

　　一个初级中学入学试验的报告　《新教育》第 11 卷第 1 期

1927 年

　　东大附中举行甄别试验的经过　《中华教育界》第 16 卷第 8 期

1928 年

　　职业指导与中学校　《教育杂志》第 20 卷第 3 期

　　中学职业指导的问题　《教育与职业》第 36 期

　　戊辰年之光华附中　《光华年刊》第 3 期

1929 年

　　中学生指南　《学生指南》勤奋书局出版

　　教育学报序　《教育学报》第 1 期

　　近今教学上几个重要问题　《教育学报》第 1 期

　　本刊百期以后的计划　《教育与职业》第 100 期

1930 年

　　测验的条件　《安徽教育》第 1 卷第 5～6 期

　　二十五年来中国的中等教育　《环球中国学生会廿五周年纪念册》

　　游日本之观察　《兴华》第 27 卷第 7 期

1931 年

　　对于改革中学教育的一些意见　《教育与职业》第 123 期

1932 年

　　为全国中学校请命（1）、（2）、（3）、（4）　《申报》1932 年 12 月 16、17、18、19 日

　　在本学期开学那一天向全体学生说的几句话　《光华附中半月刊》创刊号

　　光华附中实事测验报告　《光华附中半月刊》第 1 卷第 2 期

　　青年的烦闷与出路　《光华附中半月刊》第 1 卷第 4 期

　　算学测验报告　《光华附中半月刊》第 1 卷第 5 期

1933 年

　　一个时事测验报告　《中华教育界》第 20 卷第 7 期

　　评国联教育考察团报告　《中华教育界》第 20 卷第 11 期

　　毕业会考究有什么价值　《中华教育界》第 21 卷第 5 期

　　我们为什么要办消费合作社　《光华附中半月刊》第 1 卷第 5 期

二十一年度之本校概况(1)、(2)、(3) 《光华附中半月刊》第 1 卷第 7、8、9 期

图文测验报告 《光华附中半月刊》第 1 卷第 8 期

庆祝运动锦标 《光华附中半月刊》第 1 卷第 9 期

为什么学生不及格 《光华附中半月刊》第 1 卷第 10 期

在 9.18 二周年纪念对学生说的几句话 《光华附中半月刊》第 2 卷第 1 期

谈谈话剧 《光华附中半月刊》第 2 卷第 3 期

时事测验报告 《光华附中半月刊》第 2 卷第 5 期

1934 年

教育改造中的一个重要问题 《中华教育界》第 21 卷第 7 期

二十二年度之光华附中 《光华附中半月刊》第 2 卷第 8 期

自然科测验及几何测验报告(廖等三人) 《光华附中半月刊》第 3 卷第 1、2 期

今年的中学教育 《申报月刊》第 3 卷第 1 期

中国教育改造：教育改造中的一个重要问题 《教育益闻录》第 6 卷第 1、2 期

1935 年

十年来之中国中等教育 《光华大学半月刊》第 3 卷第 9、10 期

人格与品性的养成 《光华附中半月刊》第 3 卷第 3 期

英文测验报告 《光华附中半月刊》第 3 卷第 6 期

教与学 《光华附中半月刊》第 4 卷第 3 期

我对于改革学制的意见 《中华教育界》第 22 卷第 9 期

光华附中十周年纪念册 序二 《光华附中十周年纪念册》

赠毕业同学 《光华附中第十一届毕业纪念刊》

赠毕业班的几句恳切的话 《光华附中第十二届毕业特刊》

廖先生的意见(原题：对于蒋梦麟先生等所提的中小学教育改制的意见) 《教育杂志》第 25 卷第 1 期

中学校长的任务与机会(译) 《教育杂志》第 25 卷第 2 期

苏联对于进一步的教育的实验(译) 《教育杂志》第 25 卷第 3 期

怎样认识好的教学(译) 《教育杂志》第 25 卷第 3 期

一百个学生班上的教学效率(译) 《教育杂志》第 25 卷第 3 期

我们在解决我们的问题吗(译) 《教育杂志》第 25 卷第 4 期

大中学衔接的新基础(译) 《教育杂志》第 25 卷第 6 期

应用于品性教育之人格量表(译) 《教育杂志》第 25 卷第 10 期

谈谈训育上的实际问题 《教育学报》六三纪念号

怎样可收到非常时期教育的实效 《福建县政》第1卷第2期

1936年

中学教育 《中华教育界》第24卷第3期

实施非常时期教育应有的注意点 《光华附中半月刊》第4卷第6~7期

修订中学课程的意见 《教育杂志》第26卷第1期

怎样可收到非常时期教育的实效 《教育杂志》第26卷第5号

1937年

关于中学校的课外作业问题 《光华附中半月刊》第5卷第1~2期

二十五年度之光华附中 《光华附中半月刊》第5卷第6~7期

三十五年来中国之中学教育《最近三十五年之中国教育》 商务印书馆1940年版第37~51页

1941年

师范学院的使用 《国师季刊》(师范教育专号)第13期

1947年

抗战十年来中国的师范教育 《中华教育界》复刊第1卷第1期

1948年

中学教育改造的基本原则 《教育杂志》第33卷第8期

1950年

建设新光华 《光华大学25周年纪念特刊》

面对现实克服困难——本校师生员工代表大会开幕词 《光华大学25周年纪念特刊》

1956年

创刊献辞 《上海第一师范学院》院刊创刊号

1957年

迎接第二学期 《上海第一师范学院》院刊第9期

1958年

祝新刊的诞生 《上海师院院刊》第1期

1959年

做光荣的新时代的人民教师 《文汇报》1959年6月18日

1960年

老当益壮 前进再前进 《文汇报》1960年10月5日